体育健康与实践

主 编 朱晓菱 倪 伟
副主编 袁 勇 俞 峰

上海大学出版社
·上海·

图书在版编目(CIP)数据

体育健康与实践/朱晓菱,倪伟主编. —上海：上海大学出版社,2021.7
ISBN 978-7-5671-4245-9

Ⅰ.①体… Ⅱ.①朱… ②倪… Ⅲ.①体育-高等学校-教材 ②健康教育-高等学校-教材 Ⅳ.①G807.4 ②G647.9

中国版本图书馆 CIP 数据核字(2021)第 103645 号

责任编辑 黄晓彦
助理编辑 王　俊
封面设计 缪炎栩
技术编辑 金　鑫　钱宇坤

体育健康与实践

朱晓菱　倪　伟　主编

上海大学出版社出版发行
(上海市上大路99号 邮政编码200444)
(http://www.shupress.cn 发行热线 021-66135112)
出版人：戴骏豪

*

江苏句容排印厂印刷　各地新华书店经销
开本 787×1092　1/16　印张 19.75　字数 469 千
2021 年 7 月第 1 版　2021 年 7 月第 1 次印刷
ISBN 978-7-5671-4245-9/G·3337　定价：49.00 元

版权所有　侵权必究
如发现本书有印装质量问题请与印刷厂质量科联系
联系电话：0511-87871135

前　言

伴随着全球经济、科技、文化的高速发展，人才培养已成为决定一个国家、一个民族繁荣昌盛的重要因素。党和国家对教育发展提出了立德树人的新要求，习近平总书记在2013年会见全国体育先进单位和先进个人代表等时强调："体育在提高人民身体素质和健康水平、促进人的全面发展，丰富人民精神文化生活，推动经济社会发展，激励全国各族人民弘扬追求卓越、突破自我的精神方面，都有着不可替代的重要作用。"

高校是人才培养的主阵地，高校体育作为我国高等教育的重要组成部分，是培养学生实现德智体美劳全面发展，成长为社会主义合格接班人的重要途径。我国进入新时代后，党和国家把体育提升到国家战略的高度，中共中央、国务院相继印发《关于深化体教融合　促进青少年健康发展的意见》《深化新时代教育评价改革总体方案》和《关于全面加强和改进新时代学校体育工作的意见》，这一系列政策的出台，为高校体育发展指明了方向，为体育制度建设和顶层设计绘制了蓝图，为推动高校体育工作步入快车道，实现高速、高质量发展打下了坚实的基础。新时代高校体育，需要进一步转变观念、改革攻坚，以学生为中心，满足学生健身需求，促进学生的全面发展。新时代高校体育，需要关注学生长远发展，引导学生进行体育锻炼、参与比赛、学会至少一项专项技术，养成良好的锻炼习惯，形成恪守规则、磨炼意志的人格素养。新时代高校体育，需要贯彻"健康第一"思想，普及健康知识，让学生在运动中享受乐趣，增强体质，锤炼品格，提高适应未来社会健康要求的体质能力。

基于以上思考，我们编写了《体育健康与实践》教材，一是围绕课程思政"立德树人"的建设要求，充分发掘体育史，挖掘各项目课程的思政资源，丰富和提升体育项目课程思政建设的特色，培养学生爱党爱国、追求卓越、拼搏奉献的青春激情；二是从高校和学生实际出发，努力构建一个重点突出、科学合理、系统完备的高校体育教材体系。本教材理论结合实践，系统阐述了体育概述、体育与健康、科学锻炼、急救常识与损伤处理、体质健康测试和体能等理论知识，简明扼要地介绍了22项实践项目的起源、发展、基本技战术和竞赛规则。实践运动既有传统的"三大球""三小球"，又有新式的软式曲棍球、美式腰旗橄榄球；既有中华民族传统项目如武术、导引、柔力球等，又有新式的击剑、花样跳绳、健美运动、健美操、瑜伽等；既有民族性和时代性的结合，又有普及性与多样性的结合；既有科学性和实用性的结合，又有时代性和文化性的结合。本教材编写的宗旨，在于普及科学锻炼知识，提高运动健康认知能力，培养建立运动健康新生活方式，最大限度满足学生对美好生活和个性化、时尚化锻炼的需求。

本教材由上海理工大学体育部组织骨干教师历时五年编成，凝聚了一线体育教师辛勤劳动、长期积累、实践总结的成果。我校长期使用上海交通大学教授孙麒麟、顾圣益出版的"十二五"规划教材《体育与健康教程》作为体育课教材，但是随着我校体育项目的不断扩充，该教材已经不能完全适应我校学生的项目学习需求和体育理论考试需要。因此,2015年我校体育教学部为了保障学生专项理论学习需要,召集各专项教师编写完成了专项理论内部资料,供专项教师上课时使用。2020年初,新冠肺炎疫情突发导致我校体育课全部改为线上上课,体育理论课也开始实行线上考试。为了满足学生线上上课和线上考试需要,体育教学部在朱晓菱副教授的组织带领下,以问题为导向,统筹谋划,组织全体骨干教师编写完成了《体育健康和实践》基础理论部分;各专项负责人梳理专项教学内容,制作完成了《体育健康与实践》网上课件。同时,体育教学部建成了急需的网上考试题库。2020年7—9月,部门再次按照国家课程思政建设要求,对本教材内容组织了第二次修订。

　　本书在编写过程中,参考并引用了大量文献和资料,限于篇幅,恕不一一例举,在此一并致谢！对为本书编写提供宝贵资料的老师,在此表示诚挚的感谢！同时,特别感谢上海大学杨小明老师和上海大学出版社黄晓彦同志的指导和帮助！感谢教育部高等学校体育教学指导委员会顾问、上海交通大学体育科研所所长、讲席教授孙麒麟的支持,感谢上海财经大学吕季东教授和上海体育学院司虎克教授的指导。感谢上海市医疗急救中心的大力支持和帮助！由于编写人员水平有限,书中如存在不妥之处,敬请广大读者给予批评指正。

编　者

2020 年 11 月 1 日

目 录

基 础 理 论

第一章 体育概述 ··· 3
　第一节 体育起源与发展 ··· 3
　第二节 大学体育文化 ·· 7
　第三节 大学体育文化的功能和作用 ·· 9
第二章 体育与健康 ·· 12
　第一节 健康的内涵 ·· 12
　第二节 健康的影响因素 ·· 14
　第三节 身体活动的健康效益 ·· 15
　第四节 身体活动的风险与防范 ··· 17
　第五节 营养与健康 ·· 20
第三章 科学锻炼 ··· 24
　第一节 科学锻炼的基本原则 ·· 24
　第二节 控制运动量的方法 ··· 25
　第三节 体育锻炼计划的制定与实施 ··· 26
第四章 急救常识与损伤处理 ··· 30
　第一节 急救的概念 ·· 30
　第二节 心肺复苏 ··· 31
　第三节 运动损伤的处理 ·· 34
　第四节 意外伤害与灾害避险 ·· 36
第五章 体质健康测试 ··· 41
　第一节 体质健康测试的意义 ·· 41
　第二节 体质健康测试方法 ··· 41
　第三节 体质健康测试的评价标准 ·· 43
第六章 体能 ·· 47
　第一节 体能的定义 ·· 47
　第二节 身体评估和功能测试 ·· 50
　第三节 体能训练概述 ··· 51
　第四节 拉伸与放松 ·· 52

专 项 运 动

第七章　篮球 ·· 57
 第一节　篮球运动概述 ·· 57
 第二节　篮球运动基本技术 ·· 60
 第三节　篮球运动基本战术 ·· 65
 第四节　篮球竞赛规则 ·· 69

第八章　足球 ·· 72
 第一节　足球运动概述 ·· 72
 第二节　足球运动基本技术 ·· 74
 第三节　足球运动基本战术 ·· 78
 第四节　足球竞赛规则 ·· 82

第九章　排球 ·· 85
 第一节　排球运动概述 ·· 85
 第二节　排球运动基本技术 ·· 86
 第三节　排球运动基本战术 ·· 88
 第四节　排球竞赛规则和裁判法 ·· 92

第十章　手球 ·· 94
 第一节　手球运动概述 ·· 94
 第二节　手球运动基本技术 ·· 96
 第三节　手球运动基本战术 ··· 101
 第四节　手球竞赛规则简介 ··· 107

第十一章　美式腰旗橄榄球 ··· 111
 第一节　美式腰旗橄榄球运动概述 ··· 111
 第二节　美式腰旗橄榄球运动基本技术 ····································· 114
 第三节　美式腰旗橄榄球运动基本战术 ····································· 118
 第四节　七人制美式腰旗橄榄球竞赛规则 ··································· 121

第十二章　英式触式橄榄球 ··· 124
 第一节　英式触式橄榄球运动概述 ··· 124
 第二节　英式触式橄榄球运动基本技术 ····································· 125
 第三节　英式触式橄榄球运动基本战术 ····································· 130
 第四节　英式触式橄榄球竞赛简易规则 ····································· 132

第十三章　软式曲棍球 ··· 135
 第一节　软式曲棍球运动概述 ··· 135
 第二节　软式曲棍球运动基本技术 ··· 137
 第三节　软式曲棍球竞赛规则 ··· 142

第十四章　乒乓球 ··· 146
 第一节　乒乓球运动概述 ··· 146

第二节　乒乓球运动基本理论 148
  第三节　乒乓球运动基本技术 151
  第四节　乒乓球运动基本战术 155
  第五节　乒乓球竞赛基本规则 156

第十五章　羽毛球 159
  第一节　羽毛球运动概述 159
  第二节　羽毛球运动常规技战术 163
  第三节　羽毛球竞赛规则 166

第十六章　网球 169
  第一节　网球运动概述 169
  第二节　网球运动基本知识 171
  第三节　网球运动基本技术 172
  第四节　网球运动基本战术 175
  第五节　网球竞赛规则 177

第十七章　击剑 179
  第一节　击剑运动概述 179
  第二节　击剑运动基本技术 181
  第三节　击剑运动基本战术 186
  第四节　击剑竞赛规则 186

第十八章　空手道 188
  第一节　空手道概述 188
  第二节　空手道基本技术和方法 189
  第三节　空手道的型和组手 194
  第四节　空手道竞赛裁判法 196

第十九章　民族传统体育 202
  第一节　民族传统体育概述 202
  第二节　武术 207
  第三节　健身气功 209
  第四节　民族传统体育习练注意事宜 211

第二十章　导引与健康 212
  第一节　导引运动起源和演变 212
  第二节　导引运动主要内容 217
  第三节　导引运动的特点和作用 218

第二十一章　健美运动 219
  第一节　健美运动概述 219
  第二节　健美训练理论 222
  第三节　发达主要肌肉的动作 224

第四节　健美比赛对选手的评分要素…………………………………………………230
第二十二章　健美操…………………………………………………………………………………232
　　　第一节　健美操概述………………………………………………………………………232
　　　第二节　健美操基本动作及术语…………………………………………………………237
　　　第三节　健身健美操成套动作评分规则…………………………………………………239
第二十三章　艺术体操………………………………………………………………………………242
　　　第一节　艺术体操概述……………………………………………………………………242
　　　第二节　艺术体操动作基本术语…………………………………………………………246
　　　第三节　艺术体操徒手基本动作与组合范例……………………………………………248
　　　第四节　艺术体操中球的基本动作………………………………………………………251
第二十四章　排舞……………………………………………………………………………………252
　　　第一节　排舞概述…………………………………………………………………………252
　　　第二节　排舞分类和特点…………………………………………………………………253
　　　第三节　排舞基本术语……………………………………………………………………256
　　　第四节　排舞舞谱…………………………………………………………………………260
第二十五章　瑜伽……………………………………………………………………………………263
　　　第一节　瑜伽概述…………………………………………………………………………263
　　　第二节　瑜伽呼吸方法……………………………………………………………………267
　　　第三节　健身瑜伽的体式标准……………………………………………………………267
第二十六章　花样跳绳………………………………………………………………………………272
　　　第一节　花样跳绳运动概述………………………………………………………………272
　　　第二节　花样跳绳基本技术………………………………………………………………277
　　　第三节　花样跳绳竞赛规则………………………………………………………………280
第二十七章　游泳……………………………………………………………………………………283
　　　第一节　游泳运动概述……………………………………………………………………283
　　　第二节　熟悉水性…………………………………………………………………………289
　　　第三节　爬泳………………………………………………………………………………290
　　　第四节　蛙泳………………………………………………………………………………292
　　　第五节　仰泳………………………………………………………………………………294
　　　第六节　蝶泳………………………………………………………………………………296
第二十八章　柔力球…………………………………………………………………………………297
　　　第一节　柔力球运动概述…………………………………………………………………297
　　　第二节　柔力球运动入门技术……………………………………………………………299
　　　第三节　柔力球运动基本技术……………………………………………………………301
　　　第四节　柔力球运动基本战术……………………………………………………………304
　　　第五节　柔力球竞赛规则…………………………………………………………………305

后记…………………………………………………………………………………………………308

基 础 理 论

第一章 体育概述

第一节 体育起源与发展

一、体育的概念

据资料记载,"体育"一词最早是法国人于1760年在法国的报刊上论述儿童身体教育问题时使用的。1762年,卢梭出版了《爱弥儿》一书,他使用"体育"一词来描述对爱弥儿进行身体的养护、培养和训练等身体教育过程。"体育"一词的最初产生是源于"教育"一词,最早的含义是指教育体系中的一个专门领域。现在国际上普遍用的"体育"一词,其英文是"Physical Education",它的本义是指以身体活动为手段的教育,直译为身体的教育,简称为体育。

在我国古汉语中,并无"体育"一词。直至19世纪中叶,随着德国、瑞典体操的传入,清政府在兴办的"洋学堂"中设置了"体操课","体育"才以"体操课"的形式出现在我国。我国体育史界普遍认为,"体育"最早是在1902年左右,一些在日本留学的学生从日本引入的。"体育"一词刚进入中国时,这一新生事物并没有被人们很快接受,其使用也远不如"体操"一词广泛。直到1923年,北洋政府公布的《中小学课程纲要草案》才正式把"体操"一词改为"体育","体操课"改为"体育课"。

长期以来学术界对"体育"一词的理解一直存在分歧,通常认为:体育是人们锻炼身体、增强体质、延长生命的重要方法;它是与德育、智育、美育等相配合的整个教育的组成部分;它以竞技的形式,成为人们文化生活的内容和各国人民之间加强联系的纽带。因此,学者将体育分为广义体育和狭义体育。广义体育是指以身体练习为基本手段,以增强体质、促进人的全面发展、丰富社会文化生活和促进精神文明为目的的一种有意识、有组织的社会活动;狭义体育是一个发展身体、增强体质、传授锻炼身体的知识、技能,培养道德和意志品质的教育过程,它是对人体进行培育和塑造的过程,是教育的重要组成部分,是培养全面发展的人的一个重要方面。

我国众多学者在界定"体育"这一概念的过程中,通过不断深入研讨,最终有了比较统一的解释。《中国百科全书》对"体育"概念是这样界定的:体育(广义)亦称体育运动,是人们根据社会生产和生活的需要,遵循人体生长发育和技能活动规律,以运动动作作为基本手段,为增强人民体质、提高运动技术水平、丰富文化生活而进行的一种有意识、有组织的身体运动和社会活动。体育属于社会文化教育范畴,受一定社会、政治、经济的影响与制约,也为一定社会的政治、经济服务。

二、体育的分类

关于体育的分类,我国学术界存在较大的分歧,目前相对统一的共识是从体育(广义)的外延来看,体育可分为三个组成部分,即学校体育、社会体育(又称群众体育、大众体育)、竞技体育。

1. 学校体育

学校体育习惯上称"体育"(狭义),又称体育教育。它是现代体育的基础,也是现代教育的重要组成部分,是全面发展人的身体、增强体质,传授体育知识、技术和技能,提高运动技术水平,培养良好意志品德的一种有目的、有计划、有组织的教育过程。它与德育、智育、美育、劳动技能教育等相配合,培养全面发展的人,从而为造就一代新人奠定好基础,为人们终身进行体育锻炼培养兴趣和习惯。

2. 社会体育

社会体育又称群众体育、大众体育,是指以健身、健美、医疗、休闲、娱乐为目的,内容丰富、形式多样、因人而异的一种群众性的健身活动。这种活动一般是自愿参加的,其组织形式有集体的也有个人的,并特别追求自我教育、精神和情绪的放松以及锻炼效果。因此,体育锻炼是现代人的必需,也是提高生活质量必不可少的手段。

3. 竞技体育

竞技体育是指在全面发展身体,最大限度地挖掘和发挥人(个人或群体)在体力、心理、智力等方面的潜力的基础上,以攀登运动技术高峰和创造优异运动成绩为主要目的的一种运动活动过程。竞技体育是一种制度化、体系化的竞争性体育活动,具有正式的历史记载和传说。它以打败竞争对手来获取有形或无形的价值利益为目标,在正式组织起来的体育群体的成员或代表之间进行,强调通过竞赛来显示体力和智力,在对参加者的职责和位置作出明确界定的正式规则所设立的限度之内进行。

以上三方面因其各自不同的内容和特点而相互区别,又互相联系,互相渗透,共同构成了体育的整体。它们的共同点都是通过身体练习来全面发展身体,增强体质;都具有教育、教学的因素;都有学习知识、提高技术的过程;都有竞赛的因素。

三、体育的起源与发展

体育是人类社会特有的一种文化现象。从体育的发展历程来看,体育的产生与发展,不仅受制于当时社会、政治、经济发展的需求,也受到历史、文化、生活习惯、意识形态的影响和制约。体育是人类在漫长的生活实践中,为满足人类自身生存和发展的需要而自主选择和创造的一种行为方式。

1. 体育的起源

关于体育的起源问题,学术界存在一定的争议,但大家都认可体育是伴随着人类的出现和发展而出现和不断完善的。因此,体育的出现是以人类的活动为前提,以人类体质的完善和心理的发展为条件,以人类社会的发展为基础,且和人类的生产劳动和生活实践密切联系的。

关于体育的起源目前主要有游戏起源说、战争起源说、劳动起源说、祭祀仪式起源说、爱情起源说、模仿起源说、余力论起源说等。游戏起源说认为,在人类社会初期,游戏是教育儿童的一种手段,而体育即为一种逐渐发展形成的特殊游戏形式。战争起源说认为,体育是源于战争、服务于战争需求而逐渐演化到和平时期的一种竞争或健身愉悦手段。劳动起源说认为,人类的生活离不开劳动,而劳动又离不开奔跑、跳跃、攀爬等身体活动,劳动作为实践活动的最初形态,对体育的产生起着决定性的作用。祭祀仪式起源说认为,体育源于古人对天、神的敬畏和崇拜以及对祖先的怀念和追思。爱情起源说认为,体育源于人们为进行婚姻、婚配而进行的活动。模仿起源说认为,体育起源于人们对外界事物或动物的模仿,进而形成了相应的各种体育活动。余力论起源说认为,体育源于人类精力过于旺盛而进行的余力消遣或发泄。

2. 体育的发展

(1) 我国奴隶社会体育的发展

在中国古代,奴隶社会的体育只是感知阶段的体育,萌生出的体育活动几乎都从属于其他活动。如夏、商、周、春秋时代,由于频繁的战争,射、御、角力、拳搏、奔跑、跳跃、剑术等被当作军事操练和熟悉兵法、阵法的手段。随着社会经济、文化的发展,特别是文字的出现,产生了学校体育,有关体育的内容也有了文字记载。如周代学校教育实行文武结合,教育的主要内容是礼、乐、射、御、书、数,其中的射、御和乐中的舞都包含体育的因素;同时,奴隶主阶级为了满足自己享乐的需要,发展了一些娱乐性的体育活动,如泛舟、划船、打猎、赛马等。

春秋时期是一个动荡时期。这个时期出现了许多思想家、政治家和军事家,他们的哲学思想、军事思想、教育理论、体育实践对这一时期的体育活动具有很大的推动作用。如孙武的《孙子兵法》就包括了不少有关身体训练的体育内容。

战国时期是奴隶制度崩溃、封建制度确立的时期,各国在变法中都很尚武,提倡结合军事训练开展体育活动。诸子百家也多提倡讲武,如墨子主张把射、御定为选拔贤士的标准,依此予以赏罚等。这一时期,由于社会政治、经济的迅速发展,城市繁荣,医学、养生学和民间的体育活动也得到了发展,民间的体育娱乐活动非常活跃。

(2) 我国封建社会体育的发展

汉朝时,在"养生观"上出现了唯物主义的"寿命论""无神论"与唯心主义的"天命论",还出现了以健身为主要目的的医疗体育,如导引养生、五禽戏等。特别是名医华佗所创的五禽戏,以唯物主义哲学思想,根据人体结构和血脉流通的传统中医生理机制,通过模仿虎、鹿、熊、猿、鸟的动作,以活动身躯、促进体内血气运行,颇有强身祛病的价值,成为我国古代医学和体育的宝贵遗产。由于汉代雄厚的物质基础,宫廷和民间的娱乐性体育活动丰富多彩,名目繁多。角抵戏兴盛于世,其中与体育有关的项目有角抵(包括角力、摔跤等)、杂技(其中有倒立、爬绳、爬竿、柔术等动作)、舞蹈(剑戟舞、蹴鞠舞等)以及秋千、舞龙、耍狮、高跷等活动。有的活动后来发展成为竞技体育运动项目,有的活动至今仍是人们喜闻乐见的传统身体娱乐活动。

两晋、南北朝时期,社会出现了混乱、分裂的局面。在体育方面,汉代那些能促使人们强身祛病、活动量大的运动项目如角抵、跳鞠等被废弃,而那些可供统治者享乐的歌舞、百戏等项目则得到提倡,致使体育走上歧途,但在客观上也相应地促进了娱乐性体育和养生术的发展。

隋、唐、五代时期，尤其在唐朝，由于全国统一，社会安定、经济发达，繁荣昌盛、和平统一，在这种社会条件下，体育的发展也出现了空前繁荣的景象。隋唐时期体育活动的特点是：范围广、规模大，上起宫廷及文官武将，下至平民百姓。如隋炀帝召集全国体育、杂技、乐舞能手综合表演的"角抵大戏""经月而罢"，简直相当于一次全国运动会。隋唐时期，体育运动项目繁多，技艺高超，仅球类运动就有马球、蹴鞠、步打球、十五柱球、踏球、抛球等。同时，医学和各种导引、养生术都有新的发展。特别是在我国古代伟大的医学家孙思邈的著作中关于养生、导引、按摩的理论，对当时和后世都有不可忽视的贡献。在军事武艺方面，骑射、剑术、角抵、硬气功等，不论是教习方法还是技艺水平，都较汉代有了发展和提高。另外，民间的体育活动，如拔河、荡秋千、竞渡、滑雪、滑冰、登高、射鸭（一种嬉水活动）、棋类等在当时都很盛行。

宋、元、明、清时代，体育随着社会的变革而不断发展变化。北宋时代由于沿袭了武举制，又加上王安石变法，提倡富国强兵，对体育的发展起到了刺激作用。明代开国皇帝朱元璋设武举，立武学，仿古代寓兵于农，实行卫所制度，"农时则耕，闲时练习"，因而粮多兵强。清初为了抵御沙俄侵略，实行了讲武绥远、御敌防疆的政策。康乾盛世，考试制度也沿袭了武举制，甚至规定文科考试先考骑术，不合格者不准参加考试；练兵制度也比较完整。因而，那个时期不仅军队精良，而且民间也涌现出许多武艺高超的名人壮士。在明清之际，中国武术的发展又出现了一个新的高潮。但乾隆之后，政治腐败，民不聊生，特别是鸦片战争以后，鸦片大量输入，毒害了广大人民群众的身体，加之清朝中央政府为了维护其统治，"禁民习武"，致使民众体质日衰，体育也由此一蹶不振。

(3) 我国现代社会体育的发展

1949年，中华人民共和国成立，为我国体育运动的发展开辟了广阔的前景，体育的地位得到了提高，体育的发展才逐渐复苏。1949年9月，在中华人民共和国成立前夕所通过的《中国人民政治协商会议共同纲领》中明文规定"提倡国民体育"。1950年，毛泽东主席亲自为新中国第一本体育杂志《新体育》题了刊头。1952年，为了祝贺中华全国体育总会第二次会议的召开，毛泽东主席为大会题词"发展体育运动，增强人民体质"，朱德副主席也为大会题词"普及人民体育运动，为生产和国防服务"。1952年11月，成立了中华人民共和国体育运动委员会（现今改名为体育总局），之后又陆续健全了各省市、自治区和地县的体育运动委员会（现今改名为体育局）。随后，中国体育科学学会、地方体育科学学会及各单科学会又相继成立，我国体育机构才有了比较完整的体系。

改革开放后，由于党和政府对体育发展的重视，我国的体育发展逐渐兴盛起来。党和国家领导人对为国争光的运动员、教练员非常关怀，优秀运动员经常被邀请到中南海或人民大会堂做客。随着人民物质文化生活水平的提高，群众性的体育活动也得到全面发展，特别是党的十一届三中全会以来，体育出现了新的发展势头。平时在公园、校园、街头及体育场（馆）里到处可见做操、跑步、打球、游戏等各种体育活动，武术热、气功热、健身操热更是一浪高过一浪，人们的精神面貌发生了根本的改变。为激发学生对体育的兴趣，促进学生的体质健康水平，为国家和社会培养德智体美劳全面发展的人才，我国相继出台了一系列政策、法规、条例来保证学校体育健康、可持续地发展，我国学校体育也得到了快速发展。

21世纪以来，随着我国经济的高速发展，人民生活水平日益提高，人民对体育的需求更加强烈,国家、社会、学校、家庭、个人等对我国体育各方面的投入也越来越多。科学技术的飞速发展,高科技的介入,不仅使得体育场地、仪器、设施、设备、装备等方面有了很大的改善,而且也带来科学的体育锻炼方法、手段,更好地指导人们进行运动和训练。目前,我国的学校体育、社会体育、竞技体育等各方面均上了一个新台阶,我国的体育发展进入了蓬勃快速发展期,我国正从一个体育大国向体育强国快速迈进。

第二节 大学体育文化

一、大学体育文化的内涵

1974年,在由国际体育名词术语委员会主席尼古·阿莱克塞博士牵头编写出版的《体育运动词汇》中,对"体育文化"作了如下定义:"体育文化是广义文化的一个组成部分,它是综合各种利用身体锻炼来提高人的生物学和精神潜力的范畴、规律、制度和物质的设施。"有人认为体育文化是一个特定社会的成员所共享并互相传递的体育知识、体育态度、体育习惯性行为模式的总和。也有人认为体育文化就是以身体活动为基本形式,以身体竞争为特殊手段,以完善和促进身体发展为主要目标的实践活动,不仅包括体育设施、个体素质等物质文化,还应包括知识、技术和制度文化、思想观念文化。

"校园体育文化"是在20世纪90年代初期提出的一个概念,它源于20世纪80年代"文化热"的背景下对"体育文化"与"校园文化"的进一步探讨,是校园文化与体育文化相互融合后整合出的一种新的文化现象。校园体育文化主要是指人们在学校体育教育过程中所创造和拥有的精神财富和物质财富的总和。校园体育文化是体育文化的子系统、亚文化,它是呈现在校园内的一种特定体育文化氛围,是以学生为主体,以体育文化活动为主要内容,以校园环境为主要活动空间,以校园精神为主要特征的一种群体文化,它是整个体育文化体系中的一部分,也是整个教育文化体系中的一部分。

大学校园体育文化是大学校园中一种特殊的文化现象,是学校师生共同创造并认同的价值观念,其本质是指在学校这一特定的范围内,按照体育文化和体育教育的基本规律及原则要求,以校园精神为主要特征,创造性地进行设计和优化组合的不同体育形态的复合型群体文化,有助于构建和谐校园文化,倡导和营造一种积极健康、活泼和谐的精神氛围,促进师生、学校和社会的和谐发展。因此,大学校园体育文化在内涵上体现了体育与人文精神的结合,使人拥有健康的体魄和良好的体育道德,从而进一步影响到学生的世界观、人生观、价值观和生命观的正确走向,最终实现学校教育的目标——人的全面发展。

二、大学体育文化的分类

有关大学体育文化的分类,众多专家学者的观点相对比较集中。有的专家认为,大学体育文化包括体育物质文化、体育精神文化和体育行为文化;有的专家认为,大学体育文化包括体育物质文化、体育精神文化和体育制度文化;有的专家认为,大学体育文化包括体育物质文化、体育精神文化和体育意识文化。结合众多专家的观点,我们把大学体育文化的分类概括为：大学体育物质文化、大学体育精神文化、大学体育制度文化和大学体育行为文化。

1. 大学体育物质文化

大学体育物质文化是校园体育文化的基础，是满足校园体育文化的主体，是进行体育实践活动的重要保障。它是一种特殊的物质文化形态，其独特之处就在于校园是专门的育人场所，育人的意向性是其本身包容丰富的教育意义与教育价值。校园体育物质文化积淀着历史、传统、体育文化和社会价值，蕴含着巨大的潜在教育意义。学生不仅通过体育物质文化掌握一定群体的环境知觉，而且同时从体育物质文化中领会特定体育文化的空间设计，使其态度、情感、健康观和价值观受到潜移默化的影响。

大学体育物质文化主要包括：体育标志，即学校的体育雕塑和标志性体育建筑；体育设施，即学校体育设施布局和体育场(馆)是否能满足师生锻炼需求；经费投入与场地面积，即人均体育经费和人均体育场地面积的多少；体育资讯，即体育图书、体育宣传栏和体育广播是否丰富。

2. 大学体育精神文化

从生命哲学的视野看，只有精神活动才是人的生命活动的最高形式，因而也只有精神文化才真正表现出文化的生命特征。大学校园体育精神文化是在校园中由师生共同创造的特定的一种精神财富和文化氛围，它主要以体育思想观念体系和价值体系表现出来。校园体育精神文化是赋予学校以生命、活力并反映学校体育历史传统、办学特色、体育精神风貌的一种学校体育精神形态，大学体育精神文化是校园体育文化的核心和灵魂，它强大的影响力、感染力渗透在学校体育的方方面面，成为凝聚全体师生员工共同奋斗的精神动力。

大学体育精神文化主要包括：体育导向机制，即学校的体育口号、标志性体育人物、体育标识和体育文化价值体系核心理念；体育价值观，即学生的体育观念、体育锻炼价值取向和体育道德观；体育态度，即学生对体育教学环境所持态度、参与体育锻炼的动机和态度及体育运动精神体现。

3. 大学体育制度文化

大学体育制度文化主要指以文字形态表达的学校体育的规章制度及固定的体制所体现的校园体育文化。它在一定范围内对校园体育文化主体的体育行为具有一定的强制性。它是校园体育文化系统中最重要的因素，规定着校园体育文化整体的性质。它保证学校秩序的正常运行，规范学校成员的行为、态度和作风，倡导与校园体育精神文化的价值观、健康观、审美观一致的学校体育风气，是体育精神文化在学校各个方面管理上的体现。先进的校园体育文化如果不能通过一定的制度及相应的机制表达出来，就难以转化成客观的体育文化存在，形成不了新的体育文化风尚，起不到推动校园体育文化进步的作用。当新的校园体育精神文化转化成制度时，既标志着先进的校园体育精神文化的有效传播，又标志着校园体育文化创新的落实。

大学体育制度文化主要包括：组织领导，即专人分管学校体育，每年有体育工作计划，每年召开体育工作会议和体育政策执行情况会议；校园体育制度，即体育管理实施办法、体育教师奖励制度、校园体育健身管理办法、成文的体育课堂常规、体育教师工作守则、运动员守则、校园体育文明规范制定情况、体育社团的规章制度和公平竞赛制度等；校园体育传统，即是否形成体育传统，是否定期举行体育知识讲座，是否定期举行体育知识竞赛以及是否有高水平运动队等。

4. 大学体育行为文化

大学体育行为文化主要指师生员工在体育实践活动中以约定俗成的方式构成的体育行为规范。其主要通过师生的身体活动形态表现出来,是学校日常生活中师生经常表达情感、态度最直观感受的体育文化形态。

大学体育行为文化主要包括:体育文化节,即学校是否每年举办运动会、院(系)是否举办体育文化节、举办体育文化节次数及参与状况;学生个人体育行为,即学生体质达标率、体育课出勤率、每周参加锻炼的次数和持续时间、体育活动方式、是否经常关注体育比赛和新闻,等等;体育社团,即是否有学生体育社团或者体育协会,体育协会是否有教师定期指导;体育组织管理行为,即社区或其他体育公共服务、开展"全国亿万学生阳光体育运动"情况、体质和心理健康是否建立预警机制以及身心健康状况。

第三节 大学体育文化的功能和作用

人的全面素质包括思想品德素质、文化素质、身体素质、心理素质、审美素质和劳动素质等。社会需要高素质的人才,而素质教育的非智力因素则需要通过文化来熏陶。大学体育文化以其独特的作用和魅力存在于校园文化中,在全面实施素质教育,以及培养人才的过程中发挥着不可替代的作用。

一、培养良好的道德品质,促进学生综合素质的提高

实践证明,在对学生进行德智体美劳全面发展的教育过程中,必须把德育放在首位,贯穿在各类教育的全过程中。良好的思想品德可以通过说教,也可以通过环境感染在潜移默化中形成。体育文化是对学生品德教育最活泼、最直接、最生动的形式。通过体育文化活动进行思想品德教育,更适合大学生的年龄特征,特别是结合各种不同运动项目的特点和要求,能较全面地实现对大学生的思想品德和个性的培养。体育活动多采用竞赛形式,既有强烈的竞赛气氛,又有严格的规则约束,而规则既是行为的准则,又是品德的规范。这有利于增强学生的竞争意识,培养公平竞争的观念和团结协作、公正无私、勇敢顽强、拼搏进取的优秀品质。在体育活动的参与或观赏中,大学生要有心理上的进取意识,努力培养自己艰苦奋斗、团结友爱、乐于奉献的高尚品格;在体育的情感方面,应该更深切、更富有青年人的特点,使自己在知、情、意、行诸方面都有更高层次的追求,从而确立文明、科学、健康向上的生活方式。

校园体育文化是实现教育培养目标的载体,在体育文化活动中,大学生必然受到集体主义、爱国主义、团结协作、遵纪守法、勇敢顽强等优良品质和高尚道德情操的教育。校园体育文化的开展过程,实际上就是大学生自我表现、自我管理、自我提高、不断社会化的过程。校园体育文化的开展离不开广大学生的自觉意识和主动参与,同时也为大学生进行自我教育、自我管理和自我服务提供了良好的条件和场所。学生通过自觉组织、自觉参与校园体育文化活动,从而不断提高自身的道德品质和综合素质。

二、促进学生身心健康发展

世界卫生组织(WHO)关于健康的概念认为,只有身体健康、心理健康、社会适应良好、道德健康的人才是完全健康的人。促进大学生身心健康发展是大学体育文化的重要功能,这种功能的显现是通过身心的交互作用实现的。一方面,体育锻炼过程中给予人体各器官系统一定强度的刺激,使机体在形态结构、生理机能等方面发生一系列适应性反应,从而对机体产生积极的影响,并能有效地促进人们的身体健康;另一方面,许多学生选择体育活动方式并作为娱乐消遣的生活方式之一固定下来,让身体的生物学改造(即器官的运动和锻炼)和心理的调适在健康的方式中实现。

大学体育文化活动以其固有的竞争性、娱乐性、艺术性,丰富了大学生的精神生活,使他们在紧张的学习之余获得心情愉快、精力旺盛、情绪高涨等感受。大学体育文化活动产生的精神氛围,可以锻炼学生意志品质,催人奋发进取,培养集体观念,加强组织纪律,协调人际关系,消除精神烦恼,使人身心得以和谐、健康地发展。

三、促进学生智力,提高学习效率

科学研究证明,长期坚持体育锻炼能保证大脑能源物质和氧气的充足供应,使大脑神经细胞得到充分发育。同时,不同性质的运动能为整个大脑神经系统提供各种信息,有利于提高大脑皮层细胞活动的强度、均衡性、灵活性,使整个大脑神经系统的结构、功能得到改善和提高。人的大脑在工作一定时间后会有疲劳感,根据高级神经的负诱导,运动中枢神经兴奋,可以使思维记忆中枢得到完全休息,从而很快消除疲劳,提高学习效率。

四、提高学生审美意识,陶冶情操

大学体育文化对提高学生的审美意识、陶冶情操具有很好的促进作用。体育本身就是健与美的统一活动。体育以身体活动为特殊手段,通过动作展示具体形象,身体美与运动美,自然美与艺术美的有机结合能给人以美的享受。体育锻炼能使学生体魄健美,体形匀称,姿态端正,动作矫健,这些既是健康的标志,又是人体美的表现。在多姿多彩的大学校园体育文化活动中,各种运动项目、各种身体练习、体育竞赛与表演、体育摄影、体育雕塑、体育建筑等,都可以使大学生得到美的感染和陶冶,获得体育美的情感体验。

校园体育文化可以理解为一种校园精神的环境和文化氛围,其作用是通过体育文化氛围的营造来陶冶大学生的情操,规范大学生的行为。校园体育文化活动通过整体环境、文化氛围、实践活动、激励机制等影响和教育广大学生,使他们积极主动地投入这一环境中,既能从中学到知识,又能丰富生活;既能锻炼组织能力,又能培养合作精神和竞争意识。人体的健康美、形体美、姿态美是长期运动的结果。高雅的校园体育文化活动所带来的语言美、行为美、心灵美等,对于培养大学生感受美、鉴赏美、表现美和创造美的能力具有特殊的、不可替代的作用。

五、促进学生个体社会化

现行的学校教育,其实现的目标之一就是促进大学生的个体社会化。大学生个体社会化就要遵守一定的社会规范,社会规范是历史形成或规定的行为与活动的标准。人的行为总是受某种文化下的社会规范的制约。这些社会规范不仅指法律、规章制度,还涉及人际交往时的一些礼节规则和比赛规则。当人们进行各种比赛时,在比赛的过程中人们在相应的比赛规则下就应该做出某种行为或者受到某种约束。人们在比赛中扮演角色、学习角色、领悟角色,从而使自觉遵守社会角色规范成为可能。

　　大学体育文化活动加强了大学生之间的交流,特别是集体项目,需要有众多人员通过默契配合、集体合作、顽强拼搏方能取胜。在训练和竞赛中,这种日积月累的合作往往增进了人与人之间的情感交流,加深了友谊,使他们逐步积累不同的角色体验和经验,扩大人际交往,既增进同学之间的友谊,又逐步学会自我管理,不断增强自主意识、自强意识,提高独立生活、组织管理和社会活动等方面的能力,提升社会责任感。大学体育文化为学生更好、更快地适应社会、融入社会,为投身社会主义建设发展奠定良好的基础。

参考文献

[1] 黄延春,梁汉平.体育概论[M].重庆:重庆大学出版社,2018.
[2] 罗林.大学体育选项教学指导教程[M].天津:天津科学技术出版社,2008.
[3] 顾春先,邬红丽,肖波,等.中国高校校园体育文化指标体系研究[J].体育科学,2010(8).
[4] 蒋玉梅.大学体育与校园文化[M].武汉:中国地质大学出版社,2010.
[5] 孙国民,于晓东,陈东.大学体育理论教程[M].南京:南京大学出版社,2011.

第二章 体育与健康

2019年国务院印发的《国务院关于实施健康中国行动的意见》中指出,人民健康是民族昌盛和国家富强的重要标志,预防是最经济最有效的健康策略。而体育锻炼是最低成本且有效预防、治疗甚至是逆转疾病的策略之一。把全民健身工作上升到"健康中国"国家战略的一部分,这既体现了中国社会经济发展到一定程度的必然需求,也体现了全社会对于体育价值的再次认识。"健康中国"的国家行动不仅是追求国民人均寿命的增加,更是要促进国民精神活力与提升健康期望寿命,而这必然离不开体育锻炼。

第一节 健康的内涵

一、健康的定义

1948年,世界卫生组织在《组织法》中提到的"健康"(health)定义引用和影响最为广泛。其内容是:健康不仅为疾病或羸弱之消除,而系体格、精神与社会之完全健康状态(Health is a state of complete physical, mental and social well-being and not merely the absence of disease or infirmly)。此定义所涵盖维度非常广泛,它对社会群体健康而非单纯个人健康的关注,被认为是超越了狭隘的民族主义、种族主义和区域主义。

1978年,随着20世纪60年代耗资巨大的疟疾消除项目宣告失败,世界卫生组织和联合国儿童基金会共同提出了初级卫生保健战略。在1978年签署的《阿拉木图宣言》中重申了对于"健康"的定义,并补充道:"健康是一项基本的人权,达到尽可能高的健康水平是世界范围的一项最重要的社会目标,而实现这一目标需要卫生部门和其他多种社会和经济部门的共同行动。"

1986年,由于新自由主义主导的经济和卫生政策的影响,并出于对"健康"定义实施成效的考虑,逐渐将"健康的社会因素考虑弱化了"。1986年11月世界卫生组织制定健康促进的《渥太华宪章》,被认为是"对人类健康的再认识",重视个人价值观和生活方式对健康的关键作用。

二、健康的标准

1996年,世界卫生组织提出了机体健康"五快"标准和精神健康"三良好"标准。

机体健康的"五快"标准:

(1) 吃得快。进餐时,有良好的食欲,不挑剔食物,并能很快吃完一顿饭。

(2) 便得快。一旦有便意,能很快地排泄完大小便,而且感觉良好。

(3) 睡得快。有睡意,上床后能很快入睡,且睡得好,醒后头脑清醒,精神饱满。

(4) 说得快。思维敏捷,口齿伶俐。

(5) 走得快。行走自如,步履轻盈。

精神健康"三良好"标准:

(1) 良好的个性人格。情绪稳定,性格温和;意志坚强,感情丰富;胸怀坦荡,豁达乐观。

(2) 良好的处事能力。观察问题客观、现实,具有较好的自控能力,能适应复杂的社会环境。

(3) 良好的人际关系。助人为乐,与人为善,对人际关系充满热情。

2000年,世界卫生组织提出了"合理膳食,戒烟限酒,心理健康,克服紧张压力,适量运动"的促进健康新建议,并具体提出了衡量健康的10项具体标志如下:

(1) 精力充沛,能从容不迫地应付日常生活和工作压力而不感到过分紧张。

(2) 处事乐观,态度积极,乐于承担任务和责任而不挑剔。

(3) 善于休息,睡眠良好。

(4) 应变能力强,能适应各种环境的变化。

(5) 对一般感冒和传染病有一定的抵抗力。

(6) 体重适当,体态均匀,站立时头、臂、臀比例协调。

(7) 眼睛明亮,反应敏锐,眼睑不发炎。

(8) 牙齿清洁,无缺损,无疼痛,牙龈颜色正常,无出血。

(9) 头发光洁,无头屑。

(10) 肌肉、皮肤富有弹性,走路轻松。

三、健康的评价

我们可以将自身的健康状况对照世界卫生组织提供的"健康标准"进行主观评价,发现自己不健康时需要去求医,但是感觉自己完全健康的人也未必没有疾病,现代医学在评估健康时把"自我健康评价"也包含在内。

为了评价健康产生了一系列的评估方法,最早包括是否有疾病、发病率、期望寿命等。随着医学科学的发展,认为不但要考虑寿命,还要考虑质量。比如一个人被疾病折磨卧床5年,显然比不上健康生活4年的生命质量,因此产生了"健康期望寿命"的指标,该指标去除了疾病造成的生命质量损失。当然,这并不是绝对的,也许有人会认为多活1年更重要。因此,在进行健康评估时要加入"主观感受"的内容,也就是把"自我健康评价"等内容包含进来。现在发展出的"生命质量评价体系"(Quality of Life,QOL),对于普通人的评估使用QOL 100等量表,对于特殊人群则有不同量表。在"生命质量评价体系"中不仅关心以往健康评估中的疾病状况,并且更多地考虑健康的正向因素(如睡眠质量、精力是否充沛等)。

四、健康促进

健康促进可使人们加强对自身健康状况的掌控。它涵盖了一系列范围广泛的社会和环境干预方法,这些方法目标是通过预防和解决不良健康的产生,而不仅是侧重于治疗和治愈

方面,从而使每个人的健康和生活质量获益并受到保护。健康促进的三个要点如下:

一是良好治理。健康促进要求政府各部门的所有决策者都要将健康作为政府政策的中心信条。这意味着他们必须将健康的影响纳入到所有要做出的决定中,并将那些能够预防疾病并保护人民免遭伤害的政策置于优先位置。

二是健康素养。人们需要获得用来做出健康选择的知识、技能和信息,并要保证人们有机会做出健康相关的选择。要使人确信可以获得进一步要求采取政策行动,使其健康得到更大改善的环境。

三是健康城市。在健康促进中城市起到至关重要的作用。在市政层面具备强有力的领导和承诺,对于健康城市规划及在社区和初级卫生保健机构加大采取预防措施至关重要。从健康城市发展到健康国家,最终发展到健康世界。

第二节 健康的影响因素

一、健康的影响因素

影响健康的因素可以包括主观因素和客观因素,由于研究时的角度与方法不同,众多研究的结果也不尽相同。其中,世界卫生组织认为影响一个人健康的主要因素有四个方面:生物遗传因素、环境因素、医疗卫生服务因素及个人的生活方式与行为。

1. 生物遗传因素

一个人的健康与寿命15%～20%取决于生物遗传因素,这包括了直接与遗传有关的疾病,以及遗传与其他危险因素共同作用的疾病。生物遗传学因素包括:年龄、性别、身高、体重、种族、疾病遗传史等。

2. 环境因素

一个人的健康与寿命20%～25%取决于环境因素,环境因素大致可以分为自然环境与社会环境两个方面。

(1) 自然环境中对人类健康与寿命产生威胁的因素包括:生物性危险因素(如细菌、真菌、病毒、寄生虫等)、物理性危险因素(如噪音、电离辐射、振动等)、化学性危险因素(如空气污染、水源污染、食品污染等)。

(2) 社会环境中对人类健康与寿命产生威胁的因素包括:政治、经济收入、文化教育、居住条件、心理刺激、工作紧张程度及各类生活事件等。

3. 医疗卫生服务因素

一个人的健康与寿命10%～15%取决于医疗卫生服务因素。医疗卫生服务不良因素是指医疗卫生服务系统中存在的各种不利于保护和增进健康的因素,例如:医学治疗疗效低、院内交叉感染、医疗制度不完善等。

4. 个人的生活方式与行为因素

个人的生活方式与行为因素对人类健康与寿命的影响为50%～55%。我们的生活方式与行为和常见的慢性病或社会病密切相关。生活方式是人们生命活动中重要的组成部分,它受到不同文化教育、民族、经济、社会、风俗及环境的影响。生活方式是非常复杂的问题,但对我们的健康与寿命有着极其深远的影响。例如,在我们平时的生活中,加入规律的身体活动并减少静坐少动时间,对我们的生理与心理健康均起积极的作用,并且两者相互作用、相互影响还产生新的效应;而不良的生活方式,包括吸烟、酗酒、滥用药物、熬夜、不合理的饮食、缺乏锻炼、危险驾驶等,都会对健康与寿命带来不同程度的负面影响。

由此可见,当今社会生活方式与行为是影响人类健康与寿命最主要的因素。个人生活方式与行为,包括饮食、睡眠、身体活动和心理因素等。改善健康状况就要从培养良好的生活方式、增强个人体质着手。

二、威胁人类健康与寿命的因素

自2009年以来,中国疾病预防控制中心联合美国华盛顿大学健康与测量评估中心,通过对我国疾病监测数据大型调查、重要的卫生报告调查,以及相关的社会、经济和人口数据的梳理和整合,研究分析了我国及各省级行政区人群的期望寿命和健康期望寿命、死因模式、危险因素暴露与归因负担等疾病负担指标,并定期进行了更新。

依据2017年全球疾病负担研究的中国疾病负担报告,心脑血管疾病、缺血性心脏病、肺癌、慢性肺梗阻和肝癌是导致我国人群寿命年损失、生命长度缩短的前五大死因,严重影响了我国期望寿命的增长。这些疾病均属于慢性非传染性疾病的范畴,慢性病的发生与流行和经济、社会、人口、行为等因素密切相关。

威胁我国居民健康的十大危险因素包括:高血压、吸烟、高钠饮食、空气颗粒物污染、体重指数、高胆固醇、高血糖、饮酒、全谷物及水果摄入不足。其中高血压、吸烟和高钠饮食为影响我国居民健康的三大危险因素。另外,高体重指数、高胆固醇的顺位明显提高,这与我国不合理膳食模式的普遍存在、国民锻炼参与程度仍处于较低水平、静坐生活方式影响扩大有着密切关系。

第三节 身体活动的健康效益

一、身体活动的概念与分类

1. 身体活动的概念

身体活动(Physical Activity)又称体力活动,是指因骨骼肌收缩引起超过基础代谢水平的能量消耗的身体活动。

2. 身体活动的分类

身体活动可按活动目的分为:职业性、交通性、家务性及娱乐性身体活动。骨骼肌的参与情形及能量消耗水平是身体活动的重要评价指标。我们在操场上跑步、在运动场打球是身体活动,同样,做家务、爬楼梯等都是身体活动,因为这些活动都引起了骨骼肌做功且产生明显高于基础代谢水平的能量消耗。

运动属于"娱乐性"的身体活动,它是有计划、有组织、可重复的身体活动,是以促进或维持一个或多个体质要素为目的的身体活动。

二、身体活动的健康效益

我国社会经济的高速发展带来了快速的工业化、城镇化和老龄化，随之而来的是生活行为方式、生态环境和疾病谱的改变。随着疾病谱的转变，传染性疾病和心血管疾病的死亡率降低，全世界人口的平均寿命明显延长，但慢性非传染性疾病的高发给我国的卫生和健康事业带来了巨大的挑战。

慢性非传染性疾病的发病率升高不仅在我国趋势明显，在发达国家亦是如此。在2018年出版的《美国人身体活动指南》第二版中指出：大约50％的美国成年人患有一种或多种可预防的慢性疾病，10种最常见的慢性疾病中有7种可以通过规律的身体活动达到预防、治疗甚至是逆转疾病的效果。因缺乏身体活动，不仅导致美国公民大约10％的过早死亡率，还造成每年大约1170亿美元的财政支出用于医疗保健费用。

强有力的证据表明，规律的身体活动将提供明显和实质性的健康收益。身体活动对于健康的促进作用范围广泛且意义深远，不同的研究方法与角度揭示身体活动对健康的促进作用大致包括：

1. **身体活动可以促进体质健康**

体质健康的定义在我国体育、教育和卫生系统方面，已基本形成共识，它是在遗传性和获得性基础上表现出来的、相对稳定的特征，这些稳定特征包括：身体形态、生理机能、身体素质和心理状态。遗传对体质的发展提供了可能性，而体质的强弱最终还有赖于后天的环境、营养、体育锻炼、卫生保健条件等，尤其体育锻炼是增强体质最积极、有效的途径。通过有规律地参与体育锻炼可有效地提高心肺耐力水平，改善身体成分，预防超重、肥胖等问题，改善骨质健康及增强运动能力等。

2. **身体活动可降低慢性非传染性疾病的危险因素**

通过规律的身体活动可有效地降低动脉冠状疾病的患病风险，这些危险因素包括：高血压、高血糖、高血脂等。

（1）调节血压。一次持续10分钟的中等强度有氧运动，可将运动后血压降低10～25mmHg。长期有规律地参与身体活动可有效地降低安静时的收缩压和舒张压，减少运动中血压的波动，降低血压升高的幅度。因此，有规律的身体活动可有效地预防高血压。另外，有规律的身体活动再结合药物治疗，在缓解甚至治疗轻度、中度高血压方面也有积极效果。

（2）调节胰岛素和糖代谢。规律的身体活动能够起到调节胰岛素和糖代谢水平的作用。"中国大庆糖尿病预防研究"是我国著名的糖尿病预防研究，该研究2019年在《柳叶刀》杂志上发表的文章结果表明，以运动为主的生活方式干预可有效地预防糖尿病，规律的身体活动可显著减轻胰岛素抵抗，提高胰岛素的敏感性，从而有效地预防、延迟甚至逆转糖调节受损者的糖尿病。

（3）改善脂代谢功能。身体活动可以改善脂代谢功能，一次30～45分钟的中等强度运动后，血液中甘油三酯水平会即刻下降。长期坚持有规律的身体活动可以降低体内低密度脂蛋白水平，升高高密度脂蛋白水平。高密度脂蛋白作为血管的"清道夫"、一种"好"胆固醇,可以降低人们罹患动脉粥样硬化和冠心病的风险。规律的身体活动是增加高密度脂蛋白的有效手段。

(4) 降低血液黏稠度。高热量高脂肪饮食、吸烟、体力活动不足等不健康的生活方式都有可能增加血液黏稠度。过度黏稠的血液有可能伤害毛细血管,甚至堵塞毛细血管。这会给体内氧气与营养物质的运输造成难题。而有规律地参与身体活动可有效地降低血液黏稠度。

3. 身体活动可降低多种疾病的发病率

美国运动医学会依据大量的实验室研究及基于大规模人群的观察性研究报告,总结道:体力活动与早期死亡、心血管疾病/冠心病、高血压病、中风、骨质疏松、Ⅱ型糖尿病、代谢综合征、肥胖、结肠癌、乳腺癌、抑郁、功能性障碍、跌倒风险及认知功能呈负相关。适当强度下规律的身体活动可以有效地降低40%心血管疾病风险、27%中风风险、50%高血压风险、50%糖尿病风险。此外,每天坚持30分钟适当强度的身体活动,可降低50%乳腺癌的发生风险与死亡率、60%结肠癌的发病率以及67%的阿尔兹海默病的发生风险。

4. 身体活动可促进青少年的生长发育与身心健康

运动不仅可以促进儿童、青少年的生长发育及体质健康,还可以帮助他们形成健康的生活方式与行为。良好的生活习惯是预防慢性疾病、延长寿命的关键。此外,在儿童、青少年时期通过规律的身体活动所获得的良好的心肺耐力、身体成分,对成年后的体质健康起积极影响。研究已经证实,儿童、青少年期所获得的良好的肌肉含量、肌肉耐力与力量,其效益可延长至老年期,可有效地预防老年期肌少症的发生风险。最后,规律的身体活动可以促进儿童、青少年神经系统的发育,让他们四肢发达,头脑聪明,还可以培养他们的合作精神和抗压能力等。

5. 身体活动对"银发族"的影响

最新的科学研究表明,常年坚持适当运动可以延缓脑萎缩,增加大脑灰质,减少老年人认知障碍或老年痴呆症发病率。此外,运动还可以促进老年人的体质健康并增强其独立生活的能力,降低老年人摔倒的概率和因摔倒而受伤的风险等。

第四节 身体活动的风险与防范

身体活动在健康促进中意义深远,但不可忽视的是,参与运动也可能带来损伤甚至诱发不良心血管事件的风险。好在已有强有力的证据表明:身体活动对于几乎所有人来说都是安全的。我们要认识并学会预防运动中可能出现的损伤,尤其是心血管事件的风险,为运动提供安全保障。

一、身体活动的风险

运动中可能出现的风险大致可分为损伤风险和健康风险。

1. 运动中的损伤风险

运动中的损伤风险是指在运动中可能出现的肌肉、骨骼和关节的损伤,包括肌肉拉伤、关节扭伤、骨折等。其中,骨骼肌损伤是运动中最常见的损伤风险,通常与运动强度、运动方式及运动前的身体状况等有关。与骨骼肌有关的具体损伤风险包括：肌肉拉伤、关节扭伤、骨折、劳损（如足底筋膜炎、网球肘等）、摩擦伤、跌伤、骨关节炎等。

损伤的常见原因如下：

（1）运动的类型与强度。这可能是运动中发生损伤最重要的因素。与中等强度、低撞击性运动相比，高撞击性运动且当运动强度较大时，运动参与者的肌肉、骨骼和关节损伤风险会升高3倍。运动中的撞击性是指运动者自身与地面的接触及运动者之间的接触情况，例如：跑步比走路的撞击性高，足球比羽毛球撞击性高，因此前者的损伤风险也会略高。

（2）准备活动。运动前不进行热身或准备活动不足会升高运动中的损伤风险。

（3）运动环境。在寒冷或是湿热的环境下，进行高强度大运动量的运动会升高损伤风险。

（4）运动形式。长期进行运动形式单一且运动量大的运动会升高损伤风险。

（5）基础病。患有糖尿病、高血压等慢性病的人群，更容易在运动中升高损伤风险。

不同人群及不同运动方式在运动中的肌肉、骨骼及关节损伤的发生率不同。体质好的人群在运动中发生损伤概率低于体质差的人群；另外，身体活动量过大时损伤风险升高。研究显示：步行1000小时会有1例发生肌肉、骨骼和关节损伤，跑步1000小时会有4例发生肌肉、骨骼和关节损伤。大多数人在中等运动强度下，发生运动损伤的概率是很低的。

2. 运动中的健康风险

运动中的健康风险是指在运动中诱发原有疾病或者在运动中可能出现的疾病的风险，比如在过量运动中出现低血糖或运动诱发隐匿性心脏病的发作。运动中最严重的不良心血管事件包括：心源性猝死和急性心肌梗死。但总体来说，心血管系统正常的健康个体在进行运动时不会引起不良心血管事件的发生。大量研究支持，健康个体进行中等强度体力活动引起心脏骤停或心肌梗死的风险很低。

在运动中可能发生的心血管事件包括：心绞痛、心律失常、血压过高、血压过低、晕厥、主动脉夹层瘤（运动强度或幅度过大会造成主动脉夹层瘤破裂）、脑出血、猝死等，但要强调的是，没有心肌病变的人群在规律适量的体力活动中发生不良心血管事件的可能性很低。

运动中心血管事件的易感人群是已诊断或隐匿性心血管疾病的个体。在进行较大强度体力活动时，这类人群心脏猝死和（或）心肌梗死发生的风险会短暂快速上升。但近期美国运动医学会与美国心脏病学会联合声明：内科医生不应过度评价运动风险，因为规律的身体活动带来的健康益处远高于风险。另外，对于平时静坐少动的群体在偶尔进行不习惯的运动时（如运动量或强度过大），发生心源性猝死或心肌梗死的风险会大大增加。运动专家建议，静坐少动群体在参与运动时应遵循循序渐进的运动原则，通过规律的身体活动逐步增加运动强度与运动量，从而大幅降低不良心血管事件发生的概率。

此外，对于不同年龄段群体运动中诱发不良心血管事件的病理基础是不同的。具体分为以下两种情况：

（1）35岁以下群体。该群体在运动中因突发心血管事件造成猝死的主要原因是先天性或遗传性的缺陷（包括肥厚性心肌病、冠状动脉异常、主动脉狭窄、马凡氏综合征等）。

（2）35岁以上群体。该群体在运动中发生猝死的主要原因是冠心病。其中，运动诱发不良心血管事件的主要病理基础是动脉粥样硬化。有研究显示，明确诊断的冠心病人在较大强度运动(77%～93% HRmax)时心血管事件的发生率会升高100倍。

由以上论述可知,运动强度与心血管事件密切相关。对于心血管系统正常的健康个体,中等强度的运动诱发不良心血管事件的风险是极低的。在进行较大强度运动时,心源性猝死或心肌梗死的发生风险会短暂快速上升,尤其是在已确诊或是隐匿性心血管疾病且静坐少动的患者中,但这种风险会随着有规律的运动量提高而降低。

虽然较大强度身体活动时心源性猝死、心肌梗死的相对风险高于安静状态,但其绝对风险是很低的。有研究表明发生1例心源性猝死的可能性:男性在较大强度运动中150万次会有1例猝死,女性在中高强度运动中3650万次时会出现1例猝死。

二、运动风险的防范措施

1. 防范措施

为尽量避免运动中损伤及不良心血管事件的发生,我们需要做到:

(1) 适当运动,注意动作姿态。选择适当的运动方式、运动强度及运动量,并尽量避免在运动中出现长时间的弯腰、低头、憋气。

(2) 逐步增加运动量与强度。研究显示,运动负荷过量是造成骨、关节和肌肉损伤最直接的因素。

(3) 选择适合当下体质水平的运动。体质弱、肥胖或静坐少动的群体应根据当前体质水平,缓慢增加运动量与运动强度。

(4) 准备活动和整理活动很重要。正式运动前的热身是对骨骼肌系统和心血管系统的准备;运动尾声应通过舒缓的整理活动缓慢地结束运动,若在较高强度运动后突然终止运动会增加心律失常的风险,出现胸闷、脑缺血、头晕不适等不良现象。

(5) 身体机能下降时,调整运动。在身体疲惫、熬夜、醉酒、长途旅游等身体机能下降时,应降低运动强度,缩短运动时间,必要时应暂停运动。

(6) 正确选择运动装备与器械。在运动时选择使用合适的运动器材及防护设备,如在夜跑时应穿着反光标记的运动服。

(7) 安全环境中运动。如选择在平坦的道路上跑步,远离机动车。

(8) 遵守法规、政策和规则。如在骑行运动中佩戴头盔,不在浅水区跳水等。

(9) 避免在空气污染环境下运动。如应避免在车流量大的路边或空气质量不佳的环境下运动。

(10) 合理安排湿热、寒冷环境中的运动。在炎热或极寒等极端天气运动时应合理安排运动量、运动强度、运动时间等。对于心血管疾病的高危人群而言,当室内外温差大于20摄氏度时,应暂停户外运动。

2. 其他心血管事件的防范措施

虽然对于健康个体而言,运动诱发心源性猝死或心肌梗死的概率是极低的,但由于后果严重,我们在运动中为避免不良心血管事件的发生,还可以采取以下方法进行有效防范:

(1) 运动参与者应简要了解心血管事件的病理基础及心血管疾病的相关症状与体征,并对体适能状况与健康状况进行基本评估。

(2) 对经常参与次大到最大强度运动的人群而言,更应了解心血管疾病的前驱症状,并在类似症状加重时立即就医。

（3）了解家族史，尤其是心血管疾病的患病史，进行运动前健康筛查，在必要情况下做进一步医学检查。

（4）对无规律运动、体质弱或肥胖的运动参与者而言，运动前最好进行动脉粥样硬化疾病的筛查。

（5）专业健身指导人员应接受过运动现场心肺复苏训练，在运动现场应有相关急救设备。

（6）运动参与者在自身不够了解体育科学并想在短期内提高运动表现时，可选择咨询运动专家，在充分考虑运动能力、日常体力活动水平和环境等因素后设计运动指导方案。

（7）运动前要检查场地设施的安全性，并进行充分热身后参与运动。

三、一些人需要在医务监督下参与运动

生命在于运动，但一些人情况特殊，须在医务监督下参与运动，要特别注意。

（1）中等强度运动很安全。并没有研究证实，在运动专家的指导下运动就能够收获更多的健康效益，或是避免运动中损伤及不良心血管事件发生的概率。中等强度的身体活动对于几乎所有人来说是安全的，在没有已确诊的慢性病（如糖尿病、心血管疾病、骨关节炎等）或相应体征（如胸疼、高血压、眩晕、关节疼痛等）的人群中基本不需要在运动专家的指导下进行运动。

（2）静坐少动人群。对于静坐少动的人群而言，如果刚开始体质较弱，在进行运动时不必要完成身体活动推荐量，需要充分关注自身当前的体质水平，通过规律的身体活动，缓慢增加运动强度与运动量，逐步适应后达到身体活动推荐量标准。

（3）高强度运动须谨慎。对于经常进行低、中强度运动的人群，如果因某一目标（如成功跑完半程马拉松赛）想进行高强度运动，为降低损伤风险，可选择咨询运动专家，通过评估与测试设计个性化、有针对性的运动指导方案。

（4）特殊人群。已确诊或已出现相应体征的患者，须在定期的医学检查下咨询医生及运动专家，在确保安全的情况下进行适量的、有规律的身体活动。

第五节 营养与健康

一、营养素

1. 营养素的概念

人通过各种食物组成的膳食，获得人体需要的各种物质，以维持生长发育、新陈代谢所必需，这些物质称为营养素。

2. 营养素的分类

营养素分三大类：

第一大类：宏观营养素（给机体提供主要能量的），包括蛋白质、脂肪和碳水化合物（糖）；

第二大类:微量营养素,包括矿物质(无机盐)和维生素;

第三大类:其他营养素,包括膳食纤维和水。

所以构成人体所需的七大营养素是:蛋白质、脂肪、碳水化合物、矿物质、维生素、膳食纤维和水。

3. 营养素的来源和生理作用

(1) 蛋白质。蛋白质是组成人体一切细胞、组织的重要成分。氨基酸是蛋白质的基本组成单位,构成人体蛋白质的氨基酸有 20 多种。氨基酸又分为必需氨基酸(人体不能自身合成,必须从食物中获取)、半必需氨基酸和非必需氨基酸。

生理作用:①人体细胞的结构物质,促进人的生长发育;②受损细胞修复更新的物质基础;③为人体生命活动提供能量。

食物主要来源 $\begin{cases} 动物性食物:畜禽肉、鱼虾、奶及奶制品等 \\ 植物性食物:大豆及豆制品、谷薯类等 \end{cases}$

(2) 脂肪。人体内的脂类分成两部分,即脂肪与类脂。脂肪是由甘油和脂肪酸组成的三酰甘油酯,其中甘油的分子比较简单,而脂肪酸的种类和长短却不相同。脂肪的性质和特点主要取决于脂肪酸。脂肪酸又包括不饱和与饱和两种,动物脂肪以含饱和脂肪酸为多,植物油则以含不饱和脂肪酸较多。类脂则是指胆固醇、脑磷脂、卵磷脂等。

生理作用:①存储和提供能量;②维持体温正常,保护脏器;③参与内分泌的作用;④协助脂溶性维生素的吸收;⑤参与机体各方面的代谢活动等。

食物主要来源: $\begin{cases} 动物类脂肪:猪油、牛油、羊油、鱼油、骨髓、肥肉、鱼肝油等 \\ 植物类脂肪:芝麻、葵花籽、花生、核桃、松子、黄豆等 \end{cases}$

(3) 碳水化合物(糖)。碳水化合物亦称糖类化合物,是一切生物体维持生命活动所需能量(能量食品)的主要来源。碳水化合物分单糖、二糖、低聚糖、多糖四类。

生理作用:①存储和提供能量:1g 葡萄糖在体内氧化产生 4kcal 热量;②参与人体组织的构成;③维持脂肪和蛋白质的代谢。

食物主要来源包括:谷类(米、面、荞麦、燕麦、莜麦、糙米等)、薯类(红薯、番薯、芋头、山药、土豆等)、蔬菜(百合、藕等)、奶类(牛奶、酸奶等)、蛋类、水果等。

(4) 矿物质(无机盐)。矿物质是人体必需的一类微量营养素,包含常量元素(钙、磷、钠、氯、镁、钾和硫 7 种)和微量元素(重要的有铁、锌、硒、碘、铜、锰、铬、氟、钴、镍、钼、锡、硅和钒 14 种)。两者之间的差别在于常量元素在机体中的含量大于 0.01%。矿物质主要存在于鱼类、贝类、牛奶和海藻中。其中锰、镁、铅对于骨骼、皮肤、血液的形成起到了重要的作用,特别是在运动时可以起到搬运氧气的作用。它和维生素一样无法在体内自身生产、合成。

(5) 维生素。维生素是维持人体生命活动必需的一类有机物质。维生素与碳水化合物、脂肪和蛋白质三大物质不同,它不是构成机体组织和细胞的组成成分,也不会产生能量,它的作用主要是参与机体代谢的调节。大多数的维生素,机体不能合成或合成量不足,不能满足机体的需要,必须通过食物获得。人体对维生素的需要量很小,日需要量常以毫克或微克计算,但一旦缺乏就会引发相应的维生素缺乏症,对人体健康造成损害。维生素分为两大类:水溶性维生素(维生素 C 族和维生素 B 族)和脂溶性维生素(维生素 A、D、E、K 等)。

(6) 膳食纤维。膳食纤维是一种不能被人体消化的碳水化合物,但又是维持人体健康必不可少的一类营养素。根据溶解度其可分为：

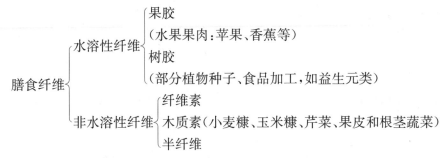

生理作用：①防治便秘；②利于减肥；③防治痔疮；④降低血脂，预防冠心病；⑤改善糖尿病症状；⑥改善口腔及牙齿功能。

（7）水。水为人体不可缺乏的物质，它的重要性仅次于氧气。人体内总体含水量因年龄、性别、体型、职业的不同而存在明显个体差异。其中新生儿含水量约占体重的80%，婴幼儿含水量约占体重的70%，10～16岁以后直到成年期，含水量约占体重的50%～60%，其中男性体内含水量约占体重的60%，女性约占体重的50%～55%。

生理作用：①构成细胞和液体的重要组成部分；②参与体内物质运输与代谢；③溶解营养素；④调节体温；⑤润滑作用；⑥维持良好的消化吸收功能。

二、合理膳食

1. 能量概念

能量是维持人体所有的生命活动（如呼吸、心跳、体温等），人在从事所有活动时需要消耗能量。

2. 能量的单位

营养学上能量的单位用卡（cal）或千卡（kcal）表示，1kcal指1000g纯水在1大气压下温度由15℃上升到16℃所需要的能量。目前国际上和我国通用的能量单位是焦耳（J），千焦（KJ）指一千焦耳。两种单位的转换关系为：1kcal=4.185KJ，1KJ=0.239kcal。

3. 能量来源

人类从食物中的碳水化合物、蛋白质、脂肪中获取能量，以维持生命活动。食物中每克碳水化合物、蛋白质、脂肪在体内氧化分解分别产生4kcal、4kcal、9kcal的热量。

4. 能量来源分配

根据我国的饮食习惯，成人食物中碳水化合物占总能量的55%～65%、蛋白质占10%～15%、脂肪占20%～30%为宜。

5. 能量的需要量（EER）

根据中国营养学会2013版《中国居民膳食营养素采纳参考摄入量》，健康成人每天的能量需求量约为：

　　　　　　男性轻体力劳动：2250kcal
　　　　　　　　　女性：1800kcal
　　　　　　65岁以上老年人：男性2050kcal
　　　　　　　　　　　　女性1700kcal

6. 合理膳食原则

（1）三餐总能量的分配：早餐吃饱 30%～35%、中餐吃好 35%、晚餐适量 30% 为宜。

（2）多吃谷类，供给充足的能量。每日约需要 400～500g 谷类食物，条件允许时应适当选择杂粮及豆类。

（3）保证足量的鱼、禽、蛋、奶、豆类和新鲜蔬菜水果的摄入。优质蛋白质应达 50% 以上，鱼、禽、肉、蛋每日供给量 200～250g，奶不低于 300ml。每日蔬菜和水果的总供给量约为 500g，其中绿色蔬菜类不低于 300g。

（4）平衡膳食，鼓励参加体力活动，避免盲目节食。

参考文献

[1] 中国营养学会.中国居民膳食营养素采纳考摄入量(2013 版)[M].北京:科学出版社,2014.
[2] 中国营养学会.中国居民膳食指南 2016[M].北京:人民卫生出版社,2016.
[3] 严丽荣.饮食与健康.[EB/OL].江苏:中国大学 MOOC,2020.
[4] 39 健康网[EB/OL].http://baike.39.net/8000-8100-8101-12/.

第三章 科 学 锻 炼

体育锻炼是指通过各种身体训练,达到发展身体、增强体质、调节精神、丰富文化生活为目的的身体活动过程,是促进人体发展的重要手段和方法。但并不是只要参加体育锻炼就一定能获得良好的效果,如果锻炼内容、练习强度、练习方法等选择不当,往往达不到预定的健身效果,甚至会导致运动损伤或运动疲劳的发生,从而影响我们正常的工作和学习。因此,在参与体育锻炼时要讲究科学健身,达到安全有效的锻炼效果。

第一节 科学锻炼的基本原则

科学锻炼,是指在运动时要遵循运动技能形成的规律和人体生理变化的规律,通过自我监控,达到锻炼目的。锻炼要达到健身目的,就要讲究科学性,在锻炼中必须遵守科学的体育锻炼原则,并采取科学有效的锻炼方法,只有这样才能使锻炼起到事半功倍的效果。

体育锻炼原则是体育锻炼客观规律的反映,是人在参与体育锻炼实践中,制订锻炼计划、选择锻炼内容、运用锻炼方法达到锻炼目的所必须遵循的基本原则。

一、安全性原则

安全性原则是指在体育健身活动过程中,要确保体育活动者不出现或尽量避免发生运动伤害事故,是参加体育健身活动的首要原则。

开始体育健身活动前,应进行身体检查,全面评价个人身体状况和运动能力,制订适合自己特点的体育健身活动方案。体育锻炼前要做好充分的准备活动,让身体各器官系统进入活动状态后,再进行激烈运动。锻炼时应注意环境的安全性,锻炼后要做好整理和放松活动。

二、全面发展原则

全面发展原则是指在体育健身活动中,要使身体各部位都参与运动,使身体形态、机能等各种身体素质得到和谐的发展,既要提高心肺功能,又要提高肌肉力量、柔韧等身体素质。因此要选择全身主要肌群参与的体育健身活动项目,在全面发展的基础上,有目的、有意识地突出重点的健身锻炼,才能达到最佳锻炼效果。

从生理来讲,大多大学生还处于生长发育的最后阶段,身体仍具有一定的可塑性,因此体育锻炼更要关注全面性的原则,在锻炼内容的选择上要多样化。不同的项目对人体机能的锻炼作用各不相同,短跑运动能够发展力量速度,长跑运动能够促进耐力素质的发展,球类运动能够发展个体的灵敏性和协调性。因此,在运动锻炼时既要注重身体各个部位的锻炼,又要关注自身各方面的身体素质和基本活动能力。

三、循序渐进原则

循序渐进是指在锻炼时遵循人体自然发展、机体适应的基本规律,根据自己体育健身活动的适应程度,逐渐增加运动负荷,使身体机能和运动能力不断提高,以取得最佳体育健身效果。在体育锻炼中运动负荷的大小会直接影响锻炼效果。运动负荷大小因人而异,即使同一个人,在不同状态下对同一负荷的反应也不尽相同。

根据个体的认知原理和技能发展原理可以知道,体育锻炼过程是一个逐渐深入的过程,具体来说就是运动负荷由小到大,动作由易到难,逐步深化,不断提高的过程。人体在参与锻炼时,由于机体适应某种生理负荷需要一定的时间,只有当身体对于某一种负荷适应了之后,再增加锻炼负荷,身体的机能才能不断提高。因此在锻炼时要根据自身的实际情况确定运动负荷的大小,不能急于求成,否则会适得其反,给身体带来一定的损伤。

四、持之以恒原则

健身锻炼贵在持之以恒,养成良好的健身习惯,使之成为生活的组成部分。因为健身锻炼是对机体给予刺激的过程,经常连续不断的刺激作用会产生痕迹积累,而正是这种积累才能使机体的结构和机能产生新的适应,体质才会不断增强。根据"用进废退"的原理,只有进行不断反复的强化肌肉活动,才能形成和提高运动技术水平,更有效地改善人体各组织系统的机能。所以,锻炼要持之以恒,坚持不懈,保持有规律的运动习惯,这样锻炼效果才会显现。

第二节　控制运动量的方法

体育锻炼时,合理控制运动量是影响运动效果的重要因素之一。运动量太小,达不到锻炼身体的目的;运动量过大,又会引起过度疲劳,影响身体健康。研究表明,适度的运动可以提升人的免疫力。所以每位体育运动爱好者在开始体育锻炼前就应该学会监测运动量的方法。

体育锻炼中常见的监测运动量的方法,有测脉搏和自我主观感觉两种方法:

一、测试运动脉搏

心率是监测运动量最简单的指标。监测的方法如下:

(1) 一般常用运动后即刻心率,即在体育锻炼后,立即测 10 秒钟的心率脉搏。一般我们用桡动脉或颈动脉来测心率。运动时脉搏达到多少有效呢?

在有氧锻炼时常用靶心率监测。靶心率是指通过有氧运动提高心血管循环系统的机能时,有效而安全的运动心率。一般健康和体质较好的人群,靶心率可以控制在每分钟120～180次。值得注意的是,确定靶心率要根据具体情况灵活运用,不同时期的健康状况、环境、心情等对选择运动量会产生一定的影响。

靶心率的计算公式＝[(220－年龄)－静态心率]×(60%～80%)＋静态心率

220－年龄＝最大心率

(220－年龄)－静态心率＝储备心率

静态心率是指在没有任何运动量,且心态也非常平和的状态下测量的心率。

(2) 也可以根据运动后第二天晨脉来调节运动量。晨脉是指每天早晨清醒但不起床时的脉搏数,一般无特殊情况,每个人的晨脉是相对稳定的。如果体育锻炼后,第二天晨脉不变,说明身体状况良好或运动量适应。如果体育锻炼后,第二天的晨脉较以前每分钟增加5次以上,说明前一天的活动量偏大,应适当调整运动量。

二、主观感觉法

主观感觉法是根据运动时自己的感觉确定运动负荷量的大小,是锻炼者进行运动量监测的一种主观指标。如果运动时气喘吁吁、呼吸困难,运动后极度疲劳甚至厌恶运动,则说明运动量过大,应及时调整运动量。

通常采用瑞典生理学家冈奈乐·伯格(Guenzel Borg)制作的运动量自觉表(RPE)。在柏格运动量自觉表中(表3-2-1),5～6分属于中等强度运动的自我感受。中等强度的自我感觉是:微出汗,心跳加快,呼吸急促,能说话但不能唱歌。7～8分属于较大强度运动量。

表 3-2-1 运动量自觉表

分 级	自觉强度分级	自 我 感 觉
0	没感觉	没什么感觉
1	很弱	呼吸平缓
2	弱	穿衣服时可能出现的感觉,稍感疲惫或毫无疲惫感,呼吸平缓
3	温和	稍感疲惫,轻微地察觉到呼吸,但气息缓慢而自然
4	稍强	感到轻微疲惫,呼吸微微上扬但依然自在
5	强	感到轻微的疲惫,察觉到自己的呼吸,气息比第4级还急促一些
6	中强	感到疲惫,可以维持当前步态,呼吸急促,而且可以察觉得到
7	很强	感到疲惫,确定自己能维持到运动结束,呼吸急促,但不愿说话
8	非常强	感到极度疲惫,呼吸非常急促
9	超强	体验到极度的疲惫,自我感觉无法完成运动
10	极强	精疲力竭

测心率和主观感觉法,既可单独使用也可同时使用,以检测运动强度是否合适。

第三节 体育锻炼计划的制定与实施

锻炼计划是针对个人身体状况而制定的一种科学的、定量化的周期锻炼计划。

一、锻炼计划的制定

在制定锻炼计划时,先要根据自身的身体情况,制定锻炼目标,依据锻炼目标选择锻炼内容和方法,确定锻炼步骤。

1. 了解自己的身体状况

在制定健身计划之前,必须对自己的身体健康状况和体质有所了解。可以通过定期的体检,了解自己的身体健康状况,通过体质、体能测试,掌握自己的身体适应力,从而有针对性地选择适合自己的,并可以持续终身的运动项目及方式。

2. 建立锻炼的目标

建立具体的锻炼目标,不仅可以让你明确自己想要取得的成效,也可以时刻提醒你该如何去实现这些目标。设定目标时,一般来说既需要设定一个长期目标,也需要若干短期目标。大学生锻炼的主要目标是增进健康,提高运动技能,养成良好的锻炼习惯等。你可以把学校一个学期的目标定为长期目标,再把一学期划分为几个阶段,然后确定每一阶段的锻炼目标,最后落实到每周、每日的目标,确保目标体系切合实际。

具体的锻炼目标可以是结果导向目标或者行为导向目标。结果导向目标关注点在结果,比如一个月减 10 斤体重,前两周每周减 3 斤,后两周每周减 2 斤。行为导向目标注重行为的改变,关注点是行为本身。例如为改变久坐行为,制定一个月目标,每周坚持 3 次、每次 1 小时的锻炼,这个目标就是行为导向目标。

3. 选择适合自己的运动项目

在作出选择之前,你可以首先了解一下不同的锻炼项目,在内容作用、生理指标等方面的情况,再根据自己的兴趣爱好,选择一些安全、方便且能满足自己的身心需求,有可能发展成为自己终身运动项目的内容。

4. 制定锻炼计划

在制定锻炼计划时,首先要确定一个总体目标作为长期目标,根据总目标规划阶段、周、日的具体目标。根据锻炼者的机能起点和锻炼进程,锻炼计划分为初始阶段、提高阶段和维持阶段计划。锻炼计划是针对个体需求、锻炼环境等因素制定的,因而计划的模式难以统一,这里仅列举周计划供大家参考。制定一个切实可行的周计划表,是健身计划的重要环节。所以大家应根据自己的真实情况,安排好一周的锻炼时间,然后确定每次锻炼的详细内容。为了有助于制定个性化的健身方案,我们首先要了解科学锻炼健身的四要素。

(1) 锻炼健身四要素如下:

一是锻炼内容。对于不同的锻炼目的,选择不同类型的运动项目练习,可以产生不同的健身效果,所以必须选择适合自己锻炼目的的练习类型。对于大学生来说,一般选择发展技能和具有较高锻炼价值且个人有兴趣的项目。对于体质比较弱的同学,可以有针对性地增加身体素质的锻炼。例如,想增肌,可以有针对性地选择一些力量训练内容。在选择锻炼内容时,应考虑身体的状况、场地、器材、锻炼环境等因素,确保锻炼计划的可行性。

二是运动强度。强度是指锻炼时人体承受的生理负荷量。不同锻炼目标运动负荷的要求不一致,不同个体的运动能力也有差异,相同个体不同身体状况也有差异,这需要通过监测来确定运动强度是否适宜。你可以根据前面讲过的心率及自我主观感觉来确定运动强度。研究表明,最适宜的锻炼强度在65%～75%,即心率每分钟在130～150次之间。

三是运动时间。运动时间指的是每一项运动的持续时间长度,它与运动强度、运动项目、年龄和机体状态等有关。研究表明,如果要有效提高技能水平,除了花费在准备活动和整理活动的时间外,有氧运动每次锻炼的时间至少要20～30分钟。柔韧性练习每一个伸展动作至少要坚持10～30秒。练习强度会直接影响持续运动时间,在制定方案时,我们通常采用高强度、持续时间短的重复运动,或低强度、持续时间长的运动。

四是运动频率。频率是指每周锻炼的次数,应根据运动强度和身体状况综合考虑。为提高与健康有关的体能水平,建议每周锻炼3～5次,结合运动强度和机体恢复情况综合考虑。研究表明,每周3～5次力量练习,每次完成8～12次,重复2～5组训练,可以提升肌肉的力量和耐力。力量练习时如果一组练习无法完成8次说明强度过大,如果能轻松完成12次以上则要酌情加大强度。

(2)周锻炼计划。在我们的日常健身活动中,大多是建议能够进行每周2～3次,每次20～30分钟的中等强度的练习,包括每周2～3次的力量练习、2～3次的柔韧性练习、2～3次的心肺功能综合性练习,基本部分的锻炼时间占总时间的70%～75%。

大学生周计划可以根据学习周、考试周、寒暑假周对锻炼的类型、强度、时间和频率进行调整。周计划内容包括:①基础信息:年龄、安静心率、日期、周次;②锻炼目的;③锻炼四要素:锻炼内容(项目)、锻炼强度、锻炼时间、锻炼频率(表3-3-1)。

表3-3-1　锻炼周计划

基础信息	安静心率(　)	年龄(　)	周(　)	日期(　)
锻炼目的				
锻炼要素	锻炼内容	持续时间	锻炼强度	运动自我感觉
周一				
周二				
周三				
周四				
周五				
周六				
周日				

二、锻炼计划的实施

锻炼计划必须经过锻炼的实践,从实践锻炼效果的反馈中不断加以调整,以确保达到有效的锻炼目的。在计划实施的过程中,个体的每次锻炼是落实锻炼计划的最基本的部分。每次锻炼计划实施后效果的积累,呈现在周锻炼计划目标中,并逐级反馈。因此,每次锻炼的实施都具有非常重要的意义。锻炼计划实施的注意事项如下:

(1)每次锻炼前要做准备活动,预防运动损伤。通过准备活动促使体温上升,促进血液循环,提高新陈代谢率,激活肌肉张力,促使更多肌纤维参与工作,防止大强度运动对机体的损伤。准备活动分一般性准备活动和专门性准备活动。做准备活动要求:由慢到快,要注意身体各个部位都得到活动,天气寒冷时适当加大准备活动的量,在一般性准备活动后进行专门性准备活动。

（2）锻炼后要做放松、整理活动,加快机体恢复。一般高强度运动后,进行低强度、有针对性的整理活动,能较快地偿还氧债和清除代谢产物,促进机体快速恢复。

（3）注意锻炼环境。如天气、设施、条件以及个人情况发生变化时,往往也需要对健身计划作出相应的调整。锻炼时要注意四季天气变化,避免在恶劣的气温环境下锻炼,避免在空气污染指数高的条件下锻炼,应该选择空气流通良好、湿度适宜的环境。如果锻炼时自身健康状况不佳、生病或极度疲劳,则应当及时停止运动,适当休息或酌情减轻运动负荷,避免损害身体健康。

（4）每次运动后记录自己的锻炼感受。这样不但可以及时了解你的健身效果,同时也便于对自己的计划不断进行调整和修改。

（5）锻炼一段时间后,评价锻炼效果,修订锻炼计划。如果我们选择在家里锻炼,首先要选择室内空气流通好,切忌在密闭空间运动。其次因地制宜地选择适合的运动,可以选择一些徒手的力量练习,比如俯卧撑、平板支撑、深蹲等;也可以选择一些简单的抗阻力量训练,比如哑铃、拉力带,如果没有这些器械,我们也可以用矿泉水瓶、洗衣液瓶等取代;心肺功能练习可选择原地进行各种跑跳练习、健身操等。另外运动时注意安全,还要注意周围空间的大小,不要误伤自己和旁边的人。同时在家庭运动锻炼中一定要控制声音,不影响到周边的邻居。

参考文献

[1] Nancy L. Natenicola. 健身运动系统训练[M]. 徐晴颐,译. 北京:人民邮电出版社,2016.
[2] 朱学雷,陈小平. 健身体能锻炼方法与评定[M]. 北京:北京体育大学出版社,2015.
[3] 孙麒麟,顾圣宜. 体育与健康教程(第5版)[M]. 北京:高等教育出版社,2013.

第四章 急救常识与损伤处理

在生活中,各种灾害事故、意外伤害等频频突发,严重威胁人们的生命安全。因意外伤害发生往往具有紧急性、不确定性与严重性等特点,所以在第一现场的急救起着重要作用,因而个人具备急救知识与应用能力显得尤为重要。

第一节 急救的概念

急救是指人们在遇到意外伤害或危重急症时,在医护人员或救护车未到达前,以一般公认的医学原则为基础,利用现场的人力、物力资源,对伤病者实施初步的救助及护理。

一、急救的目的

保存生命,防止伤势或病情恶化,促进康复。

二、急救的基本原则

正确、安全、及时、有效是急救过程中始终要遵循的原则。
(1) 首先需要保持冷静,理智科学地做出判断。
(2) 评估现场,确保自身与伤病员安全。
(3) 分清轻重缓急,先救命,后治伤,果断实施救护措施。
(4) 尽量采取减轻伤病员痛苦的措施。
(5) 充分利用现场可支配的人力、物力协助。

三、现场急救的步骤

(1) 评估现场危险程度。确保自己安全,保障伤病员安全。
(2) 紧急呼救。尽早呼救寻求他人帮助,或拨打120呼叫救护车及早送院治疗。正确拨打120的方法和注意事项:拨打电话后将自动进入接听排队系统,接通电话后请说清楚病患的姓名、性别、年龄、症状与体征;如有特别情况需要特别说明,例如煤气中毒、心脏病、哮喘、严重创伤等;群体性伤害事件,请说明意外或事故的性质、大致受伤人数等;请说明详细的呼救地址,告知附近显著的地标建筑,利于救护车寻找,有可能的话请安排人员在入口等待,告知呼救者的联系电话号码并保持畅通;请在120调度提示后挂断电话,避免遗漏重要信息;旁观者拨打急救电话后请等待急救人员到来并汇报情况。
(3) 详细检查与急救。在解除威胁生命的情况后,若伤病者的情况稳定下来而救护车尚未到达,可以系统详细地进行全身检查,继续找出其他需要处理的伤势并采取适当措施。

(4) 避免交叉感染。使用防护用品、医用橡胶手套、护目镜、口罩等减少直接接触;可以考虑采用隔离装置;彻底洗手,用肥皂或消毒液进行彻底清洗;小心处理尖锐物品,如针头、刀片、玻璃片。

第二节 心肺复苏

大部分猝死都发生在非医疗场所,及时的心肺复苏和除颤不仅能挽回生命,还可以减少脑损伤,因此有猝死急救"黄金四分钟"的概念,非医学专业目击者的急救是急救的开始和基础。但是,相比美国大约70%、日本接近50%的成功率,我国现场心肺复苏的成功率小于1%,差距很大。造成这一结果的原因之一就是普通群众急救意识和技能相对缺乏。

心肺复苏术是给心跳呼吸停止的病人采取人工呼吸及胸外按压等维持氧合血液循环的一系列急救方法,也是全球最为推崇和普及、最为广泛的急救技术之一。心肺复苏只适用于"三无"人员,即无反应、无呼吸、无心跳。

一、心脏骤停

心脏骤停是指各种原因(如急性心肌缺血、电击、急性中毒等)引起的心脏突然停止跳动,有效泵血功能消失和全身严重的缺血缺氧。心脏骤停5~10秒,病人可因脑缺氧而晕厥;心脏骤停15秒以上,可导致病人发生抽搐;脑细胞缺氧超过4分钟,往往会造成病人中枢系统不可逆损害,即开始死亡。

心脏骤停的判断依据:①意识丧失:可伴有短阵抽搐。②呼吸停止:呼吸完全停止或呈叹息样呼吸。③大动脉搏动消失:手指摸不到脉搏。④其他表现:面色苍白或发绀,瞳孔散大,对光反射消失。⑤心电图表现:室颤、无脉室速、无脉搏性电活动或心搏停止。注意:意识丧失和呼吸停止,这两个征象存在,即假设病人发生心脏骤停,应立即进行初步急救采用心肺复苏。

二、心肺复苏

心肺复苏简称CPR,是指用人工的办法尽快帮助心跳呼吸骤停的病人建立呼吸与循环,从而保证心、肺等重要脏器的血氧供应,为进一步挽救病人的生命打下基础。心肺复苏法一般采用胸外按压与人工呼吸相结合。

1. 胸外按压

原理:心脏位于胸骨与胸椎之间,将胸骨向下按压,可以使血液从心脏流出到动脉。压力放松后,胸部便会因自身弹性而扩张复原,血液也从静脉回流到心脏内,从而维持血液循环(图4-2-1)。

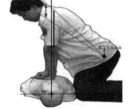

图 4-2-1

不同年龄段的心肺复苏方法稍有不同,通常分为成人、儿童和婴儿。这里主要介绍成人胸外按压技术。

按压位置:乳头连线之间的胸骨中段或靠近骨末端上两横指处(图4-2-2)。

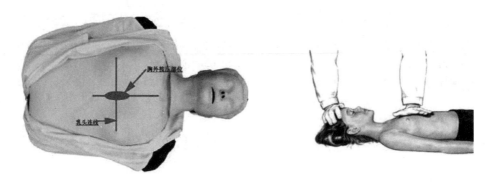

图 4-2-2

按压频率:至少每分钟 100 次的速率平稳地按压。

按压深度:成人按压深度至少为 5 厘米。

完全回弹:每次按压要求胸廓完全回弹。

减少中断:尽量减少胸外按压中断的次数和时间。

按压注意事项:①按压与放松时间应相等;②每次按压要完全放松,使胸壁回弹;③放松时掌根不可离开胸壁。

2. 人工呼吸

人工呼吸是利用人工手法或机械方法,借助外力推动病人肺、膈肌或胸廓的活动,使气体被动进入或排出病人的肺,以保证机体氧的供给和二氧化碳的排出。

在人工呼吸之前需要开放气道,常用的手法有仰头提颏法和双手推颌法两种。

发现急症病人时,应按照一定的步骤对患者进行检查和处理,心肺复苏操作步骤如下:

(1) 判断环境安全程度,排除危险因素。

(2) 判断病人的意识。轻摇或轻拍病人肩部并大声呼唤。

注意:倘若怀疑病人有头颈部损伤,不宜用力摇动病人的肩部或搬动病人,以免加重伤情或引起脊柱损伤而导致截瘫。

(3) 快速判断呼吸。在检查意识的同时检查是否有呼吸;用不超过 5 秒的时间观察患者胸部起伏、感觉鼻孔气流。

(4) 呼救。如果病人没有意识和呼吸,应立即叫人拨打 120 呼救。

(5) 判断脉搏。如果你受过专业训练,可以通过触摸颈动脉的方法检查脉搏。

(6) 立刻心肺复苏。如果患者没有意识、没有呼吸、没有脉搏,应立即开始心肺复苏。

(7) 及早除颤。如果取得自动体外除颤器,应立即进行除颤,除颤完成后立即从按压开始 CPR。

心肺复苏一旦开始,便不应停止,除非出现以下情况:①病人恢复呼吸脉搏或出现肢体活动;②医护人员到来接替;③施救者精疲力竭。

在进行心肺复苏时,如果患者出现呕吐,应将他的头转向外侧,将身躯稍微向外,待呕吐后,清理口腔,将患者放回仰卧位置,重新评估及处理。如果患者恢复呼吸心跳,应为患者进行详细检查及处理,如伤势许可,应将患者置于复原卧位,密切注意其呼吸、脉搏,快速送院。

三、气道异物梗阻

1. 气道异物梗阻的分类、病症及体征和处理方法

分 类	病症及体征	处理方法
轻症气道梗阻	气体交换良好 意识清醒且能够用力咳嗽 咳嗽间隙可能有喘息	鼓励病人自主咳嗽和呼吸 密切观察情况 如果轻度气道梗阻持续存在,应呼救
严重气道梗阻	气体交换差或无气体交换 咳嗽乏力或完全没有咳嗽 吸气时有高调或完全没有杂音 口唇、皮肤发绀 呼吸困难加重,成人可出现用手抓住颈部的窒息信号 成人不能说话	询问病人确定是否发生窒息。如果病人点头且不能说话,说明存在严重的气道梗阻,应立即呼救并采取急救措施(腹/胸部快速按压法)

2. 气道异物梗阻解除

意识清醒的成人及1岁以上的儿童窒息,应采取腹部快速按压法(图4-2-3)

图 4-2-3

如果病人已倒地,意识清醒,应采取卧位腹部快速按压(图4-2-4)。
如果病人怀孕或肥胖,应采取快速胸部按压法(图4-2-5)。

图 4-2-4　　　　　　图 4-2-5

意识丧失窒息病人的急救办法:如果病人意识丧失,应立即采取心肺复苏方法。每次开放气道时需要检查口腔有无异物,如有异物立即清除。若第一次通气无效,应重整气道后进行第二次通气。需要注意的是,如果不能确切看到异物,切勿盲目地用手指清除。

心脏骤停大部分发生在医院外,时间就是患者的生命,而黄金抢救时间只有4分钟。按目前国内医院急救医疗的实际情况,即便在大城市也很难在黄金时间的最后一刻到达。这就要求我们的同事、家人、同学朋友等具有实用、有效的急救技术,才能防患于未然,在第一时间进行救助。

第三节　运动损伤的处理

在体育运动或运动训练中常常会发生运动损伤,给锻炼者或运动员带来很多不便甚至危害健康。损伤的部位、特征及类型均有所不同,了解学习运动损伤的原因、处理方法,对诊断治疗、减轻疼痛和伤后愈合及其处理有一定帮助,可以降低在体育运动中造成的伤害。

运动损伤是体育运动过程中所发生的各种损伤。它不是学生的故意或过失,而是受到不可预测的因素影响,如篮球运动中上篮时落地意外踩到同伴的脚造成踝关节扭伤。

常见的运动损伤有踝关节扭伤、膝关节侧副韧带损伤、大小腿肌肉拉伤、手指关节挫伤、擦伤、骨折等,除此之外肌肉痉挛、运动性腹痛和运动中中暑等运动性疾病也常有发生。这些损伤和疾病的发生有其特定的原因。

一、踝关节扭伤及处理

踝关节扭伤是在外力作用下,关节突然向一侧活动而超过其正常活动度时,引起关节周围软组织如关节囊、韧带、肌腱等发生撕裂。它与运动姿势不正确造成踝关节持重过度、场地不平、过度扭转以及准备活动不充分等原因有关。踝关节跖屈位时关节稳定性最差,加之外踝较内踝长 0.5 厘米且靠后,内侧三角韧带较外侧三条韧带更坚强,因此,外侧受伤几率远大于内侧。踝关节扭伤后,踝关节外侧或内侧会出现迅速的局部肿胀,并逐渐波及踝关节前部。

处理方法:首先要了解运动者踝关节扭伤的过程,判断其受伤程度,采取相应方法处理治疗。轻度伤一般是韧带拉伤,基本没有肿胀,但有疼痛。这时可采用冷敷,即时条件下,用冷水冲洗或在冷水中浸泡 15 分钟左右,能减轻疼痛,避免皮下毛细血管充血。重度扭伤时,韧带完全断裂,失去韧带机能,支配不了动作,关节异常。这时用冰敷法:即时条件下,可买冰镇水用布包裹附于患处,用弹性绷带(可系用的布带)、硬纸盒等包扎,简单固定后送医,注意抬高患处。

二、膝关节损伤及处理

膝关节损伤常以侧副韧带损伤多见,多由直接撞伤或者屈膝旋转时突然跌倒引起。当膝关节外翻力受重,内侧副韧带受压向外伸展;当膝关节内翻力受重,外侧副韧带受压迫使膝关节内收。在体育运动中膝盖承受了人体绝大部分的体重,并支撑我们完成大范围的屈伸、内外旋转动作。例如在篮球比赛中,跳起上篮时在对方强烈对抗干扰下,体位发生改变造成非正常落地动作,羽毛球接高速球时一脚弹出,另一脚不稳定旋转落地等都会造成膝关节损伤。

处理方法:在膝关节损伤后要立即停止运动,使关节制动,将膝关节放平位,进行常识性的医学观察和判断。内侧副韧带损伤时,压痛点常在股骨内上髁或胫骨内髁的下缘处;外侧韧带损伤时,压痛点在股骨外上髁或腓骨小头处。症状较重者,即时条件下寻求可包扎的布带、冷水、冰镇矿泉水等进行可行性处治,如局部加压包扎及冷敷。可直接用冷水冲,若冰敷要将冰镇水或冰块外层包裹附于患处,避免冻伤局部组织。制动可利用临时性硬纸壳作为小夹板固定。冷敷能有效减少损伤部位的出血,缩短非正常愈合时间,减轻血肿。24 小时后,拆除包扎固定,据伤情而治,48 小时后可改用热敷,促进局部组织循环。可结合按摩、电疗等物理性疗法治疗,也可进行积极性的运动训练配合恢复。

三、腿部韧带损伤及处理

韧带作为骨连接的辅助装置,由致密结缔组织组成。在骨与骨的连接中,不同部位的韧带有不同的功能,可增加关节的灵活性和稳固性。韧带损伤指在外力作用下,肌肉过度主动收缩或被动拉长所导致的肌纤维损伤或撕裂。大腿中间有身体最长最粗的股骨,股后肌群是跑步的主要发力肌。在跑步后蹬时,如果股后肌群收缩力量不足,承受不了大的"爆发式"收缩的负荷,就容易造成肌肉拉伤。此类损伤在学生快速短跑训练中发生率最高。

处理方法:发生肌肉拉伤要及时停止运动。轻者抬高患肢,减轻局部毛细血管渗血,24小时内局部冷敷并加压包扎;重者,疼痛明显,可遵医嘱服止疼药,24小时后可进行理疗、按摩、针灸等治疗。之后也可配合运动性轻度牵拉恢复机能和力量性积极训练进行康复。若常识性判断肌肉大部分或完全撕裂,应立即制动,即时条件下寻求可用物件进行固定、包扎并送医院进行专业化治疗。

四、手指关节挫伤及处理

挫伤是由于身体局部受到钝器打击而引起的组织损伤。手是身体中高度精密复杂的运动器官,一些具有抛、接、支撑、按、握等特色的运动项目,离不开手的精密运动。运动中手无意识碰撞器械,篮球、排球快速传接球应急方法错误等都容易发生局部和深层次手指关节挫伤。

处理方法:发生手指关节挫伤时,应立刻在即时条件下利用水龙头冷水冲洗、在冷水中浸泡或用冰镇水包裹冷敷于患处,切不可随意揉搓、转动,防止造成毛细血管破裂引发更大充血肿胀,加重伤情。12小时后,可做轻度按摩和牵引,可用药干预,如每日配以红花油按摩,利用物理疗法、电疗等。若经验判断伤势严重,冷敷后,可将受伤指用即时可利用的布带与相邻手指固定包扎送医,切不可随机处治。

五、擦伤及处理

擦伤指皮肤表面受粗糙物摩擦所引起的损伤,如因跑步中场地不平,高强度竞赛中体力不支,篮球、足球赛中激烈对抗,排球的跃起救球等导致的不同性质摔倒所产生的擦伤,通常是指运动中因各种不慎摔倒所致的开放性损伤,尤其以快速跑摔倒擦伤最为严重。

处理方法:发生擦伤时,若创口浅、面积小,即时条件下可用凉开水洗净创口,将衣、裤挽起避免摩擦,到医务室进一步用生理盐水、酒精处置伤口,涂抹红、紫药水,不需包扎。过度包扎会导致伤处透气性不足,反倒不利于伤口愈合。关节处擦伤不易用暴露疗法,免得局部皮肤干裂出血,影响关节运动。

六、骨折及处理

骨折指骨结构的连续性完全或部分断裂。骨骼在受到外力强烈碰撞、运动动作严重错误、进行粗暴危险动作时都会导致骨折。在学校的体育实践中,骨折是比较严重的损伤,如足球比赛时危险的铲球动作,体操过程中掉落器械等都易导致相应部位突发骨折,但只是少数个案。

处理方法:骨折通常有两种类型,即外骨折和内骨折,学校体育中一般内骨折比较多见。内骨折是指断骨没有刺穿皮肤或裸露在外的伤情。初始判断,触动受伤部位疼痛剧烈难忍。这时的即时处治要尽量规范,不能随意搬动伤者。因患部一定有内出血或淋巴液渗出现象,此时搬动,患处会加速肿起,延误后期治疗。应抬高患处部位,即刻采取冷敷,进一步加强"冰敷"可减轻疼痛和渗血;挪动就医,即时条件下寻求硬纸盒版、布带等,先将患处简易固定,用弹性布带包扎,不让部位活动,然后速送医院进行专业治疗。

七、肌肉痉挛及处理

肌肉痉挛指在体育运动期间或运动后立即发生的、不自主的疼痛性骨骼肌痉挛综合征,表现在局部肌肉断续性痉挛,通常在小腿、腘绳肌、股四头肌,尤其小腿后群肌肉最常见。因运动量过度导致肌肉疲乏,使乳酸堆积,刺激肌肉疼痛,导致肌肉无法正常收缩,常常会引起肌肉抽筋,如较大强度的反复短距离计时跑,长距离跑、足球、篮球赛等。这些项目特点是运动强度大,出汗多,所以容易使水电解质失衡,肌肉兴奋性增高,从而导致肌肉痉挛。游泳运动前热身活动不足,突受冷刺激或精神过度紧张,也会造成肌肉痉挛。

处理方法:当发生肌肉痉挛(抽筋)时,要缓慢地向相反方向牵引痉挛的肌肉,过程中不能用力过猛。大腿后群肌肉"抽筋"时,伤者平卧地面,由另一人慢慢地将"抽筋"的腿抬高,有弹性地牵引拉长后群肌肉;若大腿前的肌肉"抽筋"时,伤者可俯卧地面,由另一人慢慢地将"抽筋"的腿屈起膝关节有弹性地按压小腿牵引拉长大腿前的肌肉;小腿后群肌"抽筋"时,应伸直膝关节,由另一人向上弹性地推压脚使跟部前伸牵引拉长小腿后群肌肉;脚底肌肉"抽筋"可采用类似小腿"抽筋"的处理办法,同时按摩、揉捏"抽筋"部位。

八、呼吸困难及处理

呼吸功能不全的一个重要症状是,患者主观上有空气不足或呼吸费力的感觉,而客观上表现为呼吸频率、深度和节律的改变。在体育高强度竞赛项目练习中,体能消耗、耗氧量大,易导致这种现象发生,常见在中长跑中,跑完后出现呼吸困难症状,面色苍白、虚汗、憋气、无力等。这与学生基础素质和原有病史有关。

处理方法:运动中发现学生出现呼吸困难时,不要让运动立刻停止,要逐渐降低运动强度,即使再累也要迫使其继续向前跑两步或走几步,让血管调节逐渐恢复正常;同时加深呼吸,在动态中缓解症状。若上述办法都不奏效,要寻找可依附的物体,逐渐降低重心,避免摔伤;同时迅速呼叫医护救治,避免严重事故出现。

在运动中,首先要培养正确的运动方法,建立正确的运动模式,加强健康教育的知识普及,树立健康教育的意识。学生正确穿戴运动装备,对易伤部位加强练习。运动损伤后要能正确判断伤情,做出正确处理,及时送医院诊治。

第四节 意外伤害与灾害避险

意外伤害与灾害事故有触电、淹溺、烧伤与烫伤、中暑与热衰竭、灾害、地震等。

一、触电

触电往往是由于电线老化、插座漏电、检修电器以及雷击等造成的损伤。

症状：皮肤烧伤，发白或发黑；电击摔倒后可能发生骨折及内出血；轻者感觉四肢麻木，面色苍白，目眩，精神恍惚、错乱；重者当场晕厥，甚至心脏骤停。

急救办法：

（1）迅速切断电源，确认没有触电危险后再进行急救。

（2）如无法切断电源，可站在书本或胶垫等绝缘物品上，用绝缘的木棍或胶棒等把伤者和电源分开。

（3）在别无他法的情况下，才可以尝试拉扯伤者身上宽松和干燥的衣物，将伤者脱离电源。

（4）检查伤者的呼吸、脉搏及清醒程度，将伤者置于复原卧位，必要时进行心肺复苏。

（5）处理烧伤和创伤，必要时拨打120求救。

（6）如果伤者为高压电触电，为避免"跨步电压"造成触电，应立即通知电力公司，在离伤者至少20米以外的距离等待切断电源后施救。

二、淹溺

淹溺俗称"溺水"，常发生在河道、湖泊、泳池中，因突然抽筋或恐慌而发生溺水。

溺水时可因气道受刺激后发生痉挛导致气道收缩狭窄；也可因水进入气道造成阻塞，从而发生窒息。

急救方法：

（1）不懂溺水拯救者，不可强行下水救人，应留在岸上，尝试抛下救生圈或用竿、绳等将遇溺者拉回岸上。

（2）水性好者在水中救人时，可用一只手从溺水者的腋下插入后握住其对侧的手臂，也可托住其头部，用仰泳的方式将其拖回岸边。

（3）注意保持溺水者头部向下，以免水流入气道。如溺水者已经没有呼吸，有可能的话水中就要开始进行口对口或口对鼻人工呼吸。

（4）将溺水者平放在地上，迅速清除口腔、鼻腔的异物（如淤泥、杂草等）并开放气道，检查呼吸和脉搏。如遇溺者意识丧失，将他置于复原卧位。呼吸脉搏停止时进行心肺复苏。

注意：不要挤压溺水者腹部控水，清除异物时间不超过10秒。

（5）如溺水者意识清醒，可给予热的饮料；脱去湿的衣物，并注意保暖。

（6）即使溺水者情况好转，也要拨打120呼叫救护车将其送院。

三、烧伤与烫伤

烧伤是指经由热力、电流、化学物品、辐射所导致的组织损伤。烫伤是指因热的液体造成的伤害，例如滚油、蒸汽、热水等。

1. 伤情评估

评估烧伤时，应注意烧伤的成因及伤者整体的状态，包括气道是否通畅，呼吸是否正常，烧伤的深浅程度和面积等。

2. 烧伤的程度

1度烧伤(轻度)：表皮烧伤，红、肿、热、痛。

2度烧伤(中度)：真皮烧伤，红、肿、热、痛，出现水泡。

3度烧伤(重度)：皮肤及皮下组织、神经、肌肉均有烧伤炭化或皮肤呈蜡白色，痛觉消失。

3. 烧伤面积计算方法

手掌法(成人及儿童)：一只伤者手掌面积约为自身皮肤面积的1%，以此进行估算。

九分法(成人)：将体表面积分成11个9%与1个1%。其中头颈部占1个9%(头发、面部、颈部各占3%)，双上肢占2个9%(双手、双前臂、双上臂各占5%、6%、7%)，躯干占3个9%(腹侧、背侧、会阴部各占13%、13%、1%)，双下肢占5个9%及1个1%(双臂、双足、双小腿、双大腿各占5%、7%、13%、21%)。

4. 判断烧(烫)伤的严重性

根据受伤的面积、深度及受伤部位综合判断。

5. 急救方法

(1) 脱离热源，防止继续烧伤或烫伤。

(2) 立即用冷水冲洗或浸泡伤口10分钟以上，直至疼痛和灼热感消失。躯干及其他部位可用湿毛巾冷敷。

(3) 确定伤处冷却后，小心清除伤口衣物或佩戴物，必要时用剪刀剪开。

(4) 用敷料遮盖伤处，注意避免胶布粘连伤口。也可用清洁的保鲜膜作为敷料。

(5) 强酸、强碱造成的化学烧伤务必尽快冲洗，尤其是眼睛更需要及时彻底冲洗。冲洗时避免沾染化学品和污水，有必要戴好橡胶手套保护自身。

(6) 气道烧伤患者应注意及时清除气道分泌物，保持气道通畅，注意观察呼吸状况，出现呼吸困难者及时告知医生。面部烧伤者多数有气道烧伤，要引起注意。

(7) 注意检查呼吸、脉搏，处理休克，必要时进行心肺复苏。

(8) 呼叫120送院治疗。

注意：不要随意涂抹烫伤药膏或其他油剂；不可挤破水泡，破皮后不要剪掉表皮。

四、热衰竭与中暑

酷热可以导致热衰竭或中暑。当环境温度相等或高于体温时，人体便不能以辐射方式散热；如果湿度同时也很高，汗液的蒸发便会受阻；如果再加上剧烈运动导致体温的升高，情况会更严重。

1. 热衰竭

当身体水分流失过多时，例如运动时没有及时补充水分，腹泻或呕吐的患者在炎热的环境中均会导致热衰竭。

症状：体温正常或略高；出现头痛、眩晕、恶心或精神紊乱，甚至意识丧失；皮肤大量出汗，湿冷，面色苍白；四肢无力、虚弱，四肢及腹部肌肉可能抽筋；脉搏及呼吸急速且微弱。

急救方法如下：

(1) 将患者移至较阴凉的环境，松解紧身的衣物。

(2) 让患者躺下,抬高双脚 20～30 厘米,以增加脑部供血。

(3) 检查脉搏、呼吸、体温与反应程度。

(4) 如患者清醒且没有呕吐,应让他慢慢饮用大量清水。也可给予患者一般的电解质饮料,如发生呕吐则应停止饮用。

(5) 如患者意识不清,应将其放置于复原卧位,继续检查脉搏、呼吸、体温与反应程度。必要时进行心肺复苏或拨打 120 求救。

2. 中暑

患者处在非常炎热、潮湿、无风的环境下,各种散热机能不能正常工作,致使体温调节中枢失调,体温上升,即发生中暑。中暑是有可能致命的。

症状:患者自觉头痛、眩晕或神志不清,甚至意识丧失;皮肤发红、发热、干燥、无汗;体温上升,可达到 40 度以上;脉搏强而有力。

急救方法:

(1) 将患者移至阴凉的环境,让其躺下。

(2) 脱去患者所有外衣。

(3) 用湿冷的毛巾或床单包裹患者,并保持湿润使体温下降。

(4) 替患者扇风,也可用空调和电风扇降温。

(5) 当体温降至约 38℃后移去湿毛巾或床单,改用干的毛巾或床单覆盖患者。

(6) 继续检查患者的体温和脉搏,如体温再度上升,重复第 3、4 步骤的降温方法。

(7) 如患者意识丧失,应将其置于复原卧位,继续检查呼吸、脉搏和体温,必要时进行心肺复苏。

(8) 拨打 120 呼救,送院治疗。

五、火灾

1. 火灾致伤致死原因

(1) 吸入有毒烟雾。此类原因在成死亡患者比例中高达 65%～80%。

(2) 呼吸道烧伤窒息。吸入高热气体造成的呼吸道烧伤会导致气道水肿阻塞气管造成窒息,这也是火灾主要的死亡原因之一。

(3) 直接被火烧伤或烧死。约有 26% 的死者是直接被火烧死的。

(4) 跳楼摔死。不当的逃生方式如慌忙跳楼造成的伤亡。

(5) 踩踏。人群聚集的公共场所发生火灾时,由于秩序混乱造成踩踏死伤。

2. 火灾的逃生与急救

在火灾中的逃生方法或注意事宜如下:

(1) 火灾已造成大量烟雾时,逃生者可用湿毛巾捂住口鼻,使头部贴近地面弯腰奔跑或快速爬行,尽快脱离险境。注意不要在火中大声呼喊以免烧伤呼吸道。

(2) 用浸湿的衣物、毛毯或被褥包裹身体,泼水降温,注意不要用尼龙纤维等易燃织物作为覆盖物。

(3) 大火已烧到门口时,注意不要开门,应设法堵塞门缝,从窗户或阳台扔出醒目的物品,如脸盆,或挥动鲜艳颜色的布头等呼救。

(4) 可寻找窗外下水管道,或利用床单自制绳子下滑。注意千万不要跳楼逃生。

(5) 如果身上衣物着火,应就地打滚或用厚的湿衣物覆盖,以压灭火焰。

(6) 如有干粉灭火器,应嘱伤者自行遮掩口鼻和眼睛后喷洒着火部位。如果只有二氧化碳灭火器可以使用,则应避免喷射伤者面部和没有着火的部位。

急救目的:轻伤迅速降温,保护创面和气道。

还要注意的是,严重烧伤的伤员容易发生休克,并会自觉口渴,切勿给其喂水,以免造成意外窒息,可用水湿润口腔和嘴唇。

六、地震

地震是世界上最严重的自然灾害之一,近百年来,世界范围内因地震造成的死亡人数近250万人,占各种自然灾害死亡人数的58%,而受伤的人数更是死亡人数的3倍。

学生避险常识:

(1) 学生在上课时遭遇强烈地震,应就地避险,可蜷缩身体紧靠坐下或侧躺在课桌旁的安全三角区域,用书本或双手抱头保护头部,等待震感消失后再有序撤离。

(2) 在两次震感之间的间歇期有序撤离到空旷地带。

(3) 逃生时弯腰,用手捂口鼻,保护头部,沿走廊和楼道靠墙一侧迅速撤离,注意防止踩踏。

(4) 到达空旷安全地带后切勿返回取物,因为可能发生余震。

人们曾经将抢救意外伤害、危重急症的希望完全寄托于医院和医生身上,缺乏现场救护知识和对现场救护重要性的认识,这样往往会错过救助的黄金时机。急救不仅仅是专业急救医务人员的责任,掌握急救的知识和技术也是每个人都需要认真学习并掌握的。

参考文献

[1] 中国红十字会总会,教育部.将心肺复苏纳入教育内容[OL/EB].中国政府网,2020-08-24.

[2] 高顾.运动损伤与急救[M].北京:北京体育大学出版社,2020.

[3] 王军萍.大学生在体育锻炼中运动损伤的分析与建议[J].普洱学院学报,2020,36(3).

[4] 赵岩.学校体育常见运动损伤及运动疾病发生原因及处理[J].大连教育学院学报,2020,36(2).

第五章　体质健康测试

第一节　体质健康测试的意义

体质健康测试是促进学生体质健康发展、激励学生积极进行身体锻炼的教育手段,是学生体质健康的个体评价标准,也是学生毕业的基本条件之一。体质健康测试是《国家体育锻炼标准》的组成部分,是《国家体育锻炼标准》在学校的具体实施。体质健康测试的实施对象为全体在校本科生(1~4年级)。

第二节　体质健康测试方法

一、二年级学生的体质健康测试纳入体育课教学计划,三、四年级学生的体质健康测试由教务处排入课表中,学生体质健康测试以课的形式每学年统一进行一次测试。学校运动队学生同样进行体质健康测试评定。其测试评定工作由各队教练员负责。

体质健康测试的成绩由体育教学部负责统计和评价。学生取得的体质健康测试成绩由教务处纳入学生的学籍管理。

一、各项目具体测试方法

1. 身高体重测试方法

受试者立正姿势站在测试器踏板上,上臂下垂,足跟并拢,足尖分开约成60度角,躯干自然挺直,头部保持正直。在测量身高的同时,体重数据也被仪器自然读出。智能上传数据。

2. 肺活量测试方法

采用电子肺活测试仪,测试同学对着干燥已消毒的一次性塑料吹嘴,深吸一口气后,向吹嘴处慢慢呼出至不能再呼出为止。吹气完毕后,液晶屏上最终显示的数字即为肺活量毫升值。共测两次,记录最大值作为测试结果。智能上传数据。

3. 坐位体前屈测试方法

受试者两腿伸直,两脚平蹬测试纵板坐在平地上,两脚分开约10~15厘米,上体前屈,两臂伸直前,用两手中指尖逐渐向前推动游标,直到不能前推动为止。测试两次,取最好成绩。智能上传数据。

注意事项:身体前屈两臂向前推游标时两腿不能弯曲。

4. 立定跳远测试方法

受试者两脚自然分开站立,站在起跳线后,脚尖不得踩线。两脚原地同时起跳,不得有垫步或连跳动作。丈量起跳线后缘至最近着地点后缘的垂直距离。每位同学可试跳两次,取最好成绩。当场刷一卡通,教师录入成绩,体育委员或班长记录成绩。

5. 一分钟仰卧起坐(女)测试方法

受试者仰卧于垫上,两腿稍分开,屈膝呈 90 度角左右,两手指交叉贴于脑后。另一同伴压住其踝关节,以固定下肢。受试者坐起时两肘触及或超过双膝为完成一次。仰卧时两肩胛必须触垫。测试人员发出"开始"口令的同时开表计时,记录 1 分钟内完成次数。1 分钟到时,受试者虽已坐起但肘关节未达到双膝者不计该次数,精确到个位。当场刷一卡通,教师录入成绩,体育委员或班长记录成绩。

注意事项:

(1) 如发现受试者借用肘部撑垫或臀部起落的力量起坐时,该次不计数。

(2) 测试过程中,观测人员应向受试者报数。

(3) 受试者双脚必须放于垫上。

6. 引体向上(男)测试方法

受试者双手正握杠,两手与肩同宽成直臂悬垂。静止后,两臂同时用力引体(身体不能有附加动作),上拉到下颌超过横杠上缘为完成一次。记录引体次数。当场刷一卡通,教师录入成绩,体育委员或班长记录成绩。

注意事项:两次引体向上的间隔时间超过 10 秒停止测试。

7. 50 米跑测试方法

在直线跑道进行,学生跑完后当场刷一卡通,教师录入成绩,体育委员或班长记录成绩。记录成绩以秒为单位,精确到小数点后一位。小数点后第二位数按非零进 1 原则进位,如 10.11 秒读成 10.2 秒记录之。

8. 耐力跑(女生 800 米/男生 1000 米)测试方法

在田径场进行,测试前教师要询问学生身体状况,有身体不适者建议缓测。学生跑完后记住教师报的名次,然后教师报号,学生拿一卡通刷卡,教师输录入成绩,体育委员或班长记录成绩。

二、测试注意事项

(1) 每次测试必须带好一卡通。

(2) 每次测试必须穿好运动服和运动鞋。

(3) 每次测试前必须正常完成早、午餐。

(4) 每次测试前必须保持充足的睡眠。

第三节 体质健康测试的评价标准

单项指标与权重

对　象	单项指标与权重	权重(%)
大学	体重指数(BMI)＝体重(千克)/身高^2(米^2)	15
	肺活量	15
	50米跑	20
	坐位体前屈	10
	立定跳远	10
	引体向上(男)/1分钟仰卧起坐(女)	10
	1000米跑(男)/800米跑(女)	20

体重指数(BMI)　　　　　　　　　　　　　　　　　　　　　　单位:千克/米^2

	单项得分	大学男生	大学女生
正常	100	17.9～23.9	17.2～23.9
低体重	80	≤17.8	≤17.1
超重		24.0～27.9	24.0～27.9
肥胖	60	≥28.0	≥28.0

注:体重指数(BMI)＝体重(千克)/身高^2(米^2)。

各学年测试成绩权重

年级	权重
大一	
大二	50%
大三	
大四	50%

学生毕业时的成绩和等级,按毕业当年学年总分的50%与其他学年总分平均得分的50%之和进行评定。

肺活量单项评分表　　　　　　　　　　　　　　　　　　　　　　单位:毫升

等级	单项得分	男生		女生	
		大一、大二	大三、大四	大一、大二	大三、大四
优秀	100	5040	5140	3400	3450
	95	4920	5020	3350	3400
	90	4800	4900	3300	3350
良好	85	4550	4650	3150	3200
	80	4300	4400	3000	3050

(续表)

等级	单项得分	男生		女生	
		大一、大二	大三、大四	大一、大二	大三、大四
及格	78	4180	4280	2900	2950
	76	4060	4160	2800	2850
	74	3940	4040	2700	2750
	72	3820	3920	2600	2650
	70	3700	3800	2500	2550
	68	3580	3680	2400	2450
	66	3460	3560	2300	2350
	64	3340	3440	2200	2250
	62	3220	3320	2100	2150
	60	3100	3200	2000	2050
不及格	50	2940	3030	1960	2010
	40	2780	2860	1920	1970
	30	2620	2690	1880	1930
	20	2460	2520	1840	1890
	10	2300	2350	1800	1850

50米跑单项评分表　　　　　　　　　　　单位:秒

等级	单项得分	男生		女生	
		大一、大二	大三、大四	大一、大二	大三、大四
优秀	100	6.7	6.6	7.5	7.4
	95	6.8	6.7	7.6	7.5
	90	6.9	6.8	7.7	7.6
良好	85	7.0	6.9	8.0	7.9
	80	7.1	7.0	8.3	8.2
及格	78	7.3	7.2	8.5	8.4
	76	7.5	7.4	8.7	8.6
	74	7.7	7.6	8.9	8.8
	72	7.9	7.8	9.1	9.0
	70	8.1	8.0	9.3	9.2
	68	8.3	8.2	9.5	9.4
	66	8.5	8.4	9.7	9.6
	64	8.7	8.6	9.9	9.8
	62	8.9	8.8	10.1	10.0
	60	9.1	9.0	10.3	10.2
不及格	50	9.3	9.2	10.5	10.4
	40	9.5	9.4	10.7	10.6
	30	9.7	9.6	10.9	10.8
	20	9.9	9.8	11.1	11.0
	10	10.1	10.0	11.3	11.2

坐位体前屈单项评分表

单位:厘米

等 级	单项得分	男 生		女 生	
		大一、大二	大三、大四	大一、大二	大三、大四
优秀	100	24.9	25.1	25.8	26.3
	95	23.1	23.3	24.0	24.4
	90	21.3	21.5	22.2	22.4
良好	85	19.5	19.9	20.6	21.0
	80	17.7	18.2	19.0	19.5
及格	78	16.3	16.8	17.7	18.2
	76	14.9	15.4	16.4	16.9
	74	13.5	14.0	15.1	15.6
	72	12.1	12.6	13.8	14.3
	70	10.7	11.2	12.5	13.0
	68	9.3	9.8	11.2	11.7
	66	7.9	8.4	9.9	10.4
	64	6.5	7.0	8.6	9.1
	62	5.1	5.6	7.3	7.8
	60	3.7	4.2	6.0	6.5
不及格	50	2.7	3.2	5.2	5.7
	40	1.7	2.2	4.4	4.9
	30	0.7	1.2	3.6	4.1
	20	−0.3	0.2	2.8	3.3
	10	−1.3	−0.8	2.0	2.5

立定跳远单项评分表

单位:厘米

等 级	单项得分	男 生		女 生	
		大一、大二	大三、大四	大一、大二	大三、大四
优秀	100	273	275	207	208
	95	268	270	201	202
	90	263	265	195	196
良好	85	256	258	188	189
	80	248	250	181	182
及格	78	244	246	178	179
	76	240	242	175	176
	74	236	238	172	173
	72	232	234	169	170
	70	228	230	166	167
	68	224	226	163	164
	66	220	222	160	161
	64	216	218	157	158
	62	212	214	154	155
	60	208	210	151	152
不及格	50	203	205	146	147
	40	198	200	141	142
	30	193	195	136	137
	20	188	190	131	132
	10	183	185	126	127

引体向上与仰卧起坐单项评分表   单位:次

等级	单项得分	男生(引体向上)		女生(仰卧起坐)	
		大一、大二	大三、大四	大一、大二	大三、大四
优秀	100	19	20	56	57
	95	18	19	54	55
	90	17	18	52	53
良好	85	16	17	49	50
	80	15	16	46	47
及格	78			44	45
	76	14	15	42	43
	74			40	41
	72	13	14	38	39
	70			36	37
	68	12	13	34	35
	66			32	33
	64	11	12	30	31
	62			28	29
	60	10	11	26	27
不及格	50	9	10	24	25
	40	8	9	22	23
	30	7	8	20	21
	20	6	7	18	19
	10	5	6	16	17

耐力跑单项评分表   单位:分·秒

等级	单项得分	男生(1000米)		女生(800米)	
		大一、大二	大三、大四	大一、大二	大三、大四
优秀	100	3'17"	3'15"	3'18"	3'16"
	95	3'22"	3'20"	3'24"	3'22"
	90	3'27"	3'25"	3'30"	3'28"
良好	85	3'34"	3'32"	3'37"	3'35"
	80	3'42"	3'40"	3'44"	3'42"
及格	78	3'47"	3'45"	3'49"	3'47"
	76	3'52"	3'50"	3'54"	3'52"
	74	3'57"	3'55"	3'59"	3'57"
	72	4'02"	4'00"	4'04"	4'02"
	70	4'07"	4'05"	4'09"	4'07"
	68	4'12"	4'10"	4'14"	4'12"
	66	4'17"	4'15"	4'19"	4'17"
	64	4'22"	4'20"	4'24"	4'22"
	62	4'27"	4'25"	4'29"	4'27"
	60	4'32"	4'30"	4'34"	4'32"
不及格	50	4'52"	4'50"	4'44"	4'42"
	40	5'12"	5'10"	4'54"	4'52"
	30	5'32"	5'30"	5'04"	5'02"
	20	5'52"	5'50"	5'14"	5'12"
	10	6'12"	6'10"	5'24"	5'22"

第六章 体　　能

第一节 体能的定义

体能是人体各器官系统的机能在体育活动中表现出来的基本能力。其中主要包括力量、速度、灵敏、耐力和柔韧等基本身体素质，以及人体的基本活动能力，如走、跑、跳、投掷、攀登、爬越、悬垂和支撑等。身体素质就其本质而言，是指人的体质强弱和运动的机能能力。1984年中文版《体育词典》中指出："身体素质是指人体活动的一种能力。指人体在运动、劳动与生活中所表现出来的力量、速度、耐力、灵敏及柔韧等机能能力。"这条定义指出身体素质不仅仅是人体运动的机能能力，而且也是人体劳动和生活机能能力。

美国《健康、体育、娱乐舞蹈协会》把身体素质概括为两个意思，即与健康相关的身体素质（亦称健康素质）和完成运动动作相关的身体素质（亦称运动素质）。健康素质是指与提高健康水平和增强体质有关的因素，如心血管耐力、肌肉力量和耐力、爆发力、平衡性、柔韧性等，这是一般人都需要的，为衡量健康水平和体质好坏的标准之一。运动素质是指正确完成运动技术的能力，如速度、反应、爆发力、灵敏性、协调性、平衡能力等，是衡量运动员训练水平和运动能力的标准之一。尽管体育锻炼和运动训练一样，都要求发展机体能力，但其要求是不同的。运动训练常常要求"极限的运动负荷"，发展"极限的体能"，这是由竞技运动的固有特点所决定的。而体育锻炼则要求"适量的运动负荷"，发展"基本和良好的身体机能和运动能力"。这就决定了它们之间运用的手段和方法的异同点。许多运动训练的手段、方法也可作为人们日常锻炼之用，然而在量度和要求上，两者又有着本质的区别。

体能由健康体能和竞技体能组成。

一、健康体能

健康体能以增进健康和提高基本活动能力为目标，包括肌肉力量、肌肉耐力、心肺耐力、柔韧性以及身体组成。

1. 肌肉力量

肌力可以定义为一个特定的运动模式，指肌肉以一定速度收缩所产生的最大力量。对于动态肌肉动作的评估可以在健身房中进行，通过完成指定动作的1RM的推举来评估，即一次尽全力推举的最大力量。这种终极负荷强度所产生的力量被定义为绝对肌力，因为它代表了个体在特定动作中身体能力的极限。当最大肌力通过与体重或瘦体重（非脂肪组织，如肌肉、骨骼、水等）关联时，它被定义为相对肌力。相对肌力对于根据体重划分重量级别而进行比赛的运动员至关重要，因为相对肌力越大对他们越有利。

2. 肌肉耐力

肌耐力是指肌肉维持一段时间的静力收缩或重复多次收缩的能力,保障人体的运动表现以及抵抗疲劳的能力。肌耐力与肌肉收缩时的负荷强度有关,通常可采用握力计测握力、拉力器测背拉力、垂直跳测爆发力等方法来评价肌力;采用上下台阶运动方法测定肌肉耐力等。次最大肌耐力是指肌肉承受低负荷、长时间收缩的能力。高负荷强度(或力量)耐力是指肌肉能够长时间保持高负荷强度收缩的能力。总体而言,拥有良好的肌耐力对于维持良好的姿势、保持健康和损伤防护至关重要,并对优化运动表现起辅助作用。

3. 心肺耐力

心肺耐力是指心脏、肺脏及循环系统在身体进行长时间运动时,能够有效地供给足够的氧气和养分到参与运动的肌肉,并且带走留在肌肉中的废物的能力。增强心肺功能最有效的运动是中等强度负荷的、长时间的运动锻炼,如长跑、超长距离跑、骑长距离自行车、划船、游泳、登台阶等,还有当今不断涌现的室内健身器练习,如跑步机、健身自行车、划船器、台阶练习器等。心肺耐力或有氧能力主要的测量指标是最大摄氧量,也可以通过心率、血压、肺活量等指标的测定综合评定。心肺耐力对于身体健康和降低疾病风险必不可少,并能提升自我形象、认知功能和压力管理能力。

4. 柔韧性

柔韧性是指关节在其正常最大活动范围内能够流畅地活动。柔韧性受关节的结构、肌肉力量及韧带和其他结缔组织的伸展度等因素的影响。柔韧性的测定可通过俯卧后仰或立位体前屈进行测定评价,也可采用柔韧性测量计、体型量度刻板等进行测定。增强关节的柔韧性可以减少受伤的风险,提升肌肉平衡能力和肌肉功能,提高运动表现,改善姿势并减少下背痛的发生率。增加柔韧性的最佳方式是进行最大关节活动度的训练,最好在运动结束后肌肉还保持一定温度时进行正确的拉伸训练。

5. 身体成分

身体成分是指身体内脂肪与非脂肪部分(肌肉、内脏、骨骼、水分和矿物质等)的比例。健康的身体成分要求降低脂肪含量的同时保持或增加瘦体重(肌肉成分和骨成分)。体内含有过量的脂肪被称为肥胖,而且肥胖会增加疾病和其他身体功能衰弱的风险。增加身体成分最有效的方法是合理饮食(摄入低饱和脂肪,减少单糖摄入,适当的蛋白质摄入和热量摄取)和规律运动。肌力训练以及其他形式的无氧训练也是提高身体成分的有效方式,因为它能增加瘦体重,同时减少脂肪。身体成分的测量方法有水下称重法、皮褶厚度法、阴抗脂率测定法和超声扫描术等,也可通过电脑程序体能测试分析系统进行测定分析。

二、竞技体能

竞技运动体能以追求在竞技比赛中创造优异运动成绩所需体能为目标,是运动员机体对外界刺激或外界环境适应过程所表现出来的综合能力,包含爆发力、速度、灵敏性、平衡与协调能力以及反应时间。

1. 爆发力

爆发力是指做功的速率,即在加速收缩时的力量。爆发力有时间特性,因此,如果两名运动员有相似的最大肌力,谁能够更快(以较高的速度或较短的时间)展现出最大肌力,谁就会在无氧运动中展现出更明显的优势。爆发力的发展是多方面的,包括力量和速度的提高。肌肉爆发力可以通过进行抗阻训练、速度训练、灵敏性训练和快速伸缩复合训练来提高,以及通过专项运动或体能加以提升。

2. 速度

速度是一个人尽可能地用最短时间完成运动技能的能力,是竞技运动中不可或缺的组成部分。例如,直线奔跑的速度可以定义为三个不同的阶段:加速、最大速度、减速。加速阶段的特征是速度增加,它取决于力量、爆发力和反应时间。最大速度阶段的特征是达到个人的最快速度并且可以在一定时长内保持这种速度。减速阶段是疲劳的结果,特征是个体在达到最大速度后不由自主地降低速度。速度可以通过多种方法来提升,包括非辅助和辅助形式的冲刺训练、力量及爆发力训练、快速伸缩复合训练、技术训练以及专项运动训练。

3. 灵敏性

灵敏性是指一个人能够快速改变方向且没有明显失去速度、平衡与身体控制的能力。灵敏性的发展需要很强的爆发力、力量、平衡、协调、反应度、速度、预判以及神经肌肉的控制。任何需要快速改变方向、减速和加速的运动都离不开灵敏性。灵敏性训练由先天性技能(闭链)和迫使运动员预测、调整并快速反应(开链)的训练组成。灵敏性可以通过快速伸缩复合训练、多向的灵敏和反应训练、力量及爆发力训练、平衡训练和专项运动等训练来提高。

4. 平衡与协调

平衡是人体保持稳定的能力,控制运动员的重心,使其在进行复杂运动技能时,能够保持适当的身体姿势。平衡可以通过具体的运动进行力量和爆发力训练、快速伸缩复合训练、冲刺和灵敏性训练、特定的平衡训练(用非稳定的设备)以及专项运动等训练来提升。协调性是指个体以良好的技术、节奏和准确性完成运动技能的能力。协调性的关键要素包括平衡感、空间感、时间掌控以及运动技能学习。协调性可以通过相似的训练方法进行改善。专项运动训练是非常重要的,因为反复适应不同的运动模式是提高协调能力的关键。

5. 反应时间

反应时间是指快速对刺激做出反应的能力。反应时间对运动表现非常关键。运动员对刺激的反应越快就越有可能获得成功。快速的反应能力很重要,它是区分运动员素质水平的一个指标。反应时间可以通过爆发性训练(爆发力、冲刺、灵敏性及快速反应训练)和专项运动训练来提升。

三、体能≠体力

体能是通过力量、速度、耐力、协调、柔韧、灵敏等运动素质表现出来的人体基本的运动能力,也是运动员竞技能力的重要构成因素。体能水平的高低与人体的形态学特征以及人体的机能特征有着密切的关系。

"体适能"一词,在"体能"一词中加入"适"字。"适"除了原意的"适应"外,也可以加上"适当"的字义解释,这样会更接近健康的定义。均衡适中的体适能水平,也符合中国古代养生之道,与《周易》《中庸》等古代哲学著作相通。所以说,以现代体育科学理论作为锻炼活动的依据,可培养适当的体适能水平,优化生活,达至健康人生。适当的运动,是改善现代城市人的生活、达至健康的生活方式的主要途径。平时应进行适当的运动,以健康为目标,将以现代体育科学理论为基础的"体适能"活动作为优化生活方式的首要活动;同时注意运动安全,减少因不适当运动而带来的伤害。

第二节　身体评估和功能测试

功能性动作筛查(Functional Movement Screen,FMS)由七个测试动作组成,要求受试者达到灵活性和稳定性的平衡状态。七个动作所采用的动作模式均为基本的可测量动作,要求体现受试者的灵活性和稳定性。通过让受试者完成这些动作,可发现受试者的弱点、不平衡性、不对称性和动作局限。功能性动作筛查是一种用于动作评分和评级的工具。它的七个测试动作如下:

1. 深蹲

测试目的:深蹲可以检测身体两侧的对称性,髋部、膝盖以及脚踝的灵活性。头上举木杆可以检测身体两侧的对称性以及肩部和胸椎的灵活性和对称性。

所需器材:功能动作测试仪或轻质棍子、木板。

2. 髋栏架步

测试目的:髋栏架跨可以检测髋、膝、踝的对称性、灵活性和稳定性,及其两侧对称性。

所需器材:功能动作测试仪或轻质棍子、木板、弹力绳。

3. 分蹲

测试目的:分蹲可以检测身体两侧的灵活性和稳定性以及踝关节和膝关节的稳定性。

所需器材:功能动作测试仪或轻质棍子、木板。

4. 肩部灵活性

测试目的:检测肩关节区域、胸椎、胸廓在上肢相对的肩部运动中是否保持自然对称的运动功能。通过该动作测试可以观察到颈椎及胸椎的代偿动作,排查肩关节存在的疼痛症。

所需器材:软尺。

5. 主动举腿

测试目的:主动举腿测试是当骨盆保持在固定位置时,检测腘绳肌的主动收缩能力和小腿肌肉的柔韧性。一方面考察腘绳肌腱和小腿三头肌的柔韧度,另一方面考验盆骨的稳定性以及核心稳定时下肢分离的能力。

所需器材:功能动作测试仪或轻质棍子、木板、练习垫。

6. 脊柱稳定性俯卧撑

测试目的:脊柱稳定性俯卧撑检测是上肢在对称运动俯卧撑时身体躯干在矢状面的稳定性。

所需器材:练习垫。

7. 躯干旋转稳定性

测试目的:体旋稳定性测试可以检测躯干在上下肢共同运动时多维面的稳定性及其两

侧的对称性。展示冠状面和矢状面上的躯干稳定性能力,并反映基本攀爬动作中躯干灵活性和稳定性的协调作用。

所需器材:功能动作测试仪或木板、练习垫。

第三节 体能训练概述

一、体能训练的概述

依据体能在不同人群中的表现和作用,可将体能分为健康体能和竞技体能两个层次。健康体能是指任何人群都必需的器官系统的机能能力,是竞技体能的基础。竞技体能是在健康体能的基础上,进一步发展的竞技比赛所需的身体机能能力。

发展运动员的竞技体能受多种因素的影响。先天性的体能通过遗传效应而获得,后天的体能则主要经由有效的体能训练而得到提高,同时,在适宜的地理环境和良好的社会环境中也可得到相应的发展。

体能训练的直接任务是根据各个项目竞赛的需要,提高运动员的运动素质。为此,亦须改善运动员的机能状况,并力求使运动员的身体形态适合运动项目的要求。

人体运动时能量的供应是通过三大能量代谢系统的供能,以及神经、骨骼、肌肉等系统协调工作实现的。训练、比赛所需要的速度、力量、耐力、协调、灵敏和柔韧等素质,是通过改善运动员的能量代谢、神经、肌肉、骨骼等系统的功能,并使之符合运动项目的需求来实现的。任何一个运动项目对能量代谢、神经、肌肉、骨骼等系统的功能都有着特定的要求。因此,体能训练中首先要明确的是运动员在比赛中的活动方式,并据此回答如何提高运动员需要的能量代谢能力,改善运动员的神经、骨骼、肌肉等系统的功能。

体能训练(Strength Training and Conditioning,S&C)这一术语已定为多种方式的整合训练。在这其中,抗阻力量训练是核心,同时可根据运动员需要增加其他训练模式。例如,力量与爆发力型的运动员的体能训练计划不仅要包含负重训练,还要包含快速伸缩复合训练、冲刺和灵敏性训练、柔韧性训练以及有氧训练(除了严格的训练和比赛)。对于普通健身者,负重训练可加上柔韧性和心肺功能训练。多种形式的训练可以改善与健康及运动技能相关的肌肉体能指标。因此,一套高质量的体能训练计划是非常重要的。从运动员的角度来看,发展良好的运动技能是至关重要的,但仅靠运动技能,运动员能取得的成绩一定有限。很多时候,运动员的能力高低取决于身体及竞技体能的素质,一流运动员在力量、爆发力、速度和跳跃能力方面都要胜于二三流运动员。

二、体能训练的基本要求

1. 体能训练应与专项竞技特点相结合

体能训练是为提高运动员综合的专项竞技能力服务的,一定要与专项竞技的特点相结合。体能训练的内容就是发展专项需要的运动素质,其中,又应突出发展专项竞技需要的主要素质。选择或设计体能训练手段时应力求与专项技术动作形式、动作结构和能量代谢方式联系起来。体能素质训练应与技术、战术、心理训练有机结合。

要合理安排一般体能训练和专项体能训练。一般体能训练可全面发展运动员的力量、耐力、速度、灵敏、协调和柔韧等运动素质,提高运动员各个器官系统的机能,使运动员身体得到均衡的发展。同时,通过一般体能训练,提高运动员的健康水平。而专项体能训练的目的是使运动员已获得的体能直接为提高运动成绩服务。一般体能训练是为专项体能训练服务的,专项体能训练则直接为提高运动员整体竞技水平服务。

2. 体能训练应与人体生长发育的阶段性特点相适应

决定运动素质的身体形态、机能状态在人的不同发育阶段发展的程度不同,训练的可塑性也不一样。训练中应根据各运动素质发展敏感期训练可塑性大的特点,使素质在适时的年龄阶段得到相应的发展,从而有效发展运动员的体能。

第四节 拉伸与放松

一、拉伸

1. 拉伸的作用

人在长期做一种动作后,所用的肌肉就会痉挛、僵硬。比如长期坐着,人的腰背肌就会僵硬;保持一种姿势看电脑,颈肩部位的肌肉就会僵硬;长跑、爬山或者骑车后,腿部和腰部的肌肉就会痉挛、僵硬。

而拉伸运动正好是帮助肌肉减缓、消除痉挛和僵硬的最好方法。疲劳后拉伸能保护韧带,降低肌肉的紧张,使紧缩的肌肉松弛,并能减少肌肉的压迫,放松肌肉,促进血液循环,加速训练后的恢复,有助于放松身体。大量运动后的柔韧性拉伸,可以减缓肌肉酸痛。

2. 拉伸的好处

(1) 缓解肌肉紧张,让身体更加放松。

(2) 让身体更加轻松自如地运动,从而提高身体的协调性。

(3) 能扩大身体的运动范围,比如在攀岩之前做拉伸运动会让你的动作不受约束。

(4) 能防止肌肉扭伤(强健的、柔软的、拉伸过的肌肉比僵硬的、未经拉伸的肌肉更能承受压力)。

(5) 有助于保持身体柔韧度,身体不会因年龄变大而越来越僵硬。

(6) 能让你的肌肉更加紧致,线条越来越流畅。

3. 拉伸的方法

主要分静态、动态、弹震式和本体感觉神经肌肉促进法四种方法。

本体感觉神经肌肉促进法技术是以人体发育学和神经生理学原理为基础,根据人类正常状态下日常生活的功能活动中常见的动作模式创立的锻炼方法。它强调多关节、多肌群参与的整体运动而不是单一肌肉的活动,增强了关节的运动性、控制能力以及动作技巧,同时利用运动感觉、姿势感觉等刺激增强有关神经肌肉反应和促进相应肌肉收缩。这种训练应使受试者感受轻松,进展得更快、更顺利。

二、放松

如果体育运动后不做放松活动,不仅影响氧的补充,还会影响静脉血液回流,造成暂时性贫血及血压突然下降的不良反应。体育运动后的放松方法很多,可以根据自己的习惯和其他条件自由选择。

1. 徒手操放松法

用轻松的、不费力的徒手操来放松肌肉并使人体从激烈的运动状态逐渐过渡到安静状态。

2. 按摩放松法

练习者自己或相互间用某些按摩手段来达到放松的目的,如叩打和抖动运动后产生疲劳的肌肉等,同时也可结合相应的穴位进行点穴按摩,以达到清脑安神和缓解身体局部疲劳的作用。

3. 深呼吸放松法

练习者人为地加深呼吸,通过补充氧供应达到放松的目的。做深呼吸也可配合做些轻松的走步和缓慢的上肢伸展扩胸动作。

4. 舞蹈放松法

舞蹈加上优美的音乐可使人心情轻松愉快,可以调整和转移大脑皮质的兴奋中心,从而达到生理和心理的放松。

5. 游戏放松法

轻松活泼的游戏练习可以使人的心神转移,达到心理上的放松,同时对身体的放松也有好处。

专项运动

第七章 篮 球

第一节 篮球运动概述

一、篮球运动起源与发展

1. 篮球运动起源

篮球运动是1891年由美国马萨诸塞州斯普林菲尔德市基督教青年会国际训练学校体育教师詹姆斯·奈史密斯博士(图7-1-1)发明的。当时,由于在寒冷的冬季,人们缺乏室内进行体育活动的球类竞赛项目,詹姆斯博士便从工人和儿童用球向"桃子筐"投准的游戏中得到启发,设计将两只桃篮分别钉在健身房内两端看台的栏杆上,桃篮口水平向上,距地面10英尺,以足球为比赛工具向篮内投掷,入篮得1分,按得分多少决定胜负。因为这项游戏最初使用的是桃篮和球,遂取名为篮球。1893年铁质球篮取代了桃篮并挂上了线网;1895年篮筐开始固定在4英尺×6英尺的篮板上并逐渐深入场内;到1913年,由于每次投篮命中后都需要将球从篮筐内捞出太麻烦,于是人们将篮网底部剪开,形成了近似现代的篮板和球篮。

图 7-1-1

最初的篮球比赛规则很简单,对于场地大小、参加人数多少、比赛时间长短都没有统一的规定。1892年詹姆斯博士制定了第一部13条的原始规则,目的是使篮球游戏在公平对等的条件下进行,同时不允许粗野动作的发生。1915年美国制定了全国统一的篮球竞赛规则,并翻译成多种文字,向全世界发行。1932年,刚诞生的国际篮联以美国大学使用的篮球规则为基础,制定了第一份世界统一的竞赛规则。随着篮球运动的发展,场地设备得到改进和完善,规则也不断地增删和变化。

2. 世界篮球运动的发展

随着篮球运动的开展,场地、设备和比赛规则不断得到改进和完善,这项运动以其独特的魅力,吸引了广大群众积极参与,同时其技术和战术得到了飞速的发展。1932年国际篮球联合会(FIBA)成立,成员国由最初的8个发展到现在的213个。1936年男子篮球正式列入奥运会比赛项目。1950年和1953年分别举行了第一届世界男、女篮球锦标赛。1968年"国际篮球委员会"成立。1976年女子篮球列入奥运会正式比赛项目。随着电视、国际互联网等现代通信技术的快速发展,以及篮球运动职业化程度的提高,NBA(美国男子职业篮球联赛)和WNBA(美国女子职业篮球联赛)已成为全球收视率最高的体育比赛之一。目前,篮球运动正在全世界朝气蓬勃地迅猛发展。

3. 中国篮球运动的发展

从1895年篮球运动传入我国,至1949年中华人民共和国成立,我国篮球运动主要受美国、菲律宾篮球运动发展的影响,在天津、北京、上海等几个大城市的基督教青年会及教会学校中开展。1925年我国在第五届远东运动会上获得冠军,这是新中国成立前篮球史上唯一在国际运动会上取得的好成绩。

新中国成立后,篮球运动也同其他事业一样,得到了蓬勃发展。1951年举行了全国篮、排球比赛,1954年建立了全国联赛制度,1956年试行了运动员、教练员和裁判员的等级制度,1955年至1957年开始形成自己的"积极、主动、快速、灵活、准确"的风格。快攻、跳投和紧逼成为我国篮球队20世纪50年代的三大法宝。20世纪50年代末、60年代初,我国男、女篮球队已接近世界先进水平。

1974年第七届亚运会,我国男、女篮球队第一次参加亚运会的篮球比赛,均获第三名。截至1998年第13届亚运会,我国男篮球队共获得冠军5次、亚军1次,我国女篮球队共获得冠军2次、亚军3次。

1975年,我国男篮球队首次获得亚洲男子篮球锦标赛冠军。

1992年第25届奥运会上,我国女篮球队获得亚军。

1994年,在第12届世界篮球锦标赛上男队获得第八名,女队获得亚军。该年,中国篮球协会首次对男子篮球实行职业化改革,与国际管理集团合作,推出了跨年度的1994—1995年赛季,即中国男子篮球甲级队联赛(简称CBA)。

1996年,我国男篮球队在第26届奥运会篮球比赛中获得第八名。

1998—1999年全国男子篮球甲级联赛,首次采用4节制、每节12分钟的比赛时间,8秒由后场推进到前场及每队控制球后必须在24秒内完成投篮的新规则,使比赛更加紧张、激烈并富有观赏性。

百年来,篮球运动从游戏型活动到竞技运动,再到科学门类型学科不断地演进发展。篮球运动已真正成为国际体育组织中单项运动人口最多、最受世界民众喜爱的体育项目之一。

二、篮球运动特点

1. 理论和实践的科学性

从1891年詹姆斯博士发明篮球至今已有一百多年的历史了,在此期间各国的教练、运动员对篮球的技术和战术进行了广泛深入的研究,甚至把毕生的精力都贡献给了篮球事业,从而形成了篮球技术和战术的科学体系。科研人员对与篮球运动有关的生理、心理、解剖、医学和生物力学等学科的指标进行了科学研究和分析,使篮球运动能在科学的理论指导下不断地发展。

2. 个体和整体的高度统一性

篮球运动通过最初13条规则发展到目前的50条规则,其中场地、时间和队员的位置等不断地演变、发展和变化,但是,万变不离其宗,不管篮球运动如何变化,还是不能缺乏运动员及个体间激烈的攻守对抗。没有篮球运动员的整体和个体之间的攻守协同,也就不存在篮球运动的整体,所以篮球运动是个体和整体的高度统一。

3. 篮球运动竞赛的智能性和剧烈性

现代篮球比赛,既是斗志,又是斗智,还是斗技。智能潜力的强弱已成为斗志和斗技的基础,加上规则的演变增强了比赛的强度。所以现代篮球竞赛的激烈程度已是智能、体能和技能的高度结合。

4. 篮球运动技术和战术的复杂性

国际公认,所有球类项目中,篮球技术动作最多,战术变化最复杂,从而形成了它的整体理论和部分实践结构的复杂性。

三、篮球运动锻炼价值

篮球运动自问世起,以其独特的娱乐性、可观赏性、竞争性、健身性得以广泛开展,传播迅速,经过了百年的风雨沧桑,已经成为世界三大球之一,为世界人民所喜爱,特别是在青少年当中更为普及。篮球运动在高校体育中占重要地位,通过篮球运动可以促进大学生身心的全面发展,培养其运动能力和良好的社会适应能力,增进学生的身心健康。

1. 篮球运动对身体健康发展的促进作用

篮球运动持续时间可长可短,但需要参与者快速奔跑、突然与连续起跳、敏捷反应与力量抗衡。经常参加篮球运动,可使身体各部分肌肉坚实、发展匀称、体格健壮。篮球运动可以促进力量、速度、耐力、弹跳、灵敏等运动素质的发展。篮球运动也是一项高强度的对抗性运动,要求机体的代谢能力旺盛,体内能源物质转换快速,因而它能使心脏、血管、呼吸、消化等器官的功能增强,促进机体内各系统工作能力的提高。

2. 篮球运动对心理健康发展的促进作用

篮球运动不仅是技术与身体的对抗,也是意志与智慧的较量。篮球比赛是一场心理交锋。运动员的智慧、胆略、意志、活力与创造力,决定着比赛的成败和运动水平。篮球运动是一项把变换、结合、转移、持续融为一体的集体攻守对抗项目。要求运动员反应快速、判断正确、随机应变、有勇有谋、机智善断,从而能够促进大脑功能与智力的发展。通过篮球比赛,学生的个性、自信心、情绪控制、意志力、进取心、自我束缚能力都有较好发展。

3. 篮球运动对社会适应能力的培养作用

篮球运动对培养大学生集体主义精神有积极作用。学生之间团结合作、相互协同、默契配合，一切为集体，一切为大局，才能保证比赛的胜利。通过和同伴的相互合作，共同完成篮球的技战术学习过程，共同体验胜利的喜悦和失败的痛苦，有助于拉近学生之间的关系，建立良好的群体关系。良好的人际关系有助于学生建立良好的学习、生活和工作环境，减少学习和工作上的压力。

第二节　篮球运动基本技术

一、篮球运动基本技术

篮球运动的技术分为进攻技术和防守技术两大部分，每一部分都有许多技术动作，以下分别从移动、传接球、投篮、运球、持球突破、防守对手、抢篮板球等技术动作来做简单介绍(图7-2-1)。

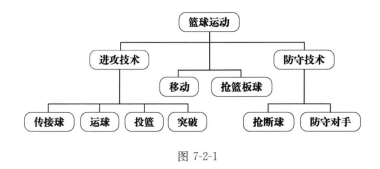

图 7-2-1

1. 移动

移动是篮球比赛中队员的位置、方向、速度等变化时所采用的各种脚步动作。

(1) 基本站立姿势。基本站立姿势是篮球运动员在启动前的准备姿势，正确的基本姿势对更好地发挥进攻和防守起着重要的作用。

动作要点：两脚前后开立，重心落于两脚间，抬头、含胸，体前倾，两臂于体侧前方屈肘。

(2) 侧身跑。侧身跑是篮球比赛快攻中无球队员常用的一种方法，主要是为了更好地观察持球队员的传接球，以便更有利地接球快攻。

动作要点：向前跑动时，头部与上体侧转身向球的方向，脚尖朝向跑动的前进方向，内侧腿深屈，外侧脚用力蹬地，内侧肩在前。

(3) 变向跑。变向跑是在跑动中通过突然改变方向并加速来摆脱防守的一种方法。

动作要点：变方向的瞬间屈膝降重心、移重心，异侧脚前脚掌内侧迅速蹬地，同侧方向的脚迅速跨出，蹬地脚及时跟上。

(4) 后退跑。后退跑是由进攻转入防守时背对移动方向移动的一种方法，主要是为了及时观察对方进攻的情况。

动作要点：后退跑时，两脚提踵，用脚前掌交替蹬地提膝向后跑动，上体放松直起，两臂屈肘相应摆动,保持身体平衡。

(5) 急停。急停是队员在跑动中突然制动的一种方法。急停不仅能摆脱防守,而且可以衔接脚动作的变化,从而更有效地完成攻守任务。其包括跨步急停和跳步急停两种方法。

动作要点:急停时两腿弯曲降低重心,同时重心后移防止前冲。

(6) 滑步。滑步是队员防守时运用的主要移动技术之一。其作用是易于保持身体平衡,及时启动抢占有利位置。

动作要点:两腿开立臂前举,蹬跨协调要紧密,前滑上步成弓步,后滑撤步要平衡,左右滑步移动快。

2. 运球

持球队员在原地或移动中,用手连续按拍借助地面反弹起来的球的动作叫运球。运球是篮球比赛中个人进攻的重要手段之一,是组织全队进攻配合的桥梁,其目的是寻找机会传接球给同伴或自己进攻。运球的基本要领:抬头,目视前方,不运球的手抬起以保护球,屈膝,降低重心,掌心空出,用手掌拍按球的后半部,将球向前推进,运球的高度视场上情况而定。

各种运球的方法如下:

(1) 高运球。抬头,目视前方,上体稍向前倾,以肘关节作为轴,拍按球的后上方,球的落点在身体前侧方,球的反弹高度在腰腹之间。主要用于行进间运球。

(2) 低运球。抬头,目视前方,两膝深屈,用身体和腿保护球,同时用手短促拍按球,球的反弹高度在膝部。主要用于遇到防守急停时的运球。

(3) 体前变向换手运球。运球者从右手低运球开始,向防守队员左侧后方快速推进,同时左臂自然抬起侧身保护球,当防守队员重心左移时,运球变向,右手拍按球的右侧上方,同时上右腿,左转侧肩保护球,换至左手运球。其目的是在防守人堵截运球人的前进线路时,运球人向两侧摆脱防守人的一种方法。

(4) 背运球。右手运球,向对手左侧运球。当防守队员身体重心左移,右腿在前突然用右手拍球的外侧,左脚上步的同时使球从身体后反弹至左前方,右腿迅速向左前方跨步,以臂、腿保护球,换至左手运球。

(5) 胯下运球。当防守队员迎面堵截时,右手运球,在左腿向前跨出后,用右手拍按球的右侧上方,将球从右拍至胯下,反弹至左侧,用左手继续运球。

(6) 运球后转身。当防守队员堵截运球线路时,运球队员将球控制在身体右侧,左脚向前跨出一步作为中枢脚置于对手两脚之间,然后右脚用力蹬地后撤,顺势作后转身的同时,右手拍按球的右侧前方,将球拉引向身体的侧后方落地,转身后换手用左手继续运球。

3. 传接球

传接球是篮球运动的重要技术之一,是实现战术、组织、配合的纽带,是篮球比赛中队员有目的地转移球的方法,其目的是为了获得球,以便投篮、突破或运球。

传接球的方法及要领如下:

(1) 双手胸前传球。两手五指分开,拇指相对成八字形,用指根以上部位持球的后侧方,掌心空出,肩、臂、腕肌肉放松,两肘自然弯曲将球置于胸腹间,身体成基本姿势站立,传球时后脚蹬地,重心前移,同时两臂前伸翻腕,两拇指用力下压,手指外翻,指尖用力将球传出。

（2）双手反弹传球。这种传球方法及手法与双手胸前传球基本相似，不同点在于用力方向是向前下方击地反弹，击地点在距接球者三分之二的地方。反弹传球多运用于外围队员向内线队员传球，中锋策应传给切入的队员，突破分球时采用。

（3）单手肩上传球。以右手传球为例，左脚向传球方向迈出半步，同时右转体将球引至右肩侧上方，出球时，右脚蹬地的同时转体带动上臂，肘在前，前臂迅速前甩，扣腕，手指用力下压将球传出。单手肩上传球经常在抢到篮板球后快攻第一传或长传时或在突破后传球时运用。

（4）单手体侧传球。队员在向左侧跨出半步的同时，右手将球移至右侧，向前做弧线摆动，当球摆过身体右前方时，迅速收前臂，用手指手腕的力量将球传出。外围队员传球给内线队员时常用这种方法，它与突破等手段结合运用效果较好。

（5）接球。接球是指使飞行的球停止并控制在自己手里。接腰部以上的球时，两拇指相对成八字形，手指向前上方成抱球状，当手指触球后，两臂随球后引缓冲来球的力量，两手持球于胸腹前，成基本站立姿势。接腰部下的球时，动作的方法、要领基本同上，只是手指向下接球。

接球时的注意事项：眼睛应始终注视球，接球时要用身体和脚步的移动防止对方可能断球的线路，接球后要与下一个进攻动作紧密结合以把握战机。

4. 投篮

投篮是队员根据人体运动的科学原理，运用正确的身体姿势和手法，将球从篮圈上面投入球篮的各种方法的总称。投篮是篮球运动中的主要进攻技术，比赛中运用任何进攻技术、战术的最终目的都是为了投篮。比赛的胜负是由两个队的得分多少决定的。要取得比赛的胜利，就必须正确和熟练地掌握投篮技术，提高投篮命中率。

主要投篮技术的要领如下：

（1）原地单手肩上投篮。以右手投篮为例，右脚在前，脚尖正对球篮，屈膝，身体重心在两腿之间，上体保持正直，右手指自然分开托球于肩上，手腕后翻，掌心空出，左手扶球的侧下部；投篮时，两腿蹬地发力，伸展腰腹向前上方抬肘伸臂，手腕前屈，食指最后用力，并使球向后旋转把球投向篮圈。

（2）行进间单手肩上投篮。以右手投篮为例，右脚向前跨出时接着迅速上左脚起跳，右脚屈膝上抬，同时举球至头右侧肩上，上体稍向后仰，当身体跳至最高点时，右臂向上伸直，用手腕前屈和手指发力将球投出。一跨大步接球牢，二跨小步用力跳，三要翻腕托球举球高，四要指腕柔和用力巧。

（3）行进间单手低手投篮。跨右脚接球后的第一步稍大，然后迅速上左脚向前上方起跳，右臂向前上方托球下部，掌心向上，接近球篮时，手腕用力上挑，球从指端投出，使球向前旋转投向球篮。

（4）跳起投篮。双手持球于胸前，两脚正对球篮前后开立，屈膝，重心在两脚之间，两脚用力蹬地垂直起跳，同时将球举至右肩上，左手扶球左侧下方，当身体接近最高点时，右臂向前上方伸直，手腕前屈拨球将球投出。在空中要保持身体平衡，球出手后自然落地。

二、篮球运动进攻技术

个人进攻的主要基本技术是持球突破,即持球队员运用脚步动作与运球技术相结合而快速移动超越对手。良好的突破能直接切入篮下得分,造成防守队员的犯规,为中投创造良好的机会,又能打乱对方的防守,为同伴创造进攻的机会。持球突破主要有交叉步持球突破和同侧步持球突破两种方法。

1. 交叉步持球突破

持球突破技术主要由蹬、跨、转体探肩、放球和加速几个环节组成。进攻者持球突破,首先要选择中枢脚。以右脚为中枢脚为例,两脚左右开立,两膝微屈,降低重心,持球于胸前,突破时先做向左侧传球或同侧步突破的假动作,然后左脚前脚掌内侧迅速蹬地向右前方迈出一大步,上体右转,左肩下压,同时右手运球迅速超越对手。

2. 同侧步持球突破

以左脚为中枢脚为例,准备姿势同交叉步突破相似。突破时左脚前脚掌内侧蹬地,右脚迅速向右前方跨出一步,同时上体右转,左肩下压,用右手将球放于右脚的侧前方,左脚用力迅速蹬地上步超越对手。

三、篮球运动防守技术

防守技术是队员在比赛中为了阻挠和破坏对手的进攻,达到夺球反攻的目的所采用的合理的脚步移动和手臂动作,以积极地抢占有利位置,阻止、防止对方进攻的动作。成功的防守可以为本队创造更多的进攻机会。

防守包括防守持球队员和防守无球队员两个方面。

1. 防守持球队员

(1) 防守持球队员的注意事项:

① 要站在对手与球篮之间的有利位置上。

② 既要举起两臂封阻对方传球或投篮,又要积极移动,堵、截、运、突。

③ 不要轻易前扑或上跳而失去重心。

(2) 防守有球队员的基本方法:

① 位置和距离的选择。当对手接球后,必须迅速调整位置和距离,占据在对手与球篮的有利的位置上,与对手保持一定的距离。

② 防守的动作主要有平步防守与斜步防守。

平步防守:两脚取平行站立的防守姿势,两臂侧伸,同时横摆。这种防守的防守面积较大,便于左右滑动,对防止突破较为有利。

斜步防守:两脚取前后站立的防守姿势,一臂上伸,另一臂侧伸进行阻挠。这种方法便于前后移动,对防守投篮较为有利。

(3) 防投篮。当进攻队员接球逼近投篮区域时,与对手保持一臂的距离,用斜步防守进行防守,防守队员不要急于前扑起跳封盖对方的投篮,只要在判断对方确实起跳投篮时再起跳封盖,干扰对方投篮,但不要由上而下拍打,这样容易造成犯规和失去平衡。

(4) 防突破。以平步防守为宜,当进攻队员突破时,防守队员随着突破的方向迅速做侧后撤步,接着用侧后滑步去堵截对方的切入路线,使其不易突破。

(5) 防运球。多采用平步姿势,两臂向两侧伸,扩大两侧控制范围,与对方保持一定距离,重心下降,同时跟着进攻队员快速移动,当对手停球后,就要靠近他,防止投篮,如对方把球传出,要防止其向篮下切入。

2. 防守无球队员

(1) 防守无球队员的注意事项:

① 防守无球队员时,要阻挡他在限制区附近接球。

② 注意堵线路,破坏对方的习惯配合。

③ 注意判断机会打反击。

④ 防止对方冲抢篮板球。

⑤ 在个人防守的基础上,注意协调同伴防守。

(2) 防守无球队员的基本方法:

① 位置和距离的选择。选择位置要根据球的位置和对手的位置而定。防守外围队员时,防守人站在对手与球篮之间靠近球的一侧,站在对方持球队员和无球队员传球的线路上。防守队员与无球进攻队员的距离,如对手离球较远,则防守队员与对手的距离则远,反之,则近些。

② 防守动作。防守队员要始终保持正确的防守位置、防守姿势,降低重心,用积极的脚步移动,堵截进攻队员摆脱和接球的线路,控制对手。防守的脚步移动方法有:侧滑步、前滑步、后滑步和后撤步等几种方法。

四、抢篮板球技术

篮球比赛中双方队员在空中争抢投篮未中的球称为篮板球。篮板球是获得控制球权的重要手段,是增加进攻次数和发动快攻的重要保证,同时又是有效阻止进攻的主要手段。

1. 篮板球的重要性

篮球比赛中,抢篮板球是获得控制球的重要手段之一。如果进攻时抢篮板球占优势,不仅可以增加进攻次数和篮下得分的机会,而且可以增强中远距离投篮的信心和减少对方发动快攻的机会;防守时抢篮板球占优势,不仅可以中断对方连续进攻,造成对方外围中远距离投篮的顾虑,而且还能为本队发动快攻创造有利的条件。因此,一个队抢篮板球技术掌握得好坏,对比赛的主动与被动、胜利与失败起着重要的作用。

2. 抢篮板球的方法

(1) 进攻队员抢篮板球。当同伴或自己投篮时,处在靠近球篮位置的进攻队员应及时判断球的反弹方向,快速启动摆脱防守,同时抢占有利位置起跳,跳至最高点补篮或抢篮板球。落地时屈膝,重心落于两脚之间,将球持于胸腹之间,肘外展。

(2) 防守队员抢篮板球。防守队员屈膝上体前倾,重心在两脚之间,当进攻方投篮时,注意对手的动向,运用上步、撤步和转身占据有利位置,把进攻队员挡在身后,同时判断球的落点,起跳至最高点时用双手抢球或将球点拨给同伴。如果在空中未传球,落地时保护好球并迅速完成第一传。

第三节 篮球运动基本战术

一、篮球运动战术体系的结构

根据篮球运动的对抗特征,通常将篮球战术分为进攻与防守两大系统(20世纪90年代开始,篮球战术发展分为进攻、防守与攻守转换三大系统)。再根据参与战术行动的区域与人数,可将其分为个人行动、配合行动和整体行动三个层次,从而把战术方法和阵势构成一个完整的系统网络。将复杂的、多种多样的战术,按性质、区域、人数特点和作用加以归类,明确各自隶属关系,并加以网络化,可对篮球战术体系的结构有一个直观的了解(图7-3-1)。

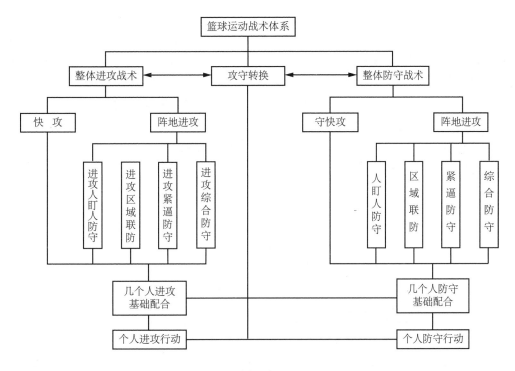

图 7-3-1

二、篮球运动战术体系的内容

1. 个人行动

个人进攻行动包括摆脱、切入、助攻、突破、攻篮等。

个人防守行动包括防守无球队员、防守有球队员等。

个人战术行动是指队员在比赛中根据本队的战术方案和整体及个性特长,结合对方的特点和临场变化而采取的有谋略、有实效的战术方案。它以个体独立作战的形式表现于比赛之中,也是队员"综合能力"的体现。

2. 配合行动

进攻基础配合包括传切、掩护、策应、突分配合等。

防守基础配合包括挤过、穿过、绕过、补防配合等。

(1) 传切配合。传切配合是指进攻队员之间用传球和切入技术组成的简单配合。如图 7-3-2 所示：④传球给⑤时，⑥趁对手不备，突然横切或从底线切入篮下接⑤的传球投篮。

图 7-3-2

图 7-3-3

(2) 侧掩护配合。侧掩护配合是掩护队员采用合理的行动，以自己身体挡住同伴的防守者的移动线路，使同伴借以摆脱防守的一种配合方法。如图 7-3-3 所示：⑤传球给④后跑到△的侧面做掩护，④接球后做投篮或突破的动作，吸引△的防守，当掩护到位时，④持球从△的左侧突破投篮。⑤掩护后及时移动到有利的位置去接球或抢篮板球。

(3) 策应配合。策应配合是指处于内线的队员背对或侧对篮框接球，由其做枢纽，与外线队员的空切相配合而形成的一种里应外合的方法。如图 7-3-4 所示：⑤摆脱防守插到罚球线做策应，④将球传给⑤并立即空切篮下，接⑤的策应传球投篮。

图 7-3-4

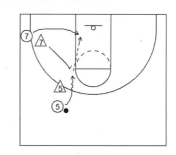
图 7-3-5

(4) 突分配合。突分配合是指持球队员突破对手后，遇到防守队员补防或协防时，及时将球传给进攻时机最佳的同伴进行攻击的一种配合方法。如图 7-3-5 所示：⑤突破后，遇到△迎上补防，立刻把球传给切入篮下的⑦，⑦接球后投篮或与其他同伴配合。

(5) 挤过配合。挤过配合是破坏掩护配合积极有效的方法之一。防守者在掩护员临近自己时，要积极向前跨出一步，贴近自己的防守对手，从掩护者前面挤过去，继续防住自己的对手，防守掩护队员的同伴要及时呼应，并配合行动，以备补防。如图 7-3-6 所示：④传球给⑤后给⑥做掩护，△在④靠近自己的一刹那，迅速抢前一步贴近⑥，并从⑥和④中间挤过去继续防守⑥。

(6) 穿过配合。穿过配合是破坏掩护配合及时防住自己对手的一种配合。当进攻队员进行掩护时，防掩护者的队员要及时提醒同伴并主动后撤一步，让同伴及时从自己和掩护队员之间穿过，以便继续防守住各自的对手。如图 7-3-7 所示：⑤传球给⑥后去给④做掩护。当⑤掩护到位前一刹那，△主动后撤一步，从⑤和△中间穿过去，继续防守④。

图 7-3-6　　　　　　　　　图 7-3-7

（7）绕过配合。绕过配合是破坏掩护的一种防守配合，在进攻队员运用掩护配合时，被掩护者提前后撤一步，并从同伴的身后绕过，继续去防守原来的对手。如图 7-3-8 所示：⑥传球给⑤并去给他掩护，⑤传球给④后利用⑥的掩护向篮下切入，△从⑥和△的身后绕过继续防守⑤。

 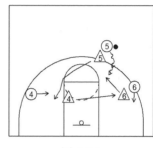

图 7-3-8　　　　　　　　　图 7-3-9

（8）补防配合。补防配合是防守队员当同伴出现漏防时立即放弃自己的对手，去补防那个威胁最大的进攻队员，而漏人的防守队员及时换防的一种协同防守的配合。如图 7-3-9：当△失去防守位置，⑤运球向篮下突破时，△应迅速补防，封堵⑤的上篮角度，△则迅速去补防△，△则应该放弃防守⑤而及时向篮下移动，防止④横动要球，并尽量争取断球。

在基础战术配合的教学训练中，要遵循突出重点、由易到难和循序渐进的原则。同时要重视战术配合意识的培养和协同应用个人技术能力的培养，尤其要重视配合时机、配合位置、配合方法，以及应变配合观念的培养。在掌握了基本配合方法后，要及时结合实战对抗，以培养与提高实战能力，为学习整体战术配合打下基础。

3. 整体行动

全队进攻战术包括快攻、阵地进攻（进攻人盯人防守、进攻区域联防、进攻紧逼防守等）。

全队防守战术包括防快攻、阵地防守（人盯人防守、区域联防、紧逼防守、综合防守等）。

每一种攻守战术中，由于运用目的、区域、范围、阵势的不同，包含的具体战术配合形式也不同，其原则、方法、要求也有变化。

（1）整体战术行动组织过程。篮球比赛是双方攻守交替和不断转化的对抗过程。整个战术行动不论是进攻与防守，都是在快速、多变的运动中，一般都由开始组织、配合攻击、结束转换三个阶段组成。一个完整的战术行动过程，可以说是一个非常复杂的思维过程，应具备对抗、全局、动态、时空和协同等观念。

（2）整体战术行动的快攻。快攻是进攻中力求先发制人的最锐利的武器，是建立在快速决策、快速移动和快速配合基础上攻击得分的最好手段。

（3）整体战术行动中的阵地进攻。阵地进攻在进攻战术中的全局时间部署上占有重要的地位，由守转攻首先应积极争取快攻，但如遇对方堵截破坏，则应掌握节奏，有机衔接地转入阵地进攻。在阵地进攻中，整体战术行动需要周密地组织实施，在教学、训练中应注意以下几点：

① 明确落位阵势，即全部队员转入阵地进攻时的落位队形。阵地进攻阵势的确定与队员条件（特别是中锋队员的特点）和本队进攻的打法有关。

② 阵地进攻打法繁多，但决无万能的打法。只有结合自己的队员特点，合理地组合阵容，设计优势打法，主动诱引和捕捉对手的防守漏洞，才能创造更多的进攻机会。

③ 明确投篮攻击点和主要投篮攻击手。作为整体战术行动，设计打法时要选准攻击点，确定投篮攻击的区和点。

④ 善于将各种战术阵势与打法有机衔接与应时变化。阵地进攻中所采用的战术配合都不是孤立进行的，往往是两个、三个，甚至更多的人组成某种配合行动，并在应用中随机配合，临时应变组成某些特殊形式的配合行动。

⑤ 善于掌握节奏，控制时间。在阵地进攻中，队员行动的节奏和配合的时间，关系到配合成败。如果队员善于在不同阶段时间内变化各种行动的速度节奏，就能摆脱防守，争取时间与空间的主动权。

⑥ 注意阵地进攻中攻守要保持相对平衡。平衡就是为了保持主动和创造优势，解除后顾之忧。就比赛而言，始终处于平衡—不平衡—平衡的动态之中。

综上所述，阵地进攻中整体战术行动是一个有组织的、动态的、变化的过程，需要精心设计、组织与实施，队员在行动上更要相互协同创造机会，发挥整体的优化作用。

（4）整体战术行动中的防守。现代篮球比赛防守战术打法的主要特点是具有凶悍性、攻击性、破坏性和个人防守基础上的整体性、多变性。首先是从单纯防守转变为攻击性防守，并从以球、人或区域为主的防守原则转变为以防人为主、人球兼顾的原则。进攻中的人是防守的焦点，任何时候、任何位置上的防守队员都必须随时注意到对手的动态，并要遵循"人、球、区兼顾"的原则去展开一切防守行动。其次是明确"强侧与弱侧"，由此确定对强侧、弱侧的不同防守方法。例如 2-1-2 联防，防守区域如图 7-3-10 所示。

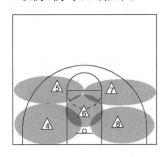

图 7-3-10

① 防强侧无球队员。防内线无球队员要以控制对手接球为主，进行错位防守。

② 防弱侧无球队员。防守队员的位置要与对手拉开适当的距离,处在传球线路稍后的位置上,以便控制其接球和插向强侧或篮下的行动,并向强侧靠拢,加强协防,造成有球一侧以多防少的阵势。

③ 对中锋队员的防守。由于中锋队员的站立方向与球所在的位置相关,若有新的变化,防守也必须根据球的变化来选择和及时调整位置,既要能控制中锋队员接球,又要能防范其向限制区横切移动接球,还要能看到球的动态。

第四节 篮球竞赛规则

一、篮球比赛的场地

比赛场地应是一块平坦、坚实且无障碍物的表面(图 7-4-1),其尺寸是长 28 米,宽 15 米。所有的线应用相同的颜色(最好是白色)画出,其宽度为 5 厘米,球场界线不是比赛场地的部分。3 分线不是 3 分投篮区。如果中圈着色就必须同限制区的颜色相同。在边、端线与反侧界线 2 米内不准有观众、广告牌或任何其他障碍物。

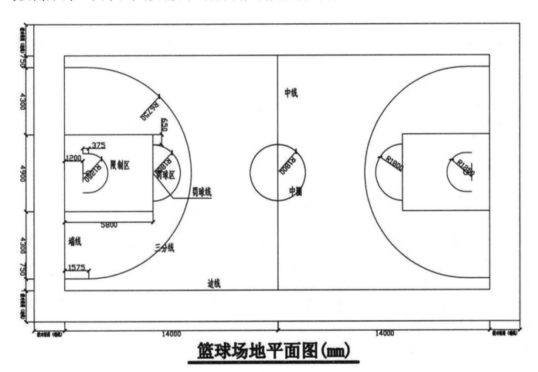

图 7-4-1

二、篮球比赛器材

1. 篮板的尺寸

篮板横宽 1.80 米,竖高 1.05 米,下沿距地面 2.90 米,篮板的支柱要距端线外沿至少

2米,篮板必须全面包扎,包扎的最低高度为2.15米,包扎物的最小厚度为0.15米。球篮一般包括篮圈和篮网。篮圈上沿离地板3.05米,篮网长度在0.40～0.45米之间。

2. 篮球必须是用过的球

从1.80米的高度落在比赛场地上,篮球反弹高度应在1.20～1.40米之间。

三、篮球比赛的主要规则简介

1. 比赛时间及暂停和犯规次数

2004年篮球比赛规则规定篮球比赛时间为:比赛由4节组成,每节10分钟,第一节和第二节(第一半时)、第三节和第四节(第二半时)之间的时间间隔分别为2分钟,两个半时之间的休息时间为15分钟。在第四节比赛结束时,如果双方得分相等,则延长一个或多个5分钟的决胜期,决出胜负。

对于4×10分钟的比赛,每队前三节的比赛每节有一次暂停,第四节有两次暂停;每一决胜期允许一次暂停;每一名队员侵人犯规或技术犯规达5次时,必须退出比赛。每节(10分钟)一个队的全队侵人或技术犯规累计达4次后,所有随后发生的队员犯规均要处以两次罚球。在决胜期内发生的所有全队犯规应被认为发生在第四节内。

2. 跳球和交替拥有

在第一节开始时主裁判员持球进入中圈执行跳球,比赛正式开始。跳球时两名跳球队员应站在靠近本队球篮一面的半圈内,一只脚靠近中线,裁判员在两名跳球队员之间将球垂直向上抛起,高度应超过跳球队员跳起时手能达到的高度,并使球在他们之间垂直落下。球达到最高点后,必须被一名或两名跳球队员拍击,如两名跳球队员都没有拍着球而球触及地面,应重新执行跳球。

交替拥有是以掷界外球而不是以跳球来使球成为活球的一种方法:双方球队交替拥有在最靠近发生跳球情况的地点掷界外球;在第一节开始的跳球后未在场上获得控制活球的队应开始交替拥有;在任一节结束时,对下一节交替拥有权的队应在记录台对面的中线的延长部分以掷界外球开始下一节。

3. 替换

球成死球,比赛计时钟停止并且裁判已经结束他和记录台的联系时,双方均可以换人;在第四节的最后两分钟或每一决胜期的最后两分钟,投篮得分时,对于非得分队可以换人。替换被允许后,对方也可要求替换。替补队员应在场外等候,得到裁判员允许后立即进入场内。替换应尽快完成。如果裁判员认为是无理地延误时间,应登记换人队一次暂停。跳球和罚球的队员不能由其他队员替换,除非是该队员受伤或已达5次犯规。在同一替换期,已被替换出场的队员不得再进入场地。

4. 违例

违反规则叫违例。某队发生违例后的罚则是该队失去球权,将球交给对方在距违例地点最近的界线外抛界外球。发生双方违例时,如双方同时使球出界,应由有关队员在发生违例就近的圆圈内跳球继续比赛。

(1)带球走违例。在场上正持一个活球的队员用同一脚向任一方向踏出一次或多次,而其另一脚(称为中枢脚)不离开地面的接触点出现旋转,为合法移动。队员在场上持着一个活球,其一脚或双脚超出本规则所述的限制向任一方向非法移动被视为带球走。

(2) 拳击球与脚踢球。从1891年篮球运动诞生起,就明确篮球是用手进行的活动,并严格限制粗暴动作,所以比赛中如出现用拳头击球、故意用膝或膝以下腿的任何部位或脚去击球或拦阻球,均为违例。

(3) 球回后场。规则规定,位于前场控制球队的队员不得使球回后场。构成球回后场的违例必须具备下列三条:①队员在前场已控制了球;②最后触球回后场的是该队队员;③该队队员首先接触回到后场的球。

(4) 球出界。当队员身体的任何部位与界线上、界线上方或界线外的地面或队员以外的任何物体接触时,即为队员出界。此处的物体包括面较广,可以设想为某种情况下出现的广告牌、摄像机、观众等。

当球触及以下几种情况时,即为球出界:①界外的队员或任何其他人员;②界线上、界线上方或界线外的地面或任何物体;③篮板的支柱或背面。

球出界前最后触及了球或被球触及的队员是使球出界的队员。

(5) 3秒钟违例。某队在前场控制活球并且比赛计时钟正在运行时,该队的队员不得停留在对方队的限制区内超过持续的3秒钟。限制区的各线都属于限制区的一部分,队员触及任何一线都算位于限制区内。

(6) 被严密防守的队员。一名队员在场上正持着活球,这时对方队员处于合法的防守位置,距离不超过1米,该队员就是被严密防守的队员。被严密防守的队员要在5秒钟内传、投、滚或运球,否则为违例。

(7) 8秒钟违例。当一名队员在后场获得控制活球时,该队必须在8秒钟内使球进入前场。球进入前场的标志是必须使球触及前场地面,或触及站在前场的队员或前场篮板或球篮。中线属于后场。

(8) 24秒钟违例。当一名队员在场上控制一个活球时,该队必须在24秒钟内完成投篮,否则为违例。

(9) 犯规。在一场篮球比赛中10名队员快速移动在一个有限的空间内,身体接触不可能避免。犯规是对规则的违犯,包括与对方队员的非法身体接触或违反道德的举止。接触的一般原则:圆柱体原则、垂直原则。

① 侵人犯规:队员与对方队员的接触犯规,无论是活球或是死球。队员不应通过伸展他的手、臂、肘、肩、髋、腿或脚来拉、阻挡、推撞、绊以阻止对方队员行进;不应将其身体弯曲成"反常的"姿势(超出他的圆柱体);不应放纵任何粗野或猛烈的动作。

② 双方犯规:两名互为对方的队员大约同时相互发生的侵人犯规的情况。

③ 违反体育道德犯规:根据裁判员的判断,一名队员不是在规则的精神和意图的范围内合法地试图去直接抢球,这样发生的接触犯规是违反体育道德犯规。

④ 取消比赛资格犯规:队员、替补队员、教练员、助理教练员或随队人员的任何恶劣的违反体育道德的犯规行为都是取消比赛资格的犯规。一名队员被登记了两次违反体育道德犯规时,该队员也应被处以取消比赛资格。

⑤ 技术犯规:不包含有与对方身体接触的,但具有不道德、投机取巧行为的犯规,被称为技术犯规。技术犯规包括队员、教练员、助理教练员、替补队员或随从队员的技术犯规。

第八章 足 球

第一节 足球运动概述

足球运动被称为"世界第一运动",有着非常悠久的历史。它来源于游戏,在不断完善技艺和规则的过程中,因其跌宕起伏、变幻莫测、胜负难料的比赛令人痴迷,魅力无穷。

一、足球运动的发展

1. 足球运动起源于中国

足球运动起源的最早时间推断不一,但古代足球起源于中国是世界公认的。最古老的足球游戏起源于中国战国时期。当时把这种游戏称为"蹴鞠"或"踢鞠"。"蹴"和"踢"都是踢的意思,"鞠"是用皮革做外壳,中间塞满毛发的球状物。"蹴鞠"历史悠久,有很丰富的文化内涵,不仅在我国古代的诗赋杂谈中多有记载,而且还有许多专门出版的论述"踢鞠"的书籍。这些书籍,对球的制作、游戏场地、方法和规则等都有详尽的介绍。

2004年5月21日,中国与英国、瑞士、法国一起组织了"国际足联成立100周年"庆典活动。2004年7月15日,国际足联主席布拉特宣布:中国是足球的故乡,足球最早起源于山东省淄博市的临淄。2005年5月21日,布拉特在国际足联总部向淄博市临淄颁发了足球起源地认定证。

2. 现代足球运动起源于英国

1857年,英国成立了世界上第一个足球俱乐部——谢菲尔德足球俱乐部,此后,各地区相继效仿。1863年10月26日,由11个足球俱乐部和学校在伦敦皇后大街弗里玛森酒店举行了会议,创立了英格兰足球协会。会上制定了世界上第一个统一的足球竞赛规则,共有14条,其中明确规定比赛中不许故意用手触球,终于完成了把足球游戏演变为竞技运动的过程。这一天被世人公认为现代足球运动的诞生日。

3. 国际足球联合会(FIFA)与中国足球协会(CFA)

1904年5月21日,法国、比利时、西班牙、荷兰、丹麦、瑞典、瑞士等7个国家足球协会的代表在巴黎召开会议,成立了足球国际性组织——国际足球联合会,英文缩写为"FIFA",是奥林匹克委员会的一个单项体育组织。1906年英国足协加入国际足联。截至2001年,已有206个国家参加了国际足联,它是世界上会员协会最多的国际单项体育组织,其总部设在瑞士的苏黎世。国际足联的宗旨是:促进国际足球运动的发展,发展各国足球协会之间的友好联系。中国于1931年加入国际足联。1955年1月3日,中国足球协会(简称中国足协,英文缩写为"CFA")成立。1958年,我国反对制造"两个中国"的阴谋而退出国际足联。

1979年,国际足联恢复了中国的合法席位。

4. 风靡世界的足球比赛

当今,世界重大的足球比赛有世界杯足球赛、奥运会足球赛、欧洲杯足球赛、欧洲五大联赛等。另外,各大洲各个国家都有相应的足球组织和竞赛制度。其中关注度最高的是世界杯足球赛和欧洲的俱乐部冠军联赛。

二、足球运动的价值

1. 强身健体

(1) 提高运动素质。足球运动员要在高速奔跑、身体受到冲撞等情况下完成射门、过人、传球、摆脱、盯人、抢点、得分等一系列动作,不仅可以增强肌肉力量,使爆发力得到很好的锻炼,而且对技巧性、协调性、平衡性也提出了较高的要求。经常进行锻炼,无疑对提高参与者的反应和灵敏性大有裨益,可以使关节、韧带和肌腱的稳固性、伸展性、灵活性、柔韧性得到提高。

(2) 促进健康、增强体质。有人做过统计,在一场90分钟的足球比赛中,运动员的跑动距离约为10000米,冲刺跑为200次左右,运动员的平均心率为每分钟172次,比赛后运动员的体重平均下降2200克。参与足球运动可以加快人体新陈代谢,改善身体成分,保证身体各系统正常运转,改善神经系统功能,调节内分泌,提高人体的心肺机能,增强免疫力,使呼吸、循环系统机能增强,骨骼更加坚固强韧,肌肉更加粗壮、结实、发达,有利于全面提高身体各器官的机能。此外,足球运动在室外多种气候条件下活动,可以提高人体与外界环境的适应能力。

2. 健康心理

(1) 良好的感知与思维。在足球比赛中,要在瞬间对球的速度、旋转、弹性、飞行弧线、落点、攻防态势等有准确的感知,必须做到全面观察、独立思考、思维敏捷、灵活机动、随机应变,需要很强的思维活动能力,这样才能应对变幻莫测的场上情况。

(2) 稳定的情绪与自信。积极稳定的情绪和强烈的自信心会使人思维敏捷、动作协调准确。跌宕起伏的比赛要求运动员不受任何外界刺激的干扰,而自信心则可以通过每一个技术动作的完成、每一次精妙的团队配合、每一场比赛的胜利得到充分提高。

(3) 团队意识与竞争精神。足球比赛是集体竞赛项目,要求参与者对每一次传球、每一次跑位、每一次争抢等都要对同伴和团队负责,这是一个人责任意识强弱的体现。现代人具有追求成功、尝试冒险、依靠努力和奋斗赢得胜利、超越现状的心理倾向,而足球运动正迎合了人们的这种心理倾向。它不仅有利于解脱工作中的烦恼和焦虑,使人们从中获得健康愉悦的心情,而且有利于人们树立起积极的人生观和世界观,以健康的心态去工作和学习。

3. 意志品质

(1) 弘扬永不言败的精神。在足球比赛中,胜负具有很强的不确定性,以弱胜强的战例屡见不鲜。只要终场哨声没有吹响,运动员就始终不应放弃可以改变局面的机会,要体现出永不言败的精神。

(2) 锤炼不断进取的信念。足球比赛竞争性极强,运用技战术的最终目的,都是为了力争将球攻入对方球门,而具有积极进取之心是实现这一目标的关键。

第二节　足球运动基本技术

一、现代足球运动技术特征

足球技术在比赛中有着特殊的地位,它是完成战术配合、决定战术效果的前提和保证。足球运动中最重要的、起决定性作用的是技术。随着现代足球比赛攻守速度的不断加快、对抗争夺的日趋激烈,对足球技术也提出了新的更高的要求。

1. 技术与目的结合

各项技术的运用都离不开其目的性,运动技术水平与比赛技巧的提高过程,就是减少盲目性、提高目的性的过程。足球比赛的目标是不让对方将球攻入自己的球门,且千方百计地将球攻入对方球门。要实现这一目标,必须牢牢掌握住控球权,各项技术的运用也将围绕着这一目标而展开。因此,控球并获胜是足球比赛的根本目的。

要做到技术与目的相结合,运动员除了具备全面、坚实的技术基础外,还须娴熟、自如地运用各项技术,特别要在技术的实用性上狠下工夫。

2. 技术与速度结合

现代足球正朝着高速度、强对抗的方向发展,赛场上给予运动员完成各项技战术动作的时间越来越短,空间越来越小,要想真正适应激烈争夺中的快速攻守,最重要的因素是速度,特别是在快速中运用技术的能力、完成技术动作的速度以及技术动作之间的衔接速度。

3. 技术与意识结合

技术必须赋予意识才有活力和威力。所谓意识,即运动员对足球运动比赛规律的认识,以及其根据临场变化而适时地采取正确、合理、有效行为的一种敏捷的思维能力。足球场上运动员的一举一动,包括在有球和无球的情况下,均是有意识的反映。

从单一的技术动作到局部的战术配合,直至全队的整体打法,无不受意识的支配。因此,技术与意识的结合是一项高难度的艰巨工程,不仅要求运动员具备坚实的技术基础和娴熟的运用能力,还要求他们精通足球比赛的规律以及各种战术打法的要求,熟悉同伴与对手的球路和习惯,并能在瞬息万变的复杂形势中迅速做出抉择和行动。意识的培养应贯穿在技战术训练中,寓意识于一切技术行动中,使之同步存在与发展。

4. 技术与意志结合

意志品质是足球运动员必不可少的重要素质之一,足球运动员的意志品质基本上体现在三个方面:勇敢顽强的拼搏作风、自我控制情绪的能力、敢于冒险的无畏精神。

足球是勇敢者的运动项目,这是由足球运动的特点所决定的。随着比赛争夺的日趋激烈,对运动员的意志品质也提出了更全面、更突出、更明确的要求。只有将出色的技战术能力和良好的意志品质相结合,才能最大限度地发挥出竞技水平。

5. 技术与位置结合

当前,足球技术正朝着全面、快速、娴熟、简练、强对抗的方向发展,近几十年来,全面型的整体和全面型的个人都在不断地发展和提高。比赛场上仍有位置分工,不同位置均有不同特点。这就要求运动员在掌握全面技术的基础上,根据个人的特长和位置的需要发展专长技术,既成为足球场上的多面手,又是具有个人特点和某个位置上的专家。

6. 技术与即兴结合

足球比赛经常出现一些令人难以预测的变化和结果。随着技战术水平的全面提高与发展,比赛中运动员处理球的时间越来越少、空间越来越小,这就需要某些超常技术才能满足比赛的要求。所谓的超常技术和即兴发挥,是指运动员根据赛场上瞬息万变的环境及突发的情况,随机采取应急手段,打破原有技术动作的结构,达到出奇制胜的目的。

随着足球运动的发展,运动员的即兴发挥将会运用得越来越广泛。它要求运动员必须具有全面娴熟的技术、突出的意识、机敏冷静的头脑、迅速的应变能力,而且这些都要在一刹那表现出来。

二、足球运动基本技术动作分析

1. 基本踢球方法

足球踢球方法有个共同之处,那就是都包括助跑、支撑脚站位、踢球腿的摆动、脚触球的部位、踢球后的随前动作五个部分。其中脚触球的部位最为重要,这是决定用哪种方式踢球、踢出什么样的球和踢球效果的关键环节。

(1) 脚内侧踢球。脚内侧踢球具有脚触球面积大、出球准确平稳、易于掌握的特点,是最基本和最简单的踢球动作,可用于短传配合和近距离射门。

脚内侧踢球时,直线助跑,支撑前的最后一步稍大些,支撑脚踏在球的侧面约15厘米处,脚尖正对出球方向,支撑腿膝关节微屈。在支撑脚着地时,踢球腿大腿带动小腿由后向前摆动,在前摆的过程中大腿外展约90度,踢球脚脚底与地面平行,脚尖微微翘起,踝关节紧张使脚型固定,触(击)球后身体跟随移动,髋关节前送。

(2) 脚背内侧踢球。脚背内侧踢球又称内脚背踢球,具有隐蔽性强、出球方向多变、能很好控制方向等特点,常用于踢定位球、地滚球、过顶球、弧线球以及各种距离的传接球和射门等。

脚背内侧踢球时,斜线助跑,支撑脚踏在球后侧20～25厘米处,脚尖对准出球方向。踢球腿以髋关节为轴,屈膝外展约45度,大腿带动小腿由后向前摆动,膝关节稍内旋,脚跟提起,脚尖指向斜下方,脚面绷直。

(3) 脚背正面踢球。脚背正面踢球又称正脚背踢球,具有脚触球面积大、准确性较高、易发力、球飞行速度快等特点,常用于踢定位球、空中球、反弹球、倒钩球和远距离射门等。

脚背正面踢球时,直线助跑,支撑脚在球侧面10～15厘米处,脚尖对准出球方向。踢球脚以髋关节为轴,大腿带动小腿由后向前摆动,脚趾扣紧,以脚背正面踢击球的中后部。

(4) 脚背外侧踢球。脚背外侧踢球又称外脚背踢球,由于踢球时脚踝灵活性较大,摆腿方向变化较多,且助跑时又是正常的跑动姿势,故其出球隐蔽性较强,适用于足球比赛中各种距离的弧线球及非弧线球。

脚背外侧踢定位球时,助跑、支撑脚的位置和踢球腿的摆动基本上与脚背正面踢球相同。但是在踢球腿的膝盖摆到接近球的垂直上方的一刹那,小腿加速前摆,脚尖内转,脚背外侧与地面垂直,脚面绷直,脚趾扣紧,以脚背外侧部位击球的中后部。踢球后,踢球腿随球前摆。

2. 基本接球方法

在足球比赛中,除了会踢球外,还要会把别人踢来的球控制住,这就需要掌握接球技术。接球在足球运动中运用相当广泛,最常见的有脚内侧、脚掌、脚背正面、脚背内侧、胸部、腹部、大腿以及头部等部位的接球动作。不管运用哪种技术,都需要注意以下四个环节:判断选位、接球前的支撑、触球动作、接球后跟进。

(1) 脚内侧接球。脚内侧接球是最常用的接球方法,接触球的面积大,容易把球接住,是众多接球技术中最容易学会和运用最普遍的动作,可用于接地滚球、反弹球和空中球等。

脚内侧接球时,支撑脚对准来球,膝关节微屈,接球腿以膝关节为轴屈膝外展,小腿向后摆动,踝关节紧张,用脚内侧挡住球的后上部,同时自上而下切压球,把球控制在下一个动作需要的位置上。

(2) 脚底接球。脚底接球是用脚的前脚掌接来球,将球停住在脚底的接球方法。这种接球方法接触球的面积大,容易把球停住,并且可以采用前脚掌推、拉等动作将球灵活地改变方向,可用于接地滚球和反弹球。

脚底接球时,准确判断好球的落点,支撑脚踏在球落点的侧后方,脚尖正对前方。接触腿微屈膝,脚尖上翘,脚底与地面呈 45 度斜面,在球落地反弹瞬间,用前脚掌主动推压球的后上部。

(3) 胸部停球。胸部接球的特点是接触球面积大,接球部位高,适用于停高空球和平空球。胸部接球分为挺胸式接球和收胸式接球两种。

挺胸式接球时,面对来球,两膝微屈,上体后仰,下颌微收,两臂自然张开,膝关节伸直,胸部托球,将球微微弹起。

收胸式接球时,面对来球,两脚开立,双臂张开,挺胸迎球。触球瞬间,收胸、收腹、臀部后移,将球接在体前。

(4) 脚背外侧接球。脚背外侧接球是一种身体重心移动较大的接球方法,较难掌握,但由于它经常与假动作结合使用,因此具有较大的隐蔽性。在实战中,这种接球方法经常能起到在接球的同时突然摆脱对方防守的双重效果。脚背外侧接球主要用于接地滚球和反弹球。

3. 基本运球技巧

运球技术从狭义上讲,仅是指运球的方法,即指用身体的某一部分触球,使球能随运球者一起运动;从广义上看,它不仅体现在让球随人运动,还必须越过对方的防守。运球技术动作通常是由运球方法的选择与准备、跑动中间断触球、为下一动作的连接做好准备三个环节组成。按运球的脚法分,运球技术可分为脚背正面运球、脚背内侧运球、脚背外侧运球等。初学者练习运球,应抓住熟悉球性这个主要环节,再逐步过渡到跑动中进行直线、弧线、绕障碍运球。

(1) 脚背正面运球时,身体自然放松,上体稍倾斜,两臂自然摆动,步幅不宜过大。触球时,屈膝前提,脚背拨球。

(2) 脚背内侧运球时,身体稍向运球方向侧转,重心在支撑脚上,运球脚膝关节微屈,脚跟提起,脚尖稍外转,用脚背内侧推、拨球前进。

(3) 脚背外侧运球时，身体自然放松，上体稍前倾，两臂屈肘，步幅不宜太大，运球脚提起，膝关节微屈，脚跟提起，脚背绷紧，脚尖稍内转。在迈步向前着地时，用脚背外侧推、拨球前进。

三、足球实战技术分析

足球实战技术是根据比赛的实际需要提炼而成的，这些技术在激烈的比赛时融会于身体、意识、心理等素质中。足球实战技术包括进攻技术和防守技术两大部分，其中进攻技术一般有接控、传球、运过、射门四大类，防守技术一般有断、堵、抢、铲、争顶五大类。

1. 进攻技术

(1) 接控。接控球技术是现代足球比赛中争夺控球权、确保比赛优势、选择进攻时机、突破对方防线和获得射门机会的重要手段。接控时要步点踏准，步法灵活，保持身体重心平衡，注意动作的连接速度。在背身控球时，要注意用远侧脚护球。技术动作要领可归纳为：准，对来球的落点判断准，步点踏准，动作方法和接球脚的部位要准；柔，动作要协调、自然、放松；顺，接控要顺球势；压，例如接落地反弹球时，接球脚离地面不超过10厘米，与地面角度为45度，在脚接触球的刹那间脚要下压，又如在接平胸来球时，胸部微收，触球时要下压；切，用脚的内侧或外侧由上向下切击来球的边沿，达到停挡球或改变球运行路线的目的。

接控球技术必须强调在各种环境（从个人的无对抗、消极对抗、积极对抗到小组、整体配合）下不断进行练习。

(2) 传球。传球技术是组织进攻的重要手段，也是比赛中应用最多的一项技术。传球的基本要素有：准确、力量、时机、晃骗、角度。传球的目的是为了实现进攻，为此，必须明确以下原则：能射不传；向前、向对方身后传；向前、向同伴脚下传；向前、向两侧同伴转移中长传；向同伴横传或回传球。

传球时机要把握住，落点和力量要恰到好处。要快传球、传快球、传好球。传球前尽可能隐蔽自己的意图，传球动作要快速、简练、多变。

(3) 运过。运球和过人是维持球权的重要手段，是控制比赛节奏、破坏防守组织与平衡的重要方法。运过要实现两个目的，即通过运过能有好的传球或射门机会，否则便无战术意义。当有好的射、传机会时，不运球过人，以免贻误战机。运过要求在运控中抬头观察场上情况，注意变速、变向并控制好球，同时强调运过时机的选择，在技术练习中注意意识的培养，在训练比赛中重视个人创造性和个人风格的培养。

(4) 射门。射门是比赛胜负的关键因素，是各种进攻战术的期望归宿。足球比赛的全过程始终围绕着射门与反射门的争夺而展开。常用的射门方式有直接射、运射、接趟射、过人射和直接踢任意球五种。来球方向一般可分为正面、侧面、前侧方与后侧方四种。来球的性质又可分为定位球、地滚球、空中球（包括直线、弧线、抛物线）三种。在完成射门时，步法、步点要准确，射门脚法和击球部位要准确。射门技术是足球训练中的难点、重点，要按技术动作的规范性、系统性训练，打好全面坚实的技术基础，特别要抓好重点区域的训练。在提高射门技术的同时，还要提高传接、接趟、控带、过人等技术，特别要训练创造射门机会的关键性传球，以及培养跟冲包抄、抢点、争顶的意识和技能。

2. 防守技术

防守技术是指防守队员对持球的进攻队员所运用的一系列防守技巧。它可分为断、堵、抢、铲、争顶五大类。这些防守技术构成全队防守的基础,适用于不同的场合。

防守技术运用的一般顺序:第一选择是断截球;第二选择是盯堵,限制持球队员转身;第三选择是抢夺球;第四选择是正面阻缓;第五选择是采用铲球破坏技术。由于足球比赛场上情况十分复杂,防守技术的运用要视实际情况随机应变,灵活运用。无论是断、堵、抢、铲、争顶哪种防守技术,在具体的运用中都会不同程度地涉及"接近""角度"和"距离"三个要素。

(1) 断球。断球是抢球技巧中最积极、最主动的方法,但也是难度最大的抢球手段。它要求防守队员具有丰富的经验、敏锐的观察和预判能力。使用断球技术时,要预测传球,判断对方传球的时机和球速,以决定出击的时机,选择好断球点和断球的身体部位。断球时机的判断要准,断球的跑动和动作必须快而狠,要有突然性和爆发性,但切忌过分心急,盲目乱扑。

(2) 封堵。封堵是一种常采用的防守手段。封堵分为正面封堵和背身封堵两种。正面封堵是为了封堵对方传球的路线,背身封堵主要用于限制控球队员转身面对进攻方向,减少进攻的威胁。无论正面、背身封堵都有一定的战术目的,最终还是为了更有效地夺回控球权,达到由守转攻的目的。因此,在运用封堵的过程中,不能轻举妄动,但必须时刻有抢夺球的准备。一旦时机成熟,必须当机立断把球抢下来。

(3) 抢球。抢球是比赛中运用最多的防守技术。抢球技术可分为正面抢、侧面抢、背身抢三类。在抢球训练中,要使用合理的抢球技术,从消极对抗过渡到积极对抗。准确判断抢球时机,灵活运用各种抢球技术,养成抢到球后迅速处理和一抢再抢的意识。

(4) 铲球。铲球通常是在比赛中运用防守技术的最后一招,运用时必须十分谨慎。因为一旦运用铲球失败,将会使本队在短时间内形成以少防多的被动局面。铲球技术一般可以分为脚内侧铲和脚外侧铲两种。

铲球技术主要运用于当防守者追赶快速向前带球的进攻球员时已无时间赶到对手前面进行正面堵抢,而对手又处于有可能射门、传中或采取威胁本方球门的行动时,防守者必须果断地从持球队员的侧后进行铲球。进行铲球防守时,必须要准确判断距离和铲球时机,准确运用技术来避免犯规,同时倒地时应有自我保护意识和技巧。

(5) 争顶球。比赛中对争顶球的要求是能熟练争顶高点和前点,熟练运用左右脚和单双脚起跳技术,训练中注意提高对各种传球的判断能力。比赛中争顶球之前要注意观察四周的情况,跳起争顶球时力争将球顶向同伴。

第三节　足球运动基本战术

足球战术是比赛中为了战胜对手,根据主客观实际所采用的个人和集体配合手段的综合表现。

足球比赛是攻守矛盾组成的,攻和守不断地转换组成了比赛的全过程。因此,足球战术可分为进攻和防守两大系统。进攻和防守中又分别包含着个人战术和集体战术两类。比赛实践证明,成功地组织战术和巧妙地运用战术是夺取比赛胜利的重要因素。

足球战术的分类列表如下(表8-3-1)：

表 8-3-1　足球战术分类

足球战术	进攻	个人：传球、射门、运球、过人、接球、掷球、摆脱、跑位
		局部配合：局部地区的二过一配合、三人配合等
		全队：阵地、快反、边路、中路、转移
		定位球：开球、角球、球门球、任意球、掷界外球、罚球点球
	阵型	4—2—4、4—3—3、4—4—2、3—5—2、5—3—2、4—5—1等
	防守	个人：盯人、选位、抢截
		局部配合：保护、补位、临近位置配合
		全队：区域盯人、混合盯人等
		定位球：开球、角球、球门球、任意球、掷界外球、罚球点球

一、现代足球战术特征

1. 机械分工消失

现代足球比赛，由于全攻全守战术打法的运用与发展，锋卫职责机械分工已经消失。比赛中队员上下、左右大范围机动跑位十分频繁，后卫插上助攻直至射门得分、前锋退居门前积极防守的现象已是屡见不鲜。运动员在技术和战术意识、身体素质及心理品质等诸方面获得全面的发展，是实现现代战术打法的基础。

当然，队员位置机械分工的消失不等于比赛场上队员没有位置的职责分工。实践证明，全面化的队员仍然首先是本位置的"专家"，其次才是其他各位置的"能手"，根据比赛主客观实际，创造性地完成本队总体战术赋予的各项任务。

2. 快速争夺时空主动权

足球是争夺时间与空间的运动项目，快速争夺时空主动权是足球比赛取胜的关键。时间是指进攻或防守队员在完成技战术过程中在时机、速度、节奏变化方面具有时间性的特征，空间是指攻守双方在距离、方位、角度方面具有空间性的特征，而双方争夺时空主动权的目的是争夺对球的支配权。所以足球比赛的时间与空间都有其特定的含义，主要体现在运动员高速运动与激烈对抗中对球速与落点、对手与同伴的位移速度和方向的观察与判断，完成技术动作时对时间与空间掌握的程度，以及充分利用场地发挥本队技战术水平以争取射门得分等方面。

要争夺时空主动权，敏锐观察和准确判断是前提，足球意识和经验是基础，快速行动、高超的技术和同伴支援是保证。

3. 阵型与队形合理组合

比赛队形是指比赛场上队员的位置分布，是球队攻防力量搭配和职责分工的形式。它是战术的一个组成部分，其目的是使每名场上队员在明确基本位置和主要职责的前提下，充分发挥个人的智慧和全队的攻防特点，以克敌制胜。

队形是阵型在不同比赛场合下更具体、更严谨、更灵活的运用，需要周密组织和随机应变的人员组合。队形是一个队攻守战术效应的重要基础，凡不能保持良好队形的球队，攻必乏力,守必漏洞。队形分为整体与局部两大类。如优秀球队在比赛中把整体队形压扁,一般在40米左右,三条线脉络清晰,间距合理。局部地区队形往往是三角形。合理的队形在进攻中利于支援,在防守中利于保护补位。阵型与队形完美结合的核心要有利于创造和利用时空间,控制和封锁时空间。

4. 集体与球星完美结合

足球运动是集体运动项目,取胜需要发挥整体力量,即使是球星若离开了同伴的支援,单枪匹马也难现光彩。但球队又是由若干队员组成,每名队员的竞技水平直接影响整体成绩。球星是球队的核心,拥有特长或球技比同伴高出一筹,在比赛中起到了别人无法替代的积极作用。教练员往往围绕着球星制订攻防战术打法。实践证明,只有训练有素的整体和出类拔萃的球星完美结合,才能在比赛中获胜。

二、了解比赛阵型

比赛阵型是指比赛场上队员基本位置的排列,是本队攻防力量搭配和分工的形式。根据队员的职责和排列的层次,分为后卫线、前卫线和前锋线。阵型的人数排列次序是从后卫向前锋的。目前世界上普遍采用的阵型有"4－3－3"阵型(图8-3-1)、"4－4－2"阵型(图8-3-2)、"4－1－2－3"阵型和"3－5－2"阵型(图8-3-3)等。除"4－4－2"阵型以防守为主、反击为辅外,其他阵型均以进攻为主,其中"3－5－2"阵型更为突出。"3－5－2"阵型由后至前分为三条线,由后卫线3名球员、前卫线5名球员、前锋线2名球员组成。

比赛阵型在比赛中并不是一成不变的,它只是队员在场上活动的大体安排,可根据临场情况不断变化,场上每个队员都应在明确基本位置和职责的前提下,进行创造性的活动。比赛阵型的选择要根据本队队员的特点和对方赛队的特点来决定。阵型是比赛战术的一个组成部分,要使每个场上队员在明确基本位置和主要职责的前提下,充分发挥个人的智慧和全队的攻防特点,运用比赛阵型以达到克敌制胜的目的。

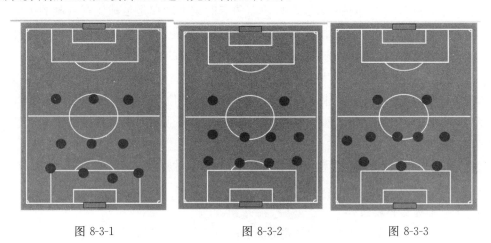

图 8-3-1　　　　　图 8-3-2　　　　　图 8-3-3

三、常见的进攻战术

1. 个人进攻战术

个人进攻战术是指在比赛中为了战胜对手而采取的符合整体进攻目的的个人行为。个人进攻战术是构成局部和整体进攻战术的环节。个人进攻战术行动水平的高低直接影响着局部和整体进攻战术的质量。个人进攻战术包括传球、射门、运球突破和摆脱跑位等。

2. 局部进攻战术

局部战术是指场地范围不大、参与人数不多的攻防配合行动。它是两个或两个以上队员的战术配合行动,可以丰富和完善全队的进攻战术,是整体攻防战术的基础。局部进攻战术基本配合形式有传切配合、交叉掩护配合和二过一配合。

（1）传切配合。传切配合指控球队员将球传给切入的进攻队员的配合方法,是局部进攻战术中运用最多的方法。传切配合的形式有局部传切和转移长传切入两种。

（2）交叉掩护配合。交叉掩护配合指在局部地区两名队员在运球交叉换位时,以自己的身体掩护同伴越过防守队员的配合方法。

（3）二过一配合。可分为:斜传直插二过一、直传斜插二过一、踢墙式二过一。

3. 整体进攻战术

（1）边路进攻。边路进攻主要通过边锋或交叉到边上的中锋,直接插上的前卫、边后卫,运用个人带球突破或传球配合,达到突破对方防线传中（外围传中、下底传中、切底迂回传中）的目的,由中锋的另一侧包抄射门。

（2）中路进攻。中路进攻能直接威胁球门,但中间防守队员密集,不易突破。因此,可以通过中锋、内切的前锋或插上的前卫间的配合或个人运球过人等方法突破对方防线。

（3）转移进攻。当一侧进攻受阻,另一侧进攻有利时要及时快速转移进攻方向。此方法多是采用有效而准确的中长距离传球来实现的,以拉开对方的一边防守,达到声东击西的进攻目的。

（4）快速反击。在防御中积极拼抢,一旦得球,趁对方立足未稳时,快速传球,以多打少,达到射门得分取胜的目的。

四、常见的防守战术

1. 个人防守战术

个人防守战术是局部防守和集体防守的基础,包括堵（迎面堵、贴身堵）、抢（迎面抢、侧面抢、侧后抢、侧后铲）、断球等技术在防守中的运用。选位与盯人也是重要的个人防守战术。

2. 集体防守战术

集体防守战术有全攻全守的全场防守、半场防守、紧逼防守、区域防守,也有盯人结合区域防守、密集防守等。不论采用哪种战术,都要考虑到本队的特长,更要针对对方的进攻战术,采用有效的防守战术,阻止对方的进攻。

3. 造越位战术

后场队员配合默契,使进攻队员在拿球时处于越位状态。

五、不可忽视的定位球战术

定位球战术是指比赛成死球时所采用的攻守战术方法,包括球门球、中圈开球、界外球、角球、任意球、点球时的配合方法。定位球在比赛中的地位极为重要,它已成为决定比赛胜负的重要组成部分,尤其在势均力敌的比赛中,关键进球常常是定位球。

第四节　足球竞赛规则

一、比赛场地

1. 场地标识

(1) 两条较长的边界线为边线,两条较短的边界线为球门线。

(2) 比赛场地由一条连接两侧边线中点的中线划分为两个半场。

(3) 中线的中心位置为中点。以中点为圆心画一个半径为 9.15 米(10 码)的圆圈。

(4) 可在比赛场地外,距角球弧 9.15 米(10 码)处,分别做垂直于球门线和边线的标记。

(5) 所有标线宽度必须一致,且不得超过 12 厘米(5 英寸)。球门线、球门柱和横梁的宽度必须一致。

2. 场地尺寸

(1) 边线必须长于球门线。

(2) 长度(边线):最短 90 米(100 码),最长 120 米(130 码)。

(3) 长度(球门线):最短 45 米(50 码),最长 90 米(100 码)。

3. 国际比赛场地尺寸

(1) 长度(边线):最短 100 米(110 码),最长 110 米(120 码)。

(2) 长度(球门线):最短 64 米(70 码),最长 75 米(80 码)。

(3) 竞赛方可以在上述尺寸范围内规定球门线和边线的长度。

4. 球门区

从距两根球门柱内侧 5.5 米(6 码)处,画两条垂直于球门线的标线。这两条标线向比赛场地内延伸 5.5 米(6 码),与一条平行于球门线的标线相连接。由这些标线和球门线围成的区域是球门区。

5. 罚球区

从距两根球门柱内侧 16.5 米(18 码)处,画两条垂直于球门线的标线。这两条标线向比赛场地内延伸 16.5 米(18 码),与一条平行于球门线的标线相连接。由这些标线和球门线围成的区域是罚球区。

6. 角球区

在比赛场地内,以各角旗杆为圆心,画一半径为 1 米的四分之一圆,这部分区域为角球区。

7. 球门

(1) 必须在两条球门线的中央,各放置一个球门。

(2) 球门由两根距角旗杆等距离的直立球门柱和一根连接球门柱顶部的水平横梁组成。球门柱和横梁必须由经批准的材料制成。其形状必须为正方形、矩形、圆形或椭圆形,且不具危险性。

（3）两根球门柱内侧之间的距离为7.32米(8码)，从横梁下沿至地面的距离为2.44米(8英尺)。

二、比赛用球

所有比赛用球必须满足以下要求：

（1）周长为68厘米(27英寸)至70厘米(28英寸)。

（2）重量在比赛开始时为410克(14盎司)至450克(16盎司)。

（3）气压处于0.6～1.1个海平面(标准)大气压力(600～1100克/平方厘米、8.5～15.6磅/平方英寸)。

三、队员

1. 场上队员人数

（1）一场比赛由两队参加，每队最多可有11名上场队员，其中1名必须为守门员。如果任何一队场上队员人数少于7人，则比赛不得开始或继续。

（2）如果某队因1名或多名场上队员故意离开比赛场地，而造成队员人数少于7人，则裁判员不必停止比赛，可掌握有利继续比赛，但随后比赛停止时，如果某队场上队员人数仍不足7人，则比赛不得恢复。

2. 返场替换(已替换下场的队员重新上场比赛)

返场替换仅允许在青少年、年长人士、残障人士，以及草根足球比赛中使用，前提是得到国家足球协会、洲际联合会或国际足联许可。

四、队员装备

1. 安全性

（1）队员不得使用或佩戴具有危险性的装备或任何物件。

（2）禁止佩戴任何类型的珠宝首饰(项链、指环、手镯、耳坠、皮质带、橡胶带等)，如有佩戴必须移除。不允许用胶带覆盖珠宝首饰。

2. 必要装备

场上队员的必要装备包括如下单独分开的物件：

（1）有袖上衣。

（2）短裤。

（3）护袜胶带或任何附着、外套的材料，其颜色必须与所附着或包裹部分的护袜颜色一致。

（4）护腿板——护腿板必须由能提供一定保护的合适材料制成，由护袜完全包裹。

（5）鞋子。

3. 着装颜色

（1）队员的着装颜色必须有别于对方球队和比赛官员。

（2）双方守门员着装颜色必须有别于其他场上队员和比赛官员。

（3）如果双方守门员的上衣颜色相同且无法更换，裁判员允许比赛进行。

（4）上衣内衣颜色必须与衣袖主色一致；内衬裤/紧身裤颜色必须与短裤主色或短裤底部颜色一致，同队场上队员必须颜色统一。

五、比赛时间

1. 比赛阶段

一场比赛分为两个45分钟相同时长的半场。依照竞赛规程，在比赛开始前经裁判员和双方球队同意后，方可缩短各半场比赛时长。

2. 中场休息

队员享有中场休息的权利，休息时间不得超过15分钟。加时赛中场阶段可短暂补水。竞赛规程必须明确中场休息的时长，在经裁判员许可的情况下方可调整中场休息时长。

3. 对损耗时间的补足

裁判员对每半场所有因如下情况而损耗的时间予以补足：

（1）队员替换。

（2）对受伤队员的伤情评估和/或将其移出比赛场地。

（3）浪费的时间。

（4）纪律处罚。

（5）竞赛规程允许的因补水或其他医疗原因造成的暂停。

（6）任何其他原因，包括任何明显延误比赛恢复的情况（如庆祝进球）。

第九章 排　　球

第一节　排球运动概述

一、排球运动的起源与发展

排球运动1895年起源于美国,最初是在篮球场地上挂一张网,两队隔网站立,以篮球胆为球,在网上打来打去,不使其落地的一种游戏。斯普林菲尔德市立学院的特哈尔斯戴博士将其命名为volleyball,意为"空中飞球"。

1896年,美国马萨诸塞州霍利奥克城的基督教青年会干事摩根(W. G. Morgan)制定了世界上第一个排球竞赛规则,同年在斯普林菲尔德专科学校举行了世界上最早的排球赛。

排球运动约在1900年传到印度,1905年传入中国,1910年传入菲律宾。1913年在菲律宾马尼拉举行了亚洲最早的排球比赛。1914~1918年第一次世界大战期间,排球运动先后在法国、意大利、苏联、波兰等国家流传开来并得到广泛发展,排球规则在发展过程中不断完善。1947年,排球运动世界性组织——国际排球联合会成立。1949年举行了第一届世界男子排球锦标赛,1964年奥运会把排球运动列入正式竞赛项目。1965年国际排联举办世界杯排球赛,1973年举办首届女排世界杯。

1953年,中国排球协会在北京成立,1954年被国际排联接纳为正式会员。1981年,不满21岁的郎平在女排世界杯赛上作为主攻手,为中国女排夺得了第一个世界冠军。从"铁榔头"到功勋教练,郎平的命运和中国女排紧紧相连。随着中国队夺得2019年女排世界杯的冠军,中国女排在世界排球"三大赛"上冠军奖杯的数量增加到了10个。十次世界冠军的背后,是一代代排球人的努力和汗水,也是中华民族历经艰辛重新屹立于世界民族之林的生动见证。相较于女排,男排的成绩一直不是很理想,在20世纪80年代有过一段时期的亚洲霸主地位之后再无建树。

我国也有各类排球联赛,如中国女子排球联赛、全国大学生排球联赛等,这些联赛为我国排球事业做出了突出贡献,培养了黄金一代冯坤、赵蕊蕊、杨昊等优秀运动员,这些队员是女排2000年重新崛起的基础。值得一提的是,北航女排多次获得全国大学生排球联赛的冠军,北航男排更是在2004年获得参加全国男排联赛资格,开创大学球队参加中国竞技体育联赛先河。近年来,全国排球联赛中职业化球队的尝试,如广东恒大,也渐渐拉高了联赛的水平,这种尝试必将掀开中国排球发展的新篇章。

二、排球运动的特点

排球运动是三大球之一,但场地划分和比赛规则和同为三大球的篮球、足球运动完全不

同,却与网球、羽毛球等小球项目相类似。具体特点如下:

(1) 群众性。排球场地设备简单,比赛规则容易掌握,适合于不同年龄、性别、体质、训练程度的人,既可在球场上比赛和训练,也可以在一般空地上活动,运动量可大可小。

(2) 全面性。每个队员都要进行位置轮转,既要到前排扣球与拦网,又要轮到后排防守与接应。

(3) 技巧性。比赛中不得持球和连击,不能落地。排球的高度技巧性体现在击球时间的短暂和击球空间的多变上。

(4) 对抗性。双方的攻防转换是在激烈的对抗中进行,高水平比赛中,对抗的焦点在网上的扣拦上。

(5) 两重性。技术有攻击性和准确性。

(6) 集体性。排球比赛除了发球之外,都是集体配合进行。

三、排球运动的价值

排球运动对于身心健康的意义主要有以下几点:

(1) 增进健康,强健体魄。经常参加排球运动,不仅能改善人体中枢神经系统和内脏器官的功能状况,还能提高人的力量、速度、弹跳、灵敏、耐力等专项身体素质和运动能力。总之,经常参加排球运动会使人们在兴奋与愉快中增进健康,强健体魄。

(2) 培养与锻炼良好的心理素质。经常参加排球运动的训练或比赛,会学到很多控制自己情绪和调节自身心理的手段和方法。比如,连续失误时如何使自己尽快冷静下来而且不灰心,比分落后时的沉着和不气馁,关键比分时进攻不手软的自信心等,都是对自己形成良好心理品质的培养和锻炼。

(3) 培养勤奋、助人、拼搏的优秀品质。排球比赛中,有球不能落地而且击球至多3次必须过网的规则,使参加排球比赛的人总要随时准备,弥补同伴因判断错误而无法接或因其他原因没接到位的球,为了发挥本方的进攻力量而不惜奔跑扑救,给下一次击球人创造方便条件。因此经常参加排球运动,可以培养人的优良体育道德作风和团结协作的集体主义精神。

(4) 培养人的信息意识,提高配合及应变能力。排球运动在某种意义上是一项依靠判断的运动,尤其在现代的排球比赛中,准确的判断已成为制胜因素之一。判断的基础是眼观六路、耳听八方,通过观察对方和同伴的动作、击球的声音、场上的布局等,预测将要发生的情况而迅速做出决策。排球比赛也是一项靠集体配合取胜的球类竞赛,个人特长的发挥往往是在同伴发挥特长的前提下取得的。因此,运动员在场上要相互协调,并不断观察同伴的意图,才能默契地与之合作。

第二节 排球运动基本技术

排球运动技术分两大类:一种是有球技术,包括传球、垫球、扣球、发球和拦网;另一种是无球技术,包括准备姿势、移动、起跳及各种掩护动作等。排球技术主要由步法和手法组成,同时与视野活动、躯干活动和意识活动相配合融合为一体。每项排球技术都是由击球前动作、击球动作和击球后动作组成。从广义上讲,除了身体某一部位击球时的动作外,都称为配合动作;但从狭义上讲,只把准备姿势、移动等称作配合动作,而把击球动作前后较连续的动作也称之为有球技术,如扣球技术中的助跑、起跳等。

一、有球技术

1. 基本技术

(1) 发球。发球是一项先发制人的进攻技术。攻击性发球可以直接得分,也可以破坏对方的一传与进攻,动摇其士气,为本队拦网和防守造成有利条件。发球一旦失误就失去发球权和得分机会。国际上普遍重视发展多样性和攻击性发球,各强队常用的发球技术主要有上手、勾手发飘球和远距离发飘球,还有勾手大力发球和发高吊球、跳发球等。

(2) 垫球(一传)。垫球是组织进攻战术的基础技术,也是夺回发球权的重要技术环节。垫球要求准确、平稳地把球接送给二传队员或扣手(即一传到位),尽量减少失误,以便组成有力的进攻战术。它包括正面双手垫球、正面低姿垫球、跨步垫球、体侧垫球、侧倒垫球、背向垫球、滚翻垫球、前扑垫球、鱼跃垫球、单手垫球、单手和双手挡球等。垫球技术按运用分类可分为接发球、接扣球、接拦回球、接其他球等。

(3) 传球(二传)。传球是接应一传或防守后,把球传给扣手进攻的技术。80年代对传球技术的发展提出了更高的要求,不仅要把球稳准地托起,而且要能迷惑对方,避开拦网,组成快速多变的进攻战术,以达到助攻的目的。在现代排球比赛中,二传队员往往起着由防转化到攻的桥梁与核心作用,需要有特殊的技巧。常用的传球技术有:正面传球、侧向传球、背向传球等。

(4) 扣球。扣球是战术配合的最后一击,是进攻中最积极有效的技术,也是得分与获得发球权的重要手段,它是衡量一个队进攻实力的要素之一。扣球的攻击威力主要表现在高度、速度、力量、变化和突然性上。据测验,一个优秀运动员的一记重扣,球速可达每秒28米左右。有威力的扣球往往是在球路的变化和与轻打软吊相结合中突破拦网的。优秀的扣球手应该既能强攻,又会快攻,还要有自己的特点。正面扣球是扣球的基础,它一般包括近网高球强攻(平网扣球)和调整强攻(斜网扣球)。快球和快速进攻是现今世界排球运动发展的一个重要特点。

(5) 拦网。拦网是在网上拦击对方来球。它是防守反击的第一线,也是强有力的得分手段。拦网有单人拦网、两人或三人的集体拦网等。随着扣球技术的不断创新,各国拦网技术又有了新的发展。不仅队员的身高、臂长、原地弹跳和连续弹跳的能力有所增强,而且单人拦网能力、手形变化以及对付快攻战术的拦网技术也都有很大提高,还出现了重叠(梯次)拦网。拦网时力争拦死,其次才是把球拦起以便反击。拦网技术动作包括:准备姿势、移动、起跳、空中动作和落地这五个互相衔接的部分。

2. 串联技术

(1) 防守(救球)。防守技术是防守体系中的一个重要组成部分,是反攻的基础。一场比赛除了最多有1/3左右的扣球可能拦住以外,还有2/3的扣球需要救球。从这个意义上讲,没有防守就没有反攻,因此后排防守已引起各国强队的重视。防守技术以垫球为主,根据不同来球选择不同方法,如遇低球可视情况选用正面、侧面、跨步、滚翻等各种低姿势的垫球或鱼跃救球,如遇高而急的球可用上手挡球。只有防起更多的好球,才能更好地组织反攻,而掌握多种多样的防守技术和不断加强防守战术意识,特别是顽强的战斗意志,则是防守成功的先决条件。

（2）保护。保护技术虽然没有定型的动作，主要靠反应、脚步和实战经验，然而却是排球比赛中很重要的一环。如果没有良好的保护技术，往往会使比赛中断而失分。保护分为进攻中的保护（如扣球时本队不扣球队员要转向其进攻区，以保护被拦回的球）、防守中的保护（如拦网者后面的保护）以及防守起球后的保护。同时，扣球和拦网队员都应随时做好自我保护的准备。

二、无球技术

无球技术是指实际比赛中许多没有接触到球的技术动作。它是随着排球运动水平的不断提高而发展起来的。无球技术在排球比赛中大量出现，它在战术组成中，对助攻、策应、掩护、保护等都十分重要，越来越引起人们的重视。其动作要求及时、准确和真实。

无球技术包括准备姿势和移动。准备姿势和移动是排球的基本技术之一，是完成发球、垫球、扣球和拦网等各项击球技术的前提和基础。准备姿势的作用是为了及时地移动和为完成击球动作做好准备；移动的作用是为了及时接近球，调整人与球的位置关系，便于完成击球动作。准备姿势分为半蹲准备姿势、稍蹲准备姿势和低蹲准备姿势三种，移动分为滑步和交叉步两种。

第三节　排球运动基本战术

排球运动战术是运动员在比赛中根据排球规则、排球运动的规律、比赛双方的具体情况和临场变化，合理有效地运用所掌握的技术，采取的有目的、有意识、有组织的个人和集体配合行动。排球运动战术可分为个人战术和集体战术两大类。集体战术又进一步分为接发球及其进攻（简称一攻）、接扣球及其进攻（防反）、接拦回球及其进攻（保攻）、接传、垫球及其进攻（推攻）四个战术系统。全攻全守、攻防兼备是当前排球运动的发展趋势。

一、个人战术

个人攻防战术根据运动员在比赛中的战术行为的内容进行划分（图9-3-1）。

图 9-3-1

二、集体战术

集体战术的进攻战术体系由进攻战术形式和进攻战术打法组成。集体战术的防守战术根据对方进攻来球形式的不同进行划分(图 9-3-2)。

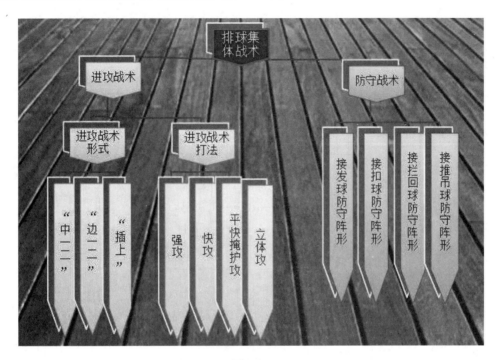

图 9-3-2

三、排球比赛的场上队员职能分工及阵容配备

1. 场上队员的职能分工

根据比赛中每个队员的职能分工,将场上队员划分为主攻队员、副攻队员、二传队员、接应队员、自由人。

(1) 主攻队员。主要以强攻手段突破对方拦网得分。主要进行中、远网和后排的调整扣球进攻,即强攻扣球。

(2) 副攻队员。主要以快攻手段突破对方拦防得分。主要进行近、中网低弧度二传球的快攻扣球,即快攻扣球。

(3) 二传队员。主要以传球的方式组织场上进攻队员的扣球进攻。二传队员是全队战术进攻的组织核心,是场上的灵魂。

(4) 接应二传队员。兼有进攻队员和二传队员的双重职能。接应队员的进攻主要集中在场地右侧,进行强攻、快攻、平快掩护攻和立体进攻。

(5) 自由防守队员。专司接发球和后排防守,能大大提高本队的防守水平。

2. 场上队员号位位置及轮换

一个完整的排球场地,中间球网分开对阵双方的区域。一方区域可以划分为 6 个区,分别代表对应的号位(图 9-3-3)。

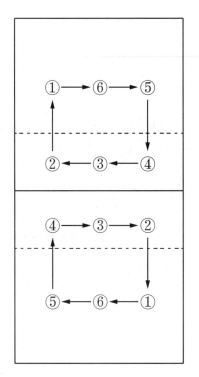

图 9-3-3

其中 2、3、4 号位为前排，1、5、6 号位为后排。每局从站 1 号位的队员开始发球。二传没有固定要站在几号位，依据球队的战术安排来定。一般为了打好开局，保证前排三点攻，二传便安排在 1 号位最先发球，如此前排至少有三轮是三点攻。

发球轮换，由 1 号位队员发球轮过后，则转到 6 号位，上轮在 2 号位的队员转到 1 号位发球。

3. 阵容配备及其主要形式

阵容配备指比赛中场上不同职能分工队员的搭配组合。主要形式有"四二""五一"配备两种。

(1) 进攻战术。进攻战术是指在接对方发过来、扣过来、拦过来和传、垫过来的球后，全队所采取的有目的、有组织的配合进攻行动。进攻打法包括强攻、快攻、平快掩护、立体攻等，进攻时所采用的阵形不外乎"中一二""边一二""插上"三种阵形。

① "中一二"进攻战术阵形。3 号位队员作二传，将球传给 4、2 号位队员进攻的组织形式。其优点是一传向网中 3 号位垫球比较容易，因而有利于组成进攻，适合初学者采用；二传队员在网前接应一传的移动距离近，向 2、4 号位传球的距离较短，容易传准。缺点是战术变化少，对方容易识破进攻意图。

② "边一二"进攻战术阵形。2 号位队员作二传，将球传给 3、4 号位队员进攻的组织形式。其优点是右手扣球者在此 3、4 号位扣球比较顺手，战术变化较多。缺点是 5 号位接一传时，向 2 号位垫球距离较远；一传垫到 4 号位时，二传传球较为困难。

③ "插上"进攻战术阵形。二传队员由后排插上前排作二传，把球传给前排 4、3、2 号位队员进攻的组织形式。其优点是能保持前排三点进攻，战术配合变化多，并能利用网的全长

组织进攻。缺点是对插上二传队员的要求较高。

（2）防守战术。排球的防守战术是组织进攻或反攻战术的基础,没有严密的防守,进攻就无从组织。而一切防守战术都应从积极为进攻和反攻创造条件的角度进行设计和考虑。

① 接发球及进攻战术。当对方发球时,本方处于防守地位,也是组织第一次进攻的开始。事先站好位置,摆好阵形,是接好发球的基础。站位的阵形,不仅要有利于接球,也要有利于本方所采用的进攻战术。同时,还要根据对方发球的特点,采取不同的阵形,通常多采用五人接发球和四人接发球。

② 接扣球及进攻战术。接扣球的防守与组织反攻是密不可分的,只有防守成功才能有富有成效的反攻。接扣球的防守战术是前排拦网与后排防守的整体配合,根据对方进攻情况、本队队员特长、防守后的反攻打法,一般可分为单人拦网、双人拦网和三人拦网的防守阵形。对方水平较高、进攻力量较强、进攻路线变化较多时,多采用双人拦网、四人接球。后排防守通常分为"边跟进"和"心跟进"两种。

"边跟进"多在对方进攻较强、吊球较少时采用。当对方4号位队员进攻时,我方2、3号位队员拦网,其他4个队员组成半圆弧形防守。如遇对方吊前区,由边上1号位队员跟进防守。其优点是加强了拦网,缺点是边上的队员又要防直线,又要跟进防前区,比较困难。

"心跟进"在本方拦网能力强,对方采取打吊结合时采用。当对方4号位队员进攻时,我方2、3号位队员拦网,后排中间的6号位队员在本方拦网时跟在拦网队员之后进行保护,其余3名队员组成后排弧形防守。其优点是加强了前区的防守能力,缺点是后排防守队员之间的空档较大。

③ 接拦回球及进攻战术。本方扣球时必须加强保护,积极防起被拦回来的球,并及时组织继续进攻。由于拦网人可以将手伸过网拦网,拦回的球通常速度快、角度小,因而接拦回球的保护阵形应形成多道防线的弧形状,且第一道防线紧跟在扣球人身后。以我方4号位队员进攻、其他5人保护为例,5号位队员向前移动和向左后方移动的3号位队员形成第一道防线,1号位队员保护后场,为第三道防线。其他位置进攻时,保护的阵形也可按同样道理布阵。

④ 接传、垫球及进攻战术。当对方无法组织进攻,被迫用传、垫球将球击入本方时,我方的防守便称之为接传、垫球的防守。这种情况在初学者中出现较多。由于来球的攻击性小,我方的防守阵形与不拦网情况下的防守阵形相同,即前排除二传队员外,其他的队员都迅速后撤到各自的位置,准备接球后组织进攻。需要注意的是,在后撤和换位的过程中,动作要迅速并随时做好接球的准备。

（3）攻防转换。在排球比赛中,攻与防是密切联系、相互转换、连续进行的。这不仅在于排球技术本身具有攻与防的双重含义,还由于全攻全守、攻防兼备是当前排球运动的发展趋势。正在进攻的一方,必须同时注意防守;处于防守的一方,必须随时准备反攻。在进攻与防守的转换中,如果准备不充分,一味进攻,都可能贻误战机,招致失败。因而,在进攻的时候准备防守,在防守的时候想到进攻,才能有备无患,立于主动。同时,在阵容部署上也要有相应的措施和方法。

当球扣入对方区后,进攻的一方应立即转入防守状态。当球扣过网或二传不慎传球过网后,前排队员应迅速靠网前站位,准备拦网;后排队员由上前保护扣球,迅速退守原位,准备防守。其阵形一般有"三一二"站法和"三二一"站法两种。前者适合于"心跟进"防守阵形,后者适合于"边跟进"防守阵形。

(4) 守攻转换。当对方扣球过网后,防守一方在防守的一刹那就转入了进攻。这是由于后排队员在防守来球时,必须根据本队所采用的进攻战术,有目的地将球起到预定目标,并根据保护扣球的部署,立即跟进保护前排队员进攻。前排参加拦网的队员,在完成拦网动作之后,必须立即转身或后撤,准备接应或反攻扣球。前排未参加拦网的队员,在后撤防守之后,转入接应或反攻扣球。

第四节　排球竞赛规则和裁判法

一、比赛场地器材及比赛用球

(1) 排球比赛场地(图9-4-1)包括比赛场区和无障碍区。排球比赛场地为18米×9米的长方形,四周至少有3米空地,场地上空至少高7米内不得有障碍物。场中间横画一条线把球场分为相等的两个场区。所有线宽均为5厘米,线的宽度均包括在场区内。场地中线上空架有球网。网的宽度为1米,长9.50米,挂在场外两根圆柱上。女子网高2.24米,男子网高2.43米,球网高度的测量应用量尺在场地的中间丈量,场地中间的高度必须符合规定高度,两条边线上空的高度必须相等,并且不超过规定网高2厘米。球网两端垂直于边线和中线的交界处各有5厘米宽的标志带,在其外侧各连接一根长1.80米的标志杆。在两条边线后各画一条长15厘米垂直并距离端线20厘米的短线,两条短线之间的区域为发球区。发球区的深度延伸至无障碍区的终端。中线与进攻线构成前场区,前场区向边线外的无障碍区无限延长,进攻线于端线构成后场区。

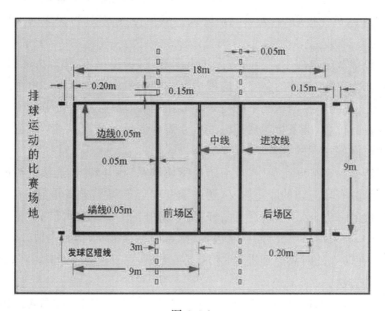

图 9-4-1

(2) 比赛用球的颜色可为一色的浅色或国际排联批准的多色球,圆周为 65~67 厘米,重量为 260~280 克,气压为 0.30~0.325 千克/厘米^2。

二、主要规则及裁判方法

(1) 胜一分、胜一局和胜一场。比赛采用每球得分制,胜一球即胜一分。比赛的前四局以先得 25 分,并同时超出对方 2 分的队为胜一局。当比分为 24∶24 时,比赛继续进行至某队领先 2 分为胜一局(如 26∶24 或 27∶25)。决胜局以先得 15 分,并同时超出对方 2 分的队获胜。正式比赛采用五局三胜制,最多比赛 5 局,先胜 3 局的队为胜一场。

(2) 发球犯规与判罚。

① 发球击球时的犯规:发球次序错误,发球区外发球,发球击球时球未抛起或持球手未撤离,发球超过 8 秒。

② 发球击球后的犯规:发出的球触及发球队队员、球网或未能通过球网垂直面,界外球,发球掩护。

(3) 位置错误。发球击球瞬间,双方任何一名队员不在规定的位置上,则构成位置错误。

(4) 击球时的犯规:①四次击球;②持球;③连击;④借助击球。

(5) 队员在球网附近的犯规:①过网击球;②过中线;③网下穿越进入对方空间并妨碍对方比赛;④触网;⑤进入对方场区的球。

(6) 拦网犯规:①过网拦网;②后排队员拦网;③拦发球;④从标志杆外伸入对方空间并触及球。

(7) 进攻性击球犯规:①后排队员进攻性击球犯规;②在前场区对发过来的并且整体高于球网上沿的球,完成进攻性击球为犯规。

(8) 不符合规定的请求间断:①超过规定次数的请求普通暂停;②超过规定次数的请求换人;③同一个队在未经比赛过程再次请求替换;④无权请求的成员提出请求;⑤在比赛进行中或裁判鸣哨发球的同时或之后提出请求。

(9) 延误比赛:①同一局再次提出不符合规定的请求;②换人延误时间;③拖延暂停时间;④场上队员拖延比赛顺利进行;⑤请求不合法的替换。

第十章 手 球

第一节 手球运动概述

一、手球运动的起源和发展

现代手球运动起源于欧洲,1917年德国柏林体育教师马克思·海泽尔(M. Heiser)受到足球运动的启发而发明了手球游戏,后经卡尔·斯凯劳恩茨(K. Schelenz)的改进和发展,及其相应规则的制定,从而形成了室外手球(十一人制手球)运动。1925年德国与奥地利举行首次国际手球赛,后逐渐在世界各国开展。1928年举办首届世界男子手球锦标赛,1957年起举办世界女子手球锦标赛。手球比赛最初每队运动员为11名,又称十一人制手球,1965年改为每队7名运动员。男、女手球分别于1972年和1976年被列为奥运会比赛项目。

七人制手球场地长40米、宽20米,场地两端放置有球门,球门高2米、宽3米。场上比赛时,双方各出场7人(含守门员1人),成人男子使用的手球重425~475克,成人女子使用的手球重325~400克,以将手球射入对方球门的多少来决定比赛的胜负。

中国的手球运动始于20世纪50年代中期的广东。1955年,位于广州的解放军体育学院将手球列入教学计划,在国内率先开始手球教学与训练。随后,北京体育大学等一些院校也开展了手球运动的教学。80年代初期,国内高水平的手球队多至30余支。手球在国内约10个省市运动队和解放军运动队开展。中国手球运动有过光辉的历史。1960年,组建不久的广州部队队和安徽队曾战胜过来访的世界亚军罗马尼亚男子手球队。1979年,中国加入国际手球联合会。1982年和1984年,中国男、女手球队分别获得亚运会冠军和第23届洛杉矶奥运会铜牌。

二、手球运动的特点

手球运动好似足球运动与橄榄球运动的混合,其大部分规则又是从篮球规则演变而来。它集速度、力量和技巧于一身,深受大家的喜爱,尤其在欧洲较为流行。

1. 高强度的对抗

手球运动不同于篮球运动,而更偏向于足球和橄榄球,鼓励运动员进行积极的身体对抗,合法的身体阻挡是被允许的,只要被犯规队员能够控制身体平衡或处于有利位置,裁判员就不会鸣哨停止进攻。因此在手球比赛中,队员之间相互的身体接触和对抗是非常普遍的现象。

2. 快速度的转换

手球比赛就是要运用速度形成攻防中的人数优势或者位置优势,攻守转换快,进攻跑动速度快,防守退防速度快。稍有迟疑就会被对方打个措手不及,被对手得分或者被对手抓住先机。规则规定,在快速的进攻中,就算防守方犯规,只要进攻方能保持优势或者没有失去球权,裁判员就不应停止比赛,从而确保进攻的连续性和流畅性。手球不但跑动快、传接快,而且战术配合也要快、要默契,往往精彩纷呈,令人眼花缭乱。其旋风般的速度,使观众感受到运动员所创造的速度魅力。

3. 全而多的技术

手球运动每个队员在场上都有相应的位置,不同位置的队员需要具备不同的技术,而且每个位置上都有多种防守和进攻技术。在比赛中队员的位置又可能随着场上情况的变化而不断变化,所以要求每位队员技术全面。队员不但要有完美进攻技术,还要具有严密的防守技术;不但要有全面的基本技术,还要学习一些高难技术。在比赛过程中,运动员飞身抢断、腾空吊射、空中接力射门、鱼跃救球、滚翻落地等高难度动作精彩纷呈,赢得观众的阵阵掌声。

三、手球运动的价值

1. 勇于拼搏的竞争精神

强烈的对抗、频繁的身体接触、持续不断的进攻以及激烈对抗中的全力射门,使手球运动员练就了一种敢于拼搏的顽强精神。在比赛中,只要进攻队员还能够继续进攻,裁判员就不会中断比赛。运动员顽强拼搏,不达目的不罢休的意志,在手球比赛中表现得淋漓尽致。这种精神,对一个民族,对整个社会都有积极的影响作用。

2. 团结合作的集体精神

手球是一个集体运动项目,个人在集体中所能起的作用远小于篮球和足球。这就需要全体队员团结一致的精神,这样才能取得更好的比赛成绩。韩国人可以在手球运动这个项目上取得举世瞩目的骄人成绩,与他们强烈的爱国主义及良好的团结协作精神不无关系。手球运动可以反映出一个民族、一个国家的集体协作精神。

3. 全方位的身体发展

手球运动首先是速度的较量,涉及每个环节、每个动作,全部都要快。其次是力量的较量,激烈的对抗是以力量为基础的,没有力量在对抗中就常常处于下风。手球运动是全身心的运动,不但要发展速度和力量,还要发展耐力、弹跳、协调和灵敏等多种身体素质;不但要锻炼下肢的跑跳,还要锻炼上肢的投射;不但可以全面发展人的身体,同时对人的心理素质也有较好的锻炼作用。

4. 高质量的观赏价值

手球运动是一个力与美结合的项目,所以手球比赛具有很高的欣赏价值。比赛中,运动员们在激烈对抗中熟练自如地做出各种各样优美的射门动作,跳起远射、小角度射门、前扑射门、鱼跃射门以及采用反弹球、旋转球、快板球等高难度射门技术。出神入化的战术配合,灵活多变的隐蔽传球,守门员精彩的出击扑救球以及旋风般的快攻反击等,都会给观众带来视觉上的享受。

第二节　手球运动基本技术

一、脚步移动技术

手球运动的脚步移动主要包括起动、跑、跳、急停、转身、滑步、交叉步等动作。

1. 起动

起动是从静止状态变为运动状态,获得移动初速度的一种方法。起动的姿势:上体前(或侧)移,以前脚掌短促而有力地蹬地,身体和手臂协调摆动,迅速向前(或侧)方向移动。

2. 跑

跑是队员在球场上变换位置和提高速度的方法,有变向跑、侧身跑和变速跑三种。

(1) 变向跑。队员在跑动时突然改变方向的一种方法。以向左变向为例,用右脚蹬地后,右脚随着向左侧前方跨出,继续加速前进。

(2) 侧身跑。侧身跑是队员在跑动中为了接球或抢位采取的一种跑动方法。队员向前跑时,脚尖向前进方向,头部和上体扭转向有球的方向,观察场上的变化。

(3) 变速跑。变向跑是队员在跑动中利用速度变换争取主动的方法。加速时,上体前倾,用前脚掌短促有力地向后蹬地。减速时,上体直立,前脚掌抵地,缓解冲力,降低速度。

3. 跳

跳是手球运动员为了争取空间优势和抢占射门点而常用的一种腾空移动方式,可以分为单脚起跳和双脚起跳。

(1) 单脚起跳。单脚起跳多用于跑动中,用脚跟制动,同时屈膝降低重心,然后迅速蹬地,用把水平方向的速度转换成向上的力量。落地时,前脚掌先落地,屈膝缓冲。

(2) 双脚起跳。在手球运动中运用相对较少,起跳前两腿屈膝,双脚迅速蹬地,向上跳起,落地时屈膝缓冲。

4. 急停

急停是队员在场上突然制动的一种方法。常用的急停方法有跨步急停和跳步急停。

(1) 跨步急停。队员在跑动中,向前跨出一大步,用脚跟着地再过渡到全脚掌,同时屈膝降低重心,随着惯性再跨出第二步,膝关节内扣,用脚掌内侧蹬地制动。

(2) 跳步急停。一般用于近距离或慢跑时的急停。用单脚或双脚蹬地起跳,同时上体后仰,重心后移,着地时降低重心,双脚全脚掌制动,屈膝缓冲,保持身体平衡。

5. 转身

转身是手球比赛中常用的移动方式,利用跨步和身体的转动来改变站立位置和方向的一种动作方法。转身分前转身和后转身。转身前,两膝微屈,上体稍向前倾,重心在两腿之间。转身时,重心转向中枢脚,移动脚的前掌蹬地转髋,同时以中枢脚为轴,后脚蹬地,上体随移动脚转动,向前或向后改变身体的方向。

6. 滑步

滑步是队员防守时的主要移动方法,分侧滑步、前滑步和后滑步三种。以向左侧滑步为例,右脚前掌内侧蹬地,左脚向左跨出落地的同时,右脚紧随左脚滑动。移动时,两臂张开,手臂一高一低,举高的手防止对手高传球,放低的手随时准备断球,同时保持屈膝,降低重心。移动中,身体上下平稳,不要起伏。

7. 交叉步

交叉步是快速起动和改变身体位置的方法。交叉步向左移动时,右脚前脚掌用力蹬地,并迅速从左脚前(或后)交叉迈步,上体随脚步向左侧倾移。

二、手球运动进攻技术

1. 持球技术

持球技术与传球和射门技术直接相关,影响着手球其他技术的发展,可以分为单手持球和双手持球。

(1) 单手持球。手球运动中多以单手持球为主。五指自然分开,用指根以上部位接触球,以拇指与无名指相对,将球牢固地拿住,腕关节要放松。球可以随手、手臂灵活移动,易于传球和射门的动作变化。

(2) 双手持球。手指自然分开,两手成弧形,以手指和手掌握住球的两侧。双手持球较为稳固,不容易被对手抢、打、夺,但双手持球不如单手持球灵活,不利于传球和射门。

2. 传接球技术

(1) 接球技术。接球与传球是紧密相连的技术,只有接好球后才能传好球。接球在手球运动中是减少失误的关键技术,也是下一个进攻技术动作的准备技术。

① 双手接胸部以上高度的球。这是比赛中最基本、最常见的接球动作。两眼注视来球,两臂主动伸向来球,手指自然分开稍向上,两手拇指、食指相对呈"八字",手掌形成半球状,当来球触及手指的瞬间,手指紧张握球,两臂迅速后缩,以缓冲来球力量,并将球置于胸前。

② 双手接低于腰部以下的球。这也是手球比赛中常用的方法。接球时,上体前屈弯腰,两臂下垂略向前伸,手指向下,手指自然分开,双手形成半球形,当手与球相触时,手指紧张,两臂弯屈,迅速后引缓冲,上体直起将球持于胸腹之间。

③ 单手接球。单手接球在比赛中运用较少,虽然控制范围大,但接球不够稳固,易失误。接球时,单臂主动伸出迎球,五指自然分开,当手掌与球接触后,顺势往回撤,同时,另一手快速上去护球。

(2) 传球技术。传球技术又可分为单手肩上传球、单手体侧传球、单手击地传球。

① 单手肩上传球。单手肩上传球是比赛中最常用的传球方法。它的特点是动作简单、传球准确,适用于不同距离的传球,常与射门动作结合起来运用。

动作要领:两脚前后开立,右手持球于肩上并举球后引,左肩稍向右转。持球手的上臂与躯干之间的夹角要大于90度。肘关节高于肩,前臂与上臂的夹角也要大于90度。传球时,右脚蹬地,同时,身体重心前移,髋关节带动躯干向左转动,并以肩关节带动肘关节,向前挥臂,手掌对准出球方向,最后屈腕经手指将球传出。

② 单手体侧传球。单手体侧传球是向身体侧方转移球时运用的一种传球方法。它的特点是传球动作幅度小、较隐蔽、出手快,适用于短距离传球。

动作要领:右手持球自然放松下垂置于体侧,两脚前后左右开立,膝稍屈,身体重心落于两脚之间,身体正对前方。传球时肘关节微屈,将球提起置于体前,然后以上臂带动前臂由左向右沿水平挥摆,手腕外旋,使手掌对准传球方向,利用手臂的挥摆和手腕最后的甩动将球传出。

③ 单手击地传球。单手击地传球是手球比赛中近距离之间,为了避开防守而常采取的传球方法。单手持球先向上移动,观察好同伴和对手的位置,选取合适击地点,并根据同伴的速度和身高,确定击地的力量,肘关节微屈,基本通过手腕手指将球传出。

3. 运球技术

运球是手球基本技术之一,是持球队员个人进攻推进时采用的技术方法。手球是一项快速激烈的运动,比赛中双方都是力争以最快的速度进攻得分。不必要的运球,不仅会影响进攻速度,而且由于球体小不易控制,还会造成失误。因此,在手球比赛中不提倡过多使用运球。但合理的运用运球能够创造良好的进攻机会,给防守造成一定威胁,因此要灵活掌握并合理地运用运球技术。

运球时,手的五指要自然分开,掌心向下,以肘关节为轴,前臂上下摆动,指腕柔和用力拍球,主要用手指、手腕控制球速和方向。如果拍球的后上方,球就向前走;拍球的侧部(左侧或右侧)时,球可向左或右运行。球反弹的高度不能低于腹部以下。拍球和跑动步伐要协调而有节奏。

(1) 直线运球。这是摆脱防守后,个人快速推进时采用的运球方法。直线运球速度的快慢,取决于队员跑动的速度和球反弹时与地面所构成的角度。球与地面的角度愈小,球落在身体前面的地点就越远,前进的速度就越快。为了加快前进速度,可以将球向前推送,并使球反弹高一些,球离手后连续跑几步。

(2) 变向运球。变向运球是指在运球前进受到阻碍时,改变运球方向以摆脱防守的一种运球方法。改变运球方向时,应改变拍球的部位。如从对方的右侧切过时,同时右脚向左前方跨出,上体向左转,然后用左手拍球的后上方,继续前进。

4. 突破技术

突破是一项具有强烈攻击性的进攻技术,是个人进攻的主要手段。在比赛中,成功地突破防守,可以造成以多打少的局面,或获得有利于攻击的机会。因此,在比赛中要把突破与射门、传球和假动作结合起来,以提高个人攻击能力,给防守以极大的威胁。手球突破技术主要是以脚步动作为基础的,有时也结合运球进行突破。根据比赛的运用情况,突破技术分为徒手突破、持球突破和运球突破三种。

(1) 徒手突破。徒手突破是不持球的进攻队员,运用灵活的脚步动作,改变速度、方向,并利用转身或假动作的方法,来摆脱和突破对手。

① 变速突破。变速突破是进攻队员在跑动中利用快慢速度的变化来摆脱对手。要求变换速度时要突然,可以结合急停、急起动来甩开对手。

② 变向突破。变向突破是进攻队员在跑动中突然改变方向来突破对手。变换方向时动作要突然,起动要快。可以利用变向假动作,闪开防守者继续前进。

③ 转身突破。转身突破是内线队员经常采用的方法。内线队员在球门区前移动时,常常运用转身突破对手接球射门。转身时,屈膝降低身体重心,并迅速将身体重心移到做轴脚,然后摆动脚蹬地向前或向后转身,转身后迅速启动摆脱对手。

(2) 持球突破。手球的持球突破技术和篮球不同，手球运动中没有中枢脚的限制，可以充分合理地、灵活地运用三步，比篮球突破要容易些。在突破防守时，持球快速蹬跨三步从对手身边切过。为了加快突破的速度，要求身体前倾角度不要过大，切肩动作要小，步幅不宜太大，三步动作要短促而快。突破时要注意保护球，在最后一步着地同时开始引球，并迅速进行射门、传球或运球。一般突破后有三种机会，即突破射门、突破传球和突破运球。在比赛中，由于双方在一条弧形线前进行攻守活动，球门区前防线的纵深程度小，因此，突破射门的运用机会较多。

这里以右手射门为例讲解突破射门的身体动作和持球部位。右手持球从右侧（防守者的左侧）突破时，左脚向防守者右侧跨出，身体前倾不要过大，便于突破后迅速伸展身体射门，同时切肩向右转体，转得不宜太大，如过大，势必形成交叉步前进，影响速度，而且会造成右臂后引时球暴露在防守者面前，易被防守者将球打掉。突破时，持球于身体右侧，步法是快速蹬跨三步从对手左侧切过，最后一步左脚着地迅速起跳引球射门。

(3) 运球突破。在手球比赛中，因球体小不易控制，又因运球突破影响切过速度，所以一般情况下不采用运球突破的方法，只有当运球的进攻队员所处的位置距离球门区较远，需要突破后继续运球前进时，才采用运球突破的方法。运球突破是采用变向运球的动作方法。变向运球主要靠拍球部位变化和用力的变化相配合。突破中要注意保护球，用远离防守者的那一只手运球。

5. 射门技术

射门是手球比赛唯一的得分手段，是进攻技术和战术运用的最终目的。射门技术种类较多，主要有支撑射门、跳起射门和倒地射门等技术。这里主要介绍支撑射门和跳起射门。

(1) 支撑射门。支撑射门就是借助于地面的支撑进行射门的动作，可分为原地肩上射门、跑动支撑射门。

① 原地肩上射门。两脚前后站立，比肩稍宽，上体向右移略转，侧对球门，身体重心移至右脚，前膝稍屈，同时持球于肩上，形成单手肩上传球的动作。射门时，右脚蹬地，身体重心前移，左脚积极支撑地面，以肩带动上体向左转动。同时，右臂以肩带动上臂和肘向前挥动，上体前屈，通过手腕、手指力量将球射出。随后右脚顺势向前跨步，落地缓冲。

② 跑动支撑射门。这是在快速跑动中完成射门动作的技术，可以一步出手、两步出手和三步出手，具有较强的突然性。当行进间接球后，上右脚射门，为一步射门；当行进间接球后，先上左脚，再上右脚射门，为两步射门；当行进间接球后，先上右脚，再上左脚，然后上右脚射门，为三步射门。射门前右脚向前跨步做支撑，上体稍向右转动，并引球至肩上。右脚着地后利用收腹和上体左转的力量，带动右臂前挥，通过手腕手指的鞭打动作将球射出。随后左脚着地，重心随着惯性前移，屈膝缓冲。

(2) 跳起射门。常分为向前跳起射门和向上跳起射门。

① 向前跳起射门。接球后，利用助跑，左脚前脚掌积极用力向前蹬地跳起。此时，上体前倾，左肩侧对球门，上体向右转动，右腿屈膝自然抬起，膝关节外展，使身体向前上方腾起。同时，右手持球快速引球于肩上，挺胸展腹，抬头两眼注视球门。当身体上升接近最高点时，上体向左转动，并带动右臂向前挥摆将球射出。球离手后，起跳脚和摆动脚依次落地，屈膝缓冲，以保持身体平衡。

② 向上跳起射门。接球后快速助跑,当最后一步左脚落地时用力蹬地向上跳起,右腿自然屈膝抬起。同时,持球的右手由下向后划弧快速引球至肩上方,身体向右转动,左肩侧对球门,当身体腾空接近最高点时,快速向左转体,并带动右臂用力挥动,收腹,最后通过屈腕将球射出。球离手后,起跳脚先落地,并迅速降低身体重心,以控制身体平衡。

三、手球运动防守技术

防守对手是队员在比赛中合理地运用身体和脚步动作,积极抢占有利位置,用符合规则的行动来阻挠和破坏对手的进攻,以获取主动权争取比赛胜利的技术动作方法。手球规则规定"允许身体合理的接触",防守应选择正确防守位置,大胆贴近对方,用身体堵截对方的移动和接球路线,积极采用封、打、断球技术,破坏对方的进攻配合。

1. 防有球队员技术

防守持球队员,一般来说是远门松、近门紧。因为球会对球门直接构成威胁,所以选位时要在对手与球门之间,略偏向于投掷臂的一侧,并积极运用打、断球来干扰对手的正常行动。尤其是当对手准备射门时,应积极盯防,贴近对方身体,阻挡对方的投掷,或者顶住对方腰部位置,限制其行动。对于进入 9 米线里面的队员要积极围堵,正面卡、抱或轻推,使对手失去平衡。

2. 防无球队员技术

手球比赛中,防守无球队员是防守的主要组成部分。首先要选择合理的位置,把对手置于自己的可控范围内,做到人球兼顾、对手与球门兼顾的原则。一般来说,进入 9 米线左右的队员需要紧逼盯人,并照顾球和其他进攻队员,密切联系同伴,力争做好协同防守。运用堵、跟、送和接等方法谨防重点位置、重点队员,以防对手穿插、摆脱和接球。对于掩护、交叉等队员要积极与同伴默契配合,果断采取合理的防守行动。对于有球一侧的无球队员,一定要紧逼,防止穿插、交叉和掩护,始终近身防守;对于无球一侧的无球队员,可以适当放宽,以便能更好地协助同伴防守其他更有威胁的对手,但一定要密切关注,把对手控制在自己可以控制的回防位置。

3. 封、打、断球

封、打、断是手球比赛中攻击性很强的防守技术,可以有效地抑制对手,破坏对方的进攻,有时甚至可以直接获得球权,对于鼓舞士气,提高全队的战斗力具有很好的作用。封、打、断球是建立在准确的判断和快速的行动基础上的,所以要求防守队员视野要开阔,注意观察,并根据对手的情况果断采取行动。封堵是指队员在防守过程中,正确选择自己的防守位置,利用身体和手臂来封挡对手的射门或传球。封挡一旦成功,就要积极地抢球,以争取快速反击的机会。打球是当对方持球站立或者持球突破时,看准时机,突然拨打对方手中的球,以破坏对手的下一步行动,或者争取获得球权。断球是防守队员截获对方传接球的方法,视野开阔,瞅准时机,果断出击,出其不意地抢断球。

四、守门员技术

守门员是全队防守中的最后一道防线,也是手球比赛中快攻的经常发动者。守门员技术的好坏,对于比赛的胜负有着至关重要的影响。因此,守门员不但要有勇敢顽强、沉着冷静的意志品质和良好的身体素质,还要具有熟练的守门技术动作。手球的守门员基本技术包括基本姿势、位置选择、移动、挡球和掷球等。

1. 基本姿势

基本姿势是守门员为了及时封挡不同方向射向球门的球,保持能随时向任何方向快速移动的姿势。两脚左右开立,与肩同宽,两腿微屈,脚跟稍提起,重心在两脚之间,上体直立,两臂弯屈,肘关节抬起,且略高于肩,手指五指并拢,抬头注视球。

2. 位置选择

守门员的位置选择是封挡射门角度的关键。通常守门员应站在球门线前0.5米和两球门柱连线所形成的夹角的分角线上。一般来说,守门员要根据场上情况和球的位置不断调整自己的位置和角度。

3. 移动技术

守门员根据场上球的不停转移,为保持好正确的封挡角度,就必须不断地调整自己所处的位置,这就需要移动。守门员的移动技术有滑步、上步、跨步、跳步、交叉步等。

4. 挡球技术

挡球技术是指守门员在移动选位的基础上封挡对方射向球门的球,一般有手臂挡球、脚腿挡球和手脚配合挡球等技术。

① 手挡球。可以用双手或用单手挡球,守门员根据情况选择。双手挡球多用于头上或体前的球或者是距自己较近的球,单手挡球多用于身体两侧的球或者是距离较远的球。

② 腿脚挡球。腿脚挡球主要用于低平球,包括地滚球和近地反弹球等。一般来说,脚尖外转,通过脚内侧来挡球,出脚时,腿不宜抬得过高,以免漏球,或踩球崴脚。

5. 掷球技术

守门员获得球后,常常会根据情况发动快攻,尤其是长传快攻。因此掷球是守门员的重要技术之一。单手肩上传球(技术动作同前面传接球之单手肩上传球),好处是力量大、距离远。单手体侧传球(技术动作同前面传接球之单手体侧传球),好处是幅度小、出手快,有利于在没有长传快攻机会时,及时与场上队员衔接,准确地把球传出去。

第三节　手球运动基本战术

手球运动战术是根据本队的实际情况而采用的全队或几个人之间的集体配合行动,目的是最大限度地发挥每个队员的作用,掌握主动,抑制对方,从而争取比赛的胜利。首先,手球运动战术要符合本队的具体情况,制订相应的战术,力争达到更佳效果。其次,手球运动战术要突出一个"快"字。"快"是手球运动的绝对制胜因素,无论是进攻还是防守都要快。最后,就是要攻守平衡。光有好的进攻没有好的防守,或者说,光有好的防守没有好进攻,都不能取得比赛的胜利。

手球运动战术分为基础战术(含防守基础战术配合和进攻基础战术配合)和全队战术(在后面的快攻与防守快攻、区域联防与进攻区域联防里面讲解)。基础战术是全队战术的基础,两者之间是被包含与包含的关系。

一、防守基础战术配合

防守战术是指队员利用防守身体的移动和适当的动作对进攻方进行封挡、抢断和压迫，破坏对方的各类进攻所采取的行动。其目的是令对手无法传接球、移位和射门等。手球运动更加注重队员间的配合，队友间相互配合封挡攻方进攻，使其无法突破防守阵线，在防守的同时抓住机会反击。防守基础战术配合是全队防守战术的基础。防守时不仅要重视面的防守，还应特别注意防守的深度，队员之间基本的站位形式是多个三角形的串联，这样不但能照顾左右，还能兼顾前后。防守基础配合是相对简单的配合，一般在两到三人间展开，通过队员间的关门、换防和补防等方法来进行。

1. 换防配合

换防配合是在对方交叉换位，防守者不再紧盯原来的对手，而是相互之间默契地交换对手的方法（图10-3-1）。或者说，换防是在对方进行掩护配合时，防守队员之间交换防守对手的方法（图10-3-2）。

换防配合的要求：①换防时要有一定的预见性，相互呼应，果断行动，尤其是行动要一致。②首先被挡或被穿过的防守者，一定要给予同伴信号，需要换防。③随时准备抢、打、断球，不让交叉或掩护的对手接球，从而破坏他们的进攻。④换防时要积极调整自己的位置，以便能更好地防守刚刚交换过来的对手。

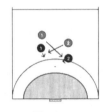
图10-3-1

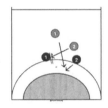
图10-3-2

2. 关门配合

关门配合是临近的两个队员合理地靠近，用身体阻挡对方的行进线路的配合方法，可以适当用手，这也是手球运动中最常用的防守配合形式（图10-3-3）。

关门配合的要求：①当对手接近自己的防区时要积极果断地迎前防守，不但要防对手的射门，还要注意堵截对手的突破线路。②临近的队员要善于观察，准确判断，在关注好自己的防守队员时，随时准备好协助同伴关门防守。③关门要严、要死，两个关门队员之间坚决不要让对手过去，并保护自己。

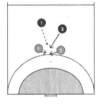
图10-3-3

图10-3-4

3. 补防配合

当一名防守队员被对手突破后，眼看要对球门形成威胁，此时，靠近该名进攻队员的防守者，应该主动放弃自己的防守对象，转而防守这个已经突破同伴并更具有威胁的进攻者（图10-3-4）。

补防配合的要求：①所有队员要善于观察和判断，做好补防准备，及时补防更具威胁的对手。②补防速度要快，动作要果断敏捷，切不可犹豫，不要再去想自己的防守对手。③补防不但要堵截对手线路和封堵对手射门，还要密切注意对手的传球。④补防一旦发生，被突破的队员应该迅速移动到替补人的防守位置上去。

二、进攻基础战术配合

基本进攻战术是两到三人之间相互配合的行动，是全队进攻战术的基础，常用的有传切配合、交叉换位配合、掩护配合、突分配合等。

1. 传切配合

将球传出后，以变向、变速跑结合假动作摆脱对手的防守，然后快速切入球门区接球射门(图10-3-5)。

传切配合的要求：①传球后要接近对手，然后使用假动作，摆脱防守，突然变向切入。②接球队员接球后，要使用假动作，采取进攻态势，吸引防守队员的注意力。③突破后切入时要注意接球，侧身转体，目视来球方向。④回传球给同伴突破队员时，一定要观察好，选择有利的传球线路，防止被对方抢、打、断球。

 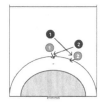

图 10-3-5　　　　图 10-3-6

2. 交叉换位配合

两个或两个以上队员，在对方方向前做交叉跑动，并互换位置，借以摆脱防守，获得更好的进攻机会。在手球比赛中，交叉跑动换位是不断进行的，一旦防守失位，就要果断突入进攻(图10-3-6)。

交叉配合的要求：①交叉时要积极向球门方向突入，无论是有球队员还是无球队员，都要具有攻击性。②要善于观察和判断，一旦有机会，就要果断地突入进攻。③交叉过程中，要注意传接球的隐蔽性和准确性，避免失误。④交叉跑位还可以与掩护等配合联合使用。

3. 掩护配合

掩护配合是进攻队员选择适当的位置，借用身体来挡住防守自己同伴的对手，使同伴借以摆脱防守的一种配合方法，多用于无球队员之间的掩护配合(图10-3-7)。

掩护配合的要求：①掩护时，掩护者的动作要隐蔽、突然和快速。②被掩护者要运用假动作来吸引防守者的注意力。③掩护时同伴之间要掌握好配合时机，根据防守变化的情况，采取适当的方法和对策。④掩护者要有积极的进攻意识，掩护动作完成后，迅速转身跟进，创造更多的进攻机会。

4. 突分配合

突分配合是持球队员运用突破技术来打乱对方的防守部署，根据情况再传球给其他同伴，给同伴创造更好的得分机会的配合方式(图10-3-8)。

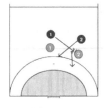

图 10-3-7　　　　　图 10-3-8

突分配合的要求：①突破动作要快速、突然，突破后不但要考虑传球，更要考虑射门得分。②突破时要保护好球，防止对方抢、打、断球。③邻近的同伴积极准备接球，并调整好进攻位置，尽可能接到球后就能射门得分。

三、快攻与防守快攻

1. 快攻

快攻是防守队获球后，迅速由守转攻，力争在对手阵脚未稳之际，抓住战机，以最快的速度、最短的时间，乘对方落脚未稳还未形成有效的防守之时，果断合理地发动攻击的一种速决性战术配合。

组织快攻战术的基本要求：①首先要加快一传的速度，趁对方还沉浸在上一个片段中，出其不意，攻其不备，打他个措手不及。②全队所有队员要有强烈的快攻意识，不放过任何一次发动快攻的机会，快攻是又快又省力的得分方式。③获球后传球要准确，快而不乱，不能失误，千万不能偷鸡不成蚀把米。④发动、接应、快下和跟进始终保持纵深队形，以保证更大的攻击范围和更多的攻击点。⑤在整个快攻过程中，要把握好节奏，每个环节都要尽量缩短推进时间，避免延误战机。⑥在快攻的结束阶段，动作要果断、快速、隐蔽，不要轻易降低速度，减少不必要的传接球。

2. 长传快攻

长传快攻是快而省力的进攻得分方法，要注意相互配合的默契，发动者要有开阔的视野和发动快攻的意识，另外传球要准确到位。主要有中场开球时的快攻（图 10-3-9）、界外球时的快攻（图 10-3-10）、任意球时的快攻（图 10-3-11）、球门球时的快攻（图 10-3-12）和抢断球后的快攻（图 10-3-13）。

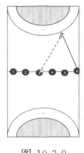

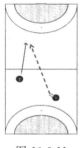
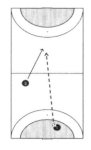
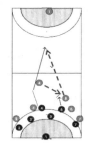

图 10-3-9　　图 10-3-10　　图 10-3-11　　图 10-3-12　　图 10-3-13

3. 短传快攻

短传快攻包括发动、接应、推进和结束四个阶段。每个阶段、每个步骤都要快半拍，视野要开阔，传接球要准确。如图 10-3-14：守门员①快速传球给⑤发动快攻，⑤接应后迅速将球传给快速向前跑动的⑥,⑥向前推进,再把球传给已经快下的④,由④射门得分,结束快攻。

4. 快攻结束阶段的进攻

(1) 直接面对守门员时应注意:①沉着冷静,准确判断,果断行动。②尽可能靠近球门,距球门越近,越容易射门得分。③不要忘了"快",稍有迟疑就会有防守队员追上来防守。

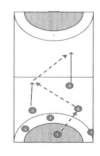

图 10-3-14

(2) 二攻一防时应注意:①两个队员之间要拉开距离,不要重位。②要尽快射门得分,尽量减少传球次数。③传接球速度要快,动作要果断有力。④不要急于传球,先尽可能自己进攻,只有在防守贴近时再传球。

(3) 三攻二防时应注意:①进攻队员要尽量保持好进攻纵深队形。②根据防守的站位选择合理的进攻点。③进攻动作要果断快速,尽可能快速地射门,减少传球次数。

5. 防守快攻

防守快攻首先要减少失误,一旦对方获得球权,应全力回撤防守,就近持球队员的人,应适当干扰持球者的传球,延误对手进攻的速度。千万不要贸然地抢断,而应该是边退边防,只要起到干扰作用,延误对手进攻速度就可以了,等迅速退回到防守位置,大家再全防全守。在快攻的结束阶段,以少防多时,尽可能拖延对手进攻的速度。

(1) 一防二:防守队员要保持沉着冷静,注意抢占有利位置,做到人球兼顾,积极利用假动作干扰对手,使对方失误或延误进攻速度,为同伴争取退守时间。

(2) 二防三:队员要积极移动,紧密配合,内外兼顾,左右照应。

二防三有三种站位形式:①平行站位(图 10-3-15),优点是较适用于对付边线突破能力较强的对手,缺点是中间的防守相对较弱。②前后站位(图 10-3-16),这种防守可以有效地防守对方的中路突破,但边路的防守相对较弱。③斜线站位(图 10-3-17),这种队形能有效地防守中路突破,缩短补位时间和距离。

 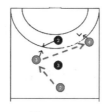 

图 10-3-15　　　　图 10-3-16　　　　图 10-3-17

四、区域联防与进攻区域联防

1. 区域联防

区域联防所有防守队员在本方的球门区线前面,每个人重点负责防守一定的区域,相互之间虽有分工,但又密切配合,协同照应,形成一个整体,并随球的移动而积极调整自己的位置,这样所组成的全队的防守战术。

(1) 常用的区域联防的阵型有 0—6 阵型、1—5 阵型、2—4 阵型、1—4—1 阵型、1—2—3 阵型和 2—3—1 阵型。如下图所示,阴影部分为防守薄弱区域,也就是说每个阵型都有它的优缺点,在实际比赛中,要根据自己队的特点和对手的情况采取不同的防守阵型。

① 0—6 阵型(图 10-3-18)适合于没有外线进攻的球队。优点是防线左右能够拉开,相互之间利于关门、夹击,能有效防止对手突破;缺点是对方进攻没有受到防守方的压力,尤其是对于中远距离射门缺乏防守,给守门员造成了很大的压力。

② 1—5 阵型(图 10-3-19)适合于外线进攻不强的球队。优点是防守相对紧密,前方给予对手一定的干扰;缺点是对 9 米线外的压力不大,对于外线两侧防守较弱,利于对手从两侧进攻。

③ 2—4 阵型(图 10-3-20)适合于突破能力不强的球队。优点是内外结合,加大了纵深防守,但一旦对手突破外线两名队员,就会对内线防守造成较大的压力,内线人员不算密集,利于被对手突破。

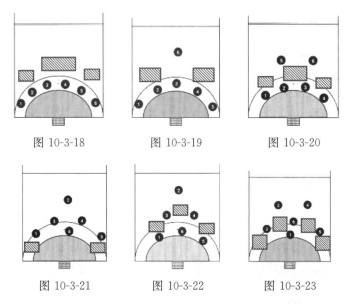

图 10-3-18　　　　图 10-3-19　　　　图 10-3-20

图 10-3-21　　　　图 10-3-22　　　　图 10-3-23

④ 1—4—1 阵型(图 10-3-21)适合于善于外线进攻的球队。优点是防守前压,在外线就给予对手较大压力,利于防守反击和快攻;缺点是对于两侧进攻突破能力较强的队,容易被对手进攻得分。

⑤ 1-2-3 阵型(图 10-3-22)适合于边线进攻能力较弱的球队。对于中线防守较为紧密,两侧是软肋,对于善于利用边锋进攻的球队,不适合采用这种防守阵型。

⑥ 2-3-1 阵型(图 10-3-23)适合于内线较弱的球队。对于外线防守紧密,适用于善于外线进攻、突破能力不强的对手。

(2) 区域联防的原则:积极退守快布阵,一人一区一人防,有球上顶无球缩,随球移动不漏人。

(3) 区域联防的基本要求:①由攻转守时,离球最近的队员,一定要积极干扰对方的传球或运球,其他队员迅速退回后场,布置好联防阵型。②根据区域联防的特点和队员的身体条件、技术特长,合理分配防区。一般速度快的队员在外线,身材高大、补防能力强的队员在内线。③要注意观察判断,积极随球移动,随场上进攻队员的变化而动,没有一成不变的防守阵型,都是在不断运动中防守的。④积极防守自己对手的同时,要兼顾到其他进攻队员,相互之间要密切配合,协同防守。⑤卡位是防守的基本要素,只要不失去防守位置,对方就难以获得有效的进攻。⑥做到人、球、球门兼顾,首先是不让对手突破(含无球队员突破),其次不要让对手接球,最后是不要让对手射门。

2. 进攻区域联防

进攻区域联防是针对对方区域联防的特点、阵型,针对对方防守的薄弱环节采取进攻,同时要正确利用自己的优点,把自己的优势发挥出来,用自己的优势逼迫对方防守阵型的变化。进攻区域联防常常采用单内线和双内线的进攻阵型,同时边线队员要善于使用穿插、溜球门线等进攻方法,外线队员要敢于突进、来回交叉、不断掩护进行进攻。

进攻区域联防的基本要求:①提高由守转攻的速度,在对方防守阵型尚未形成前,抓住战机发动快攻,打乱对方防守阵脚。②根据对方区域联防的特点,占据防守的薄弱区域,对薄弱区域重点强攻。③快速转移球,频繁穿插,使对方顾此失彼,创造以多打少和连续进攻的机会。④充分利用场地的宽度,声东击西,出其不意,创造更好的进攻机会。⑤不要野蛮进攻,如果进攻受阻,把球传回来,再次组织进攻。⑥记住"球动"和"人动",无论是"球动"还是"人动"都会吸引对方防守的注意力,都能逼迫对方改变防守阵型,所以手球场上"人"和"球"不停移动,可以打乱对方的部署,从而抓住战机获取胜利。

第四节　手球竞赛规则简介

一、暂停

下列情况必须暂停:
(1) 判罚两分钟罚出场,取消比赛资格或开除时。
(2) 判七米球时。
(3) 一分钟球队暂停时。
(4) 换人违例或"额外"队员进场时。
(5) 计时员或技术代表发出信号时。
(6) 裁判员之间有必要进行协商时。

二、换人

(1) 只要被替补队员已离开场地,替补队员即可不通知计时员随时进场参加比赛。但必须在本方换人区进出场地。
(2) 换人违例时,应判罚违例队员出场两分钟。

三、不允许守门员

(1) 在防守时危及对方。
(2) 控制球后持球离开球门区。
(3) 掷出球门球后,在球触及其他队员以前,在球门区外再次触球。
(4) 在球门区内接触球门区外地面上静止或滚动的球。

(5) 将球门区外地面上静止或滚动的球拿进球门区。
(6) 球门区外持球后重新进入球门区。

四、进入球门区

(1) 对进入球门区的场上队员应判罚如下：
① 持球进入球门区时，判罚任意球。
② 不持球进入球门区，但获得利益时，判罚任意球。
③ 防守队员进入球门区，并破坏了一次明显得分机会时，判罚七米球。
(2) 如果队员使球进入本方球门区，应按下列规定处理：
① 如果球进入球门，得分。
② 如果球停留在球门区内或守门员触及了球因而球没有进入球门，判任意球。
③ 如果球越过外球门线，判边线球。

五、接触球

(1) 队员持球不得超过 3 秒，包括球在地上。
(2) 持球走不得超过 3 步，下列情况为第 1 步：
① 双脚站立，一只脚离地后再落地，或一只脚从一处移到另一处。
② 一只脚着地，接球后另一只脚落地。
③ 跳起后单脚着地，随后用同一只脚踏跳或另一只脚落地。
④ 跳起后双脚同时落地，然后一只脚离地再落地，或一只脚从一处移到另一处。

六、不允许队员

(1) 抢夺或打击对方手中的球。
(2) 用臂、手或腿去阻挡或挤对方。
(3) 拉、抱、推、跑或跳起来撞对方。
(4) 以违反规则的方式去干扰、阻挡或危及对方持球或不持球的队员。

七、边线球

(1) 如果球的整体越过边线，或者在越过防守队的外球门线之前，最后触及防守队的场上队员，应判边线球。
(2) 掷边线球应在球出界的地点执行，如果球是越过外球门线，则在球出界的一侧边线与外球门线交界处执行。
(3) 掷球队员必须一只脚踏在边线上，直到球离手为止；掷球队员不得将球放在地上然后自己再捡起来，或是拍球然后自己再接住。
(4) 掷边线球时，对方队员必须距离掷球队员至少 3 米。在任何情况下都允许队员紧贴本方球门区线外站立，即使他们与掷球队员的距离不到 3 米。

八、任意球

(1) 下列情况下判罚任意球：

① 拥有球权的队犯规必须剥夺其球权时。

② 防守队由于犯规而使进攻队丢失球权时。

(2) 下列情况下不需要再判任意球：

① 如果在进攻队犯规后，防守队立即获得了球权。

② 防守队犯规，但进攻队未丢失球权，仍然处于进攻状态。如果要对犯规队员进行个人处罚，也需要等这一进攻片段结束时再给予追加处罚。

(3) 如果判由对方掷任意球，持球的进攻队员必须立即原地放下球。

九、七米球

(1) 下列情况判罚七米球：

① 队员或官员在场上任何地点犯规破坏了对方明显的得分机会。

② 错误的信号破坏了明显的得分机会。

③ 未经允许的人员进入场地破坏了明显的得分机会。

注：①尽管发生了犯规，如果进攻队员仍能完全控制球和身体平衡，即使其后进攻队员并没能利用好明显的得分机会，也无须判罚七米球。②如在防守队员的防守犯规干扰下，进攻队员仍能继续射门得分，则无须再判七米球。

十、处罚

(1) 下列情况下应该给予警告：

① 要进行升级处罚的犯规。

② 当对方正常掷球时违犯规则。

③ 队员或官员的非体育道德行为。

(2) 下列情况应判罚出场两分钟：

① 换人错误或非法进入场地。

② 重复需要升级处罚的那种犯规。

③ 队员在场内或场外重复违犯非体育道德行为。

④ 在有一名官员已受警告的情况下，同队的官员再次出现非体育道德行为。

⑤ 判给对方掷球时控制球队员不立即放下球。

⑥ 在对方掷球时，再次违犯规则。

⑦ 在比赛时间内，取消队员或官员比赛资格伴随的罚出场。

⑧ 在一名队员被判罚出场两分钟后、比赛重新开始前，该队员再次出现非体育道德行为。

(3) 下列情况应判取消比赛资格：

① 无参加比赛资格的队员进入场地。

② 当一名随队官员被罚过出场两分钟后，同队的任一官员第三次（或紧接着）再犯有非体育道德行为时。

③ 危及对方队员身体健康的犯规。

④ 场内或场外的队员或官员严重违犯非体育道德行为。

⑤ 在比赛时间以外,即比赛开始前或在比赛中断时斗殴的队员。
⑥ 随队官员斗殴。
⑦ 同一队员第三次被罚出场。
⑧ 队员或随队官员在比赛中断时重复发生非体育道德的行为。

第十一章 美式腰旗橄榄球

第一节 美式腰旗橄榄球运动概述

美式腰旗橄榄球运动(Flag Football)是源于美国国家橄榄球大联盟(NFL)的一项大众化运动,以参赛者佩戴腰旗而得名。与美式橄榄球(American Football)相比,美式腰旗橄榄球比赛时采用美式橄榄球的基本规则和技巧,但规定不允许抱人和推人,只要防守方队员扯下进攻方队员腰旗,进攻即被阻止,属于一种较为安全的"非冲撞性"的运动。美式腰旗橄榄球运动强调勇猛顽强、团队合作的精神,又使降低橄榄球运动危险性,减少了复杂环节,增加了趣味性,尤其适合在青少年和美式橄榄球初学者中开展。

一、美式腰旗橄榄球运动的起源

美式腰旗橄榄球运动源自于美式橄榄球运动。参与美式橄榄球运动,可以有效提高多种身体素质,培养勇敢顽强、积极进取的优良品质和团结协作、紧密配合的集体主义精神。虽然美式橄榄球运动具有如此大的魅力,但也存在不足之处。最主要的不足是,这项运动的身体接触太多,对于身体素质较弱、自我保护意识还不是很强的青少年或喜欢这项运动但又不想有太多冲撞的人来说,危险性较大。为了能让更多的人感受和了解这项"完美运动",美国职业橄榄球联盟做出了一项改革,取美式橄榄球运动的精华——传接球、开球、射门、分段进攻、持球跑动等与腰旗结合,降低运动时的身体对抗性,让不同年龄、性别的人都可以在体验到美式橄榄球精髓的同时得到身体锻炼,从而更好地普及美式橄榄球运动。由此就诞生了美式腰旗橄榄球运动。

1. 美式腰旗橄榄球运动发展现状

美式橄榄球运动作为北美地区乃至全世界排名第一的职业联赛,不仅在美国有很多的球迷,而且在世界各地都有他们的球迷,但是基于各国对美式橄榄球运动的认识不同,美式橄榄球运动和腰旗橄榄球运动在全世界的发展也不同。北美作为美式橄榄球运动的中心,腰旗橄榄球运动在这一地区非常普遍,而且它是作为社区体育活动和其他职业联赛的队员保持运动状态的最好运动项目之一,人们通过腰旗橄榄球运动进行相互交流和沟通。在加拿大和墨西哥,美式腰旗橄榄球运动发展得非常好,有社区和学校的腰旗比赛;从他们每年参加青少年腰旗橄榄球世界杯比赛取得的成绩就可以看出,这两个国家腰旗橄榄球运动的发展是非常普及的。

欧洲作为北美地区以外发展美式橄榄球运动最好的地方,在腰旗橄榄球运动方面也领先世界其他地区,在德国和北欧都有美式橄榄球联赛,从而带动了这一地区腰旗橄榄球运动的发展。那里的青少年通过腰旗橄榄球、触摸式(Touch)腰旗橄榄球逐步参与美式橄榄球运动,通过训练进入欧洲地区的联赛,条件好的队员最后进入美国国家橄榄球大联盟进行比赛。

亚洲地区除了中国,日本、韩国、泰国、菲律宾等都有自己的腰旗橄榄球协会,日本甚至有他们自己的大学美式橄榄球联赛;泰国作为亚洲地区开展腰旗橄榄球运动最好的地方,学校有各个年龄级别的腰旗橄榄球联赛。

2. 美式腰旗橄榄球运动在我国的发展现状

2003年,美国国家橄榄球大联盟在我国的北京、上海、广州的中学推广青少年美式腰旗橄榄球运动。本运动由于在提高学生力量、速度、灵敏等各项身体素质以及团结协作能力方面有很大的帮助,所以迅速得到了青少年的喜爱,同时也为校园活动注入了新鲜的血液。NFL成立了"苹果种子"计划,志在培养更多美式腰旗橄榄球教练,为发展美式腰旗橄榄球运动打下坚实的基础。

2008年开始,美式腰旗橄榄球运动在北京、上海的高校中普及,并在2009年由NFL举办了第一届"大学碗"(全国大学生美式腰旗橄榄球总决赛),最终北京体育大学获得了第一届"大学碗"冠军。由于腰旗橄榄球的独特魅力,"大学碗"举办至今,美式腰旗橄榄球已经在全国大部分省市的高校中相继开展起来。

2015年10月,由上海理工大学向上海市教委和大学生体育协会申请成立了全国首个大学生美式腰旗橄榄球协会,每年举办上海市大学生美式腰旗橄榄球锦标赛,定期举办裁判员和教练员的培训和交流,提高了上海美式腰旗橄榄球的整体运动水平。

2019年6月,中国大学生体育协会举办了第一届全国大学生美式装备橄榄球比赛,全国有16支大学队伍参加比赛。至此,美式橄榄球在大学的发展翻开了崭新的篇章。

二、美式腰旗橄榄球运动的特点

1. 经济性

美式橄榄球运动对抗激烈,不仅需要一整块足球场的面积和专业球门,而且还要求球员有强健的身体素质和完善的装备,包括头盔、护甲、护裤、护腰等护具,再加上球队至少需要50多名球员,因此组建一支美式橄榄球队伍需要非常大的投入。相对于美式橄榄球运动的巨大投入,美式腰旗橄榄球运动更显经济性,其场地更小,人数更少,只需要装备一些基本器材便可以开展训练和比赛。

2. 趣味性

美式腰旗橄榄球运动包含了跑、跳、投、接、躲闪等多方面的技术,充分提升青少年的力量、速度、敏捷等素质,培养他们的责任感、荣誉感、团队合作和意志品质,并且提高青少年的分析能力、智力等。比赛中的扯旗和躲闪也大大增加了项目的趣味性。

3. 综合性

美式腰旗橄榄球运动虽然不同于其他体育项目,但在很多技术上与其他项目有相似性,如篮球的接球、足球的射门、棒球的传球等。这要求球员必须拥有全面的技术和协调能力,才能在美式腰旗橄榄球的高强度、快节奏比赛中打出漂亮的配合,使比赛更具观赏性。

4. 安全性

美式腰旗橄榄球运动不需要穿戴沉重的护具,规则也限定了身体的过分接触,通过拉扯进攻队员腰带上的腰旗来阻止其进攻,避免防守队员和进攻队员之间严重的身体碰撞而产生不必要的伤害。因此,参与美式腰旗橄榄球运动,参与者的身体能够得到有效的保护,但又不失比赛的激烈对抗性。

5. 变化多样性

美式腰旗橄榄球运动最吸引人的地方是其复杂多变的战术配合。除了要求队员具有良好的身体素质外,每支球队都有自己的战术手册,上面列述了本队进攻、防守等各种类型的战术,球员必须牢牢记住每一条,在面对不同的对手、不同的比赛环境时,选择不同的战术应对,球员的记忆力、思维能力和临场应变能力在比赛中体现得淋漓尽致。

三、美式腰旗橄榄球运动的基本术语和球员位置及职责

1. 美式腰旗橄榄球运动基本术语

(1) 聚商。聚商就是在每次分段进攻开球之前,进攻方有 30 秒布置战术和沟通的时间。

(2) 开球。中锋从启球线上把球通过胯下短传或者胯下长传的方式传到四分卫的手中的过程就叫开球,意味着进攻开始。

(3) 传球进攻。四分卫从中锋手里接到球后,根据场上情况,通过单手肩上传球、低手抛球的方式把球向前或向后传给外接手,获得推进码数或达阵得分。

(4) 跑球进攻。四分卫从中锋手里接到球后,根据场上情况,通过手递手的方式把球向前或向后交给跑锋,获得推进码数或达阵得分。

(5) 分段进攻(档)。在美式腰旗橄榄球中,我们把每次进攻称为分段进攻或档。进攻方必须在 4 次分段进攻(4 档)内通过 20 码的距离,否则将交换球权。

(6) 弃踢。弃踢是指进攻方放弃进攻,把球踢给防守方,交出球权为本方获得更多的防守空间,一般发生在第四档进攻。

(7) 自由弃踢。自由弃踢是当进攻方被防守方获得安全分后,由进攻方踢球手手持橄榄球站在离本方达阵区 10 码的位置直接把球踢给对方,把球权交给对方。

(8) 脚开球。美式腰旗橄榄球每次半场比赛开始时,是由防守方把球放在己方 10 码或 20 码的位置(根据球场的大小而定)的球托上,防守方的踢球手把球踢给进攻方,球落地的位置或进攻方接到球后被扯旗的位置就是进攻方的第一档进攻位置。

(9) 扯旗。在比赛中,进攻队员接球后持球向前推进码数时,防守队员把持球队员腰上的腰旗(一根或者两根)扯掉,并在原地举起腰旗示意裁判,则这档进攻结束。

(10) 突袭。突袭也称为杀四,是指防守方在离球 7 码线后的任何球员都可以在开球后去扯四分卫的腰旗,目的是缩短四分卫的传球时间和干扰四分卫的传球。

(11) 抄截。抄截指防守方抢断球后获得的球权转换。防守方在抄截后即刻变为进攻方,比赛继续进行,可持球向前跑动进攻,但不可传球。

(12) 回攻。在脚开球、弃踢和自由弃踢中,接球方的任意一名球员都可以进行接球回攻以获得推进码数或达阵得分。

2. 美式腰旗橄榄球运动球员位置及职责

(1) 进攻组。主要包括四分卫、中锋、跑锋、外接手。

① 四分卫(简称 QB)。四分卫是进攻组的灵魂人物,是进攻的组织者。在比赛中,四

分卫会布置得当的战术、合理安排人员位置,通过精准的传球,让本方队员接球后向前推进或者达阵得分。

② 中锋(简称 C)。中锋是进攻队员之一,在场上是接触球的第一人。他站在球的后面,当听到四分卫"开球"的口令后,将球从胯下以短开球或者长开球的方式传给四分卫,并给四分卫做合法的掩护。

③ 跑锋(简称 RB)。跑锋一般是进攻方跑动能力和变向能力最强的队员。开球前,他可以站在启球线上或四分卫的旁边、身后,当接到四分卫的交递球或传球后,通过持球快速奔跑和变向,摆脱防守以获得最大推进距离。

④ 外接手(简称 WR)。外接手是指以传球进攻为主的队员。开球后他们会按照四分卫的指令跑出指定的线路,其主要任务是接住四分卫的传球以及牵扯对方防守队员。

(2) 防守组。主要包括线卫、突袭、安全卫、角卫。

① 线卫(简称 LB)。线卫位于防守阵型的前端,主要任务是防守前沿阵地,针对的是对方的跑锋突破以及短距离传球。

② 冲传手(简称 B)。指突袭四分卫的球员。距离开球线 7 码的距离,防守方一般会配有 1~2 名速度快的球员,专门擒杀对方的四分卫,要求是扯掉四分卫的腰旗或者是干扰四分卫的传球线路。

③ 安全卫(简称 S)。位于防守阵型的最后,他们的主要任务是防长传和补防,也是防守组的最后一道防线,可分为强卫(简称 SS)和游卫(简称 FS)。

④ 角卫(简称 CB)。位于防守阵型的两端,是专门盯防对方外接手的防守队员。他们会盯紧对方的外接手,阻止他们接到球。

(3) 特勤组。包括踢球手、扶球手、回跑员。

① 踢球手(简称 K):专门负责用脚开球、弃踢、任意球和附加分的射门队员。

② 扶球手:在射门时专门负责帮助踢球手扶球的队员。

③ 回跑员:专门负责接踢球手踢出的球,然后向前持球跑动推进码数的队员。

第二节　美式腰旗橄榄球运动基本技术

一、进攻组的基本技术

在橄榄球比赛中,进攻组的得分能力直接关系到比赛的输赢,所以往往比防守组更加引人关注。进攻组的目的是尽可能地将球向对方阵地推进更多的码数,争取进入对方达阵区得分。进攻的方法共有两种:跑球进攻和传球进攻。在比赛中,每一次精彩的传接球,每一档进攻战术的完成,都需要进攻组各个位置的球员拥有娴熟的基本技术,协同合作才能实现。

1. 四分卫传球基本技术

单手肩上传球。这里以右手传球为例作简单介绍。

(1) 持球。四分卫持球方式根据每个人的手掌大小略有不同,但都是正手握在球的后三分之一处,使球在出球时能保持高速旋转,不会因为握球的位置不正确(靠前或是靠后)而发生翻转。在握球时,要求四分卫五指自然张开,无名指第二指关节放在橄榄球白色缝合线的第二格,中指紧贴于缝合线,食指离中指稍远一点,小指的末端放在缝合线上,拇指自然放在球的另一侧。五指紧贴于橄榄球,但球与手掌之间必须留出一定空隙(图11-2-1)。

图 11-2-1

（2）准备姿势。身体保持直立,两脚与肩同宽,膝关节略屈,右手握球,左手扶住球的另一面,将球置于胸前,左肩对准传球方向,身体侧对传球目标。

（3）传球动作。

① 引球:左脚向前迈一小步,使左脚脚尖指向传球方向,同时右手握球抬肘向后引球。在引球时,肘关节要稍高于肩关节,使球的位置高于头部,上臂尽量与地面平行,手腕绷直,保持小臂与手掌在同一平面,切勿向后屈腕托住球(图11-2-2.a)。

② 转体发力:右脚蹬地转髋,身体向前转体,重心逐步前移到左脚,同时肘关节、手臂随着髋关节向前移动。当四分卫转成正面时,球尖会指向传球目标(图11-2-2.b)。

③ 出球及随前动作。当持球手的肘关节移动到最前方时,前臂向前下方做鞭打动作,此时前臂顺势发力。当手臂伸直时,腕关节向下进行翻转,手指用力拨球,掌心、大拇指方向朝下,通过手指与橄榄球的摩擦力,使球沿顺时针方向高速旋转(图11-2-2.c)。出手后,手臂随着身体转动的惯性继续摆动,直到自然落在左大腿内侧,此时右肩会移动到最前方,正对着传球方向(图11-2-2.d)。

a　　　　　　　　　b　　　　　　　　　c　　　　　　　　　d

图 11-2-2

2. 中锋的开球技术

中锋开球的技术主要分为胯下短开球和胯下长传开球两种方式,这里主要介绍单手胯下短开球。

图 11-2-3

（1）准备姿势。球在中锋头部前方,将有缝合线的一面球体面向自己。将球调整到开球的最佳位置(大拇指握在球的缝合线上方),一般球尖朝斜上方。站立时两脚开立,略宽于肩,上体约与地面平行,膝关节弯曲,重心在前脚掌,抬头看着进攻方向。右手手臂伸直握住球,左手置于同侧(图11-2-3)。

图 11-2-4

（2）交递球动作。当听到四分卫开球口令后，中锋右手屈臂向后交递球，当球经过胯下时，手腕内旋，使球逆时针旋转90度成水平方向，然后直接将球放在自己的臀部下方位置(图11-2-4)。

（3）四分卫接球动作。四分卫双手接球时(以右手传球为例)，右手在上，左手在下，掌根相连，五指张开，右手手背(靠近手腕处)抵住中锋的骶骨处，使右手正好紧贴于中锋臀部的下方，右手手指与地面平行，左手手指朝向地面，保证双手有足够的接球空间。接球后，将球持于胸前。

3. **跑锋的护球跑和交递球技术**

根据不同的战术安排和现在的战术演变，跑锋的位置并不完全固定，可位于四分卫身后或侧方。跑锋的交接球一般分为真交递和假交递两种。在这里我们主要介绍真交递的动作。

四分卫给跑锋交递球时，跑锋提前做好准备动作，双手小臂平行，双手上下相对，置于腹部，靠近四分卫那侧的手臂在上，远离四分卫的手臂在下。四分卫单手或双手持球，面向跑锋，迅速将球放置在跑锋胸腹部，跑锋接球的一瞬间上身前倾，重心降低，用手臂、腹部、胸部护住球，快速向前移动(图11-2-5)。

图 11-2-5

4. **外接手的接球技术**

（1）**接球手型**。接球手型一般分为两种，一种是拇指相连的接球手型，另一种是小手指相连的接球手型。

① 拇指相连的接球手型。双手肘关节微屈，手掌掌心斜相对，五指张开，两个大拇指靠拢。手指要放松，手腕绷直，四指手指朝上，切记手指不能指向球，以免造成挫伤(图11-2-6)。这种接球手型主要用于接胸部以上传球，如正面胸前、高位接球和侧面胸前、高位接球。

② 小手指相连的接球手型。双手肘关节微屈，手掌掌心斜向上，五指张开，两个小手指靠拢。手指略弯曲，手腕绷直，指尖不能指向球，

图 11-2-6

以免造成挫伤。接到球后,直接收肘,上体稍向前压,使球揽入怀中(图11-2-7)。这种接球手型主要用于接胸部以下传球,如正面低位接球、侧面低位接球和背向接球。

(2) 基本跑动路线。在腰旗橄榄球中的外接手跑动路线有很多种,有些路线也可以根据自己的战术重新设计,但基本的跑动路线是外接手必须掌握的,我们也称它为路线树(图11-2-8)。每个跑动路线会因跑动的码数、方向不同而有不同的名称,这里归纳了几个重要的跑动路线。

图 11-2-7

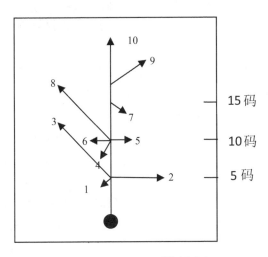

1. Hitch
2. Quick out
3. Slant
4. Hook
5. Out
6. In
7. Come back
8. Post
9. Corner
10. Fly

图 11-2-8

二、防守组的基本技术

在比赛中,如果防守组不能有效地阻止对手对自己阵地的进攻,就会增加对手得分的可能性,最终导致比赛的失败。因此,具有强大的防守能力在某种意义上比进攻显得更加重要。

1. 防守队员的基本移动步伐

(1) 后退跑。后退跑主要应用于前场防守队员的防守,防守重点是外接手短距离的变向或鱼钩接球。

(2) 侧滑步。侧滑步主要应用于前场防守队员根据外接手和球的方向,进行横向移动或封堵持球跑动进攻的外接手。

(3) 侧身跑。侧身跑主要应用于后场防守队员的防守,防守重点是外接手接中、长距离的传球。

(4) 转身跑。转身跑主要应用于后场防守队员防守外接手接直线长传球。

2. 扯旗

腰旗橄榄球的所有场上队员的腰间两侧都系有两条腰旗,持球进攻队员在进攻的时候被防守队员扯掉腰旗,则进攻方的这档进攻结束。因此,扯旗技术对防守队员非常重要。当防守队员接近外接手时,首先是迫使外接手降速,等队员过来形成包围圈,然后再扯旗。扯旗时,注意眼睛紧盯外接手的腰部,把握好时机和距离感,做到快、准、狠。

3. 突袭

突袭是防守中非常有效的一种方式。成功的突袭能够有效地限制四分卫的传球,速度越快,四分卫传球和观察进攻队员跑动的时间就越短,有时甚至球还没有传出去就被冲传手扯掉了腰旗,我们也称之为"杀四"。所以,突袭队员要速度快,具有良好的变向能力和身体平衡能力。

三、特勤组的基本技术

特勤组是指参与脚开球、弃踢、任意球射门和附加分射门、接踢回攻的球员。这里主要介绍任意球射门和附加分射门技术,以左脚内脚背踢球为例。

(1) 踢球手准备姿势。两脚前后开立,左脚在前,右脚在后,重心放在右脚,上身挺直,双臂自然放于体侧。踢附加分射门时,以扶球手的放球点为中心,直线向后退三步,然后向左平移两步,与球成45度斜角;踢任意球射门时,则根据离达阵区的远近调整步数,与球也成45度斜角。目视前方,等待中锋开球给扶球手。

图 11-2-9

(2) 扶球手放球。扶球手位于距离中锋7码处,侧对中锋方向,左膝跪地,右膝弯曲,双手持于胸前准备接球。接到中锋长传球后,立即将球竖直放于地面,与右膝在同一直线上,球的缝合线朝向射门方向,右手食指放在球尖上,固定住球,右手臂可置于右膝上,左手迅速离开(图11-2-9)。

(3) 踢球动作技术。当扶球手放好球后,踢球手向前三步助跑,右腿踩在球的侧方,脚尖需指向出球方向,身体重心放在右腿,左腿自然向后摆动。踢球时,左脚大腿带动小腿,脚背绷直,用脚背内侧击打球的下部(离地面约10厘米处)。踢球后,身体转向出球方向,大腿随球继续上扬超过90度(图11-2-10)。

图 11-2-10

第三节 美式腰旗橄榄球运动基本战术

一、进攻战术

1. 美式腰旗橄榄球进攻战术制订原则

美式腰旗橄榄球的战术千变万化,球队不仅要根据自己球员的身体条件和特点设计战

术,还要假设不同的防守阵型来调整战术。目的只有一个:打乱防守。所以在制订战术时需要注意以下几个原则:

(1) 重点打击,长短结合。在制订战术时必须明确进攻的重点,是打短传还是长传,并预先设计好接球的位置。一般按时间的顺序会安排好 2~3 个接球点,当第一接球点没有出现空档时,则寻找第二或第三接球点。在四档进攻中合理安排好长传和短传的次序,做到长短结合,使对方的防守不能找到合适的防守位置而造成失误,从而打击对方防守的信心。

(2) 以多打少,把握时机。防守一般多为区域防守,所以在制订战术时最核心的就是通过队员的跑位,在某一区域时形成两打一或三打一的局面,使对方的一名防守队员同时要防守两个或三个不同位置的接球队员接球,提高进攻的成功率。在进攻时,四分卫必须要把握好传球的时机,因为形成以多打少的局面有可能是一瞬间的,如果错过了,则可能使本方的进攻处于不利的局面或出现更严重的后果。

(3) 灵活运用,减少失误。比赛场上的情况是瞬息万变的,对方的防守也会根据你进攻的变化而变化,要打好自己的进攻必须观察和了解对方的防守方式和阵型,找出对方的防守弱点,采用合理有效的进攻战术。在每次进攻时,必须保证进攻的有效性,做到宁可不传,不可误传,否则一旦发生被防守抄截的情况,对本方的士气有巨大影响或成为比赛的转折点。

2. 美式腰旗橄榄球进攻战术类型

(1) 破人盯人防守战术。在美式腰旗橄榄球中,经常会遇到防守队员身体素质强过进攻队员的,他们会利用身体条件采用人盯人的战术,迫使进攻方的外接手无法接到传球或跑锋无法推进更长的码数。这时就需要进攻队员利用战术来寻找空间完成接球和推进码数,利用队友的跑位来掩护自己获得空档,寻找机会接球或者跑动进攻获得码数。

(2) 破区域防守战术。区域防守就是每个防守球员负责自己的区域,对进入自己区域的进攻方球员进行盯防,通过防守方相互协助和补防达到最有效的防守。破区域防守的战术安排则需要考虑在某个区域利用时间差形成以多打少的局面,使联防的作用大打折扣。

(3) 战术示意图(图 11-3-1)。

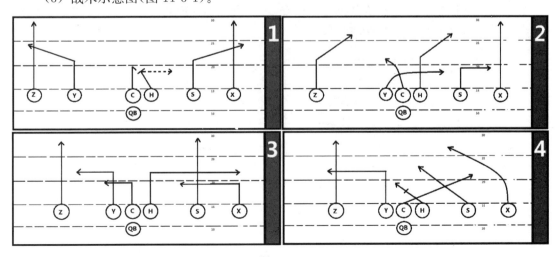

图 11-3-1

二、防守战术

美式腰旗橄榄球比赛中进攻方战术复杂多变,为了有效地应对,防守方会根据不同的进攻阵型,采取相应的防守战术,目的就是为了打乱对方进攻节奏,使进攻方无法完成原有的战术配合。一般可分为人盯人防守和区域防守两种。

1. 人盯人防守战术

人盯人防守战术是指每个防守队员盯住一个进攻队员,控制其行动,并协助同伴完成全队防守任务的整体防守战术。由于美式腰旗橄榄球规则的规定,离启球线7码标志物后的防守队员可以突袭四分卫(在四分卫没有交递球或假传动作的情况下),所以在对四分卫的防守上,防守方专门有一名冲传手,以最快的速度移动到四分卫身边对其传球进行干扰或扯旗,其他防守队员则采取人盯人防守站位(每位防守队员对应一位进攻队员)。在比赛中,人盯人防守一般用于离本方达阵区距离非常近或防守队员个人能力比较强的情况下应用(图11-3-2,上侧是防守方)。

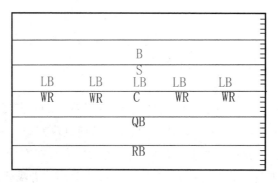

图 11-3-2

2. 区域防守战术

区域防守战术是指每个防守队员负责一定的区域,协同照应,形成一个整体,并随着球的传出而积极调整自己的位置,所组成的全队防守战术。在美式腰旗橄榄球比赛中,区域防守战术应用得非常多,区域防守的阵型主要有1—2—2—1阵型和1—2—1—2阵型(图11-3-3),由此可以衍生出不同的阵型。

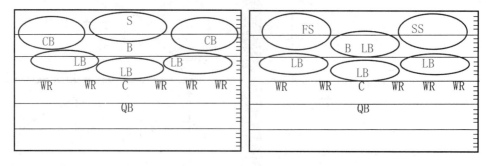

图 11-3-3

第四节 七人制美式腰旗橄榄球竞赛规则

一、比赛场地和器材、装备

1. 比赛场地

比赛场地应为 80~120 码长、30~40 码宽的室外标准的天然草或人工草足球场,场地两侧的线称为边线,两端最后的一条线称为底线,两端底线向场地内延伸 10 码的线被称为端线,端线至底线的区域称为达阵区,两条端线内的区域为进攻和防守区域。在端线前的 5 码划有一条虚线,虚线与端线之间的区域为非跑区(图 11-4-1)。

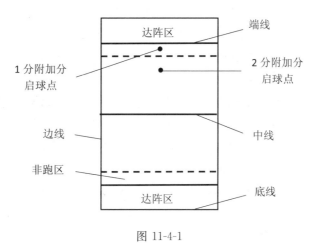

图 11-4-1

2. 比赛基本器材、装备

(1) 橄榄球:橄榄球是由皮革制成的椭圆形球体,内装橡皮或类似质料制成的球胆。其尺寸为 9 号比赛用球。

(2) 腰旗:由腰带和旗子两部分组成。腰旗佩戴在腰间的两侧,自然下垂。

(3) 护齿:为了球员安全,比赛中必须佩戴护齿。

(4) 球鞋:可以使用橡胶钉的足球鞋或橄榄球鞋。

二、规则简介

七人制美式腰旗橄榄球比赛要求场上进攻方和防守方各 7 名队员。双方在腰间系两根飘带为腰旗,防守方从本方启球线中点向进攻方进行脚开球,进攻方接住球后向防守方达阵区跑动,如果跑进达阵区就会获得达阵得分,并获得选择打附加分的机会,因此防守方要全力扯下进攻方持球队员的腰旗,扯掉旗的位置是进攻方第一次进攻的位置。进攻方如果在四次机会内将球向前推进 20 码距离,将会重新获得四次进攻机会直至达阵得分。在规定的次数内没有推进 20 码或达阵得分,将进行攻防转换。防守方将从进攻方的最后一次进攻的位置组织进攻。如果进攻方前三次进攻后离 20 码的首攻线比较远时,可以有两种选择,一种选择弃踢,将球权交给对方;另外一种选择任意球射门,踢球手将球踢进橄榄球门内得分。

1. 计时

全场比赛时间 40～60 分钟,分为上、下半场(具体比赛时间根据竞赛委员会决定),除最后 2 分钟所出现的停表情况外,其他比赛时间内将不停表,中场休息 5 分钟。当常规比赛时间场上双方比分持平时,休息 3 分钟后进行加时赛。

2. 计分

得分方法如表 11-4-1 所示:

表 11-4-1 得分方法

达阵	得 6 分
任意球	得 3 分
附加分	得 1 分或 2 分
安全分	得 2 分

① 达阵得 6 分。进攻队员在腰旗没有被防守队员扯掉的情况下,在达阵区接到传球或持球跑进达阵区,可以获得 6 分。

② 任意球得 3 分。在任意档次选择任意球后,要求中锋 7 码长开球给扶球手,踢球手踢出橄榄球,球穿过球门(两条立柱及横梁组成的区域,空间向上无限延长),则得 3 分。

③ 附加分得 1 分或 2 分。进攻队员每次达阵获成功后,同时获得一次打附加分的机会。进攻队有权力选择 1 分或 2 分附加分。

④ 安全分 2 分。进攻队员在本方达阵区内出现失误,如掉球或被扯旗等,对方将获得安全分 2 分。

3. 比赛中的犯规与判罚简介

美式腰旗橄榄球的犯规判罚都与码数或档数有关,下面简单介绍一些经常出现的犯规和判罚。

(1) 进攻中的犯规与判罚(表 11-4-2):

表 11-4-2 进攻犯规与判罚

犯规名称	犯规具体内容	处罚方式	是否减档
进攻越位	攻方在球离地前任意队员越过开球线	进攻方从开球点向后罚 5 码	否
非法开球	中锋开球没有采用胯下开球的方法将球递给四分卫	进攻方从开球点向后罚 5 码	否
进攻护旗	进攻方持球队员为躲避防守队员扯旗,有拨、推、打、捂等动作	进攻方从开球点向后罚 5 码,进攻方失去一次进攻机会	是
移动掩护	当无球队员或中锋利用移动掩护的方式阻挡防守队员的防守并获得利益	进攻方从开球点向后罚 5 码,进攻方失去一次进攻机会	是
7 秒违例	持球人在 7 秒的时间内没有把球传出发球线或跑出发球线	进攻方失去一次进攻机会	是
进攻方接球阻碍	接球时的非法拉拽或推、撞人等	进攻方从开球点向后罚 5 码,可视情节轻重判罚,增加码数且失去一次进攻机会	是

（2）防守中的犯规与判罚(表 11-4-3)：

表 11-4-3　防守中的犯规与判罚

犯规名称	犯规具体内容	处罚方式
防守越位	球离地前,防守队员越过开球线	防守方犯规,开球点向前罚 5 码,不掉档
非法突袭	进攻方四分卫未把球传出或未做传球假动作时,7 码线内的防守队员越过开球线并干扰四分卫传球	防守方犯规,进攻方可选择判罚： ① 开球点向前罚 5 码,不掉档 ② 进攻方可在接球成功后的死球点进行下一档进攻
干扰接球	在进攻球员还没有接到球或准备接球时,利用拉扯球衣、击打手臂等方式对其进行干扰	防守方犯规,进攻方可选择开球点向前罚 10 码或在犯规点开球,且进攻方获得新一轮 4 档进攻机会(可视情节轻重判罚,增加码数严重可以判罚 15 码或者 20 码两种情况)
非法扯旗	在进攻队员接触到球前提前扯掉腰旗。若进攻方队员接球成功可继续向前推进,直至变为死球	防守方犯规,进攻方可选择： ① 开球点向前罚 5 码,不掉档 ② 死球点的位置开始下一次的进攻。
非法接触	在防守扯旗时采用阻挡、拉人等危险动作	防守方犯规,进攻方可选择开球点向前罚 5 码不掉档或在犯规点开球,进入下一档进攻(可视情节轻重判罚,增加码数,判罚 10 码或者 15 码两种情况,严重者进攻方可以获得判罚码数并重新获得新一轮 4 档进攻机会)

参考文献

[1] 莫争春.美式橄榄球入门宝典[M].北京:人民体育出版社,2008.
[2] 毛振明,王骁.腰旗橄榄球[M].北京:北京师范大学出版社,2017.
[3] 郑刚.英式橄榄球基础教程[M].沈阳:辽宁科学技术出版社,2012.
[4] Joe Galat. Coaching Youth Football[M]. Human Kinetics,2010.

第十二章　英式触式橄榄球

第一节　英式触式橄榄球运动概述

1823 年，英国 Rugby School 一位正在踢足球的同学因为觉得实在太闷，所以便将足球拿起，直奔龙门。当时其他球员不但没有阻止他，还跟着他继续玩，最后甚至守门员也走了出来，英式触式橄榄球（以下简称英式橄榄球）的雏形亦随之诞生。为纪念该校发明的另类足球赛，所以英式橄榄球的全名为 Rugby Football。之后剑桥大学将橄榄球这项运动发扬光大，遍行整个英国。直至现在，橄榄球运动已差不多遍布世界各个角落。

传统英式橄榄球乃世界上最简单的球类运动，因为它不像其他球类般要用较长时间学习基本技术，如篮球首先需要学习运球，足球需要学习盘球等，但橄榄球运动不但容许持球自由跑动，还可以用脚踢球，比赛方式就如小时候玩捉迷藏一样，只需要尽量闪避对方的拦截。

传统英式橄榄球得分方法简单，只要持球跑过对方球门线（Try line）及以身体或手压球着地，便被视为入球（Try），可得 5 分，并且可获得一个定点射球；只要把球成功踢过对方的"H 型的龙门柱"横杆柱，即可成功再得 2 分。

图 12-1-1

传统英式橄榄球是一个包容性很强的运动，是所有球类项目中唯一不可以前传的运动。其规则的特殊性决定了橄榄球赛场上没有个体的明星，场上所有人必须全力以赴向着对方的阵区共同前进，任何一人掉队，所有人的努力都将化为灰烬。所以橄榄球运动员都养成了一种舍己为人、集体利益为重的美德。

很多人对正规橄榄球比赛有一大误会——碰撞/对抗。他们会联想只有身形庞大的人才可参与比赛，比赛球员无规则地从人堆中争球，持球后把对方撞开入球。其实细心一点观看赛事，便知道要成功入球得分，最重要乃"闪避"而并非碰撞。碰撞只是我们容许持球者所采取的防守行为，只有闪避最好的球员才能经常入球。

19世纪中叶，英国统治者将橄榄球和其他众多体育项目强制融入教育体系中，其目的很明确：一是让学生获得一个强健的体魄和强烈的竞争意识；二是让学生懂得与他人合作，培养团队意识。它帮助维多利亚女王时代的人们塑造了体育运动员精神，这种运动员精神包括公平竞争、谦虚谦逊和遵守规则。橄榄球运动当时就是非常重要的培养"真正绅士"的手段，也被视为公立学校里维多利亚后期和爱德华时代文化的完美体现，即精力充沛，好战黩武，并具有强烈爱国主义。在那个时代的男校里，橄榄球运动员被当作英雄一样，他们在比赛中表现出的暴力也被当作性格的表现方式。著名作家 Hugh Walpole 在1912年发表的小说 The Prelude to Adventure 中就对当时的学校比赛有生动描绘。早在19世纪中期，剑桥大学和牛津大学都拥有实力雄厚的橄榄球队，1872年牛津大学和剑桥大学就开始了著名的英式橄榄球年度对抗赛，其受关注程度可以媲美两校的年度划艇对抗赛。

第二节　英式触式橄榄球运动基本技术

一、传球技术

1. 持球

一名队员无论何时都能用双手持球并处理球，这就是持球的优势。当持球者把球抱至体前或在体前移动时，双手五指沿球瓣方向伸直分开，把球牢牢抓紧，要用手指持球，不要用手掌握球。当球员跑动时应双手把球置于腹前或单手屈肘把球夹住，因为这样持球跑动有利于持球队员两臂的摆动动作，并便于控制住球，使球携带安全，跑起来也更快。

动作要点：

（1）五指自然张开，持球于球体侧部，两拇指相对似"八"字形，在球体横切面的中部位置（最凸的地方），两食指置于球体两侧，平行于球体纵轴线，其余手指自然伸张。

（2）掌心空出，腕部与球尾部对齐，用两手的五指有力地控制球。

（3）两臂微屈，腕部伸直，使肘关节灵活自如地将球持于腰部的位置。

2. 摆动传球

这里以向左侧方向传球为例作简单介绍。

球在场地上移动时，队员可向任何方向跑动，但持球者传的球只能向两侧或向后，所以横向传球是传球的基础。

传球前，两脚左右开立，略宽于肩，两膝保持微屈，上体保持正直，挺胸收腹，肩部与腕部放松站立持球。

传球时，腰部向传球方向（左）扭转，重心移动在右脚上，注意躯干部不要仰，同时右肩向前移动,两臂屈肘向后摆动,做向侧发力动作,通过右脚的蹬地,使身体重心逐渐移至左脚;带动躯干部协调用力,使两臂以肩为轴摆动发力,球摆至体前最低点时,腕部伸张开始发力,最后通过手指力量把球弹拨送出。

传球的动作要点:

(1) 准备。两手持球,五指控球,持球于胸部,观察防守队员,随后当准备传球时,注意接球调整好球的速度、方向、高度、距离和力量。

(2) 实施。朝接球者摆臂,用手指指根部推球,双手控制球的方向,手指和手腕用力拨球出手。

(3) 随送。球出手后要看球路,手指随球向传球目标跟送。

3. 接球技术

成功的接球,应该总是用双手做出目标。提供目标的最好方法是把双手置于胸前对准传球人,同时手掌要对着球。有了参照目标就会使带球者容易看到,并且还能起到诱骗防守者的作用。持球者可以做假传球或故意漏掉让下一个站线的队员接球。传球人在传球前要看准目标,并且瞄准球,以便球准确到达接球人的手前。传球者应该不断地练习传从低到高的球,练习传有力量的球,这样有利于提高球的运行轨迹以到达目标高度的准确点上。如果接球者对准了球,来球将会到达伸出的手指前部,便于接球者能够做触球与收球动作或者做顺势回收球动作。接球者应该让手指触球而非双掌触球。手指要自然地抓紧球。

如果接球后要进行传球,双手可以进行调整球位,使球传出后更顺更快。当球从右侧过来时,接球者的左手要把球停住,然后双手控制球。

接球动作要点:

(1) 膝屈,躯干部略前倾。

(2) 头和两肩对正传球者,两臂伸直,注视来球。

(3) 用离球较远的手来接球,另一只手迅速压住球。

(4) 球干的时候用手腕力量接住球,球湿的时候把球抱在怀中。

(5) 接球后立即做出传球动作,接与传应成为连贯动作。

(6) 抓球的中部,用双手握牢,眼盯住球,接球时应做到:盯住球,看着球传手中。

4. 抄捡地上球

动作要领:沿着球的旁边俯身前进,眼睛注视球,当到达球的旁边时,一只脚向球的前方跨出,使球在两脚之间。抬头,屈膝弯腰,降低重心,两手一前一后将球捡起,或用靠近球一侧的手将球抄起。随后将球顺势引入胸前或腹前,持球继续跑动(图 12-2-1)。

抄捡地上球易犯错误:①抄捡球时,不及时降低重心,髋的位置过高,动作出现停顿,影响捡球速度。②到达球的旁边时,前脚没有向球的前方跨出,球在两脚之前,造成捡球时动作出现停顿。

图 12-2-1

5. 跑动中传接球练习

练习者在两名原地站立的接传手之间来回跑动，两人相距 8 米（图 12-2-2）。跑动传球的瞬间，注意调整脚步至远离接球手的脚在前，并扭转上半身朝向接球手，以保证传球手有足够的角度控制向后传球的深度。

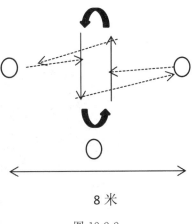

图 12-2-2

二、踢接球技术

踢球是取得利益的有效手段。精湛准确的踢球会赢得比赛，反之将丧失比赛。通常传锋、接锋和殿锋应该是最好的踢球队员，队伍中的其他队员也应该有一定的踢球水平和技能。踢球是具有攻击作用的技术，是松懈对方攻击压力的一种手段；踢球对扩大地域或缩小对方防线是较为有利的，但球权不易控制，同样存在一定的危险性。反弹踢球和定位踢球的水平将直接影响得分的多少，所以提高踢球质量对取得胜利是十分重要的。

一般情况下，要求在比赛里尽可能多地运用跑动传球，只有在出现紧要关头时，最佳选择才是踢球。比赛中往往十分关注控制球，避免球出界，因此要防止无目标的踢球。

1. 踢球技术

必须要选择踢球的目标，眼睛看球，脚尖对着球的方向，把球踢到该点。

踢球时，持球于腰部，手臂前伸远离身体，持球角为 45 度，所示面最大限度与球面接触踢球。右脚踢球时，用靠近身体的右手持球底部，左手在球的远端的侧上部。如果左脚踢球，则与右手持球相反，通过两手建立引导踢球。

放置球于腰部可移动的控球状态，随后放球。脚尖向下，用脚背正面（鞋带上部）接触球的中央并延伸至脚踝，足弓充分发力。为使踢球准确，支撑腿必须站稳，在脚接触球瞬间，大腿加速摆动，施以最大力量。掌握好踢球时机，控制好身体平衡，动作要协调。

在踢球前，要有跑动、减速和停稳的上步过程。踢球后适宜地伴随过渡动作，保持低头，身体随球向上，伴随动作幅度要大，踢球脚要摆过头上方，支撑腿要保持伸直至前脚掌着地。如果为右踢球，左手应基本接近碰至右脚，并且左侧肩向前探伸。

（1）动作要点：

① 持球方法：双手持球，使球的纵轴（球尖）指向踢送的目标，并使球的角度和踢球脚的角度相同。如果右脚踢球，则左手在前右手在后。

② 放球：放球时，按持球时的目标角度两手让球自然下落，绝不可有上抛的动作。

③ 踢球与维持平衡：充分地伸脚趾，使脚背与球最大面积接触，并将球踢出，脚触球时膝关节完全伸直。踢球后触球脚伸直到极限，重心前移，支撑脚前脚掌撑地。踢出球的瞬间，双手与脚成反方向，上体尽可能前倾。以两臂、支撑脚和摆动腿维持身体平衡。

错误动作：重心后移，支撑脚前脚掌未撑地，摆动腿未充分前摆。

（2）练习方法：

① 两人一组，面对面相距 5～6 米，慢慢体会动作，对准同伴力求将球踢到他的脚下。

② 两人一组，面对面相距 10 米，走 3 步（支撑脚、摆动腿、支撑脚）后，将球踢出，左右脚

交换练习。

③ 两人一组，相距拉大(15～20米)，在跑动中完成踢球练习(图12-2-3、图12-2-4)。

图 12-2-3

图 12-2-4

④ 两人或四人一组，接球后传给后面跟进队员，接球后一边跑一边做踢球练习。

2. 接踢技术

接踢球和踢球技术一样重要，成功地接住踢来的球需要具有良好的技能和方法。在准备接球时，眼睛要注视来球，并喊"my ball"清晰地告诉自己的队友，然后迅速跑至球下落的地点，肩部侧对进攻队员，两腿前后站立大于肩宽并保持身体平衡取位站稳。

两臂伸出，五指自然伸直，手掌放松，手心向上。当手指接触球时，使球下落至胸和两臂里，同时屈膝，下蹲至稳定部位，肩部保持紧张侧向对着进攻队员以防对方的攻击并保持控球。

动作要点：

(1) 接球前：①喊"my ball"，注视来球。②迅速取位至球的落点处。③身体侧对进攻队员。④两脚站立大于肩宽。

(2) 接球时：①两臂伸出，五指自然分开，掌心向上，保持放松。②用五指接球。③球落在胸臂里。

(3) 接球后：①沉臀稳定下蹲。②肩部保持紧张侧向站立。③保持控球。

三、司克兰

在英式触式橄榄球(Try Rugby)中，司克兰分别由各队三名前锋1号位、2号位、3号位和一名后锋4号位四位球员组成。前锋站在本方的最前列，他们能不能比对方多获得控制球的机会，关系到比赛的胜负。如果前锋能够把球支配好，将为后锋线上制造得分的机会。

1. 司克兰的组成

两边的支柱支撑似的把2号位(勾球锋)夹在中间，并连接在一起，两边的支柱把自己内侧的肩部插到勾球队员肋下，把内侧的腕部绕在勾球队员的腰部，相互夹杂紧密。勾球队员双手分别抓住支柱队员外侧肋下部的衣服并拉紧，这样被称为超越组成法。勾球手个子高于支柱时采用此法较好。4号位则站在前锋组成集团的侧面处进行投球和防守。

2. 司克兰的投进与勾球

(1) 司克兰球的投进方法。传锋需要站在离司克兰左侧约 1 米的地方，双手拿球至膝部以下，此时勾球队员或传锋要发出进球的信号，迅速将球投进，投进的球必须沿双方前排队员肩的平行投进。

(2) 司克兰勾球的方法。球投入后，只要球一落地，勾球队员可以用任意一只脚勾球，但最好用离球较远的那只脚（右脚）比较好。勾球时脚内侧朝着斜前方摆动，使传锋投进去的球速和落点与勾球速度和勾球点相一致将球勾出，这时踝关节要注意弯曲的角度必须和球的角度（曲面）接触才行，从而更好地控制球。

3. 司克兰阵型的练习

(1) 个人技术练习。这是指一对一形式下的练习。始终保持抬头，背肩与地面平行，脚掌内侧用力蹬地，以头部顶住对方胸部。

(2) 多人技术练习。前三排人练习。按司克兰组成法的要求，三对三整体练习。

(3) 勾球手练习。手扶支撑物与传锋投入的球相互配合勾球。以信号提示传锋投入球，加强膝关节的灵活性以及"脚刀形"脚形训练。

四、争边球

在英式橄榄球比赛中，一方将球踢、传或拍击到线上或线外时，以及持球队员脚踏线或线外时，均属出界，这时以一争边球的形式重新开始比赛，获利方在出界点发球（图 12-2-5）。

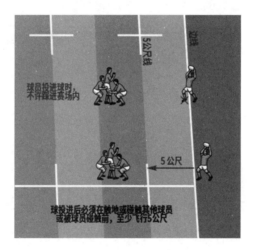

图 12-2-5

1. 争边球的站位

争边球的阵型由各队排一纵队在 5 米线后，各队至少由两名队员组成，发球有权决定争边球阵型人数，对方只能与其相等或少于对方。凡参加争球的队员必须在 5 米线和 15 米线内，两队之间必须保持 1 米的间距，各队队员前后距离不限，发球时各队员站立在两队中间用单手或双手在边线以外向两队的中间直线投入球，球的高低不限，同时双方队员相互起跳争抢掷入的来球。争边球是获取球权的有效方法之一，争边球技术配合得好坏决定着是否能够保持球权或者能够获得防守反击的机会。运用争边球战术配合是有效的得分手段。

2. 争边球技术要点

（1）接球队员：①准备接球时,选择向容易被同伴支撑的地点移动,要保持挺胸、抬头、抬手屈膝。②起跳时,上体向上伸展垂直起跳。保持身体充分伸展,确保支撑队员能够托举并能保持在空中稳定控制。③接球时,双手充分伸展并对准来球,在空中高举双手去拿球,接球后要转身并保持垂直下落。双脚落地后,要屈膝,使身体着地时面向传锋,球要控制在腹前。前后其他队员做相应的保护措施。

（2）支撑队员：与接球队员同步选择适宜的起跳位置,两脚开立,屈膝半蹲,双手迅速取位,握住托举部位。前部托举队员,五指张开,用虎口握住接球队员的膝关上部肌肉部位。后部托举队员,五指张开,用虎口握住接球队员的臀下部肌肉部位。后托举队员配合接球队员的起跳动作,同时推举向上发力,把接球队员扬升至托举的最高点,并用手掌做支撑向上动作以支撑架稳接球队员。

第三节　英式触式橄榄球运动基本战术

一、双人进攻战术

1. 双人交叉战术

带球队员与接球队员向前跑动时突然改变跑动路线,在路线交叉时带球队员将球向后小抛给无球队员进行交叉反打的一种战术(图12-3-1)。

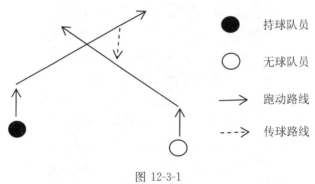

图12-3-1

战术要点：

（1）两人变向时有明显的节奏变化,变向后加速。

（2）向后小抛传球时切忌向接球队员身上传球(会减缓接球队员速度),需要根据接球队员跑动速度传身前球,提前量根据接球队员速度而定。

（3）持球队员跑动方向朝向接球队员的主防人,持球队员要全速跑动以吸引自己的主防人追赶自己。

（4）当持球队员有明显察觉到防守有提前换防意图时,持球队员可以选择假传后直接从两防守队员间突破。

2. 双人传套战术

持球队员捡球传给接球队员后加速横跑,从接球队员身后跑过时,接球队员再次接过队友向后的小抛球加速寻求突破(图12-3-2)。

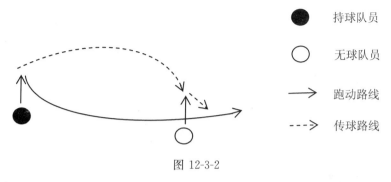

图 12-3-2

战术要点：
(1) 传套战术在两人之间站位距离较近、深度较浅时效果最佳。
(2) 接球队员小抛给套过来的无球队员时，要注意传球时机，给队友加速接球的提前量。
(3) 接球队员要在吸引自身主防队员注意的情况下再给球，如果主防自己的防守队员提前外拉，则可以选择假传突破。

二、边路三人进攻战术

边路三人进攻战术包括传套交叉与摆开战术。

(1) 传套交叉。当传套战术完成后，防守队员换防不及时，中间的防守队员在加速横跑追赶套过来的队员时，可以选择让第三名边路队员交叉进来(图12-3-3)。

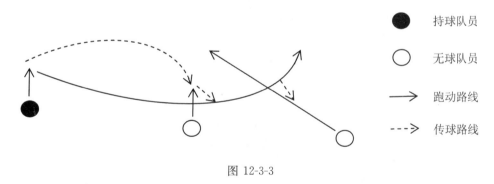

图 12-3-3

(2) 传套定人摆开战术。当传套战术完成后，套过来的队员冲着第三名队友的主防人跑去，同时第三名进攻队员向外侧拉开斜跑。若第三名进攻队员的主防队员跟随第三名进攻队员向外侧拉开，持球队员可以选择假传直接突破；若防守队员没有外拉，只是一味控制持球队员，可选择在跑至防守队员身前一米处传球给外侧队员(图12-3-4)。

战术要点：三人的边路进攻战术是对双人战术进攻的组合，其目的都是为了吸引两名防守队员到一位队员身上，从而在局部区域形成二打一。中间的进攻队员要想通过跑动和身体形态甚至表情留住自己原先的主防队员；而套过去的队员则要加速在横向上拉开内部的两位防守队员，并且留住第三名进攻队员的主防人；边路的进攻队员则要趁着自己主防人协防队友的瞬间充分利用场地宽度，向外拉开。各过程中每位球员持球时都要根据防守的意图随机应变，时刻准备突破。

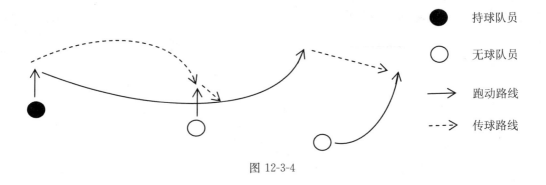

图 12-3-4

三、防守上压战术

由于比赛中允许向前踢球的缘故,防守线后会留一名最后位防踢球,所以防守线上队员为6位。线上的6名队员要保持一条线集体上压或者后退。一般球在进攻方进行摆动时,防守方会放掉一名离球最远的进攻队员,然后防守线会逐渐同步上压形成与对手进攻线平行的一条斜线(图 12-3-5)。但最后一名防守队员需要将正对自己的进攻队员视为协防队员,而边路的最后一名进攻队员为主防队员,所以最后一名防守队员不能太过上压靠前,因为他需要在协防时利用牺牲纵向空间的方法等待队友补位。

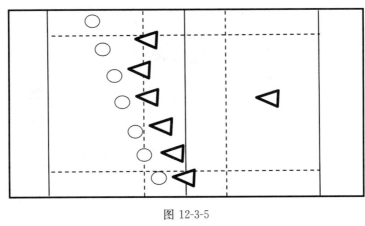

图 12-3-5

第四节　英式触式橄榄球竞赛简易规则

一、比赛人数

因根据"TRY 橄榄球"的发展目标,是希望参与者能够通过游戏,训练运动员带球跑动及利用传接球进攻。比赛可分为 7 人、10 人、12 人、15 人制。

二、比赛开球

比赛开始时,控球一方在中央线,使用落踢开球。开球队伍其他球员必须留在开球球员身后。如在学校中开展可利用碰踢开球(但开球球员必须传球,不能带球进攻或跑动)。在开球时,敌方球员必须最少逗留于与入球线平衡的 10 米以外。

三、比赛得分

只可以通过达阵得分,分数为 5 分,达阵便是把球在敌方的达阵区(极阵)以双手控球触地或用身体压下。达阵后可另获得加踢射门机会,成功可另外获取 2 分,射门位置为被达阵一方的球门中心位置 5 米线后的任何一点(追加射的规则只适用于利用整个橄榄球场或足球场地的赛事)。

四、比赛场地面积及时间

场地可因应球员人数及能力作调整,一般情况下 40 米×60 米(约半个足球场内)。
比赛时间为上下半场各 12 分钟,中间休息时间 2 分钟。

五、防守方式

擒抱、仆搂是不允许的,防守方必须同时以双手触及持球者,两只手轻拍持球者臀部的两旁,此时持球者必须实时将球传出给队友(但不可向前传球),如果未能把球传出,对方在 touch 点获得自由踢(利用碰踢开球时,双手必须离球)。

如防守方未双手 touch 到持球人,而喊出 touch 来干扰进攻,则判罚罚踢。如重复犯规,裁判则参照重复犯规的罚则进行判罚(如给予黄牌)。

六、自由踢及罚球处理

在自由踢时,获控球一方的其中一位球员须利用碰踢开球,并把球传予队友。请谨记敌方必须在 10 米以外。

七、比赛中越位

球员只会在三种情况下越位:自由踢、斗牛、正集团争球或界外球。在这些情况以外,所有球员都应该留在橄榄球(与己方的球门线平行)之后。

八、持球奔跑

球员可以持球奔跑,但是不能把球往前传出(往对方达阵线的方向)或将球掉落到身前。

九、界外球

如球出了边线,界外球会由任意一位球员开出,这样可以重开比赛并继续下去(图 12-4-1)。界外球由每队的 3 位或 5 位前锋组成(视乎队伍人数),每队的其中 4 位面向边线站好。第五位球员从边线,两排前锋的中间位置将球抛出。抛球队伍的其中一位队员必须跳起并接住高于头部位置的橄榄球,同时各队的 2 位球员会把他围住(仅仅是围住,不可以抢球,不可以有任何的擒抱等动作)。防守方不可作任何行动直至进攻方的传锋取得球为止。

假若投球队伍在第一次跳球并接球失败,将获第二次机会。若再次失球,对方将获得控球,球将从界外球范围内的任何位置开出自由球。在争边球进行时,除了前锋和传接锋,在界外球时所有球员必须与中间线相距 10 米。这一条越位线是虚拟的,在场地的左右两边与达阵线平行伸展。

图 12-4-1

十、司克兰争球

当球员传球、碰球向前或将球往前掉落,裁判会判无争议司克兰(或叫斗牛、正集团争球、scrum)。司克兰争球由 3 位、5 位或 8 位的前锋球员组成(因队伍人数而定),头部位置如图 12-4-2。推撞或用脚争夺控球不是允许的。传锋站在自己队伍方向的左边投球,双手横向控球垂直持住在膝盖及脚踝的中间位置。由队友在勾球的位置把球抓(争取)过来,球之后会在斗牛、正集团争球的后边跑出,传锋再传球。敌方之传锋应当站在球员旁边直至传球完成为止,才可以参与防守。其他不参与司克兰的球员必须站在 5 米的越位线以外。

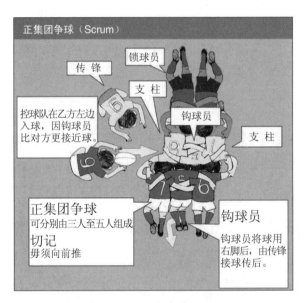

图 12-4-2

参考文献

[1] 郑刚. 英式橄榄球基础教程[M]. 沈阳:辽宁科学技术出版社,2012.
[2] Lee Smith. IRB seven-a-said coaching manual[M]. Published by the International RughBoard,2004.
[3] Tony Biscombe,Peter Drewett. Rugby:Steps to Success[M]. Human Kinetics Publishers,1998.
[4] 国际橄榄球协会橄榄球比赛规则[M]. 2019.

第十三章 软式曲棍球

第一节 软式曲棍球运动概述

一、软式曲棍球运动的起源

软式曲棍球英文名为 Floorball，在国内又被称为旱地冰球、地板球、福乐球。作为一项新兴的现代体育运动项目，软式曲棍球出现在人们视野中不过短短的几十年。最早的雏形出现在 20 世纪 50 年代，当时美国明尼阿波利斯市的莱克维尔地区（Lakeville，Minneapolis）塑料制品工业比较发达，工人在业余时间经常制作各种塑料玩具。一次偶然的机会，他们设计并生产出一种类似于曲棍球、带有拍头的塑料球杆。闲暇时光，工人就使用这种球杆进行类似于冰球的体育活动，该运动深受大家的欢迎。工人们在游戏中不断积累经验，并形成了相应的规则。为了方便推广这项运动，他们将这项运动命名为地板曲棍球，注册了 Cosom 品牌并生产出各式塑料球杆以及与运动相关的产品（图 13-1-1）。之后在相当长的一段时间里，Cosom 地板曲棍球便在加拿大和美国地区流行起来。

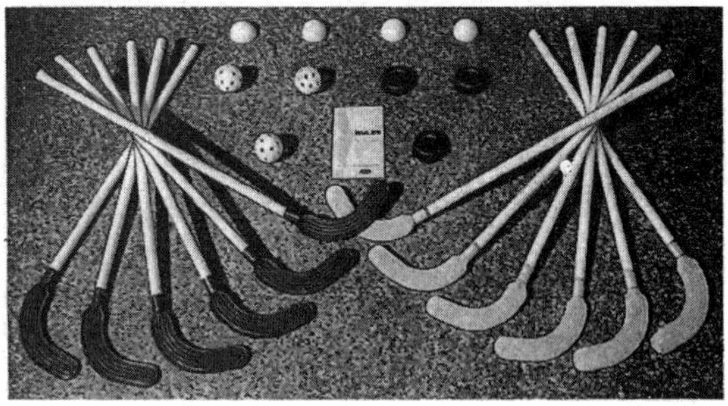

图 13-1-1

1968 年，Cosom 塑料球杆被引进到瑞典。瑞典哥德堡人卡尔·安维斯特（Carl Ahlqvist）去荷兰旅游时，在玩具店里购买了几根 Cosom 塑料球杆。当时，他觉得拿这些球杆玩耍时肯定比较好玩，于是就把这些球杆带回了瑞典。回到哥德堡，他和学生们经常一起打球，并从中发现了很多乐趣。几年后，卡尔成立了一家专门生产塑料球杆的公司，进行了规模化生产，开始了软式曲棍球推广之路。尽管卡尔将软式曲棍球带进了瑞典，但并不能说是他发明了软式曲棍球，因为当时的软式曲棍球仅仅还是个雏形，缺乏完整的竞赛规程，场地也没有进行标准化，一切都还处于摸索阶段。

软式曲棍球真正的兴起还得追溯到 20 世纪 70 年代。1976 年以来，瑞典的学校普遍都开展了软式曲棍球的教学课程，而且学校都提供相应的器材。当时，萨拉市一位名叫克里斯特·加斯特瓦松（Christer Gustavsson）的高中生平时由于兴趣，经常和朋友们一起打软式曲棍球，但也仅限于兴趣爱好。高中毕业后，克里斯特计划为那些无所事事的年轻人做点事情。于是他召集了一些好友在家里开始制订一些软式曲棍球的竞赛规则，例如扩大了球场

图 13-1-2

的范围,增加了更大的球门,增加了专职守门员等,进一步将软式曲棍球规范化。有了统一的竞赛规程,小伙伴之间就按照既定的规程开始了软式曲棍球比赛。开始是在好朋友之间,慢慢地推广到全市范围。随着竞赛的逐渐规范,各级比赛不断增多,这项运动在萨拉市大获成功。1979 年 9 月 21 日,在萨拉市成立了瑞典历史上第一支,也是世界上第一支专业软式曲棍球俱乐部"萨拉软式曲棍球俱乐部"。随着软式曲棍球在瑞典的开展,很多业余俱乐部逐渐转为职业软式曲棍球俱乐部(图 13-1-2)。

如果说 20 世纪 70 年代是瑞典软式曲棍球运动的开始时期,那么 80 年代就是瑞典软式曲棍球运动的发展时期,90 年代瑞典软式曲棍球运动的发展取得了突破性的进展,在全国范围内有超过 1600 家软式曲棍球俱乐部,大约有 9 万人参与软式曲棍球这项运动,其中三分之一是青少年。这给瑞典软式曲棍球运动的腾飞打下了坚实的基础。

二、软式曲棍球国外发展历程

1986 年 4 月 12 日,在瑞典的胡斯克瓦纳(Huskvarna)由瑞典、芬兰和瑞士联合发起成立国际软式曲棍球联合会(International Floorball Federation,IFF)。1991 年丹麦和挪威也加入了国际软式曲棍球联合会。1993 年,国际软式曲棍球联合会第一次全体会议在瑞士的苏黎世举行,IFF 正式投入运行。同年匈牙利也加入国际软式曲棍球联合会。次年,在丹麦的赫尔辛基和瑞典的斯德哥尔摩分别举行了第一届欧洲女子软式曲棍球比赛和欧洲男子软式曲棍球比赛。这次比赛的举行,标志着软式曲棍球运动正式走上世界体育竞技大舞台。

1994 年在丹麦举行了第一届欧洲男子软式曲棍球锦标赛,同年,捷克和俄罗斯加入 IFF。1996 年在瑞典举办了第一届世界男子软式曲棍球锦标赛,1997 年在芬兰举行了第一届世界女子软式曲棍球锦标赛。2001 年在德国举行了第一届男子 19 岁以下世界软式曲棍球锦标赛。2002 年在瑞典举行了第一届世界大学生软式曲棍球锦标赛。2004 年国际软式曲棍球联合会正式被吸纳为国际单项体育联合会正式成员,2011 年 7 月正式获得国际奥林匹克委员会的认可。IFF 也是体育联合会协会(ARISF)和国际世界运动会协会的成员(IWGA)。

三、软式曲棍球在我国发展简况

2006 年 5 月,时任国家体育总局局长助理晓敏率队访问了国际软式曲棍球联合会总部,开启了中国软式曲棍球破冰之旅。同年 12 月 14 日,时任国际软式曲棍球联合会中国区首席代表肖刚先生参加了在新加坡举行的国际软式曲棍球联合会发展论坛以及教练员培训。肖刚先生也成为中国第一位获得 IFF 教练员证书的中国人,也是第一位正式把软式曲棍球引进中国的人。

2007年由国家体育总局体育科学研究所与芬兰EXEL公司合资成立的北欧体育用品(北京)有限公司开始在北京进行推广活动。2018年11月,青少年软式曲棍运动技能等级标准和测试方法在上海理工大学发布。由此中国曲棍球协会将Floorball纳入业务指导范畴,并将Floorball中文名正式确定为软式曲棍球,归入中国曲棍球协会统一管理。

2019年6月,中国曲棍球协会软式曲棍球委员会(China Floorball Union,CFU)代表中国加入国际软式曲棍球联合会。同年11月,中国曲棍球协会软式曲棍球委员会第一届全国会员大会在上海体育学院交流中心召开,中国曲棍球协会软式曲棍球委员会正式成立。

第二节 软式曲棍球运动基本技术

一、软式曲棍球运动基本技术概述

在软式曲棍球运动发展的短短几十年间,各种基本技术得到不断完善。在比赛中追求胜负结果的同时,双方球队把激烈的攻防转换、高效的配合、赏心悦目的进球动作等内容作为重要的组成部分。球员只有熟练掌握软式曲棍球的基本技术,才能在比赛中采取有效的行动,正确合理地处理球,才能更好地贯彻教练的战术意图,从而到达战术上的要求。

软式曲棍球运动是一项技术动作较为复杂的运动项目,根据球员在场上的位置,软式曲棍球运动基本技术主要可以分为锋卫队员技术和守门员技术两大部分。不管是守门员还是场上其他球员,在比赛中既要完成有球技术动作,也要完成许多无球技术动作。软式曲棍球技术动作可以分为有球技术和无球技术两大类。

二、运球与运球过人

运球与运球过人是球员个人控制球能力和在进攻中能力的综合体现。熟练掌握运球及运球过人的基本技术并在比赛中加以合理运用,对掌控软式曲棍球比赛节奏、丰富战术体系、寻找进攻突破口并最终形成射门具有极高的实践意义。运球与运球过人是球员通过有目的地控制球将球逐渐推进到对方阵营形成得分之势,它与毫无目的地运球向前推进有着不同的意义。在学习运球与运球过人的过程中,需要熟悉每个动作,通过不断地刻苦练习,最终掌握相应的技术动作,并在此基础上最终形成自己的风格。

1. 运球

运球技术主要分为原地运球和行进间运球两种。

(1) 原地运球(正、反拍面)。双脚自然开立,保持与肩同宽或略超过肩宽的距离,双膝微屈,身体重心落在两腿之间,眼睛看着球(初学者眼睛可以跟随球运动,之后逐渐过渡到用眼睛余光观察球,再到主要靠手上感觉来控制球)。上身稍微前倾,拍头放在身体前方侧面并与身体成三角形。

动作要领:运球时身体稍前倾,背部呈自然稍弯曲状,膝盖弯曲,重心落在两腿上。双手握杆,眼睛盯住球(初学者),用拍头的中部(正、反面皆可)控制球并拨动球向左(右)两侧移动,迅速提杆换位阻挡球的运行并改变球的运行方向。拍头必须紧贴球并追随球的运行方向,到达左右两侧时,拍面稍倾斜压住球。

(2) 原地运球(球拍正手单面)。双脚前后分开,左脚在前(右手杆为例),中间保持髋关节左右宽度,双膝微屈,把球放在身体右侧靠近中间位置,依然与身体成三角形状。

动作要领:运球时身体重心稍下压,用拍头凹面向前运球,运球即将结束时迅速将拍头竖起,停住球,然后继续往后做拉球动作,把球沿原路拉回,不断重复相同动作。

(3) 行进间运球。运球时身体重心下压,双脚前后分开,移动时身体自然放松,双手握杆,拍头紧贴并推动球向斜前方移动,移动过程中依然保持左右运球动作(图13-2-1)。

行进间运球大致可以分为:直线运球、曲线运球、变向运球及运球转身四种。

图 13-2-1

2. 运球过人

运球过人是球员在控制好球的基础上,根据战术需要及对手的防守位置和重心变化情况,利用速度、方向或身体变化等因素,获得时间和空间位置上的优势,从而突破防守的一种技术动作。

运球过人有着形式多样的技术方法,但无论怎么变化,基本都是通过快速改变球的运行方向和运球者的速度来达到突破防守的目的。以下为几种常用的运球过人方法:

(1) 强行突破。强行突破是指球员突然运球启动,依靠自身的速度强行超越对手的过人方式。可以双手握杆运球突破,也可以使用单手运球突破。强行突破过人通常须具备以下几点:队员爆发力强,奔跑速度快,启动速度快;突破时机恰当,通常在防守队员犹豫不决之时;防守队员身后有较大的空档,突破后其他队员不能及时补防;拍头推球距离要稍远些,以便加快奔跑速度超过对手。

(2) 运球假动作突破。运球队员利用身体、球杆的变化、虚晃、佯装射门或传球等动作迷惑对手,使其产生错误的判断,从而乘机运球突破防守。采用假动作运球突破应注意以下几点:进行突破前,主要观察防守队员的反应和动作;握杆的手腕要灵活,保证球始终在控制范围内;假动作要逼真,球杆和身体要配合默契;做虚晃动作时,不可失去身体重心,球速要快。

(3) 快速推、拉、扣球突破。双手紧握球杆快速推、拉、扣球,不断变换球的运行方向,使防守队员无从判断运球队员的真实意图。通过不断地运球来寻找突破的空间进行快速的突破。采用此运球方法应注意以下几点:熟练掌握运球的技巧,推、拉、转、扣等动作必须快速而准确;注意观察防守队员的反应,找到合适的突破时机;主要通过手腕的变化来改变球的运行方向;身体重心起伏不宜过大,球杆和身体要协调配合。

(4) 侧身掩护运球突破。双手紧握球杆侧身掩护球,利用运球速度的变化来摆脱身体侧面防守队员。采用此方法应注意以下几点:必须借助身体的掩护来保护球;双手紧握球杆,运球速度变化要突然且隐蔽;控球能力要强,能随时控制住球的速度。

运球过人时球杆和拍头的基本动作包含推球、正反面拨球、扣球、拉球、挑球等。

推、拨、扣、拉、挑等技术动作既是最基本的,又是在日常训练中进行熟悉球性练习行之有效的方法。在实际运用过程当中,这些动作既可以单独使用,也可以有机组合在一起使用,通过不断的练习,最终达到自如使用的程度。

三、传球

传球是比赛得以顺利进行的重要环节,是所有技术中最基本、最重要的技术之一。它是组织全场进攻、贯彻战术意图、渗透突破、创造射门机会并获得得分的重要手段。传球的方法主要有正手长传球、正手短传球、反手长传球、反手短传球、空中球以及单手正、反手传球等。

1. 传球前的准备姿势

这里以左手杆为例作介绍说明。

双手紧握球杆,侧身双脚前后站立,比肩稍宽,右脚在前,左脚在后,双膝微屈,重心落在两腿之间,拍头触地置于体侧,目视传球方向,球放置在拍头中间。

2. 传球技术特点和动作要领

这里以左手杆为例作介绍说明。

(1) 正手长传球。传球时,球处于身体后侧,拍头控制好球从后侧往前移动,速度逐渐加快,目视传球方向;球在离开拍头前,始终保持与拍头的紧密接触;球超过前脚时与拍头分离,此时速度达到峰值;拍头在移动过程中,始终指向传球方向,拍头始终压住球,左手用力压住球杆,使球杆保持一定的弹性;保证足够的转体幅度和速度,从而保证一定的出球速度,从身体后方拖杆的距离越长,传球的准确度越高。

(2) 反手长传球。准备姿势基本同正手传球,两脚之间距离更短。在主动将球从正手位拉至反手位时,左脚可以上步,形成左脚在前,右脚在后之姿势;双手握杆方法保持不变,但双手之间距离更近;身体微右转,用反拍接停球时,进行必要的缓冲将球停下。从后往前移动过程中,拍头和球始终保持接触直至将球传出;传球时,身体重心逐渐前移,出球后没有随挥动作;左脚在前时,传球动作同正手,保持左手在下将球推送出。

(3) 反手短传球。身体基本没有转体动作,双手握杆拍头朝后方做后引动作,传球力度大小由引拍动作幅度大小决定;传球时拍头不可着地,直接与球进行接触并用拍头反面中部位置击打球;重心基本保持不变,目视传球方向。

(4) 传空中球。重心稍下降,球杆略放平,拍头置于球的中下部位;击球瞬间,手腕发力,利用拍头的凹处将球挑向高处,以穿越防守队员的防线为最佳;目视传球方向,控制球杆的随挥动作,避免造成高杆犯规。

四、停球

1. 停球动作技术分析

在软式曲棍球比赛中,除守门员在守门员区域内可以用身体的任何部位触球外,其他任何场上球员都不允许用手、头停球。除此之外,身体的其他部位几乎都可以用来作为停球的部位。但必须在身体与地面保持接触的情况下,如双脚离地则只允许用球杆触球。在对方球员使用球杆触碰球之前,可以用脚触球一次,脚部不得进行连续触球。

图 13-2-2

停球是利用球杆或身体允许部位将运动状态中的球控制住的过程(图 13-2-2)。从软式曲棍球停球的动作结构来分析,一个完整的停球动作主要包括判断、准备、触球和后续动作四个环节。

触球是整个停球动作中最重要的环节,通过削落来球的冲击力来降低球速,最终将球停下。而削落来球的冲击力通常可以采用缓冲或改变球的运行路线的方法。

比赛中常用的停球方式主要有迎撤、推压、按压、收挺等几种方法。一般而言,迎撤球的准备时间较长,拍面与球的接触时间长,通常在具有相对宽松的时间和空间下使用该动作技术;而迎击球,准备期短,动作幅度小,拍面触球时间短,通常适用于快节奏的拼抢状态下。

2. 停球的技术特点和动作要领

从软式曲棍球停球的部位来看,主要分为拍面、胸部、大腿三大类。脚部也可以作为停球的部位,但是在对方球员触球前,只能用脚部触球一次。

拍面停球是软式曲棍球竞赛中最为常用也最为重要的停球方法,它可分为正手正拍停球和反手反拍停球两种方式。

(1) 正手正拍迎撤式停球。主要有停地滚球、空中球、反弹球三种形式。

(2) 正手正拍压迫式停球。拍面置于地面与地面成一定夹角,双膝弯曲,身体重心稍往下;停球前稍作迎球动作,触球瞬间,拍面用力下压,将球夹在地面与拍面之间;停球结束时,球位于身体后侧方。

(3) 反手反拍迎撤式停球。目视来球方向,判断来球速度和路线;身体重心稍前移,拍头置于地面,凸面朝向来球方向;触球瞬间,拍面迅速后撤缓冲来球冲击力,随后将球控制。其他动作要领同正手正拍迎撤式停球技术动作。

五、射门

软式曲棍球是以双方进球数来决定胜负的对抗性体育项目,而射门直接决定着进球数的多少。比赛中所有的进攻与防守的变化,最终目的都是为了形成射门并取得进球。软式曲棍球的射门是指球员运用球杆将球击打进对方球门的技术动作。比赛中射门的技术动作多种多样,要想在对方严密的防守和拼抢下,有效地完成射门,必须要有强烈的射门欲望,善于把握射门时机,选择正确的射门方法。

1. 射门动作的技术分析

射门是指球员利用球杆拍头的某一部位将球击向预定目标的技术动作。射门的基本技术同传球类似,其完整的动作过程包括引拍、击球及随挥动作几个环节。

2. 各种射门技术特点与动作要领

射门的目的是为了取得进球,因此在出球时要尽可能地让球速更快、更有力。根据不同的情况,射门的方法也有所不同。主要的射门方法有正手长杆手腕发力射门、正手短杆手腕发力射门、正手抽射、正手拖杆射门、正手拉杆射门、反手射门、空中球、转身射门、背身射门等。

（1）正手长杆手腕发力射门。双脚前后分开站立，双膝微屈，重心落在后脚上；球杆后引，拍头着地，控制好球并将球置于后脚附近；拍头控制好球，保持与地面的接触，从后往前逐渐加速挥杆，同时双手逐渐加力，球杆下压，充分利用球杆的弹性，增加出球的速度和力量；转体，重心逐渐前移，出球点在体前或超越前脚的位置，出球瞬间，手腕发力将球射出，并控制好拍头使之指向出球方向；出球后，重心在前脚，抬头，目视射门方向（图 13-2-3）。

图 13-2-3

（2）正手短杆手腕发力射门。双脚前后分开站立，重心落在双脚之间，胸部朝向射门方向；双手握杆距离稍近，引杆动作小，球置于两腿之间，出球点在体前或超越前脚的位置；稍转体，手腕发力，控制好拍头将球射出。

（3）正手抽射。双脚分开，前后站立，充分利用转体的力量；球稍远离身体置于体前或前脚前方时，大幅度后引拍，但高度不可超过腰部；触球前，拍头不与地面接触，保持拍头运行轨迹平直；双手握杆距离较近，转体，用拍头的中下部位击球，出球后控制球杆随挥的高度。

（4）正手拖杆射门。双脚分开，前后站立，双膝微屈，重心稍靠后；双手紧握球杆，拍头着地，球杆呈弧线向后引拍，球位于前脚附近；转体，重心逐渐前移，目视射门方向，拍头着地，快速向前挥杆并逐渐加压，击球瞬间速度和力量达到峰值；全程始终保持目视射门方向，出球后，拍头指向出球方向，控制球杆随挥高度。

（5）正手拉杆射门。双脚分开，前后站立，双膝微屈，重心落在前脚；双手分开距离稍大并紧握球杆，向后方做大幅度引拍；逐渐加快速度，从后往前挥杆，拍头不触地。击球前瞬间，拍头短暂触地，双手下压使球杆弯曲，充分利用球杆的弹力；击球点及拍头的弧度决定了出球的高度，控制球杆的随挥高度；全程保持目视射门方向。

（6）背身射门。双脚分开，前后或左右站立，重心落在两腿中间，持球背对射门方向；球位于两腿中间或靠近正手位置，双脚不动转体，使用手腕发力、拖杆、拉杆或抽击等射门方法将球击出；出球后，目视射门方向。

（7）反手射门。双脚前后开立，肩部指向射门位置；双手靠近握紧球杆（也可使用单手握杆法），球位于反手体侧靠近前脚位置；身体稍右转，反手位向后引杆，大臂后摆，随即重心前移向前挥杆击球，拍头保持空中运行，不可触地；击球后，控制球杆随挥高度。

六、守门员技术

守门员是球场上重要的球员，是防止对方球队射门得分的最后一道屏障。一旦守门员被突破，对手即可得分。守门员在场上的位置决定了他（她）与场上其他队员在技术、战术、活动方式和心理方面都有着极大的区别。守门员的主要职责是控制守门员区域，确保球门安全。守门员在守门员区域内主要用手完成技术动作，实现防守任务。现代旱地比赛不仅要求守门员要守住球门不失球，还需要协助其他队员扩大防守区域，充分利用规则赋予的特权，封锁和控制本方守门员区域的空间。因此，守门员往往既是本队防守的组织者、协调者，又是进攻的始发者，对比赛胜负起着举足轻重的作用。

1. 守门员装备

由于软式曲棍球比赛的特殊性，所以当球击打到面部时，没有通过安全认证的头盔可能无法起到保护作用，从而造成不可挽回的后果。守门员裤子膝部位置如果不加上衬托也将无法对膝盖起到保护，会造成膝部严重的运动损伤。因此，在正式比赛中，守门员必须穿戴一整套完整且通过国际软式曲棍球联合会认证的专业守门员装备才能上场比赛。其装备主要包括手套、头盔、专用衣服、裤子和鞋。

2. 守门员技术分析

守门员技术是指守门员围绕球门所采取的有效防御性动作和组织发动进攻时所采用的动作方法的总称。其主要表现形式是用手进行接球、挡球、扑救、传球及用身体阻挡球等（图13-2-4）。

图 13-2-4

守门员在运用各种技术时大致都经历观察预判、移动选位、扑救准备姿势以及接球后动作等几个阶段。

第三节　软式曲棍球竞赛规则

一、场地情况

（1）场地的规格。比赛场地由四角为弧形的矩形封闭式挡板围成，其规格为40米×20米（最小规格为36米×18米），高为50厘米（图13-3-1）。

（2）场地上的标志。所有标志线宽度为4～5厘米，并且配以醒目亮丽的颜色；中线需与两边底线相平行，并且将场地平均一分为二；大禁区为规格4米×5米的长方形，门将区为规格1米×2.5米的长方形，标志线的宽度包含在内，并且位于场地两条边线的正中间。中场三个争球点必须位于中线，其他四个争球点分别位于两侧球门线的假想延长线上，所有争球点除中点外，距场地边挡板1.5米，直径不超过30厘米。中场争球点可以不标示，其他争球点必须标示，标识可以用"十"字表示（图13-3-1）。

（3）球门。正式比赛专用球门规格为115厘米×160厘米，必须通过国际软式曲棍球联合会认证并贴上相应认证标志。

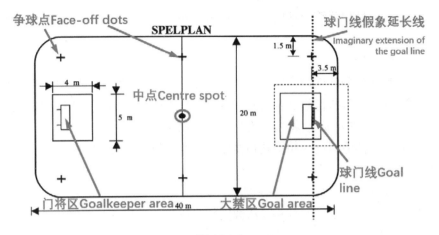

图 13-3-1

二、比赛时间

(1) 常规比赛时间。国际标准比赛完整常规比赛时间为 1 小时,分三节,每节 20 分钟,每节中间休息 10 分钟。

(2) 暂停。比赛期间双方球队都有一次要求暂停的权利,暂停时间为 30 秒钟。

(3) 比赛加时。如果比赛必须分出胜负,且在常规时间内,双方战平,则进行加时赛。加时比赛时间为 10 分钟,10 分钟内无论哪方进球比赛立即结束。加时赛前,双方休息时间为 2 分钟,无需交换场地。

三、禁赛判罚

1. 导致 2 分钟短时禁赛的犯规行为

(1) 球员击打、阻挡、挑起、踢对手的球杆。

(2) 球员抱住对手或者对手的球杆。

(3) 场员击球时,其球杆的任何部分、脚或者小腿超过了腰部的高度。

(4) 球员使用球杆做出危险性动作,包括向前或向后毫无控制地挥动球杆。

(5) 球员强迫或推搡对手至挡板或球门。

(6) 球员故意阻挡或绊倒对手。

(7) 球队队长要求检查对手球杆拍头的弧度或球杆和拍头结合部,而球杆被证实没有任何问题。该名队长领受判罚(无判罚手势)。

(8) 场上球员没有携带球杆。不包括守门员以及守门员在临时成为场员之时。

(9) 在场地里面的场员从其他地方拿球杆,而非本方球队替补席(无判罚手势)。

(10) 场员没有捡起已破损或被扔掉的球杆将其带出球场,并放置在本方球队替补席。

(11) 球员故意移动阻止对方无球队员的跑动。

(12) 场员积极阻挡守门员发球。

(13) 发界外球或任意球时,球员违反离开 3 米原则。

(14) 场员躺下或坐下或以其他影响比赛的方式停球或击球。

(15) 场员用手、手臂或击球。

（16）球员替换过程不符合规定。替补球员在被替换球员还没有走出挡板以外就进入场地。

（17）一方球队场上出现超过比赛规定上场人数。

（18）执行禁赛2分钟判罚的球员在解禁之前，虽然没有进入场地，但离开了处罚席；解禁之后拒绝离开处罚席；执行禁赛判罚的球员在解禁之前，在比赛中断时进入场地。如果被禁赛球员在比赛期间进入场地，将被认为是严重干扰比赛。

（19）球队系统性地通过一些将被判罚任意球的犯规行为来中断比赛。

（20）球员故意拖延比赛。

（21）球队故意拖延比赛。

（22）球员或者球队工作人员不服从裁判判罚或教练员以不恰当或者干扰比赛的方式对场上球员进行指挥。

（23）守门员不听从裁判员指示，没有将球门恢复到原始位置。

（24）场上球员不听从裁判指示，没有按要求纠正个人使用的装备和器材（无判罚手势）。

（25）球员着装不规范（无判罚手势）。

（26）比赛中，守门员着装不规范（无判罚手势）。

2. 导致5分钟短时禁赛判罚的犯规行为

（1）场员使用球杆做出危险或者暴力动作。

（2）场员使用球杆钩住对手的身体。

（3）球员在场地上扔出球杆或其他器材去击打或者试图击打球。

（4）球员直接冲向对手或采用其他暴力行为攻击对手。

（5）球员使用勾脚、绊脚、冲撞等行为将对手撞向挡板或球门。

3. 导致2分钟短时禁赛＋10分钟个人禁赛判罚的犯规行为

球员或球队工作人员出现违反体育道德的行为。

4. 导致全场禁赛类型1判罚的犯规行为

（1）球员使用没有国际软式曲棍球联合会认证的球杆、球杆拍头和手柄分属不同的品牌或者拍头弧度太大。守门员使用不规范的面罩（无判罚手势）。没有通过认证的球杆将始终被认为是不符合规范的球杆。

（2）没有在比赛秩序册上登记的球员或者球队工作人员参与比赛当中（无判罚手势）。

（3）球员持续或重复出现不符合体育道德的行为。

（4）球员生气砸断球杆或破坏其他器材。

（5）球员出现严重暴力行为。

5. 导致全场禁赛类型2判罚的犯规行为

（1）球员或者球队工作人员参与混战。

（2）在同一场比赛中，连续出现两次导致5分钟短时禁赛判罚的行为。

（3）球员工作人员连续出现违反体育道德的行为。

（4）球员因使用的器材不符合规定将被处罚之前，试图进行纠正或者更换器材的行为。

（5）球员或球队工作人员有明显干扰比赛的犯规行为。

(6) 场员持续使用有缺陷的球杆或者使用加长、加粗的球杆(无判罚手势)。

6. 导致全场禁赛类型 3 判罚的犯规行为

(1) 球员或球队工作人员参与打架斗殴。

(2) 球员或球队工作人员出现野蛮行为。

(3) 球员或球队工作人员行为粗鲁无礼。

(4) 球员或球队工作人员出现暴力行为。

第十四章 乒 乓 球

第一节 乒乓球运动概述

一、乒乓球运动简介与锻炼价值

乒乓球运动是由两名或两对选手用球拍在中间隔放一个球网的球台两端轮流击球的一项球类运动。球拍底板为木制,用来击球的拍面覆盖物可以是颗粒胶或海绵胶,球拍两面不论是否有覆盖物,必须一面为鲜红色,另一面为黑色。球台长2.74米,宽1.525米,高76厘米,网高15.25厘米。

19世纪末,乒乓球运动起源于英国,流行于欧洲,最早叫"Table Tennis",那时的乒乓球更多是欧洲王公贵族的家庭娱乐活动。从这个命名可以看出,网球是乒乓球运动的前身。1900年出现了赛璐珞制的球,由于拍与球撞击时发出"乒"而落台时发出"乓"的声音,故而又称"乒乓球"。1926年,第一届世界乒乓球锦标赛在英国伦敦举行。

乒乓球运动的特点是球小、速度快、变化多、趣味性强。比赛设备较简单,不受年龄和身体条件的限制,具有广泛的适应性和较高的锻炼价值,比较容易开展和普及。经常参加这项运动可以发展人的灵敏性和协调性,提高动作的速度和上下肢活动的能力,改善心血管系统的机能,促进新陈代谢,增强体质,并能培养人的勇敢顽强、机智果断等品质。

二、世界乒乓球运动发展简况

1. 欧洲全盛期(1926—1951年)

最初,运动员使用木制球拍,速度慢,旋转也不强,打法单调,只是把球挡来挡去。后来,胶皮拍出现,可以制造一定的旋转,于是出现了削下旋的防守型打法。这种打法曾在欧洲风行一时,不少运动员采用这种打法获得世界冠军。世乒赛举行的18届,在七个项目中,先后共有117个冠军(第11届女单无冠军)。除美国选手取得8个冠军外,其余109次冠军全部为欧洲选手获得,其中匈牙利选手成绩最为突出,共得57项半冠军。此时期常被世人称为欧洲的全盛时期。

欧洲选手的基本打法主要靠稳削下旋球取胜对手,指导思想是力争自己不失误,而等待对方失误以取胜。于是在争夺世界冠军的决赛中,曾不止一次地出现打"蘑菇球"的局面,最后有的裁判员不得不用掷钱币的方法来决定胜负。鉴于上述情况,国际乒联决定修改规则、增宽球台、降低网高,限定比赛时间等,以鼓励积极进攻,防止采用消极打法。

2. 优势转向亚洲,日本称霸乒坛(1952—1959年)

1952年,日本运动员在参加第19届世界锦标赛中采用远台长抽打法,结合快速的步法移动,击败了欧洲的下旋削球,从此使上旋打法占了优势。此外,日本还革新了工具,使用海绵球拍,因而加快了进攻的速度。这种新的打法,比速度慢、旋转弱、攻击力不强的防守型打法先进。日本运动员的远台正手攻球,力量大、速度快,配合威胁性较大的反手发急球抢攻,在第 19 届锦标赛中一举夺得 4 项冠军,从而打破了欧洲运动员的垄断地位。日本乒乓球队发明了弧圈球打法,它是一种强烈的上旋球。这一时期举行过 7 届世界锦标赛(第 19—25 届),世界冠军金牌共 49 枚,日本选手竟夺走了 24 枚。

3. 中国直拍近台快攻打法崛起世界乒坛(20 世纪 60 年代)

在 50 年代日本称霸世界乒坛的时候,中国也开始登上世界乒坛。中国乒乓球在技术上保持了快和狠的特点,训练上狠抓基本功,加强了击球的准确性和变化,提高了对削球的拉攻技术,逐渐形成和创造了以"快、准、狠、变"为技术风格的独特的直拍近台快攻打法。在 1961 年第 26 届世界锦标赛中,中国队第一次获得男子团体世界冠军,并连续获得第 27、28 届男子团体冠军,震撼了世界乒坛。中国近台快攻的优点是站位近、速度快、动作灵活、正反手运用自如,比日本远台长抽打法又向前发展了一步。在第 26—28 届的世界锦标赛中,世界冠军金牌共 21 枚,中国共夺得 11 枚,占总数的 52%。

4. 欧洲的复兴和欧亚对抗(20 世纪 70 年代—90 年代初)

在亚洲日本、中国乒乓球运动发展的同时,欧洲乒乓球选手一直处于探索和动荡之中。他们从失败和挫折中总结经验教训,学习并发展了日本的弧圈球技术,吸取了中国近台快攻打法的优点,创造了适合他们的以弧圈球为主结合快攻和以快攻为主结合弧圈球这两种先进打法,把乒乓球技术又推到了一个新的水平。70 年代以来,我国近台快攻打法也有一定的提高和发展,如创新了正、反手高抛发球,发展了加力推、减力挡和推挤弧圈球,增加了正手快拉小弧圈、正手快带弧圈球等新技术。另外,我国直拍快攻结合弧圈球打法也取得了较大的成绩,削攻结合和以削为主打法的选手,较好地掌握与运用了两面不同性能的胶皮,在各项技术方面,有所发明和创新,也达到了世界先进水平。第 31—39 届世界锦标赛中,中国队共获得 42 项世界冠军,占总数 63 项的 66.6%。

5. 进入奥运时代,欧亚竞争更加激烈(20 世纪 90 年代至今)

1988 年,乒乓球被列入奥林匹克运动会的正式比赛项目,这大大推动了世界乒乓球运动进一步发展。世界各国尤其是欧亚乒乓强国,如瑞典、南斯拉夫、苏联、波兰、匈牙利、德国、朝鲜、韩国、日本和中国等,更加重视乒乓球的普及和提高。而中国男队在汉城奥运会和第 40、41 届世界乒乓球锦标赛的比赛成绩,说明进入奥运时代的乒乓球运动,欧亚竞争将更加激烈。不过中国乒乓球队经过总结经验,刻苦训练,逐渐夺回乒乓球的霸主地位。

三、中国乒乓球运动发展简况

1904 年,上海四马路一家文具店的经理王道平,从日本买来 10 套乒乓球器材,摆设在店中,并亲自做打球表演,告诉人们在日本看到的打乒乓球的情形。从此,乒乓球开始在中国落地生根发芽。中国乒乓球队成立于 1952 年,队训是"你不要这一分,祖国还要这一分"。在全国人民的热情支持下,中国乒乓球队拼搏不息,攀登不止,经历了由弱到强、持久昌盛的发展历程。

1959 年,在第 25 届世界乒乓球锦标赛上,中国运动员容国团用多变战术一路过关斩将,勇夺男子世界冠军。容国团也是中国乒乓球第一个世界冠军(图 14-1-1)。1961 年,在第 26 届世界乒乓球锦标赛上,邱钟惠夺取了第一个女子世界冠军(图 14-1-2)。这极大地激发了广大青少年参与乒乓球运动的热情,也促进了我国的乒乓球运动技战术水平进一步提高。

图 14-1-1　　　　图 14-1-2

中国在 1971 年第 26 届世锦赛上推出了震撼世界的"乒乓外交",更是打开了中美两国人民之间的友好往来的大门,加快了中美建交的进程,被称为世界乒坛上的传奇式"小球转动大球"的震撼。1981 年,在第 36 届世界乒乓球锦标赛上,中国囊括了全部比赛项目的 7 个冠军,创造了世界乒乓球锦标赛的新纪录。此后,中国运动员团结拼搏的精神和技战术的发展以及在运动训练、科学研究、队员作风、团队精神等方面所创造的成果举世瞩目,中国更是赢得了"乒乓球王国"的美称。1995 年至今,中国队在三大赛中更是获得全部金牌的近 90%,中国乒乓球队不但为国人赢得无数骄傲,更是征服了全世界无数的球迷。

四、乒乓球运动的发展方向

技术打法向快速方向发展是总趋势中的一个重要的方面,速度和旋转相互渗透,要求更好地结合;弧圈球技术和反弧圈球技术将在相互牵制、相互争斗的矛盾中发展提高;力争主动,先发制人,争取前三板发挥出个人技术特长,是各种类型打法发展的另一个趋势。削攻打法在比赛中增多进攻成分,利用两面不同性能球拍搞旋转变化,伺机强攻,在"变、转、攻"上下功夫争主动;推攻和两面攻打法的运动员,除加快进攻的速度外,还会进一步提高反手攻球的威力,力争更加全面掌握技术。总的来讲,世界乒乓球技术正朝着更加积极主动、特点突出、技术比较全面、战术变化多样的方向发展。

第二节　乒乓球运动基本理论

一、乒乓球运动常用术语

(1) 击球路线。指球体在台面上空飞行的俯视角的投影线(图 14-2-1)。
(2) 站位。指运动员开始击球前的基本位置,常分为近台、中近台、中远台、远台。站位离球台端线 30～50 厘米以内的范围称近台。

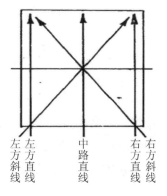

图 14-2-1

站位离球台端线 50～70 厘米以内的范围称中近台。

站位离球台端线 70～100 厘米以内的范围称中远台。

站位离球台端线 1 米以外的范围称远台。

(3) 击球时间。指来球在本方台面弹起后,其运行轨迹从着台点上升再下落至触及地面以前的过程(图 14-2-2)。根据来球落台弹起后第二弧线的不同阶段,通常把击球时间分为上升期、上升后期、高点期、下降前期和下降后期。

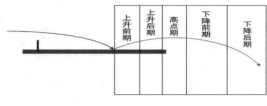

图 14-2-2

(4) 击球部位。指球拍触及球的部位(图 14-2-3)。

图 14-2-3

(5) 拍面角度。指拍面与台面所形成的角度(图 14-2-4)。

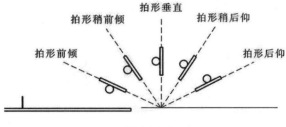

图 14-2-4

(6)提高击球质量的五大要素:制造适度的弧线,提高快攻的速度,增大击球的力量,掌握多变的旋转规律,控制回球的落点。

二、乒乓球基本握拍法

1. 直握拍

直握拍以食指第二关节和拇指第一关节扣压拍面,虎口贴住拍柄。其他三指自然弯曲重叠,中指第一关节顶在中线处(图14-2-5)。直握拍正手攻球快速有力,攻斜、直线球时拍面变化不大,对手不容易判断,但反手攻球因受身体的阻碍,较难掌握;防守时,照顾面积小。

2. 横握拍

横握拍以虎口贴住拍肩,中指、无名指、小指握住拍板,拇指放在正面,食指自然伸直置于背面(图14-2-5)。横握拍照顾面积比直拍大,反手攻球便于发力,也便于拉弧圈球,但还击左右来球时,需要转动拍面;攻直线球时动作变化明显,易被对方识破;台内正手攻球较难掌握。

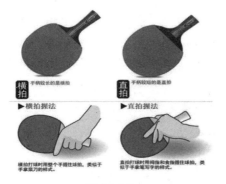

图 14-2-5

图 14-2-6

三、准备姿势

两脚平行站立,比肩稍宽,两膝微屈内扣,上体略前倾,收腹、含胸,重心置于两脚之间,下颌稍内收,两眼注视来球,手臂自然弯曲(图14-2-6)。练习时,必须十分注重这一基本姿势,即使在击球后,都要迅速还原到准备姿势,以便下一拍的击球。

四、基本步法

1. 单步

以一只脚为轴,另一只脚向前、后、左、右不同方向移动,身体重心随之落在移动脚上(图14-2-7)。在来球角度不大,离身体较近时使用。

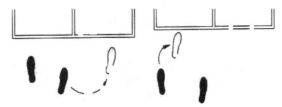

图 14-2-7

2. 跨步

来球异侧方向脚蹬地,另一脚向移动方向跨一大步,蹬地脚随后跟上一小步,身体重心迅速移到跨步脚上(图14-2-8)。在来球离身体较远时使用,多用于借力回击。

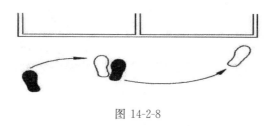

图 14-2-8

3. 并步

来球异侧方向的脚先向另一脚并半步或一小步,另一脚在并步脚落地后随即向来球方向移动一步(图14-2-9)。运动员在左右移动连续击球时使用。

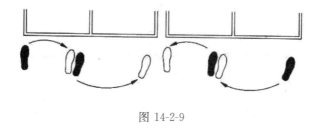

图 14-2-9

4. 交叉步

靠近来球方向的脚作为支撑脚,远离来球方向的脚在体前交叉,向来球方向跨出一大步,然后支撑脚跟上解除交叉(图14-2-10)。在来球离身体较远主动发力时使用。

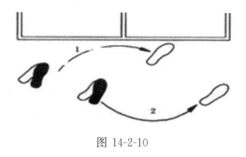

图 14-2-10

第三节　乒乓球运动基本技术

一、平击发球

平击发球分正手平击发球和反手平击发球两种,它是一种运动速度慢、力量轻、旋转弱的一般上旋球,是初学者最基本的发球方法,也是掌握其他复杂发球的基础。

1. 正手平击发球

站位近台,左脚稍前,右脚略后,含胸收腹。左手持球置于掌心向上抛起,同时右臂内旋,使拍面稍前倾,手臂向右后上方引拍。当球从高点下降至稍高于网时,击球中上部向左前方发力,球击出后第一落点在球台中段附近(图14-3-1)。

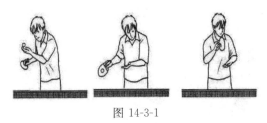

图 14-3-1

2. 反手平击发球

站位近台中间偏左处,右脚稍前或两脚平行站立,含胸收腹。左手持球置于掌心并向上抛起,同时右臂外旋,使拍面稍前倾,并向身体左后方引拍。当球从高点下降至稍高于球网时,右臂从身体左后方向右前方挥动,击球中上部,球击出后第一落点在球台中段附近(图14-3-2)。

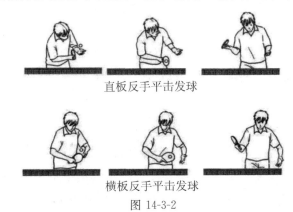

直板反手平击发球

横板反手平击发球

图 14-3-2

二、正手发下旋球

正手发下旋球具有球速较慢,对发球落点的区域选择面较大,旋转反差变化较大等特点。下旋加转发球与不转发球配套使用时,对手往往回接困难,可以直接得分或者为抢攻创造机会。

动作要点:左脚稍前,左手掌心托球置于身体右前方,引拍同时左手将球抛起,向前下方挥动。当球从高点下降至稍高于或平于网高时,前臂加速向左前下方发力,击球中下部向底部摩擦,球击出后第一落点接近球网。如发长球,则球发出后第一落点接近自己球台端线。手臂继续向左下方随势挥动并迅速还原(图14-3-3:马龙正手发下旋球)。

图 14-3-3

三、直拍反手推挡

推挡球具有站位近、动作小、速度快、变化多的特点。在对攻中常用快速推压,结合力量、落点和旋转变化牵制对方,为正手攻和侧身攻创造有利条件。

动作要点:站位离台40～50厘米,两脚开立,比肩略宽,左脚稍前,或两脚基本平行。上体略前倾,身体重心在两脚间,拍面呈半横状。握拍时食指稍用力,拇指放松,上臂和肘部自然靠近身体右侧。肩部放松,手臂自然弯曲并作外旋,拍面角度稍前倾,上臂和肘关节内收自然近身体右侧,将球拍引至身体前方。当来球跳至上升期时,前臂和手腕迅速向前略向上推出去,触球刹那手腕外旋,拍面稍前倾击球中上部,并适当借力(图14-3-4)。

图 14-3-4

四、横拍反手快拨

横拍反手快拨具有动作幅度小、速度快、落点变化多等特点,并有一定的力量和速度,为横握拍进攻型选手的一项相持性技术。

动作要点:两脚平行开立,站位较近,手臂自然弯曲,拍面前倾。击球前,前臂先向怀中收缩,将球拍引至腹前偏左的位置,手腕内收。当来球跳至上升期,前臂以及手腕加速外展,拍面稍前倾触球中上部,借来球反弹力量向右前方拨回来球。击球后,重心以及手臂迅速还原(图14-3-5)。

图 14-3-5

五、搓球

搓球是近台还击下旋球的一种基本技术,主要有慢搓球、快搓球、加转与不转搓球等。常用于接发球或过渡球,为进攻创造机会。

1. 正手搓球

动作要点：右脚稍前，站位近台，前臂和手腕外旋使拍面稍后仰。身体略向右转，向右上方引拍。在来球的下降前期用球拍的下半部摩擦球的中下部，前臂加速向前下方用力的同时手腕内旋配合用力。击球后，前臂随势前送，立即放松并迅速还原（图14-3-6）。

图14-3-6　　　　　　　　　　　图14-3-7

2. 反手搓球

动作要点：左脚稍前，站位近台，前臂和手腕内旋将球拍引至身体左上方，拍面后仰，在来球下降前期用球拍的下半部摩擦球的中下部，前臂加速向前下方用力的同时手腕外展配合用力。击球后，前臂随势前送，立即放松并迅速还原（图14-3-7）。

六、正手攻球

正手攻球具有站位近、动作小、出手快、多借力还击等特点。在比赛中，正手攻球可直接得分或在相持中结合落点变化调动对方，伺机进行扣杀。

动作要点：左脚稍前，身体离台约40厘米，引拍至身体右侧方，重心移至右脚，拍形稍前倾呈半横状，拇指用力，食指放松，在上升期击球的中上部，配合前臂做旋内转动，向左上方挥拍，身体重心由右脚移至左脚。击球后，随势挥拍至前额，并迅速还原（图14-3-8）。

图14-3-8

七、弧圈球

日本乒乓球队发明了弧圈球打法，它是一种强烈的上旋球，特点是既有强大的攻击力又有很强的稳定性，是当前乒乓球技术中主流的进攻技术。弧圈球的种类按击球方法分有正手弧圈球、反手弧圈球；按旋转特点分有加转弧圈球、前冲弧圈球等。

动作要点：以横板正手拉弧圈球为例。两脚开立，左脚在前，收腹、含胸、屈膝，身体稍前倾，重心落在两脚之间，右肩略下沉，腰、髋向右转动，重心置于右脚前脚掌，前臂自然下垂，通过转腰带动大臂、前臂向侧后引拍。击球时，以右脚为轴，腰部带动大臂向左转动，当上身接近正对球台时，迅速收缩前臂。前臂向前上方挥动，摩擦来球的中上部。击球后，手臂继续顺势挥动,身体重心移到左脚上,然后迅速还原(图 14-3-9)。

图 14-3-9

八、削球

削球具有球速慢、弧线长、球下旋等特点,是一种防守技术,以其旋转和落点变化威胁对方。有近削、远削、加转削、不转削、削逼角球和削弧圈球之分等。

动作要点:以正手远削技术为例。两脚分开,右脚稍后,身体略向右转,手臂向右后上方移动,前臂提起,球拍上举。当来球跳至下降后期,随着身体向左转,上臂带动前臂同时向左前下方用力。拍面后仰,触球中下部,手腕加速发力摩擦球(图 14-3-10:徐孝元削球)。

图 14-3-10

九、接发球

(1) 接急球。接带有上旋的左方急球时,一般可用反手推挡或反手攻球回接。接右方急球时,可用正手快带、快攻借力回接。

(2) 接下旋球。发过来的球,球速较慢,触拍后向下反弹,可用搓球回接。

(3) 接左(右)侧上旋球。一般采用推、攻回接为宜。回接时,拍面角度稍前倾,拍面所朝方向向左(右)偏斜以抵消来球的左(右)侧旋;向前下方用力要相对加大,防止球触拍时向自己右(左)上方反弹。

(4) 接左(右)侧下旋球。一般采用搓、削回接。回接时,拍面角度稍后仰,拍面所朝方向向左(右)偏斜以抵消来球的左(右)侧旋。

第四节 乒乓球运动基本战术

一、发球抢攻战术

发球抢攻是我国直板快攻打法的"杀手锏",是力争主动、先发制人的主要战术。发球战术运用的效果主要取决于发球的质量和第三板进攻的能力。发球抢攻战术主要有以下几种：①正手发转与不转；②侧身正手(高抛或低抛)发左侧上(下)旋球；③反手发右侧上(下)旋球；④反手发急球或急下旋球；⑤下蹲式发球。

二、接发球战术

接发球水平的高低可以反映运动员的实战能力以及各项基本技术的应用程度。常用的接发球战术有：①稳健保守法；②接发球抢攻；③盯住对方的弱点处，寻找突破口；④控制接发球的落点；⑤正手侧身接发球。

三、搓攻战术

搓攻战术是进攻型打法的辅助战术之一，主要利用搓球旋转的变化和落点的变化为抢攻创造机会。常用的搓攻战术有：①慢搓与快搓结合；②转与不转结合；③搓球变线；④搓球控制落点；⑤搓中突击；⑥搓中变推或抢攻。

四、对攻战术

对攻战术是进攻型打法在相持阶段常用的一项重要战术。常用的对攻战术有：①紧逼对方反手，伺机抢攻或侧身抢攻、抢拉；②压左突右；③调右压左；④攻两大角；⑤攻追身球。

五、拉攻战术

拉攻战术是以攻为主的选手对付削球的主要战术。常用的拉攻战术主要有：①拉反手后，侧身突击斜线或中路追身球；②拉中路杀两角或拉两角杀中路；③拉一角或杀另一角；④拉吊结合，伺机突击；⑤拉搓结合；⑥稳拉为主，伺机突击。

六、削中反攻战术

削中反攻战术主要靠稳健的削球限制对方的进攻能力，为自己的反攻创造有利条件。常用的削中反攻战术主要有：①削转与不转球，伺机反攻；②削长短球，伺机反攻；③逼两大角，伺机反攻；④交叉削两大角，突击对方弱点。

第五节　乒乓球竞赛基本规则

一、定义

（1）球处在比赛状态的一段时间叫作一个"回合"。

（2）不予判分的回合叫作"重发球"。

（3）判分的回合叫作"得分"。

（4）用握在手中的球拍或执拍手手腕以下部位触球叫作"击球"。

（5）球从突出台外的球网装置下或之外经过，或回击的球越过球网后回弹过网，均应视为"越过或绕过"球网装置。

（6）"比赛状态"指从发球时球被有意向上抛起前静止在不执拍手掌上的最后一瞬间开始，直到该回合被判得分或重发球。

二、合法发球

（1）发球开始时，球自然地置于不持拍手的手掌上，手掌张开，保持静止。

（2）发球员须用手将球几乎垂直地向上抛起，不得使球旋转，并使球在离开不执拍手的手掌之后上升不少于16厘米，球下降到被击出前不能碰到任何物体。

（3）当球从抛起的最高点下降时，发球员方可击球，使球首先触及本方台区，然后越过或绕过球网装置，再触及接发球员的台区。在双打中，球应先后触及发球员和接球员的右半区。

（4）从发球开始，到球被击出，球要始终在比赛台面的水平面以上和发球员的端线以外，而且不能被发球员或其双打同伴的身体或衣服的任何部分挡住。

（5）无论是否第一次或任何时候，只要发球员明显没有按照合法发球的规定发球，接发球方被判得1分，无须警告。

三、比赛次序

（1）在单打中，首先由发球员合法发球，再由接发球员合法还击，然后两者交替合法还击。

（2）在双打中，首先由发球员合法发球，再由接发球员合法还击，然后由发球员的同伴合法还击，再由接发球员的同伴合法还击，此后，运动员按此次序轮流合法还击。

（3）选择发球、接发球和方位的权力应由抽签来决定。中签者可以选择先发球或先接发球，或选择先在某一方位。当一方运动员选择了先发球或先接发球，或选择了先在某一方位后，另一方运动员必须有另一个选择。

四、重发球

（1）如果发球员发出的球，在越过或绕过球网装置时，触及球网装置，此后成为合法发球或被接发球员或其同伴阻挡。

（2）如果接发球员或接发球方未准备好时，球已发出，而且接发球方没有企图击球。

（3）由于发生了运动员无法控制的干扰，运动员未能合法发球、合法还击或遵守规则。

（4）裁判员或副裁判员暂停比赛。

五、得1分

除被判重发球的回合，下列情况运动员得1分：

（1）对方运动员未能合法发球或合法还击。

（2）运动员在合法发球或合法还击后，对方击球前球触及了除球网装置以外的任何东西。

（3）对方阻挡或连击。

(4) 对方运动员或其穿戴的任何东西使球台移动或者触及球网装置。

(5) 对方运动员不执拍手触及比赛台面。

(6) 双打时,对方运动员击球次序错误。

(7) 执行轮换发球法时,出现接发球方进行了13次合法还击的情况,则判发球方失1分。

六、单打比赛方法

(1) 单打比赛每场采用五局三胜或七局四胜,在一局比赛中,每人只发2分(个)球应立即交换发球权,以此类推直到一局比赛结束。每局比赛先得11分的单打运动员为胜方。

(2) 双方比分达10平后,先多得2分者为胜者,如比分为12:10、13:11等。在10平或实行轮换发球法后,每人只发1个球,即行交换发球权,先多得2分者为胜方。当一局比赛结束后或决胜局中当一方先得5分时,即应与对方交换方位。

七、双打的比赛方法

(1) 次序:双打比赛在确定发球和方位之后,先由发球方两名运动员中的一名运动员例如甲1发球,再由接球员方的一名运动员例如乙1接发球;然后由发球员的同伴甲2进行合法还击,再由接球员的同伴乙2合法还击。此后双方4名运动员按此次序交替合法还击。在决胜局中,当一方先得5分时,双方交换方位,接发球方应交换接发球员。

(2) 双打的发球区规定:在双打比赛中,对发球区域有所限制,发球员发球时,必须使球从本方台面的右半区落至对方台面的右半区,中线视为右半区的一部分。

八、轮换发球法

(1) 如果一局比赛进行到10分钟仍未结束双方都已获得至少9分时除外,或者在此之前任何时间应双方运动员要求,应实行轮换发球法。

(2) 此后,每位运动员都轮发1分球,直至该局结束。如果接发球方进行了13次合法还击,则判发球方失1分。轮换发球法一经实行,将一直使用到该场比赛结束。

九、间歇

(1) 在局与局之间,不超过1分钟的休息时间。

(2) 每局比赛中,每得6分后,或决胜局交换方位时,用短暂的时间擦汗。

(3) 一名或一对双打运动员可在一场比赛中要求一次暂停,时间不超过1分钟。

参考文献

[1] 中国乒乓球协会.乒乓球竞赛规则[M].北京:人民体育出版社,2007.

[2] 孙麒麟,顾圣益.大学体育与健康教程[M].北京:高等教育出版社,2012.

[3] 刘建和.乒乓球教学与训练[M].北京:人民体育出版社,2008.

第十五章 羽 毛 球

第一节 羽毛球运动概述

一、羽毛球运动的起源及发展

1. 羽毛球运动起源

羽毛球运动的起源众说纷纭。早在两千多年前,一种类似羽毛球运动的游戏就在中国、印度等国出现。中国叫"打手毽",据《民族体育集锦》记载:"苗族的一种'打手毽'游戏活动就是我国古代羽毛球游戏活动中的一种形式,苗语叫'麻古'。"印度叫"浦那",西欧等国则叫"毽子板球"。据传,在 14 世纪末,日本出现了把樱桃插上美丽的羽毛当球,两人用木板来回对打的运动。由于这种球造价太高,又易损坏,所以该项运动时兴一阵就慢慢消失了。18 世纪时,印度的浦那城出现类似当今羽毛球活动的游戏,以绒线编织成球形,上插羽毛,人手持木拍,隔网将球在空中来回对击,但这种游戏流行的时间不长。

现代羽毛球运动诞生于英国。19 世纪 70 年代,英国军人将在印度学到的浦那游戏带回国,作为茶余饭后的消遣娱乐活动。1873 年,在英国格拉斯哥郡的伯明顿镇有一位叫鲍弗特的公爵,在他的领地开游园会时,有几个从印度回来的退役军官就向大家介绍了一种隔网用拍子来回击打毽球的游戏,人们对此产生了很大的兴趣。因这项活动极富趣味性,很快就在上层社会风行开来。"伯明顿"(Badminton)即成为英文羽毛球的名字。1893 年,世界上最早的羽毛球协会——英国羽毛球协会成立,并于 1899 年举办了首届全英羽毛球锦标赛。1992 年起,羽毛球运动成为奥运会的正式比赛项目。

2. 羽毛球运动在国外的发展

1877 年,英国的巴斯羽毛球俱乐部成立,第一本"羽毛球比赛规则"在英国出版。

1893 年,在英国成立了世界上第一个羽毛球协会。1899 年,该协会举办了第一届全英羽毛球锦标赛,以后每年举办一次,沿袭至今。

20 世纪初,羽毛球运动从斯堪的纳维亚流传到英联邦各国,流传到亚洲、美洲、大洋洲,最后传到非洲。

1934 年,国际羽毛球联合会(Badminton World Federation,BWF)成立,总部设在伦敦。

1939 年,国际羽毛球联合会通过了各会员国共同遵守的《羽毛球竞赛规则》。

20 世纪 20 到 40 年代欧美国家的羽毛球运动发展很快,其中英国、丹麦、美国、加拿大的水平相当高。50 年代亚洲羽毛球运动发展很快,马来西亚取得两届汤姆斯杯赛冠军。同时印度尼西亚队在技术和打法上有所创新并很快取得了霸主地位。60 年代以后羽毛球运动的发展逐渐移向亚洲。

1981年5月,国际羽毛球联合会重新恢复了中国在国际羽联的合法席位,从此揭开了国际羽坛历史上新的一页,进入了中国羽毛球选手称雄世界的辉煌时代。

在1988年第24届汉城奥运会上,羽毛球被列为表演项目;1992年第25届巴塞罗那奥运会上被列为正式比赛项目;1996年第26届亚特兰大奥运会上,羽毛球混双被列为比赛项目。从此,羽毛球运动进入全新的发展时期。

二、羽毛球运动重大国际赛事

国际羽联从2018年开始推行全新的赛事体系,第一等级(Grade 1)为奥运会、汤尤杯、苏迪曼杯、世锦赛、世青赛、世青团体赛。之前的顶级超级赛、超级赛、黄金赛则合并为第二等级(Grade 2),并被分为Level 1至Level 6,级别调整的同时,也提高了部分的奖金金额,级别最高的前四项赛事奖金达到上百万美金。Level 1为BWF的年终总决赛,赛事总奖金达到150万美元。全英赛、中国公开赛、印尼公开赛级别为Level 2,奖金均达到了百万美元。

1. 汤姆斯杯赛

汤姆斯杯赛即世界男子羽毛球团体锦标赛,1948年举行首届比赛,现为两年一届,在偶数年举行。比赛由三场单打、两场双打组成。汤姆斯杯是世界男子羽毛球团体锦标赛的奖杯,英国羽毛球名将乔治·汤姆斯是汤姆斯杯的创始人。1934年国际羽联成立时,英国人汤姆斯被选为主席。1939年他在召开的国际羽毛球联合会理事会上提出了一项推动羽毛球运动在全世界范围内广泛发展的建议,提议设立世界男子羽毛球团体比赛,并表示愿意为此项比赛捐赠一座奖杯。汤姆斯先生的这一建议立即得到了国际羽毛球联合会的赞同。汤姆斯杯杯盖的最上端有一个运动员的模型,杯的前部雕刻有这样的词句:"乔治·汤姆斯·巴尔特于1939年赠送国际羽毛球联合会组织的国际羽毛球冠军挑战杯"。

2. 尤伯杯赛

尤伯杯赛即世界女子团体羽毛球锦标赛,1956年举行首届比赛,两年一届,在偶数年举行。比赛由三场单打,两场双打组成。尤伯杯是世界女子羽毛球团体锦标赛(尤伯杯赛)的奖杯。因由贝蒂·尤伯夫人(Betty Uber)捐赠而得名。尤伯夫人是英国20世纪30年代著名女子羽毛球选手,从1930—1949年间,她曾多次夺得全英羽毛球锦标赛的女子单打、女子双打和混合双打比赛的冠军。她退役后仍对羽毛球运动情有独钟,并积极推动羽毛球运动的发展。尤伯杯模型的顶端站着一名手握球拍的女运动员,其底座的周围雕刻有这样的词句:"尤伯夫人于1956年赠送国际羽毛球联合会组织的国际女子羽毛球冠军挑战杯"。

3. 苏迪曼杯赛

苏迪曼杯赛即世界羽毛球混合团体比赛,1989年开始举办,每两年举行一次,逢双数年是汤、尤杯赛,单数年为苏迪曼杯赛。苏迪曼杯比赛采用五场三胜制,由男子单打、女子单打、男子双打、女子双打和混合双打五个项目组成。羽毛球是印度尼西亚的"国球",苏迪曼杯是该国羽毛球协会代表本国人民向国际羽毛球联合会捐赠的一座奖杯。此赛之所以称为"苏迪曼杯"是为了纪念印尼羽毛球协会的创始人、前国际羽毛球联合会副主席迪克·苏迪曼而命名的。苏迪曼杯呈一个羽毛球造型，在基座上雕刻了举世闻名的古迹婆罗浮屠佛塔的造型，是一座极富民族特色，象征着印尼人民对羽毛球运动无限热爱的奖杯。

4. 世界羽毛球锦标赛

世界羽毛球锦标赛是国际羽毛球联合会在继汤姆斯杯赛、尤伯杯赛后，为了适应世界羽毛球运动日益发展的需要而设立的一种以个人单项为竞赛项目的羽毛球锦标赛，设有男女单打、双打和混合双打五个比赛项目。1977年起为三年一届，1983年改为两年一届，在奇数年进行。2005年改为每年一届，但奥运年不举办。其他主要国际性羽毛球比赛还有全英羽毛球锦标赛、奥运会羽毛球比赛等。

（1）全英羽毛球锦标赛。全英羽毛球锦标赛由英格兰羽毛球协会创办于1899年，每年3月的中、下旬或最后一周在伦敦附近的温布利体育中心举行，是世界上历史最悠久、最重要的羽毛球单项比赛之一。初期只是在英国范围内由各地方协会派选手参加，后来逐渐扩大到英联邦国家，现在已成为全球性羽坛重要赛事。

（2）国际奥林匹克运动会羽毛球比赛。1992年羽毛球成为奥运会正式比赛项目，只设男单、女单、男双、女双四个单项比赛，无混双比赛。1996年亚特兰大奥运会起增设混双项目。国际奥委会对奥运会羽毛球项目选手或运动员名额有严格限制。

5. 世界羽联巡回赛

世界羽联巡回赛是参照世界网球大奖赛办法组织的，始于1983年。由在全年不同时间和在不同国家举办的六个级别的系列赛组成，主要包括超级赛和大奖赛。2011年提出5站超级顶级大满贯赛，在12站超级赛中获得积分最高的前8名选手参加年终举办的世界羽联超级系列赛总决赛，但在任一单项比赛中每个下属协会最多每队两名选手报名参加。

三、羽毛球运动的特点与锻炼价值

1. 羽毛球运动的特点

（1）娱乐性。羽毛球运动有很强的娱乐性，不但可以自娱也可娱人。羽毛球运动易于上手，趣味性强，锻炼价值高，又极具竞争性，因而深受大家的喜爱。羽毛球运动对提高人的心肺功能、塑造优美的身体形态都起着积极作用，适合各年龄层次，现在已成为热门的体育休闲运动。它既是一种消遣，一种增进健康的方式，也是一种艺术追求和享受，当然它还是一种扣人心弦的竞赛项目。

（2）可观赏性。羽毛球运动是奥运会正式比赛项目，羽毛球技术的千变万化，动作一致性与假动作，如猛虎下山式的杀球，还有置之死地而后生的救球等，都展示着羽毛球运动的力与美，速度与激情，有很高的可观赏性，令人心旷神怡。

（3）简便性。羽毛球运动设备比较简单，只需两个拍子、一个球就可活动起来。室内运动更好，室外风不大也可练习起来。可两人对练，也可双打或三对三练习，形式多样。近期，世界羽联在广州首次推出一个全新的羽毛球项目——户外羽毛球，并命名为"Airbadminton"，同时还推出该项运动专用球——户外羽球（Air Shuttle），旨在为所有年龄段的人群创造打羽毛球机会，提高羽毛球的参与性和包容性，让更多的人随时随地享受羽毛球的乐趣。

（4）全身性。羽毛球运动是隔网型球类运动，尽管没有身体的接触，但也要心、眼、手、步协调参与,是全身心的运动。无论是进行有规则的羽毛球比赛,还是作为一般性的健身活动,都要在场地上不停地进行脚步移动、跳跃、转体、挥拍,合理地运用各种击球技术和步法将球在场上往返对击,从而可以增大上肢、下肢和腰部肌肉的力量,加快锻炼者全身血液循环,增强心血管系统和呼吸系统的功能。长期进行羽毛球锻炼,可使心跳强而有力,肺活量加大,耐久力提高,增强肩周的运动和颈椎的活动。通过羽毛球活动还可释放压力,促进身心健康。

(5) 终身性。羽毛球运动老少皆宜,小到刚会走路的两岁儿童,大到八九十岁的耄耋老人都可参加。据报道,2018年第25届全球华人羽毛球锦标赛参赛选手中七八十岁的比比皆是,年龄最大的有97岁。羽毛球运动适合于男女老幼,运动量可根据个人年龄、体质、运动水平和场地环境的特点而定。青少年可作为促进生长发育、提高身体机能的有效手段进行锻炼,适量的羽毛球运动能促进青少年增长身高,培养青少年自信、勇敢、果断等优良的心理素质。老年人和体弱者可作为保健康复的方法进行锻炼,运动量宜小,达到出出汗、弯弯腰、舒展关节的目的,从而增强心血管和神经系统的功能,预防和治疗老年心血管和神经系统方面的疾病。儿童可作为活动性游戏方法来进行锻炼,让他们在阳光下奔跑跳跃,并要求他们能击到球,培养他们不畏困难、不怕吃苦、不甘落后的品质。

2. 羽毛球运动的锻炼价值

(1) 羽毛球运动的健身作用。羽毛球运动是一项技巧性很强的体育运动,羽毛球场上来回球的时间是很短暂的,要求参与羽毛球运动的人们要迅速、准确地判定对方来球的落点、旋转、速度及其战略意图,而且还要迅速、果断地作出动作决策,采用相应的技术回击。这就要求打球者具有判断快、起动快、步法移动快、出手击球快、动作还原快以及战略决策快等专项素质。可见羽毛球对发展力量、速度、灵敏、协调、快速反应能力和决策果断性是一项非常有利的运动。长期从事羽毛球运动,不仅可以提高运动技能和身体机能,还可以使锻炼者的神经中枢系统得到改善和提高,从而提高情绪稳定性和反应速度及身体协调能力。

(2) 羽毛球运动的健心作用。在激烈的羽毛球比赛中,不仅需要较强的战术意识、清醒的头脑、敏捷的思维和较强的分析能力,还包括对对方战术意识的揣摩,对各种战机的把握,对自己运用战术的选择等智力选择,这样才能在比赛中应付错综复杂的局面。由于羽毛球比赛的时间持续长,竞争激烈,参赛者体力消耗巨大,所以要求参赛者必须具有顽强的意志和坚强的毅力来克服身体的极度疲劳,坚持最后的胜利。康纳斯说过:"在职业羽毛球中,心理因素占95%,当比赛双方实力相当时,心理素质往往对比赛结果起着重要的作用,如自信心、注意力、拼劲。"长期进行羽毛球运动,能培养自信、果断、顽强拼搏的心理品质。羽毛球运动可以陶冶情操,提高自身修养,达到健身怡心的目的,日益成为人们喜爱的适合终身运动的体育项目。

(3) 羽毛球运动的社会性作用。羽毛球运动是集时尚、健身、交际于一体的运动,适合各个年龄段的人群。参加羽毛球运动可以改善人际关系,是融入社交圈子非常好的方式。以球会友,在球馆里经常有机会和不相识的人搭档或对打,长此以往便熟悉起来,成为朋友,扩大了交际圈。因羽毛球而结缘成为伉俪的佳话在羽毛球界时有耳闻。

第二节　羽毛球运动常规技战术

一、握拍

1. 正手握拍

单手握紧球拍,虎口对准拍柄侧面,中指、无名指和小指并拢弯曲,握住拍柄,拇指和食指贴在拍柄的两个宽面上,食指和中指稍分开,食指和大拇指相对。掌心和拍柄之间要留有空隙,握拍时手处于放松状态(图 15-2-1)。

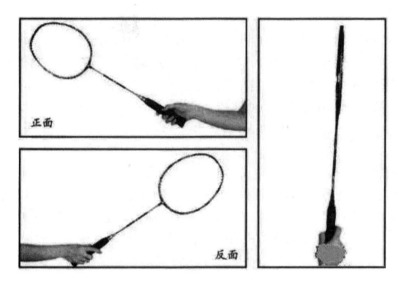

图 15-2-1

2. 反手握拍

先以正手握拍法轻握球拍,然后拇指和食指稍向上提,利用拇指和食指的配合,将拍柄稍向外转,拇指自然贴在拍柄内侧的宽面上,食指扣住对侧拍柄。拍柄与掌心间的间隙相对正手握拍时略大(图 15-2-2)。

图 15-2-2

二、基本步法

1. 并步

右脚向前(或向后)移动一步时,左脚即刻向右脚跟并一步,紧接着右脚再向前(向后)移动一步,称为并步。

2. 交叉步

左右脚交替向前、向侧或向后移动为交叉步。经另一脚前面超越的为前交叉步,而经另一脚后面超越的为后交叉步。

三、正手发高远球

身体左肩侧对球网,左脚在前,右脚在后,重心在右脚上,右手持拍向右后侧举起,肘部放松微屈,左手拇指、食指和中指夹住球,举在胸腹间。发球时,身体重心由右脚移至左脚,左手把球举在身体的右前方并自然放下,使球下落,右手同时持拍由大臂带动小臂,从右后方沿着身体向前并向左上方挥动。当球落到右手臂向前下方伸直能触到球的一刹那,握紧球拍,并利用手腕的力量向前上方发力击球。击球之后,球拍顺势向左上方挥动缓冲。

四、正手击打高远球

侧身后退使球在自己右肩稍前上方的位置,左肩对网,左脚在前,右脚在后,重心在右脚上,左臂屈肘,左手自然高举,右手持拍,大小臂自然弯曲,将球拍举在右肩上方,两眼注视来球。击球时,大臂后引,随之关节上提明显高于肩部,将球拍后引至头后,自然伸腕(拳心朝上),然后在后脚蹬地、转体和腰腹的协调用力下,以肩为轴,大臂带动小臂快速向前上方甩动手腕,在手臂伸直的最高点击球。击球后,持拍手臂随惯性往前下方挥动并收拍至体前。与此同时,右脚向前迈出,身体重心由后脚移到前脚。

五、吊球

击球前,身体先半侧对球网,右脚在后,左脚在前,两脚尖均踮起,身体重心自然落在右脚掌上。右手采用正手握拍法握拍,自然将球拍举到右肩侧上方,左手自然上举,眼睛注视来球。当球下落到接近击球点高度时,右腿开始蹲伸,并以髋关节带动身体由右向左转动,做左腿后撤、右腿前迈的两腿交叉动作。伴随下肢蹲转动作的同时,胸部舒张,两侧肩关节外展,左手自然上举,持拍臂的前臂向后移动,保持高肘后撤球拍。在腰腹协调用力的配合下,上臂带动前臂,利用伸肘关节、前臂旋内和屈腕的力量,向前下方轻击来球。

六、杀球

准备姿势和动作要领与正手击高远球大致相同。屈膝下降重心,准备起跳。侧身起跳时,往右上方提肩带动上臂、前臂和球拍上举,以便向上伸展身体。起跳后,身体后仰挺胸成反弓形。接着右上臂往右后上摆起,前臂自然后摆,手腕后伸,前臂带动球拍由上往后下挥动,这时握拍要松。随后凌空转体收腹带动右上臂往右上摆起,肘部领先,前臂全速往前上挥动,带动球拍高速前挥。当击球点在肩的前上方时,前臂内旋,腕前屈微收,闪腕发力杀球。这时手指要突然抓紧拍柄,把手腕的爆发力集中到击球点上。球拍和击球方向水平面的夹角小于90度,球拍正面击球托的后部,使球直线下行。杀球后,前臂随惯性往体前收。在回位过程中将球拍回收至胸前。

七、挑高球

1. 正手接杀挑直线后场高球

当对方杀右边线球时,右脚向右侧跨一大步到位。随步法移动往侧引拍,右臂稍向右后摆的同时稍带有外旋,手腕后伸到最大限度,使球拍迅速后摆,紧跟着右前臂急速向前挥动时略有外旋,手腕从后伸到伸直闪腕。这时,肘起着"支点"的作用,拍面对准来球,击球托的中下部,使球向直线高远方向飞行。击球后,前臂内旋,球拍往体前上方挥动,回收至体前。

2. 反手接杀挑后场高球

击球前,前臂内旋,手腕外展,引拍至左侧前。击球时,上臂支撑,前臂急速往右前方挥摆,手腕由外展至后伸闪动,握紧球拍,加上拇指的顶力,全速挥拍击球,使球向直线方向飞行。若向对角线方向挥拍,则球向对角线方向飞行。

八、平抽球

1. 正手平抽球

两脚平等站立稍宽于肩,右脚稍向右侧迈出一小步,同时上体稍往右侧倾,右臂向右侧上摆,球拍随着上举,肘关节保持一定角度,击球前肘关节前摆,前臂稍往后带外旋,手腕稍外展后伸,引拍至体后,击球时前臂内旋,手腕伸直闪动,手指抓紧拍柄,球拍由右后往右前方高速平扫来球。击球后,球拍顺势盖过去向左边摆,左脚往左前跟进一步,准备迎击第二次来球。

2. 反手平抽球

右脚前交叉在左侧前,重心在左脚上,右手反手握拍在左侧前。击球前肘部稍上抬,前臂内旋,手腕外展,引拍至左侧。击球时,在髋的右转带动下,前臂外旋,手腕由外展到伸直闪动,挥拍球托的底部。击球后,球拍随身体的回动收回到右侧前。

九、反手发球

两脚与肩同宽,右脚在前,左脚尖侧后点地,重心放在前脚上;用左手的拇指、食指、中指握住球的羽毛处,将球置于腹前腰部以下;右臂屈肘稍向上提起,用反手握拍,以反拍面将球拍自然置于腹前持球手的后面。左手放球的同时,右臂以肘为轴,前臂旋内,带动展腕由后向前做回环半弧形引拍动作。击球时屈指伸腕拇指前端发力,用正拍面向前上方将球击出。发高远球、平高球时以制动动作结束发力,发近网小球时拍面自然前送。

十、搓球

判断来球方向后向来球方向起动,右脚蹬地,移动到击球位置,同时持拍手于胸前向来球方向伸出。伸拍的同时,左手自然后置,与右手反方向平行以保持身体平衡。右前臂外旋,手腕外展,在身体的右前方做引拍动作。击球时前臂稍外旋,手腕稍内收闪动,用食指、拇指夹住球拍,利用手腕和手指的力量切击球托的右下底部,使球产生旋转翻滚过网。

十一、平高球压底线战术

用快速、准确的平高球打到对方后场两角,在对方不能拦截的前提下尽量降低球的飞行弧线,把对方紧压在底线,当对方回击半场高球时,就可以扣杀进攻。使用平高球压底线时,如配合劈吊和劈杀可增加平高球的战术效果。一般情况下,平高球的落点和杀、吊的落点拉得越开,效果越好。

十二、拉、吊结合杀球战术

此战术是把球准确地打到对方场区的四个角上,使对方每次击球都要在场上来回奔跑。使用这种战术时,对不同特点的对手要采用不同的拉、吊方法。对后退步法慢的可以多打前、后场;对盲目跑动满场飞的可使用重复球和假动作;对灵活性差的应多打对角线,尽量使对方多转身;对后场反手差的仍通过拉开后攻反手;对体力不好的可用多拍拉、吊来消耗其体力,然后战胜之。如能熟练地使用平高球、劈吊和网前搓、推、勾技术,快速拉开对方,伺机突击扣杀,则这一战术能收到更好的效果。

十三、吊、杀上网战术

先在后场以轻杀、点杀、劈杀配合吊球把球下压,落点要选择在场地两边,使对方被动回球。对方还击网前球时,迅速上网以贴网的搓球,或勾对角,或快速平推创造半场扣杀机会;若对方在网前挑高球,可在其向后退的过程中把球直接杀向对方的身上。

第三节 羽毛球竞赛规则

一、羽毛球的基本计分方法

(1) 除非另有规定(礼让比赛和其他计分方法),一场比赛应以三局两胜定胜负。
(2) 一般情况下,先得 21 分的一方胜一局。
(3) 对方违例或球触及对方区内的地面成死球,则本方胜这一回合并得 1 分。
(4) 20 平后,领先得 2 分的一方胜该局。
(5) 29 平后,先拿到 30 分的一方胜该局。
(6) 一局的胜方在下一局发球。

二、场地与场地设备

(1) 场地应是由宽 4 厘米的线画出的长 13.4 米×宽 6.1 米的一个长方形。
(2) 线的颜色应是白色、黄色或其他容易辨别的颜色。
(3) 所有的线都是它所界定区域的组成部分。
(4) 从场地地面起,网柱高 1.55 米,球网拉紧时应与地面垂直。

(5) 从场地地面起至球网中央应高 1.524 米，双打边线处网高 1.55 米。

三、挑边

比赛开始前应先挑边，赢方在球权或场权中优先选择。
(1) 球权：先发球或先接发球。
(2) 场权：在一个场区或另一个场区开始比赛。
输方在余下一项中做选择。

四、发球

(1) 一旦发球员和接发球员都做好准备，任何一方不得延误发球。
(2) 发球员的球拍头完成后摆，任何对发球开始的延误都是延误。
(3) 发球员和接发球员，应站在斜对角的发球区内，脚不得触及发球区和接发球区的界限。
(4) 从发球开始至发球结束前，发球员和接发球员双脚，都必须有一部分与场地的地面接触，不得移动。
(5) 发球员的球拍，应首先击中球托。
(6) 发球员的球拍击中球的瞬间，整个球应低于从场地地面起的 1.15 米。
(7) 发球开始后，发球员必须连续向前挥拍，直至将球发出。
(8) 发出的球应向上飞行过网，如果未被拦截，球应落在规定的接发球区内。
(9) 发球员发球时，应击中球。
(10) 一旦运动员站好位置准备发球，发球员的球拍头开始向前挥动，即为发球开始。
(11) 一旦发球开始，发球员的球拍击中球或未能击中球，均为发球结束。
(12) 发球员应在接发球员做好准备后才能发球，如果接发球员已试图接发球，即视为已做好准备。
(13) 双打比赛发球时，发球员和接发球员的同伴应在各自的场区内，其站位不限，但是不能阻挡对方发球员或接发球员的视线。

五、违例

(1) 不合法发球。
(2) 球发出后：
① 停在网顶；
② 过网后挂在网上；
③ 被接发球员的同伴击中。
(3) 比赛进行中，球：
① 落在场地界线外（即未落在界线上或界线内）；
② 未从网上越过；
③ 触及天花板或四周墙壁；
④ 触及运动员的身体或衣服；

⑤ 触及场外其他物体或人；
⑥ 被击时停滞在球拍上，紧接着被拖带抛出；
⑦ 被同一运动员两次挥拍连续两次击中（一次击球动作中球被拍框和拍弦面击中不属于违例）；
⑧ 被同方两名运动员连续击中；
⑨ 触及运动员球拍，而未飞向对方场区。

（4）比赛进行中，运动员：
① 球拍、身体或衣服，触及球网或球网的支撑物；
② 球拍或身体，从网上侵入对方场区（击球时，球拍与球的接触点在击球者网这一方而后球拍随球过网的情况除外）；
③ 球拍或身体，从网下侵入对方场区，导致妨碍对方或分散对方的注意力；
④ 妨碍对方，即阻挡对方紧靠球网的合法击球；
⑤ 故意分散对方注意力的任何举动，如喊叫、做手势等。

六、重发球

（1）由裁判员宣报"重发球"，用以中断比赛。
（2）以下情况为"重发球"：
① 发球员在接发球员未做好准备时发球；
② 发球过程中，发球员和接发球员都被判罚违例；
③ 发出的球被回击后，球停在网顶或球过网后挂在网上；
④ 比赛进行中，球托与球的其他部分完全分离；
⑤ 裁判员认为比赛被干扰或教练员干扰了对方运动员的比赛；
⑥ 司线员未能看清，裁判员也不能做出裁决时；
⑦ 遇到不可预见的意外情况。
（3）"重发球"时，该次发球无效，原发球员重新发球。

七、死球

以下情况视为死球：
（1）球撞网或网柱后，开始向击球者网这方的地面落下。
（2）球触及地面。
（3）裁判员宣报了"违例"或"重发球"。

第十六章 网　　球

网球运动是 2 人或 4 人在一块长 23.77 米,宽 8.23 米(单打)或 10.97 米(双打),中间隔一网的场地上,用球拍往返击一个有弹性的橡皮小球的一项球类运动。

第一节　网球运动概述

一、网球运动起源与发展

网球运动的雏形最早起源于法国,据称 13 世纪,在法国一个宫廷晚会上,一位音乐师向晚会的来宾介绍了一种文雅的游戏。这种游戏的玩法是由两人各站在一边,而中间用一条绳隔开,随着音乐的节奏,两人用手把一个球打来打去。而那个球的构造是用布裁缝成球形,中间塞满毛发及羽毛。这便是最初期的网球及网球运动。网球后来发展成以球拍代替手掌击球,球拍的拍面初时是以羊皮制造,而拍框是用木材制造,形状不一,有心形及圆形等。

14 世纪,由于法国与英国的贵族交往频繁,因此网球运动便传入英国并成为贵族交际娱乐的主要活动。17 世纪时,网球运动在法国和英国逐渐变得普及并平民化,人们以网代替绳,场地也变得更加正规。19 世纪网球运动在欧美已经很盛行,目前水平较高的国家大多在欧洲及美洲。

二、近代网球运动的发展

1873 年,会打古式网球的英国少校温菲尔德,在羽毛球运动的启示下,设计了一种适用于户外的、男女都可以从事的网球运动,当时叫作司法泰克(Sphairistike)运动。1875 年,这项运动在"8"字形球场上风靡起来,全英槌球俱乐部在槌球场边另设了一片草地网球场,后来古式网球的权威组织者玛利博恩板球俱乐部为这项运动制定了一系列规则。从此,草地网球正式取代了司法泰克。

1877 年,在英国伦敦郊外温布尔顿举办了首届草地网球锦标赛,即温布尔顿第一届比赛。亨利·琼斯同另外两个人为这次比赛制定了全新的规则,他本人担任了比赛的裁判。当时的球场是长方形的,长 23.77 米,宽 8.23 米,至今未变。亨利·琼斯是现代网球的奠基人。

1878 年以来,草地网球已由英国的移民、商人或驻军等传至全球。在 19 世纪 90 年代中期,网球进入了初步发展的阶段,许多国家和地区组织了网球协会,并定期举行比赛。紧随英国之后开展网球运动的国家是美国。1881 年,世界上第一个全国性网球协会成立,是美国全国草地网球协会("全国"两字于 1920 年取消)。成立之后美国的网球运动得到了空前的发展。直到今天,美国的网球运动始终处于世界领先地位,优秀的网球明星层出不穷。

1913 年 3 月 1 日,在法国的巴黎成立了世界网球的最高组织——国际网球联合会。它的成立为网球的进一步发展开辟了一条更加广阔的道路。70 年代以后,网球又得到了进一步的发展,主要原因有两点:一是允许职业选手参加温布尔顿等锦标赛,开创了职业网球巡回赛的先河;二是科技在球拍等器材制造中的应用,促进了网球运动向前发展。

进入 90 年代后,网球的发展更加普及,水平更高,争夺更激烈,网球向着力量、速度型方向发展,网球的职业化、商业化程度越来越高。

三、我国网球运动的发展

1885 年前后,网球运动传入中国。先是上海、广州等大城市的外国传教士和商人之间出现网球活动,后来一些教会学校也开展起这项运动,1898 年,上海圣约翰书院举行斯坦豪斯杯赛,这是中国网球史上最早的校内比赛。1906 年,北京、上海以及南京、广州、香港的一些学校开始举行校际网球赛,促进了网球运动在中国的传播。

新中国成立后,网球运动在起点低、基础差、交往少的情况下逐渐发展。1953 年在天津首次举办了包括网球在内的四项球类运动会(篮、排、网、羽),1956 年举办了全国网球锦标赛,后来全国网球等级联赛定期举行。

80 年代以来,我国网球运动水平提高幅度较快。1986 年第 10 届汉城亚洲运动会网球比赛,我国运动员李心意获女子单打冠军。之后我国网球运动不断进步。2004 年,中国的双打选手李婷与搭档孙甜甜进入迈阿密女双四强,这对中国姑娘创造了中国网球史上新的纪录。

2004 年雅典奥运会,李婷与孙甜甜夺得女子双打冠军。2006 年澳大利亚网球公开赛上,郑洁与晏紫夺得女子双打冠军。2011 年澳大利亚网球公开赛上,李娜夺得女子单打亚军,另分别于 2011 年、2014 年获得法网和澳网女单冠军,成为中国第一个获得网球大满贯的单打选手,最好成绩获世界排名第二。

四、网球运动的益处

(1) 网球有助于强身健体、增强体魄。网球运动是一项越来越受到人们喜爱的健身运动。由于现在的人成天忙于工作、学习和生活,大多数的时间在室内度过,所以十分需要到室外进行一些户外运动,网球就成了最好的选择之一。

(2) 网球运动可以提高人们的综合素质。任何一种文化都是一种价值取向,规定着人们所追求的目标。网球运动中的技能、心理、准则、礼仪等将网球文化所要求的思维模式、道德规范、行为准则有机地融为一体,可以提高人们的综合素质。独特的网球文化使得网球运动成为现代社会人们崇尚的生活方式之一。

(3) 网球文化具有终身受益的作用。由于网球运动的运动量和运动强度具有可调控性和趣味性,可快可慢、可张可弛,不受年龄、性别影响且没有肢体碰撞,可以使参与者以饱满的热情和适合自己的强度,在不知不觉中达到增进健康、增进体质、强壮身心的目的。

(4) 网球可以培养团结协作的精神。在网球比赛特别是在双打比赛中,想做到配合默契,就要始终尊重和鼓励伙伴,特别是在失误丢分后,一定要勇于承担责任。这种协作精神将大大加强集体的凝聚力和战斗力,如郑洁和晏紫获得澳网女双冠军,除了技战术好外,与她们16年的团结和睦相处、配合默契是分不开的。

(5) 网球能培养更加自信的心理状态。心理状态在网球比赛中具有重要的因素,在技术相近的选手之间比赛,心态更显重要。网球能训练一个人的心理,锻炼出不因自己或对手及其他原因而影响心理状态的正常发挥。

(6) 网球运动是一种文明、礼貌、高雅的文化礼仪。球员与球员、教练、观众之间始终以礼相待;观众观赏网球比赛中途不能走动和发出声音;现代网球文化既保留了这种古代网球的文化、礼貌和高雅性,又增强了现代网球运动文化的大众性。

第二节 网球运动基本知识

一、世界网球运动组织机构

1. 国际网球联合会(ITF)

国际网球联合会(简称国际网联)筹建于1911年,1913年正式宣告成立,目前有198个会员国。中国网协在1980年被接纳为该组织的正式会员。国际网联总部设在伦敦。国际网联的主要职责是负责有关网球比赛的一切事务,制订与修改网球规则,为发展中国家的网球教练开设培训班,协调世界青年、成年和老年网球比赛。

2. 国际男子职业网球联合会(ATP)

国际男子职业网联是世界男子职业网球选手的"自治"组织机构,1972年成立于美国公开赛之时,总部设在美国的佛罗里达州。其主要任务是协调职业运动员和赛事之间的伙伴关系,并负责组织和管理职业选手的积分、排名、奖金分配,以及制订比赛规则和给予或取消选手的参赛资格等工作。

3. 国际女子职业网球联合会(WTA)

国际女子职业网球联合会成立于1973年,球员总部设在佛罗里达的圣彼得斯堡。像男子网球运动一样,WTA的主要职责是负责所有球员的问题。

二、世界网球赛事

每年网球有四项重要的大满贯赛事:澳洲网球公开赛(Australian Open)、法国网球公开赛(French Open)、美国网球公开赛(U. S. Open)、温布尔登网球公开赛(Wimbledon Open)。其中最负盛名的是温布尔登网球公开赛。每一项赛事都设有男女单打和男女双打四个项目。ATP系列赛又包括下面六种比赛:大师杯赛、世界双打锦标赛、世界队国际锦标赛、网球大师系列赛(也就是所谓的超九赛事)、国际黄金系列赛、国际系列赛。

三、网球比赛场地种类

1. 草地场

草地球场是历史最悠久、最具传统意味的一种场地。其特点是球落地时与地面的摩擦小，球的反弹速度快，对球员的反应、灵敏、奔跑的速度和技巧等要求非常高。

2. 红土场

更确切的说法是"软性球场"，其最典型的代表就是红土场地的法国网球公开赛。另外，常见的各种沙地、泥地等都可称为软性场地。

3. 硬地场

硬地网球场是最普通、最常见的一种场地。硬地网球场一般由水泥和沥青铺垫而成，其上涂有红、绿色塑胶面层，表面平整、硬度高，球的弹跳非常有规律，但球的反弹速度很快。

4. 地毯场

这是一种"便携式"可卷起的网球场，其表面是塑胶面层、尼龙编织面层等，一般用专门的胶水粘接于具有一定强度和硬度的沥青、水泥、混凝土底基的地面上即可，有的甚至可以直接铺展或粘接于任何有支持力的地面上。

四、网球比赛场地

1. 网球场地的大小（网球场地标准尺寸）

一片标准的网球场地，占地长 36.60 米、宽 18.30 米，双打场地标准尺寸为长 23.77 米、宽 10.97 米。球场两端的界线称为"端线"，球场两边的界线称之为"边线"；在球网两侧 6.40 米处的场内各画一条与边线平行的横线为"发球线"；联结两发球线的中点画一条与边线平行的线称"中线"；中线与球网成"十"字形，将发球线与边线之间的地面分成四个相等的区域，称为"发球区"；在端线的中心，向场内画一条垂直于端线的短线称为"中点"。

2. 球网

单打球网长为 10.06 米，双打球网长为 12.8 米，球网的中央高为 0.914 米，并用 5 厘米宽的白布速带束于地面，要求球网的下边须和地面接触。

第三节　网球运动基本技术

一、握拍

1. 正拍握法

拇指和食指形成的"V"形对准拍柄右上斜面，拇指扣在中指上，食指与中指微离（图 16-3-1）。

图 16-3-1

图 16-3-2

2. 单手反拍握法

"V"形对准左上斜面(图 16-3-2)。

3. 西方式握拍法

"V"形对准右垂直面(图 16-3-3)。

特点：使用该握法有利于打出强力上旋球，较适合打腰部及以上来球，但对较低的来球较难处理。

图 16-3-3

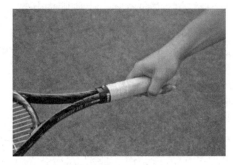
图 16-3-4

4. 东西方混合式握拍法

"V"形对准右上斜面与右垂直面交界处(图 16-3-4)。

特点：它的握法介于东方式与西方式之间，使用该打法可以更灵活地处理各种来球。

5. 大陆式握拍法

由拇指与食指形成的"V"形虎口放在拍把手的上平面与左上斜面的交界线上，手掌根部贴住上平面，与拍底平面对齐(图 16-3-5)。

特点：用大陆式握法进行正、反拍击球时无需变换握拍，较多采用在发球、截击球等技术中。

图 16-3-5

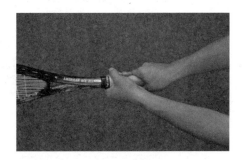
图 16-3-6

6. 双手反拍握法

右手采用反拍握法握在拍柄下部，左手用正拍握法握在拍柄上部(图 16-3-6)。

特点：使用双手反拍握法易于控制拍面，击球点范围较大，能够弥补反拍击球力量的不足。

二、基本步法

1. 交叉步

当一次击球过后，要迅速退回场地中准备下次击球时，交叉步是最好的选择。向场地中央移动时,尽可能保持肩膀平行于球网,重心保持在两腿间,两腿呈交叉状向侧面跨步。如果向右侧移动,应先跨左腿在右腿前;相反同理。当你要处理离你距离很远的球而需要做大幅度移动时(如近网短球或大角度的来球),那就先侧身,然后疾速向球的方向奔跑。但如果每次击球都使用这样的步法,就会限制你的变向能力,而且容易导致错误的步法运用。

2. 滑步

准备击球或击球后回位的距离较短时,多数球员都会采用滑步。面对球网,将外侧的腿向所要移动的方向滑动。内侧腿向其移动时,两腿在空中接触(注意:依个人习惯,也可不接触),然后进入准备击球状态。提示:当球处于比较靠近你的位置时,推荐使用这种步法;如果球距离你很远,可以使用跑动范围较大的交叉步。

3. 碎步

在挥拍击球前用小碎步调整可以帮助你处于最佳的击球位置。看看一些顶级职业选手在挥拍击打落地球前,都会通过碎步来调整到理想的击球位置。多数业余选手通常只满足于移动到击球位置的附近,这样有时会导致需要弯腰或伸长胳膊去接球,要不就只能拼命去做非常规的击球动作。提示:尽管你的击球可以过网,但它未必能达到你所期望的效果。通过碎步来调整到最佳的击球位置,将会大大提高你击球的潜能。

4. 跳步

在每次击球前,特别是进行网前截击的时候,球员应该使用分隔步法。从准备状态开始,当对手开始挥拍时,膝盖弯曲,做一个小跳跃(高度不要超过5厘米),双脚的前脚掌着地(略宽于肩)。这样会保持一个适当的站位,很容易向对手下一次击球的方向突然起动。

三、底线正拍抽击球技术

(1) 右手握拍柄,左手扶拍颈,两膝微屈,重心在两脚前脚掌。

(2) 曲肘水平直线向后拉拍,拍头微翘,身体侧对球网。

(3) 击球点在前脚侧前方,约与腰部同高,触球拍面接近垂直,左手指向击球方向,采用闭和式击球步法,右腿蹬伸带动转体向前发力。

(4) 球拍触球后继续向前、向上挥出,球拍随挥至左肩上方结束,左手扶拍,重心移至前脚。

四、底线双手反拍抽击球技术

(1) 两臂贴近身体侧对来球。

(2) 击球点在前脚侧面,距身体约一个球拍的距离,拍面垂直触球转腰发力,重心前移,右臂击球后曲肘帮助球拍前挥。

(3) 向前→上→右外上方挥拍,随挥结束时左上臂贴近下颌,球拍挥至右肩上方。

五、平击发球

平击发球在各类发球中是球速最快的发球法。平击发球力量大,落地后弹跳低,给对方威胁最大,但同时命中率较低,多采用在第一发球。

(1) 握拍:一般采用大陆式握法,有些初学者也可采用东方式正拍握法。

(2) 准备姿势:两肩站立与肩同宽,侧对球网,重心在前脚,一手握拍,另一手持球并扶拍颈。

(3) 抛球:左腿向上蹬伸,同时左手竖直上抛。

(4) 抛球和后摆:左手竖向上抛,抛球同时开始后摆球拍,抛球后左手指向球。

(5) 后引:引拍结束时球拍垂于脑后成搔背姿势。

(6) 击球部位:球拍垂直击球后中上部。

第四节　网球运动基本战术

一、单打战术

单打战术的运用要有独立作战的能力,头脑冷静,适应能力强,既能控制球路,不轻易失球,又能积极发力进攻。在战术运用上要根据自己的技术特点及场上的条件灵活运用。

1. 上网型打法

上网型打法战术的指导思想就是利用网前进攻为主要得分手段。它的基本战术可分为发球上网、随球上网、接发球上网、偷袭上网、伺机上网及放轻球上网。

(1) 发球上网战术。发球上网是上网型打法者利用球的力量进行主动进攻,先发制人,然后上网抢攻的一项主要战术,是上网型打法者在比赛中的主要得分手段。

用第一发球的力量,发侧旋球,目标对方发球区右区外角,然后上网、冲至发球线中线偏左,主要封住对方正拍接直线球,截击球至对方反拍区。

用第一发球平击球或用第一发球的力量发上旋球,目标对方发球区右区内角,然后上网,冲至发球线中线,判断来球,截击球至对方底线正、反拍深区,随中场截击贴近网。

用第一发球力量发上旋球,目标对方发球区左区外角,然后上网,冲至发球线偏右,主要封对方反拍接直线球,截击球至对方正拍区。

用平击发球或侧旋发球,发球在左区内角上网,冲至中场处,判断来球,截击至对方正、反拍底线深区,然后人随球跟进,准备近网截击。

(2) 随球上网战术。随球上网战术是利用双方在底线对攻相峙时或对方接发球时,出现质量不高的中场球(在发球线前后附近得球),果断地用正、反拍抽击,然后随球上网的一项战术,也是比赛中的主要得分手段。

(3) 接发球上网战术。对付对方偏软的发球,尤其是接对方的第二发球,采用抢攻上网或推切上网,以便充分发挥自己上网型打法的特点。

(4) 偷袭上网战术。上网型打法的偷袭上网战术主要是用在比赛中对方只注意去对付一种打法而忽略了对付其他打法时所运用的一种变换上网战术,以达到打破对方进攻及防守节奏、进攻对方的目的。

2. 底线型打法

底线型打法是以底线正、反抽击球为基础组织的战术。它的指导思想必须是用速度、旋转、落点的变化来创造进攻机会。底线型打法的主要战术有:对攻、拉攻、侧身攻、紧逼攻、防守反攻。

(1) 对攻战术。底线型打法的两面攻战术,是利用底线正、反拍抽击球具有强大的连续进攻能力,配合速度和落点变化与对方展开阵地战,力争主动,从而达到攻击对方、控制对方的目的。

(2) 拉攻战术。拉攻战术是底线型打法中比较普遍的一种战术。它是以底线正、反拍拉上旋球,或正拍拉上旋、反拍切削球,使对方左右跑动,一旦出现机会,马上给予致命一击。

(3) 侧身攻战术。侧身攻战术是底线型打法中的一项主要进攻手段。它是利用强有力的正拍抽击球,配合良好的判断和步法移动,在三分之二的场地上用正拍对对方施加有力的攻击。

(4) 紧逼战术。底线型打法的紧逼战术是以其快节奏对对方进行攻击的一种重要手段,也是当今世界上优秀选手们常用的一种攻击对方的战术。紧逼战术主要是发挥其良好的底线正、反抽击球技术,迎击上升球,准确的落点控制,节节紧逼,以达到攻击对方的目的。

(5) 防守反攻战术。防守反攻战术在底线型打法中占有很重要的位置,在执行防守反攻战术时利用良好的底线控制球能力,发挥判断反应快、步法体力好、击球准确的特点,来调动对方,以达到在防守中寻找机会进行反击的目的。

3. 综合型打法

综合型打法是以基本功扎实、技术全面为基础,根据不同的对手和不同的技术、战术掌握情况,以及场地特点与战术需要,灵活地变化战术打法。综合型打法攻守平衡,符合积极主动、机动灵活的战术原则。

(1) 对付发球上网型打法者,采用接发球破网或先确保接球成功率,再准备第二板破网。

(2) 对付随球上网打法者,采用底线打深球战术,不给对方以上网的机会。如果对方上网了,就采用两边节奏不同的破网或挑上旋高球破网。

(3) 对付底线拉上旋球打法者,可采用发球上网或随球上网的战术,以及用正拍进行对拉、反拍切削控制落点的战术,寻求进攻机会。

(4) 对付底线稳健型打法者,采用发球上网及底线紧逼战术,打乱对方节奏。

(5) 对付接发球上网者,采用提高一发命中率,变化发球和落点,以控制场上主动权。

二、双打战术

对于业余的网球爱好者来讲,参加双打比赛似乎更加合适。因为它对体力的要求比单打低,而且更富有乐趣。网球双打可以男女老幼自由搭配,球场上经常可以看到"夫妻档""父子兵",齐心合力,并肩作战。

双打最常见的站位是一左一右,一前一后。当甲1的发球威力极大,乙1接发球相当被动,处于应付状态时,乙2可退到底线防守,尽量争取多一些过渡球来摆脱不利的局面。当接发球的乙1,习惯于打对角斜线球时,甲2可与发球的甲1站在同一侧,甲1发球后立即上网封乙1的直线球,甲2封乙1的对角斜线球。这样可迫使乙1以不习惯的方式回击线球。

1. 发球上网战术的运用

(1) 直接上网封截斜线球。甲1站在右区中线附近发球,并迅速上网。接球方乙1以斜线球攻击甲1的正手,同时乙2压上封角度,但甲1抢在前面把球截击到接球方左边线附近。

(2) 发球上网由同伴封截直线球。甲1在右区发斜线球至对方右区边线附近,迅速上网。乙1以直线球破网,甲2及时移动封堵,将球截击至对方中后场空档。

(3) 上网封堵中路,抢截斜线球。甲1在右区发斜线球至对方右区边线附近,然后迅速上网并向中间移动,迫使乙1以斜线球破网。甲1把球击向对方右前场边线附近。

(4) 上网封斜线,由同伴抢截中路球。甲1在左区发斜线球至对方左区边线附近,迅速向左前方跑动上网。乙1试图将球从甲方两人中间的结合部穿越破网。甲2迅速向中间移动,将球击入对方场区的空档。

(5) 上网后撤打高球。甲1在左区大力发球至对方中线附近,随即上网。乙1挑高球至甲2身后。此时应由甲1侧身向后跑,将球击向对方反手,甲2则向左移动补位。

2. 破发球上网战术的运用

(1) 接发球回击至上网者脚下。乙1接发球直接打斜线球至上网者脚下,使甲1回球难度增大,当其以反弹球将球挡回时,乙1再将球击向对方中路。

(2) 挑防守性高球至对方端线。乙1挑出高高的防守性高球至对方端线附近,使甲1被迫后撤,这样可以解除其上网的威胁。

(3) 挑进攻性高球过对方网前人。甲1发球至边线附近时,乙1立即以上旋高球挑过甲2头顶到达对方后场左侧。

(4) 用上旋的小斜线球破网。当甲1发球上网,并封堵中路时,乙1则可以强烈的上旋小斜线球直接破网。

(5) 以直线球过网前人破网。双打应该是多打斜线球,但偶尔打一个直线球也是需要的。当对方网前人经常抢网拦斜线的接发球时,乙1这时打的直线球就能破网了。

3. 运用双打战术的要点

(1) 同伴之间相互尊重、相互鼓励,取长补短,彼此间的默契、相互的掩护和接应能有效地弥补个人技术的不足。

(2) 尽量发挥彼此的特长,发球技术较好的先发球,技术强的可在左区接发球。

(3) 第一发球应力求成功,大多发向对方的反手。双打中的落点比力量更重要。

(4) 占据网前的有利地位使对手产生压迫感是双打取胜的关键因素。

(5) 攻守有序。一味地攻击有时会造成失误过多,适当地防守常是突破难关的转折点。要注意灵活运用战术,做到攻守结合。

(6) 将球打到对手的脚边及两人的中间,常能制造有利的攻击时机。

第五节　网球竞赛规则

一、网球比赛规则

网球比赛分为单项(男、女单打,男、女双打和混合双打)和团体两种。奥运会网球赛只设男单、女单和男双、女双四个项目。重要的网球国际比赛有:温布尔登网球锦标赛、美国网球公开赛、澳大利亚网球公开赛和法国网球公开赛。在同一年里,若有一名(单打)或两名(双打)选手在四次大赛中都获冠军,可得到"大满贯"的荣誉称号。戴维斯杯赛(世界男子团体赛)共五场比赛,包括四场单打和一场双打,赢三场者为胜。联邦杯赛(世界女子团体赛)共三场比赛,包括两场单打和一场双打,赢两场者为胜。

网球比赛时,发球方先在右半场端线后发球,每1分有两次发球机会,第一次发球出界或落网称一次失误,第二次再失误叫双误,失1分。第2分换在左半场端线后发球,第3分又回到右半场,如此轮换,直至该局终止。下一局改对方发球。先胜4分者为胜一局。双方各得3分时称"平分",之后净胜2分才胜该局。胜六局为胜一盘。若双方各胜五局,一方净胜两局为胜该盘。男子单打、双打采用五盘三胜或三盘两胜制;女子单打、双打和混合双打采用三盘两胜制。网球比赛的叫分方法是胜1分叫"15",胜2分叫"30",3分叫"40"。双方得40叫"平分"。为控制比赛时间,常用平局决胜制,即比赛局数6平时,以再净胜2分者为胜。但三盘两胜制的第三盘和五盘三胜制的第五盘不得使用平局决胜制。

二、网球记分方法

1. 胜1分

遇到下列情况时,判对方胜1分:

① 发球员连续两次发球失误或脚误时。

② 接球员在发来的球没有着地前用球拍击球,或球触及自己的身体及所穿戴的衣物时。

③ 在球第二次落地前未能还击过网时。

④ 还击球触及对方场区界线以外的地面、固定物或其他物件时。

⑤ 还击空中球失败时。

⑥ 在比赛中,击球员故意用球拍拖带或接住球,或故意用球拍触球超过一次时。

⑦ "活球"期间运动员的身体、球拍(不论是否握在手中)或穿戴的其他物件触及球网、网柱、单打支柱、绳或钢丝绳、中心带、网边白布或对方场区以内的场地地面。

⑧ 还击尚未过网的空中球(过网击球)。

⑨ 除握在手中(不论单手或双手)的球拍外,运动员的身体或穿戴的衣物触球。

⑩ 抛拍击球时。

2. 胜一局

运动员每胜一球得1分,先胜4分者胜一局。但遇双方各得3分时,则为"平分"。"平分"后,一方先得1分时,为"接球占先"或"发球占先"。占先后再得1分,才算胜一局。

3. 胜一盘

一方先胜六局为胜一盘,但遇双方各胜六局时,一方必须净胜两局才算胜一盘。

4. 决胜局(抢七局)

在每盘的局数为6平时,进行决胜局,先得7分为胜该局及该盘;若分数为6平时,一方须净胜2分。

第十七章　击　　剑

第一节　击剑运动概述

一、击剑运动的起源及发展

1. 击剑运动的起源

剑,同人类其他自古流传下来的工具和武器一样,是我们的祖先在劳动中创造的。在中国的西周时期,剑是一种防范的武器。到了春秋战国时期生产出了青铜剑,并且剑的外形和制作工艺有了很大的变化。战国后期的剑,剑身加长了。封建时代剑是神圣的,它既是武器,又是一种身份的象征。

现代击剑起源于中世纪的欧洲,在14世纪的西班牙、法国、意大利出现了一个令人炫目的骑士阶层,他们以精湛的剑术纵横天下,贯穿起一个又一个历史片断,从而博得了广泛的美誉。此后各国贵族纷纷效仿,一时间研习剑术成为上流社会趋之若鹜的时尚,以至于发展到贵族之间解决纠纷,都是拔剑相向,一剑定生死。1643年前后,法国国王路易十四对当时法国的击剑服装和器具做了统一的规定,由此开创法国剑术流派的先河,击剑作为一种体育竞技项目初具雏形。1776年,法国人拉·布埃西叶尔发明了面罩,使击剑进入了新的时代,成为一项极有意义的体育活动,法国也因此成为当时竞赛性击剑运动的中心。随后,瑞士、英国、意大利等国都相继设立专门从事击剑运动训练的学校,击剑运动在欧洲得到了普遍的开展。

击剑运动是运动员手持钢剑,按照事先规定的比赛规则,进行一对一的对抗格斗项目。击剑运动的技术性很强,要求动作舒展大方,手上的技术动作变化多样,步伐移动轻盈灵活,攻防反战术转换迅速。击剑运动员要在快速、复杂、多变的激烈对抗格斗中,完成一系列攻防反动作,最终决出比赛的胜负。击剑运动员这些动作都是以力量、速度、柔韧、协调和耐力等素质为基础的。在高水平击剑比赛中,运动员双方不仅比身体素质和击剑技术,更重要的是选手之间进行智慧的较量。

为了满足人们的决斗热而又不至于伤人,于是人们设计出轻巧的、剑身呈四棱状的剑。说现代击剑运动起源于欧洲,是因为欧洲人发展了击剑运动,发明了更具有安全性的保护服装,改进了剑的结构,制定了详细的比赛规则,并规定比赛裁判术语为法语。击剑运动不仅具备拳击、散打、跆拳道等直接对抗搏击的刺激,更重要的是有安全的服装和护具来保护运动员的整个身体,使运动员既能满足求胜欲望,发泄、减缓工作和生活压力,同时还不会对身体造成任何伤害。

击剑运动同其他体育运动一样,经过长期系统的训练,会使你的肌肉、韧带、血管更加有弹性,骨骼更加坚固,对你的神经系统、呼吸系统、消化和吸收等有积极改善,还能使你肌体脏腑器官的功能增强,充满活力,延缓衰老。

2. 击剑运动的发展

根据2000年悉尼奥运会及近年世锦赛、世界青少年锦标赛等国际大赛有关资料的分析统计,目前击剑运动参赛国家数量基本稳定在100个左右。据统计,悉尼奥运会五个剑种的个人和团体前三名中,欧洲国家获得了绝大多数奖牌;各剑种前八名中,亚洲、美洲、澳洲等国家的运动员仅仅占27.5%的席位。从悉尼奥运会至今,在各种世界大赛中仍保持着这种态势。因此,可以预见未来世界剑坛的格局不会发生大的变化,欧洲仍占主导地位,美洲国家仍以古巴和美国为代表,亚洲地区为中、韩两国平分天下的局面。目前,在国际大赛上中、韩两国的部分剑种已对欧洲强国构成了威胁。

在未来的几年里,国际剑联还将在竞赛组织、规则、服装、器材等方面做进一步的优化和改进,以使击剑比赛更加激烈,且更具观赏性。在击剑运动规律被更多国家所掌握和运用的情况下,竞技水平也将会进一步提高,实力则会更加接近,争夺也会更加激烈,预计在未来的几年里击剑运动会达到一个新的水平。

中国击剑运动启蒙于20世纪50年代,1955年前苏联专家赫鲁晓娃在中央体育学院(现北京体育大学)开设击剑专修课,开始把击剑运动引入中国。

二、击剑运动的分类

击剑运动分三种剑:花剑、重剑、佩剑。

1. 花剑

花剑总长110厘米,剑身长90厘米,重量为500克,剑身横断面为矩形,护手直径为9.5~12厘米。比赛采用电动裁判器。剑的末端装有电钮,运动员在比赛中只能刺,不能劈打。当运动员刺出的力量大于500克时,剑头的开关就接通,裁判器上会显示信号。击中有效部位躯干(也就是运动员的金属背心)时裁判器才会显示彩色灯,击中无效部位时,则显示白灯。每刺中一剑有效部位可得1分。如果运动员相互击中有效部位时,裁判员则判主动进攻的运动员胜一剑。花剑比赛讲究击中优先权,先攻击而击中者得分。被攻击者须先做出有效抵挡动作后再攻击中才有效。剑道旁的裁判为主裁判,他必须在花剑和佩剑比赛中,双方同时击中时,决定谁有"击中优先权"。

2. 重剑

重剑是从古代的决斗中遗传下来的。重剑的长度与花剑相同,重量为770克,剑身横断面为三棱形,护手直径为13.5厘米。比赛采用电动裁判器,运动员在比赛中只能刺,不能劈打,全身都是有效部位。剑尖同样有弹簧头,当运动员击中力量超过750克时,裁判器才会显示彩色灯的信号,得分与花剑相同。但一方运动员击中对方后,另一方再刺中该方,裁判器只显示先刺中一方的灯。如果双方在1/25秒内同时刺中,则同时亮灯,为互中,各得1分。

3. 佩剑

佩剑是现代骑兵用剑,是既劈又刺的武器。佩剑的总长105厘米,剑身长88厘米,重量为500克,剑身横断面为梯形,护手盘为月牙盘。剑尖为圆形,没有弹簧头,佩剑既可刺又可劈,这是与花剑、重剑最大的区别。腰部以上包括上肢均为有效部位。每刺中或劈中对方有效部位时裁判器显示彩色灯,而刺、劈中无效部位则无任何信号显示。得分与花剑相同。

击剑比赛是在一条长 14 米,宽 1.5~2.5 米,高 10~50 厘米金属道的场地上进行。金属道的作用是,运动员有意无意刺在比赛场地上无信号显示。金属道的两端各有一个拖线盘,内有可自由进出的电线,这根线与运动员身上的电线接通,而运动员身上的这根线与剑接通。这样,两名运动员、裁判器、托线盘相互连接,形成一条环形电路。每当一方以足够的压力刺中另一方时,电路接通,裁判器就以信号通知裁判员。

第二节　击剑运动基本技术

击剑的基本技术是掌握该项目运动难、新技术的基础,也是组成技术最基础的动作元素,是技术运用和发展的基础。

一、准备姿势

1. 握剑

目前各国运动员主要使用的剑柄为枪柄,但也有少数重剑运动员使用直柄剑,手柄有左右之分,枪柄也有形状变化,但持剑的方法大体相同。

持剑主要依靠大拇指和食指控制剑尖。大拇指和食指稍屈相对握,中指、无名指、小指压紧手柄,使剑柄压在手掌根的中线。佩剑则压在小拇指根处,掌心要与剑柄间有一定的间隙,手腕要保持一定的紧张度,有利于控制剑的动作。使用直柄剑对正确体会手腕动作较有利,初学者用直柄剑较好。

2. 敬礼动作

击剑比赛讲究礼貌,赛前要相互敬礼,课前教练和学生要相互致敬,击剑敬礼。一般由三个动作组成:

(1) 转身、侧立两脚成直角,脚跟相靠,手臂伸直与身体约成 45 度角,剑尖指向地面;

(2) 屈臂、剑尖直指向上,护手盘靠近嘴唇;

(3) 伸臂使剑平指向致敬者。

3. 实战姿势

实战姿势是一切击剑行为的准备姿势。

(1) 作用:便于移动、攻击和防御,使对方难以击中自己。

(2) 动作要点:运动员侧立,面向持剑前方,前脚尖向前,后脚垂直于前脚跟的延长线,两脚间距离同肩宽,两膝微成半蹲,躯干自然,稍含胸收腹,持剑臂微屈,不持剑臂的大臂与地面平行,小臂向上垂直,手腕、手指自然放松。

二、击剑步法移动

1. 一般步法

(1) 向前一步。前脚尖先启动,摆小腿向前移动一脚掌,脚跟先着地,过渡到全脚掌,后脚跟上相同距离。注意后脚要离地向前挪动,不要拖地向前。

(2) 向后一步。提起后脚向后挪动一脚掌,前脚紧接向后移动同样距离。

(3) 向前交叉步。后脚经过前脚内侧交叉向前跨一大步,在前脚尖处着地,前脚接着向前移动同样距离。

(4) 向后交叉步。前脚经后脚跟交叉向后跨一大步,在后脚跟后约 10 厘米处着地,后脚接着向后跨同样距离。

(5) 向前跃步。提起脚跟,向前摆小腿,同时后脚快速蹬地向前跳跃一小步,两脚同时着地,注意两脚着地要同一声音。

(6) 向后跃步。提后脚跟,快速向后挪脚,同时前脚掌用力蹬地,向后跃一小步,双脚同时着地。

(7) 向内移步。先提后脚向腹侧方向横跨一步,前脚向内移动同样距离。

(8) 向外移动。先提前脚,向背侧方向横跨一步,后脚跟随向外移动同样距离。

2. 进攻步法

(1) 弓步。翘起前脚尖,摆前小腿向前,躯干同时向前,后脚掌稍蹬地,使后腿蹬直,前脚跟着地,过渡到全脚掌,大腿几乎和地面平行,小腿垂直地面,后腿伸直,身体稍前倾或弓步姿势。持剑作弓步进攻时,应先伸手臂使剑尖对准目标,再出脚成弓步姿势,不持剑的手臂向后摆动,有利于身体平衡。弓步回收成实战姿势时,应先屈后腿,蹬前脚跟,使躯干后移,还原成实战姿势。

(2) 冲刺。先伸持剑臂,带动躯干前移,当身体重心超过前脚时后脚蹬地,提膝经前腿内侧交叉向前摆动,前腿同时蹬地伸直,充分展体,后腿交叉着地在前脚前,前脚也交叉向前冲跑。

3. 实战中运用步法的一些基本要求

(1) 步法要轻巧,动作要自然,特别是要根据战术需要和临场产生的突然情况而迅速转换。

(2) 步长能与良好距离感相适应。能快速、及时、准确地避开对手攻击,又能快速、突然地接近对手。

(3) 步法要有节奏变化,避免规律化,步法要有欺骗性,能做到真假难分。

4. 步法练习方法

(1) 集体练习

① 听口令练习。由老师发口令,学生根据口令做相应步法,也可分解练习。初学者采用这种方法较多。

② 看手势练习。老师以各种手势代表各种步法的信号,并经常变换信号含义来提高学生灵活性。

③ 跟随步法。由老师或一名学生和大家相对立领做,领做者向前,集体向后,跟随练习。

④ 依次练习。学生一个个依次排队,间隔一定距离,依次练习,便于教师认真观察每个学生的动作缺点,及时指出,并能个别纠正训练中可作为专项准备活动方法;练习内容有一般性步法练习和实战性步法练习。

(2) 双人练习

① 跟随练习。由两名学生保持实战距离,一人主动移动,另一个跟随移动,并始终保持着实战距离,可以持剑练习,也可以不持剑练习。

② 持杆练习。由两名学生相对立,两人的手掌顶杆的两头,要求一方跟随另一方移动,始终保持这样距离,不准中间的杆掉下来,要求双方手臂尽可能保持原来位置。移动时不要过快,既要控制对方快速变换方法,又要使对方能跟随移动。

③ 实战性步法练习。两名学生保持实战距离,做实战性动作步法练习。如做攻守练习,一人向前步法中突然发出进攻,另一人必须迅速退开后又向前做半弓步来代表还击。

(3) 个人练习

① 规定内容、次数或练习时间。如规定 5 秒弹跳步或每组 20 次向前跃步接弓步,做 4 组。

② 假想对手练习。做 10 秒假想对于实战的连续步法练习。

③ 对镜练习。对镜自我纠正姿势练习。

(4) 专项素质练习

① 负重步法练习。可在腿上或身上负一定重量,做规定次数或时间的各种步法练习。

② 阻力或助力的步法练习。主要是对于弓步和冲刺的练习,利用阻力或助力来提高弓步冲刺的速度和力量。

三、击剑的进攻技术

进攻是指运动员伸出持剑臂,用剑尖连续向前威胁对方的有效部位。进攻分直接进攻和复杂进攻。

1. 直接进攻技术

(1) 直刺进攻。先伸手臂紧接出弓步,手指控制剑尖向目标刺出,直刺进攻,手臂不要一开始就过于伸直,应基本伸直,肩关节保持放松状态直到击中一瞬间才充分伸展手臂。

(2) 转移进攻。属于间接进攻。发动在一条线上,结束在对手暴露部位的另一条线上。用剑尖在对手的剑下方做一个半圆形转移动作,同时伸臂刺向对手暴露的目标,转移进攻,用手指和弓腕相结合的动作来控制剑尖路线,前臂不旋转,并要求手腕动作不要太大。

(3) 压剑转移进攻。用压剑的动作,让对手在被压线上反抗,然后利用对手的反抗力做转移进攻,从而有效地击打到对手。

2. 复杂进攻

复杂进攻是由几个简单进攻组合起来的进攻。它是在一条线上做假动作,而在另一条线上发动进攻,就是说,装出发动进攻或装出要进攻对手某一部位的样子,实际上却从另一条线上进攻。这是一些通过欺骗对手以便实施突然进攻的假动作,这里主要介绍一些比较简单、常用的复杂进攻。

(1) 内、外二次转移进攻。从第 6 姿势开始,伸臂做一个转移假动作,引诱对手在第 4 姿势这条线上做防守工作,接着出弓步做第二个真实意图的转移动作,转回第 6 姿势的线上来击中对手。做二次转移进攻动作时应注意,是紧接第一个转移动作后在伸臂的情况下做出的,第一个假动作要能充分地引起对手的反应动作,并使自己的动作节奏与对手的反应动作相适应。简单地说,内、外二次转移进攻,就是伸直手臂装出进攻有效部位的某一边,而真正发动进攻是在另一边。

（2）交叉转移进攻。它与二次转移进攻有同样目的,但不是用转移动作而是用交叉刺的假动作引起对手的反应,在对手被诱出防守动作后,及时做一个转移进攻击中对手。交叉刺比转移刺更具有真实性,欺骗作用更有效,最后按转移攻击动作,能使动作简单、快速,在最有利的时机刺中对手有效部位。

（3）圆周转移进攻。这是针对圆周防守的转移进攻,先伸手臂引起对手圆周防守,然后跟随对手动作做转移攻击,剑尖要尽量靠近对手剑的护手盘处。圆周转移是靠手指控制动作。手指应自然地握剑,不过分用劲,也不要太放松,使手柄在手指之间轻轻地转动。

（4）上、下二次转移。与内、外二次转移相对应,内、外二次转移是在水平线上进行,而上、下二次转移在垂直线上进行,先在低线上引起对手动作反应,对对手第1部位或第2部位进行威胁,而后转移到第3或第4部位,在高线部位上击中对手。做假动作时应伸出手臂,剑尖伸到对手持剑下面位置,用手指和手腕相结合的动作诱使对手做出低线防守动作后,再以最快速度出弓步,使剑尖向对手的高线部位转移进攻。

（5）甩剑刺。甩剑刺是指利用剑条的弹性和电动剑头的性能以形成有利的角度来刺不同部位的方法。先抬起前臂使剑尖朝斜上方,再突然用爆发力使剑尖快速向下,又立即使手指用力捏住剑柄,不让剑身向下,造成剑尖随弹性的弯曲向下去刺中对手。甩剑刺可运用不同的方向和部位。

3. 进攻技术要求

（1）动作预兆要小,意图要隐蔽。
（2）速度要符合动作的要求和对手的情况。
（3）要掌握对手的节奏。
（4）击剑的技术是多意图的,根据即时观察判断,做出针对性的行动。
（5）掌握合适距离和时杠作出进攻,步法和进攻要配合熟练。

四、击剑的防守、还击技术

1. 防守技术

防守是用武器和距离保护自己,避免被对手攻击击中的动作。正确的防守是在对手剑到达前,关闭对手进攻的路线。

（1）身体刺中面积的划分。为了便于技术教学,将人体躯干的正面用两根相互垂直的轴线划分成四个部位,持剑手侧上部为第3部位（或称第6部位）,下部为第2部位（或称第8部位）,领侧的上部为第4部位（或称第5部分）,下部为第1部位（或称第7部位）。

（2）防守方法。防守的目的是避免被对手击中。根据击剑运动的特点,除了主要的武器防守外,还有距离防守和身体躲闪防守。

① 武器防守。武器防守是以剑来搁开对手攻击的防守方法。武器防守要注意用自己剑护手盘外的剑枢部即剑的强部去防对手剑的弱部。良好的武器防守必须有合适的距离。一般来说,距离是防守进攻的首要条件,武器防守除用剑直接作防守外,还有击打防守、格挡防守两种。

击打防守是用自己的剑作一个击打动作来打开对手的剑。花剑、佩剑比赛中采用击打防守比较多,尤其是第4防守、第6防守、第2防守,使用击打防守更为普遍,击打防守在规则上有利,享有优先判权。击打防守动作小,防守和还击的速度快。它和进攻动作结合比较密切,容易相互转化击打后和对手剑脱离接触,改变刺击点比较方便。但击打防守常是不彻底的,有时容易防守不良,剑尖动作易失控,所以在重剑中较少运用。

格挡防守也称为压剑防守,是用自己的护手盘和剑根控制住对方攻击的弱部,还击时紧贴着对手剑去击中对手,便于运用抗防守还击。一般来说击打防守在较远的距离中运用,格挡防守是在较近的距离中运用,或双方同时向前时运用。格挡防守作为对抗还击较多,在花剑第6防守时使用较容易。

② 距离防守。距离防守是依靠步法来退开对方攻击的距离以达到防守的目的。距离防守是最可靠的防守方法,要求要有良好的距离感、节奏感、快速、灵活,以及步法转移能力。距离防守经常与反攻配合,但防守后还击较困难。

③ 躲闪防守。躲闪防守是依靠身体位置的变化来避开对手攻击,在花剑和佩剑中运用较多。躲闪防守经常与反攻相配合,如下蹲反攻和侧身反攻。

2. 还击技术

还击是指防守后的攻击动作。还击分为简单还击和复杂还击,简单还击又分为直接还击和间接还击。当然针对性不同,还击技术方法也不同。

(1) 直接还击。直接还击是指防开对方的剑后,在防守线上直接还击或接触对方剑身还击。直接还击是最常用、最基本的还击方法。由于对手进攻后双方处于近距离,直接还击速度快,还击技术简单。佩剑的防守直接还击为头部和不持剑的一侧。

(2) 转移还击。转移还击是在防守后采用转移刺或转移劈的办法去攻击对手暴露的部位,是针对进攻后回收快的对手。根据不同的距离采用不同的转移还击方式,对进攻后双方距离较近,直接还击又容易被对手防住的情况下,应在防守后稍停再向对手暴露的部位用转移刺或劈的动作进行攻击。若对手进攻后立即回收,使双方距离拉开,防守后应先稍向前伸臂以引起对手防守反应,再立即作转移刺或劈对手暴露部位。

(3) 缠剑还击。缠剑还击是防守后用剑缠住对方的剑还击对方薄弱部位。这种还击,一般在抗防守还击中运用。常用的有第4防守,缠剑刺腰,第6防守缠剑刺小腹等。

(4) 交叉还击。交叉还击是指防守后剑身向后拉而绕过对手剑尖向另一暴露部位刺去。花剑、佩剑中一般使用在对手进攻的对抗力较大或剑离你身体较远或对手回收较快的情况下。交叉还击容易使对手防守失误,因为它变换方向快,还击速度快,在花剑中又能快速夺取优先判决权。在近距离交锋中,第1防守交叉刺、第2防守交叉刺运用较多。在跟进还击中,第4防守交叉还击和第6防守交叉还击也运用较多。佩剑中对进攻后回收较快的对手,也可采用交叉还击。

(5) 相对速度还击。相对速度还击是在防守后稍停顿或作晃剑或连续转移来错开对手的动作节奏,攻击其暴露部位。它是对防守能力较强的对手,或动作速度较快对手运用的一种利用时间差的攻击行动,属于复杂还击。

(6) 反还击。反还击是指进攻被对手防守还击时,立即回收作出防守后紧接的攻击动作。

第三节　击剑运动基本战术

1. 破击打进攻

可用反击打防守还击；也可在对方击打时，立即向前伸臂反攻，破坏对方进攻距离，先击中对手，使对手击打后，直刺难以完成；也可用摆脱和对抗刺。

2. 破抢、反攻

一是加强进攻的出手速度，二是利用步法的节奏变化以及手上、上体的假动作来引诱对方抢攻或反攻，用击打进攻或向防守还击破反、抢攻。

3. 破击剑线

以假压剑接真击打，对摆脱能力强的对手要运用上、下击打。击打动作预兆要小，还要配合反变化，若击打打空要及时控制不作进攻，击打到剑立即作出进攻。

4. 破转移进攻

采用快速的反变化的联合划圆防守，也可采用快速后退几步的距离防守。

对防守还击强的对手，首先要掌握其动作规律，能以观察进攻取胜最好，要是难以攻破，就应该采用第二意图战术，即以第一次进攻引出对手决定性防守还击，再用反还击治之。对于进攻能力差的对手，可紧逼对手，引出对手进攻，采用避强攻弱的战术。对善于进攻的对手，可以紧逼对手，不让其发挥进攻特长，在紧逼中给对手一定的威胁，使其紧张，利用击打突然进攻攻击对手，也可以利用击剑线战术抑制对方进攻，通过击剑线摆脱，用击打、反攻、抢攻配合防守等组合来应对。

第四节　击剑竞赛规则

一、击剑比赛常识

击剑比赛是双人比赛，比赛中，一方用剑尖刺击对手，使剑尖准确无误地刺在有效部位并具有刺入的性质，最后有效点击数多的一方为胜。按规则，循环赛在三分钟内五剑决胜负，淘汰赛在九分钟内十五剑决胜负。最先击中对方达有效剑数，或时间到后击中对方次数多者为胜。团体赛，最先击中对方达四十五剑的团队为胜。击剑运动有三种武器：重剑、花剑、佩剑。三种武器的有效击中点及比赛规则亦有不同，故每种武器都有其竞技特点。相比而言，花剑更具运动性，佩剑速度最快，重剑则更需要技巧和准确性。

（1）预备。比赛在 1.5~1.8 米宽、14 米长的剑道上进行。当裁判宣布准备比赛时，双方队员在离中心线两米处开始线就位。队员们应该侧身（击剑基本姿势）站着，手中剑必须指向对手，未握剑的手在体侧位展开（花剑不能遮挡有效部位）。运动员每得 1 分都得回到开始线重新开始比赛。

（2）得分。使用重剑、花剑、佩剑击中，就是用剑尖刺击对手，使剑尖清楚地、准确无误地刺在有效部位并具有刺入的性质。到达对手身体的任何部位的击中,都是有形的、实体的、实质性的击中。为了使之成为有效的击中并得分,落点必须在有关剑种规定的有效部位内。

（3）平局。在规定比赛时间结束后,如果双方比分战平,那么将加时一分钟,使用突然死亡法。加赛前抽签决定优先权,如果加时赛中双方都未得分,那么有优先权者获胜。

二、团体比赛

团体比赛,每一位选手与对方的三位选手轮流比赛。先获得5分的选手为胜,然后选手交叉进行比赛,最先获得45分的团队为胜。

三、犯规与处罚

比赛重新开始后,一般情况都是从同一地点开始比赛(判罚丧失场地除外)。判罚丧失场地一般是把比赛的现场向犯规的团体移一米。如果选手的双腿退出后方端线,将被罚击中一剑。警告后,重犯同一错误,也会被罚击中一剑。在佩剑中冲刺冲撞,在花剑中故意做身体接触,在重剑中推挤对手也属于故意身体接触行为,都会被罚。击中一剑转身背向对手、剑尖在场地上非法拖划和重刺或者用不持剑手遮盖避免被击中都是犯规行为。第一次给以黄牌警告,如果再犯,将出示红牌判罚被对方击中一剑。对那些更为严重的犯规,比如报复与粗暴冲撞以及与对手串通舞弊,将会直接出示黑牌驱逐出场。

四、其他规则

（1）在每一回合的开始和结束,选手必须向对手、裁判以及观众敬礼。动作过程是,持剑臂手心向上伸平,剑尖指向裁判员(对手、观众),然后屈肘垂直举剑表示致敬。

（2）在比赛过程中,选手不能临时更换握剑的手。

（3）受伤的运动员(抽筋除外)有十分钟的休息时间,然后决定是否要退出比赛。

（4）如果剑刺发生在裁判的哨声之前,剑刺有效。但只能限于这一次,时间到后的任何剑刺都是无效的。

五、击剑裁判器的使用

在击剑比赛中,因为运动员的交锋速度快,裁判员单凭肉眼很难准确地观察到运动员是谁先击中对方的,所以借助击剑比赛的裁判器来协助裁判员工作。运动员手中剑的顶端有一个带有一定压力的剑头开关(花剑和重剑有),当剑尖刺中对方,剑头开关达到一定的压力后就产生导电作用。在击剑裁判器上,左右两侧各有一个显示灯,两个显示灯的颜色不同（红或绿）,左方运动员刺中右方,右侧灯亮;右方运动员刺中左方,左侧灯亮。只有重剑比赛有互相击中的判罚,重剑的互中是在1/25秒之内,若双方同时刺中对手,则两个灯同时亮,双方运动员各得1分。

第十八章 空 手 道

第一节 空手道概述

一、空手道的起源

据日本历史记载,距今约四千年美索不达米亚出土了陶瓦拳技图,该拳技传到日本后逐渐演变为拳法和格斗技,这是空手道的萌芽。公元 607 年中国和琉球(现日本冲绳县)开始了政治、文化的交流。随着交流的不断发展和扩大,1372 年中国的拳法也传入了琉球,使琉球的空手技术得以丰富和充实。日本的空手道文献《大岛笔记》中记载了从中国来的官员"公相君"和"满月"传授的格斗技术,以至现代空手道"型"中还保留有"公相君""满月"这些名称,以示不忘本源。1429 年尚巴志王分别平定琉球岛上中、南、北三王后,为了巩固统治地位,下令禁止人们携带武器;1609 年琉球被日本萨摩藩的岛津族征服后,又实行了禁武政策。因此,琉球人民为了强身自卫,暗中学习和练习中国拳法,有的远渡中国福建南少林留学,归国后结合本土的格斗术,创出了独特的"唐手术",这就是最初的空手道。由于空手道的技术核心来源于中国,因而早期被称"唐手",即中国拳法之意。

二、体育空手道四大流派及创始者

表 18-1-1 体育空手道四大流派简介

创始人	创始年份	个 人 简 介
船越 义珍 (富名腰) (1868—1957)	1922 年 1939 年	师从首里手的先驱者糸州安恒。 首次在体育博览会上介绍空手技。 被柔道的嘉纳五郎讲道馆邀请在东京授技。 成立(松涛馆)道场,创立"松涛馆流"。
宫城 长顺 (1888—1953)	1930 年	师从那霸手的先驱者东恩纳宽量。 创立"刚柔流"。
摩文仁贤和 (1889—1952)	1933 年	从 13 岁开始拜首里手的先驱者糸州安恒为师,在 20 岁时又师从那霸手的先驱者东恩纳宽量。 以两位恩师的系和东为名,创立"糸东流"。
大冢 博纪 (1889—1982)	1933 年	融合日本柔术和琉球空手技,师从神道扬心流柔术和空手名家富名腰义珍。 创立"和道流"。

三、体育空手道

空手就是不使用任何武器,有效地利用身体各个部位进行徒手格斗的技术。体育空手道以击、打、踢三种基本技术为核心,是通过型、组手等运动形式,来锻炼身体,增强体质和完善人格的体育运动。

我国2006年引进"体育空手道"项目,2007年3月成立中国空手道国家队,2008年2月成立"中国空手道协会"。如今,空手道运动已是我国的全运会项目,它还是亚运会项目和2020年东京奥运会项目。空手道运动深受世界各国人民的喜爱,世界空手道联盟有193个会员国,会员约达7000万人。

四、空手道礼仪、礼节

体育空手道运动源于中华武术,在日本得到生根、发芽、壮大。其本身融入了中华民族儒家、道家和武术的传统思想和哲学理念,加之日本大和民族对礼仪、礼节的重视,形成了体育空手道运动鲜明的礼仪要求和礼节特征。无论是教学、训练、比赛等各种场合都是以"始于礼而终于礼"为训诫,并主张空手道的"道"是"正戈之道、止戈之道",所以体育空手道强调以完整的形态忠于行礼。体育空手道的礼节分为站礼(立礼)和座礼。

1. 站礼

(1) 两脚跟并拢,两脚尖成60度八字开立,身体正直,两手臂自然垂于身体两侧,目视前方(对手)。

(2) 上体向前约30度弯曲行鞠躬礼,目视对手的脚尖。

(3) 略作一瞬间的停顿后,迅速把身体返回原来的垂直状态。

2. 座礼

(1) 两膝弯曲跪地,两脚腕伸直与地面贴近。上身正直,沉肩坠肘,两手自然置于两大腿的上方,目视前方。

(2) 两手心朝下伸向膝前地面,以左手、右手依次置于地面,使两掌成八字形状。臀部不能离开脚后跟,上身慢慢向正前方弯曲行拜礼。两膝的间距不能超出两个平拳的距离。

(3) 上身伸直时,以右手、左手依次收回原位(右手先离地,左手后收回)。

第二节 空手道基本技术和方法

一、基本手型和脚型

(1) 正拳。除大拇指以外,其他四指弯曲,大拇指弯曲压在食指和中指的第三关节处;拳面平正,力点在第一和第二关节处。

(2) 裹拳。五指握拳,力点在拳背处。

(3) 拳锤。五指握拳,以肘关节为轴心,从上往下砸,力点在拳轮处。

(4) 肘。手臂弯曲,攻击点在肘尖处。

（5）手刀。四指伸直,大拇指内扣,力点在掌轮处。

（6）贯手。四指伸直,大拇指内扣,力点在掌指处。

（7）掌底。手指的第二和第三关节弯曲成虎爪,力点在掌根部。

（8）背手。四指伸直,大拇指内扣,力点在掌背处。

（9）背刀。四指伸直,大拇指内扣平整,攻击面在大拇指一侧。

（10）前足底。脚趾第一关节弯曲,攻击面在前脚掌处。

（11）后足底。踝关节弯曲,攻击面在脚跟部。

（12）足刀。脚内扣成 90 度,力点在脚外沿侧。

（13）背足。踝关节和脚趾关节伸直,力点在脚背处。

二、基本站立

1. 闭足立

（1）脚的位置:两脚的脚跟和脚拇指轻轻并拢,两脚的脚跟位置在同一水平线前。

（2）脚趾的方向:脚尖面朝正前方,与水平线成 90 度,两脚置于垂直线的两侧。

（3）膝和重心:两膝自然伸直,身体重心置于两腿中间。

2. 结立

（1）脚的位置:两脚的脚跟轻轻并拢,两脚跟的位置在水平线前。

（2）脚趾的方向:以垂直线为中心。

（3）右脚指向右分开约 30 度,左脚指分开约 30 度,两脚趾成 60 度的八字形。

（4）膝和重心:两膝自然伸直,身体重心置于两腿中间。

3. 平行立

（1）脚的位置:两脚的内侧成平行状,间距约 30 厘米宽。

（2）脚趾的方向:脚趾面朝正前方,与水平线成 90 度。

（3）膝和重心:两膝自然伸直,身体重心置于两腿中间。

4. 外八字立

（1）脚的位置:两脚的脚跟间距约 30 厘米宽。

（2）脚趾的方向:两脚趾向外分开,脚拇趾与脚后跟的夹角为 20 度,形成外八字状。

（3）膝和重心:两膝自然伸直,身体重心置于两腿中间。

5. 内八字立

（1）脚的位置:脚跟与脚跟的距离略比肩宽,分开约 60~65 厘米。

（2）脚趾的方向:两脚趾内扣,脚拇趾与脚后跟的内角约 70 度,形成内八字状。

（3）膝和重心:提裆敛臀;两膝自然弯曲,膝关节与地面的脚尖成垂直线;重心置于两腿中间。

6. 四股立

（1）脚的位置:两脚跟在一个水平线上,两脚跟的间距为三脚长,约 65 厘米宽。

（2）脚趾的方向:两脚尖向外展开约 50 度(角度开得太宽容易失去重心)。

（3）膝和重心:两膝关节弯曲,向外充分展开,膝关节要与地面的脚尖成垂直;上体正直,沉腰敛臀;重心置于两腿中间。

7. 基立
(1) 脚的位置:前后脚跟的距离长约 50 厘米,两脚跟的间距宽约 10 厘米。
(2) 脚趾的方向:后脚尖向外展约 20 度,前脚尖内扣 20 度,基本上成两脚平行。
(3) 膝和重心:两膝微屈,重心略偏向前脚。

8. 三战立
(1) 脚的位置:后脚的脚尖和前脚的脚跟间距约同小腿长 40 厘米,前脚的脚跟和后脚的脚尖在同一水平线上。
(2) 脚趾的方向:前脚拇趾内扣,与水平线上脚跟成 60 度的内角,后脚脚趾在水平线后面,面朝正前。
(3) 膝和重心:脚底贴紧地面,膝关节略微向内侧弯曲,提裆敛臀,重心在两脚中央。

9. 前屈立
(1) 脚的位置:前脚和后脚的横向间距约为两拳 25 厘米宽,两脚后跟的前后距离约为 80～85 厘米。
(2) 脚趾的方向:前脚拇趾略向内,使足刀与水平线成 90 度直角,后脚脚趾向外展开约 20 度。
(3) 膝和重心:前脚的膝关节弯曲,小腿与地面成垂直,后腿自然伸直,重心略偏前脚。

10. 后屈立
(1) 脚的位置:前脚拇趾、脚跟和后脚脚跟在一条水平线上,脚跟与脚跟的距离约 60 厘米宽。
(2) 脚趾的方向:后脚足刀(脚的外侧)与水平线成直角 90 度,前脚的脚趾面向正面。
(3) 膝和重心:后脚的膝关节弯曲并尽量外展,前脚膝关节微屈并向前顶,重心略偏后脚。

11. 骑马立
(1) 脚的位置:脚跟和脚跟的间距约 80～85 厘米宽。
(2) 脚趾的方向:两脚的足刀(脚的外侧)平行,与水平线成直角 90 度。
(3) 膝和重心:两膝弯曲,同时向两侧外展;膝关节前端尽量与脚拇趾垂直;重心置于两腿中央。

12. 猫足立
(1) 脚的位置:后脚的脚跟与前脚的脚跟、脚拇趾在一条直线上,从后脚脚跟到前脚脚趾的距离约 50 厘米宽(各人身高不同可能有些区别)。
(2) 脚趾的方向:后脚脚尖向外展 30 度;前脚脚趾自然面向正前,脚跟离地,用前脚掌支撑。
(3) 膝和重心:后脚的膝关节弯曲,前脚掌自然着地,重心主要置于后脚。

13. 交叉立
(1) 脚的位置:前脚与后脚成交叉状,后脚的膝关节贴紧前膝的后侧。
(2) 脚趾的方向:前脚外展 15 度,后脚在前脚的斜后 45 度方向,后脚脚跟离地,用前脚支撑。
(3) 膝和重心:两膝弯曲,重心置于两腿中央。

三、基本技术

1. 下段格挡（左前屈立）

下段格挡是利用转腰、旋臂，用外臂、拳槌斜向下划弧格挡对手攻向自己下腹部、大腿部的拳脚的一种防守技术。要求思想集中，意想对手向自己的下腹部攻来。基本要领如下：

（1）上身正直，两手握拳自然垂于身体两侧。两脚呈外八字站立式，目视前方。

（2）左拳收抱于右肩上方，拳心朝里，拳眼朝上；右拳伸向下段，拳心朝下，拳眼朝左。同时，重心移向右脚，右膝弯曲，左脚向左前跨半步。

（3）左脚继续向前跨半步，重心前移，拧腰转胯成左前屈立；左拳内旋从右肩斜向下划弧格挡至左膝上方，拳心斜朝里，拳眼朝右。同时，右拳快速旋臂回撤至右腰和右腋的中间处。

（4）右前屈立时，动作同上，手脚、方向相反。

2. 中段格挡（左后屈立）

中段格挡是利用转体、旋臂，用小臂的外侧和内侧将攻向胸腹部的拳脚格开的一种防守技术，分为外格挡和内格挡。

（1）左后屈立左内格挡。基本要领如下：

① 思想集中，意想对手向自己的胸腹部进攻。上体正直，两手握拳自然垂于身体两侧。两脚呈外八字站立式，目视前方。

② 左拳上提置于左肩上，拳心朝前，拳眼朝下；右手前伸置于胸腹前，拳心朝下，拳眼朝左。同时，重心下沉，两膝微屈。

③ 右脚向右后方撤步，成左后屈立。同时，左臂以肩关节为轴心，斜向下从外向内划弧，左前臂快速内旋，用背臂、外臂部位格挡对手的攻击，拳心朝里，拳眼朝左。右拳快速收抱于右腰和右腋中间处，拳心朝上，拳眼朝右。

④ 右后屈立的动作与左后屈立的动作相同，手脚、方向相反。

（2）左后屈立左外格挡。基本要领如下：

① 思想集中，意想对手向自己的胸腹部进攻。上体正直，两手握拳自然垂于身体两侧。两脚呈外八字站立式，目视前方。

② 左拳上提右肋下，拳心朝下，拳眼朝里；右臂前伸置于胸腹前，拳心朝下，拳眼朝左。同时，重心下沉，两膝微屈。

③ 右脚向右后方撤步，成左后屈立；左臂以肘关节为轴心，左前臂外旋，经右手臂下方向前，用背臂、内臂部位格挡对手的进攻；肘尖朝下，拳心朝里，拳眼朝左。同时，右臂外旋经左前臂上方回撤置于右腰和右腋的中间部位，拳心朝上，拳眼朝右。

3. 上段格挡（右前屈立）

上段格挡即为上架格挡，是利用转腰、旋臂，用手臂的内臂部位，从下到上架挡对手向自己头、脸部的攻击的一种防守技术。基本要领如下：

（1）思想集中，意想对手向自己的胸腹部进攻；上体正直，两手握拳自然垂于身体两侧；两脚成外八字站立式，目视前方。

（2）右脚收至左脚旁，重心下沉，两膝微屈。同时，左拳向胸前伸出，拳心朝下，拳眼朝右；右拳从右腰侧旋转斜向前冲出，在胸前与左臂相交，左拳在上，右拳在下，拳心斜朝上。身体朝正前方，目视前方。

（3）右脚向右前方跨步成右前屈立。同时，左拳外旋臂回撤抱于左腰上方，拳心朝上；右拳内旋经脸前斜向头上方架挡，拳心朝前，拳眼斜朝下。上身斜45度，目视前方。

（4）左前屈立时，动作、要求相同，手脚、方向相反。

4．冲拳

冲拳是体育空手道运动中最基本的攻击技法之一，结合各种站立变化，组成了体育空手道的进攻技术和主要得分手段。

（1）外八字立中段冲拳。基本要领如下：

① 两脚外八字站立，两拳抱于腰两侧上方（抱拳的位置在腰和腋下的中间），两拳心朝上，拳眼朝身体两侧，两肘向后夹紧。

② 左拳内旋向对手的胸口冲击，高不过肩，拳心朝下，拳面的着力点在食指、中指的第三关节的节骨处。同时，右拳抱于右腰侧上方，略微拧腰，把右肘肘尖向后顶，与左拳一前一后形成一种张力，使左拳向前冲击的力量更大。这样反复、交替地进行中段冲拳练习，可以提高冲拳的速度和力度。

（2）四股立上段、中段、下段冲拳。基本要领如下：

① 两脚分开，重心下沉成四股站立。左拳收抱于左腰侧上方，左肘尖向后顶出。同时，右拳内旋、快速向前上方冲击，与鼻尖同高；右拳外旋回撤时，左拳内旋、快速向对手的鼻尖高度冲拳。这样反复、交替地进行上段冲拳练习，可以提高速度、力量和全身的协调性。

② 两脚成四股站立。中段冲拳的方法和要求同八字立中段冲拳。

③ 两脚站立姿势同上。下段冲拳的方法和要求同上，冲拳的高度与自己腰带同高。

（3）前屈立中段顺冲拳、逆冲拳。这是体育空手道运动基础拳法之一。所谓顺冲拳，就是冲拳的手臂与跨出的前脚是同一个方向，反之是逆冲拳。基本要领如下：

① 思想集中，意想对手的身体空挡，时刻准备进攻。上体正直，两手握拳自然垂于身体两侧。两脚呈外八字站立式，目视前方。

② 重心下沉，左脚向右脚靠拢。同时，左拳收抱于左腰侧上方，右拳前伸，护住自己的下腹部。

③ 左脚向前跨步成左前屈立。同时，左拳内旋臂向对手中段攻击，右拳快速外旋收抱于右腰侧上方。要求上体正直，挺腰、沉气。

④ 逆冲拳就是手与脚的出击相反。动作要求相同。

5．基本腿法

基本腿法主要包括前刺腿和足刀踢。

（1）前刺腿。前屈立预备式，前腿单腿支撑，后腿抬起后脚勾脚，膝关节向胸部靠近，然后后腿送髋直膝踢出，脚的前脚掌（前足底）向前方刺出。

（2）足刀踢。骑马立预备，单腿支撑，另一腿提膝抬起向体前勾脚尖，然后直膝挺髋向体侧足刀踢出，接着屈膝收髋快速收回。

第三节　空手道的型和组手

一、基础型

古代武道多是以杀死或伤害对手为目的而产生的,在习练中也伴随着各种各样的危险,而把这些危险的技法安全而又准确地进行传授的方式之一,就是古人传下来的型(套路)的方法。基础型是一些简单的入门型,传统空手道包括平安初段(Heian Shodan)、平安二段(Heian Nidan)、平安三段(Heian Sandan)、平安四段(Heian Yondan)和平安五段(Heian Godan)。

1. 平安初段的动作名称

(1) 起势;
(2) 猫足立交外格挡(左);
(3) 猫足立交交叉格挡;
(4) 上步平行立外摆拳;
(5) 猫足立交外格挡(右);
(6) 猫足立交交叉格挡;
(7) 上步平行立外摆拳;
(8) 右转身猫足立外格挡;
(9) 猫足立前刺腿;
(10) 左转身猫足立手刀(连续3个);
(11) 左转身猫足立手刀(连续2个);
(12) 右转身猫足立手刀(连续2个);
(13) 左转体45度前屈立外格挡(右);
(14) 前屈立前刺腿+冲拳;
(15) 前屈立外格挡(右);
(16) 前屈立前刺腿+冲拳;
(17) 上步前屈立外格挡(右);
(18) 左转身前屈立下格挡+上格挡;
(19) 右转身前屈立下格挡+上格挡;
(20) 收势。

2. 平安五段的动作名称

(1) 起势;
(2) 左转身猫足立外横格挡;
(3) 猫足立冲拳;
(4) 闭足立抱拳;
(5) 右转身猫足立外横格挡;

(6) 猫足立冲拳；

(7) 闭足立抱拳；

(8) 上步前屈立外格挡；

(9) 上步前屈立交叉下段冲拳手刀上架；

(10) 平行立外摆拳；

(11) 上步前屈立冲拳（发声）；

(12) 左转身180度四股立下格挡；

(13) 左转身90度前屈立外摆拳；

(14) 上步前屈立盘肘；

(15) 交叉步外格挡；

(16) L步外格挡；

(17) 上步交叉步交叉下段冲拳；

(18) 上步前屈立外格挡；

(19) 后屈立下格挡；

(20) 收势。

二、高级型和团体型

1. 高级型

高级型是指前人传承下来的一些传统的型，一般是比较难的。目前世界空手道联盟认定的型有102个，也包括"平安型"。

2. 团体型

团体型是指多人同时演练型的方式。空手道比赛的团体型一般是指三人演练，分男子团体型和女子团体型。

三、约束组手和自由组手

组手是实际与对手进行进攻和防守技术演练的一种练习或竞赛的方式。也可以说，组手是型的实践应用。

1. 约束组手

(1) 约束五本（三本）组手。这是一种双人进行模拟攻防的练习方法，乙方以事先告知对手的动作，分三次向对方身体的指定部位进行行进间出击，对手则以相应的防守动作进行退避式防御。

(2) 约束一本组手。一方以单一技术动作（事先告知对方）向对方身体的指定部位进行行进间出击，对手要用有效的防守技术进行防御，并在最短的时间内实施有效进攻技术进行反击，如"上段一本组手"。

2. 自由组手

(1) 手技。包括：上段前手（后手）拳、中段后手拳、上段背拳、手刀上段击。

(2) 腿技。包括：前刺腿中段击、前回踢上段（中段）击、侧踢中断击、月牙踢上段击、勾踢上段击、后踢中段击、拂足。

(3) 摔技。包括：拂足摔、抓别摔、接腿摔、别靠摔。

第四节　空手道竞赛裁判法

一、组手比赛规则

1. 组手比赛场地

(1) 比赛场地是铺有经世界空手道联合会（WKF）认可的垫子，边长为 8 米（由场地外缘量起）的正方形场地，四周须增设有 1 米的安全区。场地四周应有 2 米净空的安全区域。采用赛台时，每边的安全区应再增设 1 米。

(2) 将距离比赛场地中心点 1 米处的两块垫子反转，以红色一面向上，作为两位选手位置的标识。当比赛开始或再次进行时，双方选手应面对面站在各自的红色垫子前沿正中的位置。

(3) 主裁应面向两位选手，站在距离安全区 2 米的两块垫子中间。

(4) 边裁应分坐在场地四个角落的安全区内。主裁可以在整个场地内移动，包括边裁所在的安全区部分。每位边裁都将手执红、蓝旗各一面。

(5) 赛事监督应坐在安全区外、主裁的左后方或右后方，并配备有红色旗子或信号标识与哨子。

(6) 记分监督员应坐在官方记分台后，在记分员与计时员之间。

2. 比赛时间

(1) 成年男子和女子组手比赛每回合的时间为 3 分钟（团体赛和个人赛相同）；21 岁以下级的男子和女子组手比赛为每回合 3 分钟；青年和少年组手比赛中，男子和女子每回合的时间均为 2 分钟。

(2) 每回合比赛的计时从主裁给出"开始"的信号开始，每次主裁喊"停止"时，应停止计时。

(3) 计时员应以清晰可辨的铃声或蜂鸣器为信号表示"还有 15 秒"和"时间到"。"时间到"的信号标志着该回合比赛结束。

(4) 选手在两场连续的比赛间，将被给予与常规比赛时间长短相同的一段休息时间。但如果选手需要更换不同颜色的护具，这段时间将会被延长至 5 分钟。

3. 得分

(1) 得分可分为三种：

① IPPON 一本（3 分）；

② WAZA－ARI 有技（2 分）；

③ YUKO 有效（1 分）。

(2) 当一个技术动作作用于有效的得分部位且满足以下技术标准，就会被判定为得分：良好的姿势、竞技的态度、刚劲有力的技术应用、警戒的状态（警戒心）、好的时机把握、正确的距离。

(3) 可以判定为一本（3 分）的技术：上段踢技，施展在被摔倒或已倒地的对手身上的任何有效的技术动作。

(4) 可以判定为有技（2 分）的技术：中段踢技。

(5) 可以判定为有效（1 分）的技术：中段或上段的冲拳（Tsuki），上段或中段的击打技（Uchi）。

(6) 攻击仅限于下列部位：头部、面部、颈部、腹部、胸部、背部、胸腹侧面。

(7) 在比赛结束的同时进行的有效攻击，可判定为得分。在主裁发出"暂停"或"比赛停止"的指令之后，即使做出的技术动作是有效的也不能得分，违反者甚至会因此受到处罚。

(8) 如果双方选手皆在场外，任何技术动作，即使是有效的技术动作都不能判定为得分。但是，如果一方选手身处场内，在主裁喊停（YAME）之前做出了一记有效的技术动作，这个技术动作可以判定为得分。

4. 判定胜负的标准

(1) 判定一方选手获胜可以根据以下标准：率先取得 8 分的净胜分；在比赛时间结束时，取得的分数高于对手；首先得分的优势"先取（SENSHU）"；裁判的判定（HANTEI）的结果，或因对手犯规（HANSOKU）、失格（SHIKKAKU）、弃权（KIKEN）而获胜。

(2) 一般情况下个人赛中不允许出现平局。只有在团体赛或循环赛中，当某一对选手在回合结束后，双方得分相同或都没有得分，和双方选手均没有获得"先取（SENSHU）"优势的情况下，主裁才会宣布平局（HIKIWAKE）。

(3) 在任一回合结束时，如果双方选手得分相同，但一方选手获得了先得分优势（先取 SENSHU），那么该选手将会被判定为胜方。在个人赛中，当一回合结束，双方选手均未得分，或得分相同但又没有人获得先得分优势（先取 SENSHU），比赛的结果将会由四位边裁和主裁通过投票的方式来决定，一人一票。判定某位选手获胜与否应根据以下的标准决定：

① 选手表现出的态度、斗志和力量。

② 所展示出的战术优势和技巧娴熟度。

③ 哪一位选手占据了场上的主动。

(4) 如果获得先取（SENSHU）优势的选手在比赛还剩不到 15 秒时，出现出界、逃避、抓抱、扭摔、推搡或贴胸站靠获得第二类逃避战斗的警告等行为，该选手将自动失去这个先取的优势。

(5) 在团体赛中，如果双方获胜回合数及总分皆相同，就需要再进行一回合附加赛来决定胜负。各队伍可以选择该队伍中的任何一名队员作为代表参加该回合的比赛，无论他是否已在双方之前的回合赛中出赛。如果在附加赛时间结束时，双方还是不能以比分的高低来产生胜方，同时也没有人获得先取（SENSHU）的优势，则需通过判定（HANTEI）来决定胜方，判定的流程与标准应与个人赛相同。附加赛胜负的判定结果也将决定团体赛的最终胜负。

(6) 在团体赛中，当一方队伍率先取得了足够获得比赛胜利的回合数或分数时，即可宣布为胜方。不需要继续完成未进行的回合。

(7) 当出现红、蓝双方在一场比赛中同时因犯规（HANSOKU）被判取消资格的情况时，下一轮比赛的对手将会因为轮空而获胜（无需宣布比赛结果）。除非这种双方均被判取消资格的情况出现在奖牌赛中,这时候将以判定(HANTEI)来决定获胜方。

5. 禁止的行为

有两类禁止的行为,分别为第一类犯规和第二类犯规。

(1) 第一类犯规

① 技术动作过度接触,即使是作用在有效的得分部位上或是接触到喉部的技术动作。

② 攻击手臂、腿部、裆部、关节或脚背部位。

③ 以开掌技术攻击面部。

④ 危险的或被禁止的摔技。

(2) 第二类犯规

① 假装受伤或夸大伤情。

② 非对手原因离开比赛场地(JOGAI)。

③ 不顾自己安危,做出可能让自己被对方击中而致伤的行为,或没有采取足够的自我保护措施(MUBOBI)。

④ 通过逃避比赛的方式让对手没有机会得分。

⑤ 消极,没有与对手交手的意图(不能在比赛还剩不到15秒时判罚)。

⑥ 搂抱、扭摔、推搡对手,或与对手贴胸站靠,但没有试图施展得分的技术或摔技。

⑦ 在截获对手施展踢技的腿后,不以施展摔技为目的地以双手抓住对手。

⑧ 用一只手抓住对手的手臂或道服,不立即试图施展得分技术或摔技。

⑨ 施展无法控制的、有可能伤害到对手的,和危险的、毫无节制的攻击技术。

⑩ 试图以头部、膝部或手肘攻击对手。

⑪ 与对手交谈,或挑逗对手,不服从主裁的命令,对裁判官员不礼貌,或其他有违礼节的行为。

6. 警告和处罚

(1) 忠告。忠告用于相应类别的初次犯规且程度轻微的情况。

(2) 警告。警告用于相同类别第二次程度较轻的犯规,或犯规程度还不到被判"犯规注意"(HANSOKU-CHUI)的情况。

(3) 犯规注意。这是取消比赛资格前的一次警告,通常情况下用于在该回合比赛中已被判过一次"警告"(KEIKOKU)的选手身上,但也可以直接对犯规程度严重,但还不到被判"犯规"(HANSOKU)程度者施加。

(4) 犯规。这是取消比赛资格的处罚,用于非常严重的犯规或被施加者在该回合比赛中已被判处过一次"犯规注意"(HANSOKU-CHUI)的情况。在团体赛中,犯规者的得分将会被清零,而对手将会得到固定的8分。

(5) 失格。这是丧失整个锦标赛,包括犯规者登记参加的所有级别的比赛资格的处罚。如果某位选手不服从主裁命令,行为恶劣,做出有损空手道声望和荣誉的行为,或做出其他被认为是有违大会规则和精神的行为,其将被处以失格(SHIKKAKU)的处罚。在团体赛中,犯规者的得分将会被清零,而对手将会得到固定的8分。

7. 比赛开始、暂停和结束

(1) 比赛运作时,主裁和边裁所使用的术语及手势,应按照规定。

（2）当比赛将要开始时，主裁和边裁应各自就位，两方选手须站在自己相应的垫子靠近对手边的前沿处准备，相互行礼之后，主裁宣布"SHOBU HAJIME"，比赛即开始。主裁应以"YAME"口令暂停比赛。如果有必要，主裁可以命令选手各回到原位（MOTO NO ICHI）。

（3）在主裁回到原位后，边裁应以旗语向主裁表示自己的意见。在判决某方选手得分时，主裁应先宣布哪位选手（红方或蓝方）、攻击的位置，然后以规定的手势判以相应的得分。然后，以"TSUZUKETE HAJIME"的口令，宣布比赛继续进行。

（4）一方选手在某一回合比赛中已领先8分，主裁应以"YAME"口令叫停比赛，再与双方选手一起回到各自起始位置。然后，主裁举起代表获胜一方的手臂，并宣告"AO(AKA)NO KACHI"。到此，回合比赛结束。

（5）当比赛时间结束时，双方以得分较高者为优胜。主裁应举起代表获胜一方的手臂，并宣告"AO(AKA)NO KACHI"。到此，回合比赛结束。

（6）如一回合结束时，比赛未能决出胜负，那么裁判小组（主裁和四位边裁）将以判定的方式决定比赛结果。

（7）如发生下列情况，主裁可以喊"YAME"，并暂停比赛：

① 当一位或两位选手都越出场外时。

② 当主裁命令选手整理他的空手道服装或护具时。

③ 当某位选手违反规则时。

④ 当主裁认为一方或双方选手因受伤、生病或其他原因而无法继续比赛时。根据大会医生的意见，主裁将会决定是否允许比赛继续进行。

⑤ 当一方选手抓住对手，没有立刻施展进攻技术或摔法时。

⑥ 当一方或双方选手跌倒或被摔倒后，双方都没有立刻做出有效的得分技术时。

⑦ 当双方选手相互抓抱，且没有立即成功施展任何得分技术或摔法时。

⑧ 当双方选手采用贴胸站靠的方式，且没有立即试图施展任何技术或摔法时。

⑨ 当双方选手因摔倒或试图施展摔技而双方倒地后，开始扭打时。

⑩ 当两位或更多位边裁皆举旗示意同一位选手得分或出界时。

⑪ 当主裁认为有犯规时或因安全原因需要比赛暂停时。

⑫ 当场地经理要求时。

二、型比赛规则

1. 型比赛场地

（1）比赛场地是铺有经 WKF 认可的垫子，边长为8米（由场地外缘量起）的正方形场地，四周须增设有1米的安全区。场地四周应有2米净空的安全区域。采用赛台时，每边的安全区应再增设1米。

（2）除8米×8米场地外缘一圈的垫子必须是不同颜色外，其他部分必须为同一颜色。

（3）边裁和软件技术员应面对选手，并排坐在场地垫子边的一张桌子前。软件技术员应坐在桌子最远端，主裁（一号边裁）坐在其身旁。

2. 评判的标准

（1）只允许演练正式型列表中所规定的 102 个型。

（2）评定

① 在对某一选手或队伍型的演练进行评判时，裁判应根据两项重要的评判标准：技术能力的表现和运动能力的表现。

② 型的评判是从型演练前的鞠躬开始，到演练后的鞠躬结束。团体型的奖牌赛中，对演练的评判和计时则从型演练前的鞠躬开始，到分解演练结束后的鞠躬结束。

③ 允许选手根据各自流派的传授，对型有轻微的变更。

④ 选手在每一轮比赛中必须演练不同的型。即使在加赛中，型一旦被演练，该型将不允许被重复。只允许演练正式型列表中所列出的型。

（3）评分系统

① 技术能力和运动能力的表现将被分别打分，打分范围均为从 5.0 到 10.0，并以 0.2 为单位递增。其中，5.0 代表完成演练后可获得的最低分数，10.0 代表一个完美的表现。如被取消比赛资格则得分为 0。

② 系统将分别去除技术能力和运动能力表现得分中的两个最高分和两个最低分，并计算总分。技术能力的表现得分占总分的 70%，运动能力的表现得分占总分的 30%。

③ 型的分解和型本身同样重要。

（4）解决平局

① 如果选手获得相同的得分，则应通过加赛一场来决定胜负。

② 只有在需要决定谁能晋级下一轮比赛或是在奖牌赛时，才需要解决平局的情况。

③ 虽然加赛的分数分出了平局的胜负，但原来的得分应保留不变。为解决平局而进行加赛时的得分，不能用于改变本轮比赛中选手的原有排名顺序。

（5）评判标准

① 型的演练：

技术能力的表现：步法；技法；转换的动作；时机（的把握）；正确的呼吸；专注力；一致性，即在型的演练中展示出来的基本功与流派一致。

技术能力的表现：力量、速度、平衡。

② 分解的演练：

技术能力的表现：步法；技法；转换的动作；时机（的把握）；控制力；专注力；一致性，即在型的演练中展示出来的基本功与流派一致。

运动能力的表现：力量、速度、平衡。

（6）取消资格

某一选手或队伍可以因以下任何原因被取消比赛资格：

① 演练错误的型，或宣告错误的型名。

② 没有在型的演练前或演练后行鞠躬礼。

③ 演练过程中出现明显的犹豫或停顿。

④ 干扰裁判的工作（如因安全因素而使裁判员需要进行移动，或与裁判员有身体的接触）。

⑤ 在型的演练过程中，腰带脱落。

⑥ 型和分解的总演练时间超过了 5 分钟的时限。

⑦ 在型分解的演练中施展以剪刀腿夹住颈部的摔技(上段蟹挟 Jodan Kani Basami)。

⑧ 不遵从主裁的指示或其他不当行为。

(7) 犯规行为(失误)

如果出现以下犯规行为,评判时必须考虑在内:

① 稍有失去平衡。

② 某个动作演示的方式不正确或不完整,如:格挡动作没有完全施展,或拳未击打在目标上。

③ 动作不同步,如:在身体的转换完成前施展一个技术动作,或在团体型演练中,某一动作未能同步完成。

④ 采用声音的(从其他任何人处,包括队伍的其他成员)或动作行为的提示,如:顿足,拍打胸部、手臂或空手道服,以及不适当的吐息。在裁判对型的演练进行评判时,这必须认定为是非常严重的犯规行为,可以等同于暂时失去平衡的判罚。

⑤ 在演练过程中,腰带松开接近脱落。

⑥ 浪费时间,包括长时间的入场、过度的鞠躬,或开始演练前长时间的停顿。

⑦ 在分解的演示过程中,因缺乏控制的技术而造成了受伤。

(8) 比赛的运作

① 每块比赛场地应分配一组八名选手,或团体。

② 每一轮比赛开始前,参赛选手或团体应向记录辅助人员提交自己选择演练的型名,记录辅助人员会将信息转交给电子评判系统的软件操作员。

③ 在每一轮次比赛开始前,所有参赛选手或团体,应列队面向裁判并排站在赛场地边缘(一轮次比赛是指一组里所有选手都将进行一套型的演练)。首先应"正面行礼(SHOMEN NI REI)",然后应"相互行礼(OTAGAI NI REI)"。在行鞠躬礼后,所有选手退出比赛场地。

④ 当被召唤时,每一名选手或团体应进入比赛场地,到型演练的起始位置。

⑤ 型演练的起始位置可以是比赛场地内的任何地方。

⑥ 在行礼后,选手必须清楚地宣告其将要演练的型名,然后开始演练。

⑦ 在演练完毕后,即型演练结束并完成最后一个鞠躬礼之后,选手必须原地等待宣布得分,之后再行鞠躬礼并退出比赛场地。

⑧ 每组比赛结束后,该组的所有参赛选手将列队站成一排,操作员(宣告员)将宣布进入下一轮的前四名。这四名选手的名字将在显示屏上显示。所有选手再行鞠躬礼并退场。

⑨ 在奖牌赛前,操作员将宣布最后两组中每组前三名的选手进入奖牌赛。

附录 术语

SHOBU HAJIME 开始比赛;YAME 停;MOTO NO ICHI 回归原位;TSUZUKETE 继续;TSUZUKETE HAJIME 继续—开始;SHUGO 召集边裁;ANTEI 判定;HIKIWAKE 平手;AKA(AO)NO KACHI 红(蓝)方获胜;AKA(AO)IPPON 红(蓝)方得三分;AKA(AO)WAZA-ARI 红(蓝)方得两分;AKA(AO)YUKO 红(蓝)方得一分;CHUKOKU 口头警告;KEIKOKU 口头警告;HANSOKU-CHUI 取消资格前的警告;HANSOKU 取消资格;JOGAI 非对手原因离开比赛场地;SENSHU 先取得得分的优势;SHIKKAKU 取消比赛资;TORIMASEN 取消;KIKEN 弃权;MUBOBI 不顾自身安全。

第十九章　民族传统体育

第一节　民族传统体育概述

一、民族传统体育概念与内容

1. 民族传统体育概念

我国是以汉族为主体的多民族国家。虽然在漫长的历史发展过程中汉族文化和少数民族文化相互影响，充分融合，但是由于汉族文化的独特优势，所以它一直处于主流文化的地位。汉族文化是以儒、道、佛思想为主，所以传统体育在发展过程中主要受到这些传统文化的影响，并发展出一些代表此主流文化特色的运动项目。这里所讲的民族传统体育，是指这些代表此主流文化特色的运动项目，是中华民族大体育的概念。由此可见，民族传统体育是民族传统文化的组成部分，是古代劳动人民在生产实践中产生、形成的有较为固定形式的身体运动方式。中国民族传统体育孕育于千百年来的农垦文化，虽随着时代的发展变迁，其本身也产生了顺应性的变化，但是始终具有相对稳定的思想、表现形式等内外特征。

2. 民族传统体育内容

民族传统体育主要包括武术和健身气功，它们鲜明地体现了中国传统文化"和合"观的特征，讲究"整体""平衡""统一"，基本体现了民族传统体育的特点。武术按主导功能可分为：体育武术、实用武术、演艺武术。武术按运动形式可分为：套路运动、格斗运动、功法运动。目前健身气功主要包括：易筋经、五禽戏、六字诀、八段锦、十二段锦、大舞、导引养生功十二法、马王堆导引术、太极养生杖。

二、民族传统体育起源与发展

1. 远古至周朝是民族传统体育的萌芽期

人类是从和大自然的搏斗中发展起来的，劳动使人区别于动物，并产生了人类历史。狩猎是人类最古老的生产活动。人类在与凶禽猛兽搏斗中逐渐掌握了搏斗的技巧和方法，由此产生了传统武术的萌芽。在原始社会，人们每当节日、集会和获得成功时，都要用舞蹈来表达内心的愉悦。在原始社会后期，人们逐渐发现有些身体活动能起到保健祛病的作用。在古代战争中具有搏斗功能的武术得到了快速的发展。同时人们也认识到，搏斗武术的武术操练和武舞也有振奋士气、强身健体的保健作用。

2. 春秋战国至三国是民族传统体育的雏形期

春秋战国时期是我国思想和文化最为辉煌灿烂的时代。这一时期出现了诸子百家相互争鸣的学术局面。其中最为重要的是以老子为代表的道家和以孔子为代表的儒家。受到这些思想的影响，人们已经认识到身体健康与自然规律、衣食起居都有非常重要的关系，特别受到道家"气"的思想的影响，认为气是构成天下万物最无形的物质："人之生，气之聚也，聚则为生，散则为死"（《庄子·知北游》）。所以秦汉以来，行气术有较大的发展，在士大夫阶层比较流行。现存最早的医学典籍《黄帝内经》中也从多角度介绍了"精神内守""导引按跻"等养身方法。

3. 两晋南北朝至隋唐五代是传统保健体育的发展期

这一时期的特点是儒、道、释、医相互渗透发展，医学和养生结合得更加密切，出现导引术和行气术合流的趋势，从而导致医用导引术的快速发展。西汉《导引图》的出土、华佗创编五禽戏都是当时导引术发展的证明。两晋南北朝时期，葛洪的《抱朴子》和陶弘景的《养性延命录》为导引养生按照中医理论进行辨证论治打下了良好的基础。隋朝巢元方的《诸病源候论》中载有吐纳导引方法 200 余种，根据不同的疾病实施不同的导引方法。唐代孙思邈的《养性》是我国历史上较为全面系统的养生学著作，书中记载的两种动功练功方法几乎包括了后世八段锦的全部动作。

4. 宋朝至清朝是民族传统体育的全盛时期

这一时期养生导引术和武术在各自发展的同时，又相互影响并渗透发展。许多养生专著相继问世，特别是《圣济总录》对导引锻炼的方法进行了总结，是北宋后期由官方组织系统校勘编辑的一部巨著。明朝以后武术专著也纷纷出版。武术的基本功练习就是从古代导引发展而来，后来逐渐发展为适应技击需要的功法，从内功转变为外功。易筋经功法的问世、太极拳的创编都是导引对武术发展影响的表现。

5. 鸦片战争到民国期间是民族传统体育的停滞发展期

鸦片战争以后至新中国成立前的民国时期，由于出现全盘否定中国传统文化的思潮，对中医学采取排斥抵制的态度，民族传统体育作为传统文化的一部分，也深受影响，基本上没有发展。

6. 新中国成立后到现在是民族传统体育的继往开来规范期

1949 年，中华全国体育总会成立，并召开了武术座谈会，从此把武术发展放在新中国体育工作的议事日程中，民族传统体育由此在各方面有条不紊地发展着，主要表现出以下特点。

一是具有鲜明特色，且发展广泛的民族传统体育项目相继成立了专门的官方组织，促使其在民间规范、有序、健康发展。中国武术协会于 1958 年 9 月成立。1990 年国际武术联合会成立。现有成员协会 142 个，分布在各个大洲，在世界范围内具有较大的影响。1994 年 9 月，在北京正式成立国家体育总局武术运动管理中心。2001 年 6 月，国家体育总局正式成立了健身气功管理中心。2004 年 5 月 20 日经民政部批准，中国健身气功协会在北京成立。

20 世纪 80 年代以来，以太极文化为主的各个地方先后举办了 11 届国际性太极拳交流大会。2000 年 5 月，中国武术协会启动太极拳健康月活动，决定将每年的 5 月定为太极拳月。2000 年 7 月，国际武术联合会执行委员会决定支持中国的 5 月太极拳月活动，并将 5 月定为世界太极拳月。2006 年 5 月，太极拳被中国政府公布为第一批国家级非物质文化遗产。2020 年 12 月，太极拳被列为世界非文化遗产。以太极拳和健身气功为代表的民族传统体育项目在世界各国进行传播，并受到欢迎和好评。

二是武术作为民族传统体育项目，率先进入国际体育重大赛事，是民族传统体育向西方竞技化方向发展的积极探索，对武术的国际传播起到一定的推动作用。1990年北京第11届亚运会上中国武术被列为正式比赛项目。2008年北京奥运会上武术成为特设表演项目。2019年1月8日，在瑞士洛桑举行的国际奥委会执委会上，通过了武术成为第四届青年奥林匹克运动会新增正式比赛项目的提议。武术将第一次成为奥林匹克系列运动会正式比赛项目，距离完成入奥运会的战略任务更进一步。

三、民族传统体育的特点

1. 深受儒、道、佛传统文化的影响，注重伦理道德

无论儒家、道家还是佛家，中国的传统文化都以自省的思维方式，把道德的自我完善作为人生目标。民族传统体育就是通过以身体实践的方式，来对生命本体和自然客体进行渗悟。在这个实践渗悟的过程中时时反省，以"仁、义、礼、智、信"等传统的道德观来约束自己，以求获得最终的道德满足感。正如孔子所说"学而时习之，不亦说乎"。比如"未曾习武先习德"就是历来对习武人的基本要求，也是我们讲的武德。所谓武德也就是从事武术活动的人在社会活动中所应遵循的道德规范和所应有的道德品质。

2. 与传统中医理论及养生思想相融合，注重内外兼修，养生保健功能显著

《黄帝内经》指出："圣人不治已病治未病，不治已乱治未乱，此之谓也。"所以"治未病"是中医理论的核心思想。民族传统体育也秉承了这一核心思想，重视"精、气、神"的作用，以静神、调气、动形等相结合的表现形式，形成了一系列行之有效的养生之术、运动方法等。比较常见的运动方法有八段锦、易筋经、太极拳、五禽戏等。

3. 崇文尚柔，竞技对抗性弱化，表演性和艺术性增强

中华民族被称为礼仪之邦，讲究中庸之道，重视整体和谐，追求道的圆满，以顺乎天地，达到"天人合一"的境地。在这样的文化沃土下，民族传统体育虽然表现为肢体的运动，但这种运动不会以激烈的方式出现。它注重阴阳平衡，身心和谐，与大自然和谐统一。虽然也有武术这样具有攻防格斗功能的项目出现，但是最终都会受到传统思想的影响，使其攻击性被弱化，其表现形式被文化化、艺术化。民族传统体育"不仅有'打'之形式，而且形成了'演'之系统；不仅有'击必中，中必摧'的价值取向和运动体系，而且有以主体动作作为导向的训练体系和评价系统"。从这些形式可以反映出民族传统体育崇尚文化、重礼仪、追求和平的特点。

4. 具有广泛的适应性

民族传统体育的内容丰富，既有成套动作的练习，也有单独动作的练习；既有静功，又有动功。传统保健体育的强度和难度也适中，且易于调节。传统保健体育运动时受运动场地的限制也较小，无论男女老少，都可以选择适合自己的运动项目进行练习。只要持之以恒，每个人都能获得不同程度的健身保健效果。

四、民族传统体育的锻炼价值

1. 继承和弘扬民族文化，增强民族凝聚力

中国传统文化源远流长，曾经创造出许多令人叹为观止的伟大文明成果。虽然在近一

百多年间,中华民族遭受过巨大的内忧外患,我们的民族文化也受到过前所未有的质疑和冲击,但新中国成立后,特别是改革开放以来,我们逐渐认识到了传统文化精髓的伟大之处。只有民族文化的觉醒,才有文化的自信,最终才能实现中华民族的伟大复兴和社会主义现代化。

儒、道、佛的三家学说构成了中国传统文化的主体。儒家思想以"仁"为核心,形成了一套以伦理道德为核心的完整体系;道家以"道"为核心,主张道法自然,具有朴素的辩证法思想;这里的佛是指中国化的佛教思想,佛家禅宗哲学提倡"明心见性",讲求"顿悟",要求充分发挥人的主观能动性。作为传统文化一部分的民族传统体育,也深深地受到传统文化思想的影响,并以肢体语言表达出来,同时又以身体运动的形式来体验传统思想之理。所以在学习民族传统体育的过程中,不仅能学习到身体运动的技术,还能从中领悟到传统文化中的精髓,在自然而然的状态下增强了民族文化认同感。

2. 思想品德教育功能

《易经》被誉为"诸经之首,大道之源",是中华传统文化的总纲领。《易传》是诠释《易经》的经典著作。"天行健,君子以自强不息;地势坤,君子以厚德载物"这句话出于《易传》。它所反映出的思想可以说是我们中华民族精神的主基调。它一方面强调外在自强不息行为的必要性,另一方面也强调内在品德修养的重要性,可谓一阴一阳、和谐统一、内外兼修。具体而言,传统保健体育的思想品德教育功能主要体现在以下几个方面。

(1) 运动技术的运用上体现了道家的辩证法思想。通行本《老子》第四十章说:"反者道之动,弱者道之用。"意思是说事物发展到了极限,就要走向反面,这是道的运动规律,道以其柔弱去发挥作用。道的作用是微妙、柔弱的。"有无相生,难易相成,长短相形,高下相倾,音声相和,前后相随。"在事物的对立统一中矛盾的双方可以相互转化,"祸兮福之所倚,福兮祸之所伏""正复为奇,善复为妖"。由此可见道家思想讲究"物极必反""以静制动""以柔克刚""后发制人""师法自然"等。武术作为民族传统体育项目,在技击中运用这些阴阳辩证的思想,追求一种"以无法为有法,以无限为有限"的境界,达到"人不知我,我独知人"的目的,避其实强,乘其虚弱,战而胜之。太极拳就是其最典型的代表,它声东击西、避实就虚、守中有攻、就势借力,可以说是道家辩证法思想的完美体现。

(2) 对运动客体的认知上体现了道家的"天人合一"的思想。老子说:"人法地,地法天,天法道,道法自然。"他认为人是自然的一部分,两者本质上是相同的。人类的活动只有与自然的规律保持和谐一致,才能得到良好的发展。基于这样的思想,习练者非常重视人与自然的统一。清代杨氏传抄太极拳谱中有云:"乾坤为一大天地,人为一小天地也。""所谓人身生成一小天地者,天也、性也、地也、命也、人也、虚灵也、神也,若不明之者,乌能配天地为三乎。""要知天人同体之理,自得日月流行之气。"所以练习过程中人们总是追求与大自然的和谐,使运动要服从大自然的变化规律,以此来达到物我内外的平衡。也正因如此,习武者也重视在练习的过程与四时、气候、地理等外在的自然环境相协调。这也是中国武术因地域不同而形成众多拳种和流派的原因之一。同时为了追求人与自然的和谐,习练者常师法自然,模拟自然界中各种动物的动作、姿态和神情,结合人体运动的规律和技击方法的要求,以自然界的现象来喻拳理。如王宗岳说太极拳是"长拳者,如长江大海,滔滔不绝世",就是以江海之势喻拳势。又如长拳的"十二形",说"动如涛、静如岳、起如猿、落如鹊、立如鸡、站如松、转如轮、折如弓、轻如叶、重如铁、缓如鹰、快如风",也是以十二种大自然中的形象来说明对演练时动作的十二种变化的要求。

(3) 在内修外练的方法上体现了佛家"禅"的思想和道家"中庸"的思想。禅的意义是在定中产生无上的智慧,以无上的智慧来印证一切事物真如实相的智慧。修禅是以静治烦,实现去恶从善、由痴而智、由染污到清净的转变,从而达到从心绪宁静到心身愉悦,进入心明清空的境界。禅修"调身、调气、调心"的方法可以使百脉通畅,脏腑调和,具有很好的强身健体的作用。传统体育吸收了禅修的这种身心修炼方法,发展出了各种具有保健功能的功法。易筋经就是其中最典型的代表。易筋经功法强调以意识调节呼吸和动作,使身体在柔缓、轻慢的"伸筋拔骨"的运动中疏通经脉,调节脏腑,身健体悦。身体在自然舒适的状态中又能更好地集中精神,准确地调整呼吸和动作,良性循环,身心共健。

"中庸"思想是儒家的核心思想之一。《中庸》里说:"中也者,天下之大本也,和也者,天下之达道也。致中和,天地位焉,万物育焉。"这句话可解释为:中是天下最为根本的,和是天下共同遵循的法度。达到了中和,天地便各归其位,万物便生长发育了。万事万物都是由矛盾的双方组成的。只有双方在各自合适的限度内进行运动,这个矛盾的统一体才能保持和谐稳定的状态。受到儒家中庸思想的影响,传统体育在练习时讲究身姿的中正安舒、动作的协调平衡、劲力的刚柔并济、技术上的虚实结合等。

(4) 在对社会关系的处理上体现了儒家"仁"的核心思想。"仁,亲也。从人,从仁"(《说文》),这句话的本义是对人友善、相亲。《论语·颜渊》:"樊迟问仁。子曰:'爱人'。"后来发展为含义广泛的道德范畴。仁是儒家思想的核心理念,仁的本质含义是仁者爱人。《孟子·尽天下》中,孟子说:"仁也者,人也,合而言之,道也。""仁"是人之为人的根本。在《论语》中,孔子说:"夫仁者,己欲立而立人,己欲达而达人。能近取譬,可谓仁之方也已。"也就是说,"仁之方"无他,只是从自己的身边做起,推己及人就是。

另一方面,"仁"也指"忠、义"。对人要忠诚、应诺的事要言而有信。《中庸》中"义者宜也"指礼的恰到好处。国学大师南怀瑾认为"义"还指"侠义"的精神,所谓"路见不平,拔刀相助"。在这种文化背景下,"仁"也成为习练者所追求的道德境界。在传统武术中有"未曾习武先习德"的要求。这些要求体现在师慈徒孝、兄贤弟恭、与人为善、宽以待人,与他人保持和谐友好等方面。"忠"是要求习武者忠于自己的师门,延伸为要忠于民族、社稷、事业。《论语·宪问》孔子云:"仁者必有勇。"《论语·为政》孔子云:"见义不为,无勇也。"所以说,有"仁"者必然是有"勇"者;有"勇"者一定能嫉恶如仇,该出手时就出手。否则就是无"勇",也就不能称为"仁"。所以传统体育一直提倡"忧国忧民,匡扶正义",这是"侠义"精神的表现,体现了仁学人伦的主张。

3. 健身保健功能

民族保健体育是以传统阴阳观、"天人合一"和中医理论等为指导思想而发展起来的,把人体视为与天地相通的小宇宙,注重锻炼的整体性、协调性、平衡性。所以它不但有一般体育项目所具有的外壮肌肉筋骨的作用,更主要的是体现在对内具有的健康保健作用。

(1) 疏通经络。《黄帝内经》中说:"经脉者,所以能决死生,处百病,调虚实,不可不通。"所以保持经络的通畅才能保持身体健康。传统保健体育以中医理论为指导,在运动中活动疏通经络,从而增强经络沟通内外、运行气血、感应传导、调节脏腑的功能,维持人体健康。

(2)调节情志。中医学强调"恬淡虚无",要求做到排除杂念,尽量放松。所以传统保健体育在运动中都强调心静体松。通过身心的放松,中枢神经系统可以更高效地工作,各器官系统能更好地协调配合工作,在身体的协调通畅感中会使人感到心情舒畅,消极情绪减少,对心理健康有积极的调节作用。

第二节 武 术

一、武术概述

武术是以中华文化为理论基础,以技击方法为基本内容,以套路、格斗、功法为主要运动形式的传统体育项目。武术在古代具有军事和强身的双重性质。套路运动和对抗运动中的散手已先后被列为全国、亚洲及世界性正式体育竞赛项目。武术的特点为:动作具有攻防技击含义;内外合一、形神兼备;内容丰富,具有广泛的适应性。

二、太极拳

1. 太极拳概述

太极拳是中国武术的重要流派,流行于各地,深受人们的喜爱。太极拳是根据我国古代阴阳哲学的原理而命名的拳术。早期的太极拳被称为长拳、绵拳、十三势、软手。清乾隆年间,山西民间武术家王宗岳用《周子全书》中阐发《易经》太极阴阳的哲理来解释拳理,写成《太极拳论》,太极拳的名称才确定下来。太极拳在发展中形成了传统太极拳、竞赛太极拳和简化太极拳三种形式。传统太极拳是指由历史上某人所创、经历了一个较长历史时期,代代相传至今保留着原来风格的太极拳。传统太极拳的主要流派包括:陈式、杨式、武式、孙式、吴式。据唐豪考证,太极拳为明末清初河南温县陈家沟陈王廷所创。陈式太极拳注重缠丝劲练法,在运动时不断地旋腰转脊、旋腕转膀和旋踝转膝,形成一动全动、贯穿整体的一系列无限延长的螺旋动作。杨式太极拳的宗师是杨福魁,字露禅,河北永年县人。杨式太极拳的出现,促进了太极拳运动的大众化。武式太极拳是从陈式太极拳继承发展而来,为清末河北永年县人武禹襄所创。孙式太极拳由河北完县人孙禄堂所创。吴式太极拳创始人为吴鉴泉,满族,河北大兴人,自幼跟父亲全佑学习太极拳。新中国成立后,为普及和比赛的需要,在传统太极拳拳式的基础上,国家创编了简化太极拳和竞赛太极拳。竞赛太极拳是指由国家体育部门编定而指定的太极拳竞赛套路和自选创编套路。

太极拳包括的内容有:功法、套路、器械、推手。太极推手是一种对抗练习。太极桩功是指下肢固定或全身静止性的基本功训练。太极拳基本技术包括:手形、步形、步法、腿法、身法、眼法。手形是指手掌的基本形态。太极拳拳术中的主要手形包括:拳、掌、勾。步形是指下肢腿脚的基本形态。太极拳拳术中的主要步形包括:弓步、虚步、仆步、丁步、独立步。步法是指脚步的移动方法。太极拳拳术中的主要步法包括:前进步、后退步、侧行步。腿法是指腿的运动方法。身法是指腰带动躯干的运动方法。眼法指眼的运动方法。

太极拳运动的要求包括:体松心静、柔和缓慢、连绵不绝、圆活自然、协调完整。所谓"外练手眼身法步,内练精神意气足",最终达到内外兼修,内外合一。所以太极拳的健身养生价值体现在以下几个方面:提高运动系统的活动能力,增强脏腑各器官的功能,对循环系统的调节,对神经系统和免疫系统的调节,对生殖系统和泌尿系统的调节。

2. 八式太极拳动作

(1) 起势。注意身体自然放松,百会穴微微上顶,下颚微收。

(2) 倒卷肱。注意躯干的垂直转动带动手臂做动作。

(3) 左右搂膝拗步。注意步法的虚实分明,保持稳定。

(4) 左右野马分鬃。在保持步法稳定的前提下,注意步法与身姿身法的协调配合。

(5) 云手。注意手法和步法的协调配合。

(6) 左右金鸡独立。注意手脚的方向保持一致。

(7) 左右蹬脚。注意手打开蹬脚,脚落下双手同时下落。

(8) 左右揽雀尾。注意随着手法动作的变化做虚步和弓步的转换。

(9) 十字手。注意两手交叉时双臂要自然放松。

(10) 收势。呼气时双臂自然放于体侧,最后收左脚向右脚并拢,身体保持中正。

3. 十六式太极拳动作说明

(1) 起势:①左脚开立;②两臂前举;③屈膝按掌。

(2) 左右野马分鬃:

左野马分鬃:①抱手收脚;②转体上步;③弓步分手。

右野马分鬃:①转腰撇脚;②抱球收脚;③转体上步;④弓步分手。

(3) 白鹤亮翅:①转体抱手;②坐腿合手;③虚步分手。

(4) 左右搂膝拗步:

右搂膝拗步:①摆臂收脚;②上步收手;③弓步搂推。

左搂膝拗步:①转腰翻;②摆臂收脚;③上步收手;④弓步搂推。

(5) 搬拦锤:①撇脚翻手;②抓拳收脚;③上步搬拳;④上步拦掌;⑤弓步打捶。

(6) 如封似闭:①左手穿;②后坐收掌;③弓步推掌。

(7) 单鞭:①转体摆臂;②勾手收脚;③转体上步;④弓步推掌。

(8) 手挥琵琶:①跟步摆掌;②坐腿摆臂;③虚步合手。

(9) 左右倒卷肱:

左倒卷肱:①转体撤手;②退步收手;③坐腿推掌。

右倒卷肱:①转体撤手:同左倒卷肱,唯方向相反;②提膝屈肘:同左倒卷肱,唯方向相反;③退步推掌:同左倒卷肱,唯方向相反。

(10) 左右穿梭:

左穿梭:①转体扣脚;②转身撇脚;③收脚抱球;④上步分手;⑤弓步推掌。

右穿梭:①重心后移;②抱球跟脚;③迈步分手:同左穿梭,唯方向相反;④弓步推掌:同左穿梭,唯方向相反。

(11) 海底针:①跟步落手;②坐腿提手;③虚步插掌。

(12) 闪通臂:①提手收脚;②上步翻手;③弓步推掌。

(13) 云手:①转体云手;②云手收脚;③云手开步;④云手收脚:同②云手收脚。

(14) 左右揽雀尾：

右揽雀尾：①抱手提脚；②转腰上步；③弓步掤臂；④转体摆臂；⑤转体后捋；⑥转体搭手；⑦弓腿前挤；⑧后坐收手；⑨弓步按掌。

左揽雀尾：①转体扣脚；②抱手提脚；③左揽雀尾的其余分解动作与右揽雀尾相同，唯方向相反。

(15) 十字手：①转体扣脚；②撇脚分手；③收脚落手；④十字合抱。

(16) 收势：分手打开，两臂内旋打开，掌心向下，平行向前与肩同宽，两臂下落自然放于体侧。

第三节 健身气功

一、健身气功概述

虽然依据考古发现和历代文献记载，气功至少有五千年的历史，但这些现在被称为健身气功的修炼形式，在中国传统文化里并没有数千年一贯的统一名称。1957年刘贵珍先生编著的《气功疗法实践》中写道："'吐纳'、'导引'、'定功'、'静功'、'内功'、'调息'、'静坐'等都属于气功的范围。这些名称虽不相同，但都是从不同角度，通过姿势、呼吸、心神的调炼，来达到培育元气的目的。这就是我们统称的'气功'……所以，我们把培育元气的健身法称之为气功。"后面又有许多专家对气功的概念提出了自己的理解，综合起来都是以调身、调息、调心的"三调"为手段，以达到身心健康为目的。1996年8月国家多家相关部门联合下发《关于加强社会气功管理的通知》。《通知》第一次提出了什么是健身气功。2000年9月，国家体育总局颁布《健身气功管理暂行办法》，对健身气功的概念作了进一步的阐述："健身气功是以自身形体活动、呼吸吐纳、心理调节相结合为主要运动形式的民族传统体育项目，是中华悠久文化的重要组成部分。"从此以后健身气功的管理工作逐步走上正轨，群众性的气功健身活动呈现出规范有序、科学健康的发展态势。

健身气功手形包括：拳、掌、勾手、握固。健身气功的步形包括：弓步、丁步、虚步、马步、仆步。健身气功的身法包括：左右转腰、涮腰、下腰。健身气功的作用可以归纳为：疏导经络、调和气血、修身养性、促进社会和谐。健身气功锻炼的基本原则是：松静自然、动静相兼、练养结合、循序渐进、持之以恒。以下主要以八段锦和易筋经为例作介绍。

二、八段锦

1. 八段锦概述

八段锦是我国古代的导引术，已经流传近千年。在唐以前的文献中已经出现了八段锦部分动作内容的记录。两宋时期出现了立式和坐式两类八段锦。在后面的发展中，八段锦又出现了不同的流派。为了更好地传承弘扬中华优秀传统文化，满足人民群众强身健体的多元化需求，2001年国家体育总局健身气功管理中心经过充分的准备，创编了我们现在所习练的健身气功八段锦。它以《新出保身图说·八段锦》为蓝本进行创编，在保持主体动作不变的基础上,以中医理论和现代人体科学理论为指导,使得整套动作顺序更加科学,结构更加完整。八段锦的"八"字,并非单指段、节和八个动作,而是表示八卦变化,其功法有多种要素,相互制约,相互联系,循环运转。古人把这套动作比喻为"锦",意为五颜六色,美而华贵,体现其动作舒展优美,健身效果显著。八段锦练习无需器械,不受场地局限,简单易学,老幼皆宜。

八段锦的习练要领为:立身中正,虚实分明;腰为枢纽,手足相应;神注庄中,气随庄动;形松意充,内外合一;动静结合,练养兼之。

2. 八段锦动作

预备姿势:两脚并拢,自然站立;百会上领,下颌微收,松肩垂肘;呼吸自然,目视前方。

第一段:双手托天理三焦。注意动作的对拉拔伸。

第二段:左右开弓似射雕。注意展胸沉肩。

第三段:调理脾胃需单举。注意拔长脊柱。

第四段:五劳七伤往后瞧。注意脊柱的垂直拧转。

第五段:摇头摆尾去心火。注意拧腰转胯。

第六段:两手攀足固肾腰。注意动作幅度慢慢增大。

第七段:攒拳怒目增气力。注意动作由慢到快。

第八段:背后七颠百病消。注意提踵时吸气使身体紧张,落下时呼气让身体完全放松。

收式:两手体前45度托掌至头顶,配合吸气,百会穴微微上提,肛提腹收;按掌呼气,两手落于体侧,身体自然放松,意守丹田。

三、易筋经

1. 易筋经概述

易筋经是我国古代流传下来的保健养生功法,源自我国古代导引术,相传为梁武帝时代印度和尚达摩所创。但大多数学者据考证均认为《易筋经》系明朝天启四年(1624)天台紫凝道人所作。根据现存的文献记录,易筋经最早为秦汉方仙道导引术,唐宋年间被少林寺僧侣改编用于活动筋骨,习武健身,后至明代基本定型开始在民间流传。目前发现流传至今的最早的易筋经十二势版本载于清代咸丰八年潘蔚辑录的《内功图说》中。易筋经注重内外兼修,强调动静结合,"练内名洗髓,练外名易筋"。为了更好地传承弘扬中华优秀传统文化,满足人民群众的强身健体的多元化需求,2001年国家体育总局健身气功管理中心经过充分的准备,创编了"健身气功·易筋经"。这套功法继承了传统易筋经十二势的精华,兼具科学性和普及性于一体,易学易练、强身健体、防治疾病、延年益寿。

易筋经习练要领为:心静体松,形意合一;呼吸自然,贯穿始终;配合发音。

2. 易筋经动作

第一势:韦驮献杵第一势。注意松肩虚腋。

第二势:韦驮献杵第二势。注意两掌外推,力在掌根。

第三势:韦驮献杵第三势。注意前脚掌支撑,重心稍前移。

第四势:摘星换斗势。注意以腰带肩,以肩带臂,力达指尖。

第五势:倒拽九牛尾势。注意以脊柱为轴左右旋转。

第六势:出爪亮翅势。注意缓慢加力,刚柔相济。

第七势:九鬼拔马刀势。注意身体弯曲拧转,同时马步保持不变,起来时两肘要展开。

第八势:三盘落地势。注意每次下蹲的高度逐渐加深,两手随下蹲逐渐下按。

第九势:青龙探爪势。注意往前屈时脊柱的伸展,起身时不要斜肩,腰部保持伸展。

第十势:卧虎扑食势。注意做出胸椎、腰椎波浪式运动。

第十一势:打躬势。注意脊柱的逐节运动。

第十二势:尾掉势。注意脊柱是在矢状面做左右弯曲运动,头部做左右旋转。

第四节　民族传统体育习练注意事宜

一要做好准备工作。

(1) 选择地势平坦、环境安静、空气清新的地方练功。

(2) 穿着合体宽松舒适的服装,脚穿运动鞋或平底布鞋。

(3) 练功前保持安宁的身心状态。前半小时不要做剧烈运动,不饮用咖啡、浓茶等使人兴奋的饮料,不要大悲大喜,不要过饱过饥,做适度的拉伸准备活动。

二要注意练习方法。

(1) 持之以恒。任何事物的发展都是量变到质变的过程。运动技能的发展更是需要按照正确的方法反复练习,才能达到掌握以致自如的程度。

(2) 循序渐进。运动强度逐渐递增;做好基本功练习;先分解动作再整体动作;先单个动作练习再多个动作连起来练习;先注重动作外形正确,再注意身体内部运动的变化,最后做到内外结合,形神合一。

三要注意练习后的休整。

(1) 练习结束后不能立即坐下、躺下或参加剧烈运动,可做搓手、浴面、慢走等整理活动。

(2) 练习结束后不能洗冷水澡,不能饮用冷饮,不能大量饮水等。

(3) 练习结束后如果出汗,要及时更换衣服等,避免着凉。

参考文献

[1] 戴国斌. 武术:身体的文化[M]. 北京:人民体育出版社,2011.

[2] 刘贵珍. 气功疗法实践[M]. 石家庄:河北人民出版社,1957.

[3] 李永明. 传统体育[M]. 北京:中国中医药出版社,2016.

第二十章 导引与健康

第一节 导引运动起源和演变

一、导引运动起源(原始社会)

1. 最远古的导引声啼

导引运动的产生是伴随着中华民族的起源而同时产生的,《素问·移精变气论》记载:"往古人,居禽兽之间,动作以避寒,阴居以避暑。"可见远古时代,群居尚未开始,村落尚未建立,中华民族尚未形成,人们处于毛饮茹血、与禽兽共同生存在大自然之中的时候,先人们已经开始通过运动的方法来驱寒避暑。

中华先人在没有自我观念,将自我视为自然存在的一部分的时候,他们与自然的星辰日月、和风细雨、鸟语猿啼和谐相处,也与疾风骤雨、豺狼虎豹、酷暑严寒抗争,这时候的他们已经开始通过自我的运动调节来趋利避害,而趋利避害的原则都来自自然,取之自然,用之自然。人们学着飞禽走兽的攀援、顾盼、跳跃、展翅等众多的自然运动。在这种取之自然的动作中,已经可以看到导引运动的自然母亲,听到导引运动的儿啼声。

2. 最原始的导引创意

《路史》记载:"阴康氏之时,水渍不疏,江不行其原,阴凝而易闷,人既郁于内,腠理滞着而多重胝,得所以利其关节者,乃制为之舞,教人引舞以利导之,是谓大舞。"与其相似的说法来源于《教坊记》,其中记载:"昔阴康氏之王也,元气肇分,灾沴未弭。水有襄陵之变,人多肿胝之疾。思所以通利关节,于是制舞。"两者都记载了距今七千年前的阴康氏时代,江河泛滥,不行其源,阴气凝结,无法消散,人们出现了闷胀,关节不利,脚步沉重等疾患,为了能够通利关节,缓解肢体僵硬、乏力,人们开始思考,进行诸多运动创造,这便是导引运动创造的源头。

《吕氏春秋》记载:"昔陶唐氏之始,阴多滞伏而湛积,水道壅塞,不行其原,民气郁阏而滞著,筋骨瑟缩不达,故作为舞以宣导之。"四千多前的陶唐年代,水道壅塞,湿气弥漫,使得阴气滞伏,人们产生出很多筋骨疾病,屈伸困难,为了能够摆脱这种疾病,人们开始发明很多运动的方法,这也是导引运动的创造源头。

《黄帝内经》记载:"中央者,其地平以湿……故其病多痿厥寒热,其治宜导引按跷。故导引按跷者,亦从中央出也。"远古的中原地带地气湿浊,造成人们产生很多诸如类风湿、关节炎之类的疾病,未能够使这种疾病得到康复,人们发明了导引运动。

无独有偶,在四本历史典籍里面都记载着中华先人为战胜自然灾害所进行的思考创作,通过身体运动来实现战胜疾患的目的。在洪水泛滥、疾病成灾的远古年代,我们看到了中华先人的智慧,凝聚着最具智慧的东方创意,这也是导引运动的智慧母亲。

3. 最真实的导引嬉戏

在远古的时代,人们没有名利之争,没有胜负之别,没有非分之想,人们的一言一行都在禅定之中,都在享受着生活,享受着每天生活的一针一线、一砖一瓦。但人们对于生活有着非常细致的观察和描述,不需要论证,却总能总结出生活中精确的运动技术方法、强度数量。

这种禅定的人生,让他们发现在疲倦时伸个懒腰、打个哈欠、闭目静养一下,便会感觉到精神轻松愉悦;在腰酸背痛时,自我捏一捏,揉一揉,疼痛便会缓解;在胸闷腹胀时,张口呵呵气,推推胸部,闷胀便会消失。这种原始的生活经验,不断地被总结,被积累。在这种最真实的生活经验里,已经看到了导引运动的禅定母亲,看到了导引运动的嬉戏玩耍。

二、导引运动的成长(先秦时期)

1. 中华民族的健康需求促使导引发展

在经历漫长的原始社会之后,历史转眼来到了先秦时期,也开始出现了大批关于导引运动的文字记录。春秋战国成书的医学经典《黄帝内经》开始记载导引运动,确立了导引运动在中华文明中所具有的特殊意义,促使导引运动开始成长。在《素问·异法方宜论》中记载导引运动已经被列为砭石、毒药、艾灸、九针之外的防治疾病的医疗手段。在《灵枢》的一些医疗手段之中,导引行气则被列为首位。导引运动在当时已经受到重视,生命的健康促使导引运动开始成长,开始将散落于人们之中的众多方法,集中地、专门地进行记载和归纳。

中华民族是一个崇尚自然的民族,同时也是一个富有变化精神的民族。这种精神反映在健康实现上,则是从来不拘泥于一种方法,凡是有利于生命健康的手段措施,都可以拿来应用。导引运动在几千年的发展中已经被人们证实,对健康实现有很大的促进功能,因此,中华民族的康复需要开始呼唤导引运动的成长。

2. 中华先人对长寿的追求推动导引成长

中华文化认为天地人是宇宙的"三才",这个学说贯穿中华民族的精神,体现于中华民族对生命的认识上。中华民族的先人们认为人的生命是极其伟大的,应当加以保养,避免使其受到损害。春秋时期的《书·洪范》记载:"五福:一曰寿,二曰富,三曰康宁,四曰攸好德,五曰考终命。"其中有三条与健康长寿有关,极有力地证明了中华民族重视生命的观念。在这种观念的影响下,培育了中华民族尊重生命,保养生命,乐于与天地相处、与自然和谐的精神,对天地自然持有极其虔诚的敬爱之心。

中华民族的这种观念,促使人们在先秦时期已经开始越来越重视生命的健康长寿,并且在这其中出现了很多像彭祖、寿考之类的智者贤人。他们通过观察日出日落、云舒云展、飞禽走兽的运动,通过模仿自然界的种种运动来实现延年益寿的目的,而这批人也成为最初的养形之人。正如《庄子》记载:"吹呴呼吸,吐故纳新,熊经鸟申,为寿而已矣。此道引之士,养形之人,彭祖寿考之所好也。"智者贤人们为能实现延年益寿的目的,专门向自然学习,学习熊攀树自然垂落的运动,学习鸟伸展腿部的运动,学习虎啸山河的运动。在长期的学习过程中,逐渐丰富了导引运动的内容和方法,促使导引运动开始健康成长。

3. 中华先人对道的感悟哺育着导引运动成长

中华先人在经过几千年与自然界和谐相处的过程中,逐渐发现每个个体在茫茫的宇宙之中是渺小的,在茫茫的宇宙之中有一种决定一切的力量,这就是道,是自然,人们无法改变它,只能顺从。先人通过各种途径去感知体验这种自然的力量,其中最重要的一种手段就是身体实践。人们在身体实践的过程之中,逐渐发现自我,了解自我,认识到宇宙人生,认为个人是一个小宇宙,宇宙是一个大宇宙,人们的活动方式应当学习和适应自然的运行规律,最终实现"天人合一"的终极理想。

先人们认为宇宙是一个统一的整体,是不可分割的。生命也是一个统一的整体,是不可分割的。生命除了仿效自然界的运动之外,还应该学习宇宙的统一。于是人们在学习自然运动的同时,开始逐渐地学习"守一",即形体、呼吸、精神要实现高度的统一。于是出现了除运动之外的另一重要静养方法,即《黄帝内经》记载的"提挈天地,把握阴阳,呼吸精气,独立守神,肌肉若一"。也是在此时,导引运动开始出现了"动静结合"的特征。

三、导引运动的高峰(汉唐时期)

1. 导引专门学科出现

1974年,马王堆汉墓出土的文物中发现了一幅帛图,上面记载了关于导引运动最早的图画记录。这幅帛图,宽50厘米,长约1.4米,上面绘有44幅男女各自的运动姿势,分列成四排,每排11人。每个姿势均有动作名称,指代着每个动作的功能、特点。有的以模仿动物的动作命名,如熊经、龙登、鸟伸;有的在单独进行呼吸吐纳调节,如仰呼;有的记载了动作的功能作用,如引膝痛、引聋、引项。总之,动作的名称丰富多样,反映了中华先人在与自然和谐相处的过程中,在广泛的生活经验之中汲取提炼的导引运动术式。

隋朝《诸病源候论》的问世,标志着导引运动发展的高峰。该书是隋朝太医巢元方在政府的组织下统一进行编纂的,全书50卷,内容丰富,书中记载"养生法"或"导引法"共213条,专门讲述导引法对于众多疾病的防治作用。《诸病源候论》将隋之前散落于民间的导引运动法进行了整理和综合,也是最真实的导引运动发展的高峰。唐朝《外台秘要》是太医王焘在政府组织下编纂的,记录了初唐和唐朝以前的医学成就,该书虽然不像《诸病源候论》专门论述了导引运动,但是也记载了不少关于导引运动的方法技术。

从文献史料可以看出,汉唐年间的导引运动主要目的仍然在于实现生命健康,指导思想是来源于中华的自然观念和中医理论。导引运动专门学科的形成,标志着导引运动已经脱离了散乱在民间的自由发展,而是向着规范化发展。

2. 套路化导引形式出现

经历了两千多年的发展,导引运动从最初的熊经、鸟伸、鸱视、猿顾等单式导引,向着套路习练的方向转化;从最初的直接模仿,向着抽象的加工转化发展;从最初的纯粹向自然学习,向着运用智慧进行加工创造发展。东汉华佗创编的五禽戏是记载最早的套路导引。在《三国志·华佗传》记载:"人体欲得劳动,但不当使极耳。人身常摇动,则谷气消,血脉流通,病不生。譬犹户枢不朽是也。古之仙者,及汉时有道士君倩者,为导引之术,作猿经鸱顾,引挽腰体,动诸关节,以求难老也。吾有一术,名曰五禽戏:一曰虎,二曰鹿,三曰熊,四曰猿,五曰鸟;亦以除疾,兼利手足,以常导引。体中不快,因起作一禽之戏,遣微汗出而止,以粉涂身,即身体轻便,腹中思食。吴普行之,年九十余岁,耳目聪明,牙齿坚完,吃食如少壮也。"在典籍里面可以发现,华佗的五禽戏套路正是在导引运动的基础上发展而来的,他将最初的导引运动进行了创编组合。

《医故》记载:"古之按摩,皆躬自运动,振捼顿拔,按捺拗伸,同其百节之灵,尽其四肢之敏,劳者多健,譬如户枢。"导引运动古代也称之为按摩运动。而汉唐时期的套路按摩方法,也揭示了导引运动的这一说法。除了五禽戏的出现,汉唐期间还出现了诸如"老子按摩法""天竺国按摩婆罗门法"之类的导引运动套路,共同促使导引运动向着程序化、套路化、专门化发展。导引运动大多记录在医学专著里面,大多被医学家引进过来转变为身体康复和防治疾病的重要手段,其目的在于保持生命健康。导引运动的特点仍然保留着最初导引运动的基本特征,即通过身体运动,实现气血调和。

导引运动套路的出现,标志着导引运动的发展已经到达高峰期,不再是最初的单个动作操作,而是转变为程序化的操作。

3. 导引运动被列入政府组织

隋唐的导引运动也被称为按摩运动,在当时已经被政府所重视,列为太医署的主要内容。隋书《百官志》记载:"太医署有主药二人,医师二百人,药园师二人,医学博士及助教二人,还有按摩博士二人。"由文献可以看出,导引运动在当时与医学是有区别的,它并不是作为主要的治疗手段,而是被列为除医疗之外的康复手段而受到重视,由政府进行管理。

唐朝政府的组织机构,仍然延续着隋朝的这种制度。唐《六典》记载:"按摩博士一人,按摩师四人,按摩工五十六人,按摩生十五人。""按摩博士令按摩师掌教按摩法。"根据文献记载,唐朝的导引运动已经受到政府的组织进行规范的教育,并且形成了由按摩师掌教按摩法的教育制度和按摩生十五人的按摩专科学校。《旧唐书·职官志》记载:"按摩博士掌按摩生消息导引之法。按摩师四人,从九品,下掌导引之法以除疾,损折者正之。"当时的按摩运动即为导引运动,说明导引运动已经开始在政府的组织下进行规范化发展。

导引运动在政府的组织下进行规范化发展是导引运动发展的高峰,它已经不再像曾经一样散乱地存在于广泛的中华沃土,而是开始条理化、规范化地发展。此时,政府组织下的导引运动仍然保留着导引运动产生的初衷。

四、导引套路运动时期(宋元明清)

1. 道家导引运动套路形式

宋朝道教开始迅速发展,对导引运动的系统系发展起到了重要的推动作用,并在此基础上产生了道家生命修炼法——内丹术。修道人士专门对导引运动进行了整合和创新,创编了诸多具有防治特定疾病的运动方法。陈希夷是宋初代表性的道家人物,曾隐居武当山服气辟谷二十余年,后居华山云台观,没睡长百余日不起。曾分别受到唐僖宗、周世宗、宋太宗三位皇帝接见,并被宋太宗赐号"希夷先生"。他在道教长生术和理学主静思想的影响下,创编了十二月坐功,称为导引套路运动的重要代表。宋朝皇帝对长生不老的追求推动了道家炼丹术的发展,给导引运动文化带来众多的迷信色彩,产生的负面影响深远巨大,直到现在还是有很多人不能客观准确地认识导引运动的本来面目。

宋代张君房的《云笈七签》记载了大量的导引运动套路,将导引运动套路的发展推向高峰。《云笈七签》中记载了《养性延命录》《摄养枕中方》《太清导引养生经》《宁先生导引养生法》《彭祖导引法》《王子乔导引法》《婆罗门按摩法》《胎息法》《玄鉴导引法》等众多导引运动套路。此时对导引运动的记载，已经不再纯粹以注重运动为主，而更多地加入了不同的养生学说，尤其开始注重性情的培养和道德的提升。这使得导引运动的习练不再是简单的身体运动，而同时融入了中华传统道德文化，更加注重德性修养。

明代高濂在《遵生八笺》里面对古代养生资料进行了系统性整理，书籍虽然以养生为主要内容，但是记载了大量导引运动套路，包括陈希夷十二月坐功 24 势、灵剑子四时导引法 15 势、修养五脏法坐功法 12 势、太上混元按摩法 16 势、天竺按摩法 18 势、婆罗门导引法 12 势、八段锦导引法与八段锦坐功图、治百病坐功法 33 势。《遵生八笺》对导引运动套路的记载，反映了导引运动在明朝时期仍然处于套路发展时代，此时的导引运动套路针对性更强，功能更加丰富。但此时的社会主流多以养生为主，导引只是作为养生的一个组成部分。除了导引运动，在养生方面还形成了饮食、绘画、养性、起居、音乐等众多的养生方法。

2. 医家导引套路运动形式

宋元明清期间产生了众多重要的医学典籍，诸如《圣济总录》《圣济经》《素问玄机原病式》《古今医统大全》《奇经八脉考》《针灸大成》等众多医学经典，对中医学的发展起到不可磨灭的功绩。在众多医学典籍中都可以发现对导引运动套路的记载、阐释。不同的是，此时对导引运动套路名称的记载已不再像最初的诸如熊经、鸟伸般"象形取物"命名，而是采用很多比喻、夸张、抽象等方式记载导引运动套路，在当今看来已经不如最初的导引运动名称直观、易见，而是变得抽象、莫名，这也是中国文化发展过程必不可少的一个阶段。除了导引运动套路，医学家们从生命健康的角度出发，从医药、养性、修炼、导引、静坐、起居、饮食、服药、环境等众多角度构建出一个养生体系。

南宋蒲虔贯在《保生要录》里面对导引运动的原理、注意事项、方法进行了详细的记载，并且依据运动养生的思想创编了小劳术，属于导引运动的典型代表。金代张子和则在《儒门亲事》里面指出："导引、按摩，凡解表者，皆汗法也。"指出了当风寒之邪在皮肤之间和经络之内时，可用导引的发汗解表法。冷谦在《修龄要旨》中对"延年六字总诀"进行了阐述和记录，通过诗句的风格进行了记录，并且在"四季却病歌"中又进一步进行了阐释和说明。其记录的"导引歌诀"，通过诗词的方式记录了导引行气的具体功法，虽然其名为导引，但是大多属于内气的运行方法，并不是特别强调导引运动套路。

清朝汪昂在《勿药元诠》中记载了调息、小周天、道经六字诀、一秤金诀、金丹秘诀、诸伤、风寒伤、湿伤、饮食伤、色欲伤等丰富内容。在其中更可以看出，医学同时借鉴了道家的诸多养生术，但就导引运动方面记载得并不多，而是多以道家内养术为主要内容。汪晟则在《寿人经》中记了五脏的导引方法，具有典型的运动特征，只是在坐功方面加入了以意引起的内容，形成了动静结合套路运动。

3. 武术导引套路运动形式

宋朝年代，八段锦体系已经基本形成，并且被少林寺汲取，形成少林八段锦，被称为武八段，成为少林弟子增强体质、防治疾病的重要手段。与此同时，也形成了文八段的坐式功法，散落于民间，广泛流传。另外，宋代产生了"十二练手"，其以全身经络为根据，以防治疾病、增强体质、延年益寿为目的。武术内功中的导引运动套路在每个术式名称上已不再像最初的导引运动名称那么直接自然，而更多地加入了人为创作，形成了导引运动、呼吸吐纳、意识操作、观想操作于一体的复杂套路，对于这种套路的修炼也有严格的条件。

宋代武当太极拳的产生是导引行气法的巅峰之作,太极拳虽然属于武术,但是同时也属于高层次的导引行气法。太极拳运动纯以意行,动作松柔缓慢,将导引行气结合得天衣无缝。也正因如此,太极拳的习练是非常困难的一件事情,固有"三年少林,十年太极"之说。当前社会,太极拳的习练人群虽多但掌握其精髓的却是凤毛麟角,通过太极拳练就出高层次功夫的更是少之又少。

除了太极拳,几乎所有的内家拳术都强调内功的修炼,比如形意拳创始人姬龙丰就是借鉴五禽戏导引术,八卦掌创始人董海川是在游历江南时得到了道家内功修炼的启示。《少林拳术秘诀》一书更是全面地论述了武术内功,并且在历史上罕见地提出了"气功"一词。

五、近代导引运动

新中国成立初期,刘贵珍因"内养功"受到卫生部重视,并且首次提出气功概念,创立了"气功疗法"这一医疗措施的通用名称。使得气功涵盖了道家、佛家、儒家、医家等所有的生命修炼内容,并且将"调形、调息、调意"作为气功的主要内容。当前,国家体育总局健身气功管理中心延续对历代导引运动套路的继承和发展,对以八段锦、五禽戏、易筋经、六字诀为代表的健身气功形式进行全民推广和国际化传播。同时部分高校传承了导引运动,例如北京体育大学张广德教授和上海体育学院丘丕相教授在古代导引基础上分别研发的"导引养生功"和"马王堆导引术",成为国内众多大学特色课程和向世界传播中华文化的一个有效媒介。

第二节 导引运动主要内容

一、导引的概念

唐朝王冰称其为:"摇筋骨,动关节,名曰导引。"明代李颐称:"导气令和,引体令柔,名曰导引。"清代张志聪称:"导引者,擎手而引欠也。"这些都说明,导引是一项通过肢体运动和呼吸运动结合来调和气血、柔缓筋脉的传统运动。

二、导引运动的代表性内容

1. 八段锦

八段锦功法是一套独立而完整的健身功法,起源于北宋,至今有800多年的历史。古人把这套动作比喻为"锦",意为五颜六色,美而华贵,体现其动作舒展优美,视其为"祛病健身,效果极好;编排精致,动作完美"。现代的八段锦在内容与名称上均有所改变,此功法分为八段,每段一个动作,故名为"八段锦",练习无需器械,不受场地局限,简单易学,节省时间,作用极其显著。

2. 五禽戏

五禽戏是中国传统导引养生的一个重要功法,其创编者为古代著名医学家华佗(约145—208)。华佗一生著述颇丰,但均亡佚。今传《中藏经》《华佗神医秘传》等皆托名之作。华佗弟子中著名者有吴普、樊阿、李当之等人。其中,吴普著有《吴普本草》,李当之著有《李当之药录》,而樊阿则擅长针灸及养生,据传他活到100多岁。

2018年12月,教育部办公厅公布江苏师范大学为五禽戏中华优秀传统文化传承基地。

3. 易筋经

易筋经中多是导引、按摩、吐纳等中国传统的养生功夫。清代学者凌廷堪的《校礼堂文集》、周中孚的《郑堂读书记》、康戈武的《中国武术实用大全》、周明和周稽丰的《易筋洗髓经(修订本)》以及《中国大百科全书·体育卷》等书考证,均认为《易筋经》系明朝天启四年(1624)天台紫凝道人所作。易筋经表达了道教练气求长生的一种境界,里面含有大量道教词汇和修炼内容。

4. 其他形体导引类运动

除了以上套路化的导引运动形式,历史上还存在很多身体不同部位的导引运动,例如锻炼肩颈、腰部、背部等不同部位的导引运动。当前如上海理工大学徐海朋老师依据隋代《诸病源候论》复原的众多导引法,创作了《道引·形体牵引篇》,丰富了导引运动内容。

第三节　导引运动的特点和作用

作为民族传统运动的重要内容,导引运动以身体练习为主要手段,通过合理的体育教育和科学的体育锻炼过程,以使习练者达到增长知识,增强体质,增进健康,养成锻炼习惯,培养学生的创新思维、团队合作及追求卓越的品质。

1. 促进认知发展

导引运动所蕴含的生命理论、方法技术、哲学思想等中国传统文化,有助于从多维视角来培养学生的认知发展目标。例如关于八段锦教学中"三焦""肝肺""脾胃""五劳七伤"等中华传统生命知识的教授,五禽戏中蕴含的"五禽""五脏""五行"等中华传统文化和哲学智慧,易筋经中蕴含的"动静""刚柔""松紧"等阴阳平衡的哲学思想。

2. 形成运动技能

导引运动项目的学习有助于熟悉并掌握八段锦、五禽戏、易筋经等多种形体导引方法练习的运动技能,并且能够应用在自我锻炼、团体表演等方面。

3. 促进身心健康

导引运动可以促进学生身心发展水平,包括耐力、柔韧、灵敏等身体素质的提高,在心理健康水平、社会适应能力、道德素养培育等方面来打造学生多维度健康体系。

4. 培育人文精神

导引运动有助于培养学生对民族传统运动的兴趣,提升学生的人文素养,培育学生的民族精神,践行文化自信。

参考文献

[1] 国家体育总局健身气功管理中心.八段锦[M].北京:人民体育出版社,2003.
[2] 国家体育总局健身气功管理中心.五禽戏[M].北京:人民体育出版社,2003.
[3] 徐海朋.道引·形体牵引篇[M].北京:化学工业出版社,2017.
[4] 张广德.导引养生功标准教程[M].北京:北京体育大学出版社,2003.

第二十一章 健美运动

第一节 健美运动概述

一、健美运动的概念

随着人们生活水平的不断提高,人们越来越注重生活的质量,重视健康投资,健身热潮在我国迅速兴起。

健美运动是一项通过徒手和各种器械,运用专门的动作方式和方法进行锻炼,以发达肌肉、增长体力、改善形体和陶冶情操为目的的运动项目。健美运动是举重运动的一个分支,其中健美运动也是个独立的竞赛项目,它有自己的竞赛动作,以及世界锦标赛和国际组织。

图 21-1-1

健美运动,英文原意是身体建设的运动(body building exercises)。这句英文直接说明了健美运动的目的和本质。健美运动作为一个运动项目,除了具有一般体育活动所共有的能锻炼身体、增进健康、增强体质的作用外,还特别能发达全身各部位的肌肉(图 21-1-1:腹肌滑轮),增长体力,改善体形体态,以及陶冶美好的情操。在发展肌肉、力量的同时,也加强了耐力、灵敏性和协调性,全面发展身体素质,有助于培养学生优良的思想作风和道德品质,以及顽强的意志品质和终身体育意识。它不仅强调"健",而且强调"美",把体育和美育融为一体。通过练习不仅可以提高身心健康水平,也是培养人文素养,树立正确世界观的有效手段。少年强则国强,进行健美运动的练习也是培养学生爱国主义情怀,践行社会主义核心价值观的一个很好途径。

二、健美运动的特点

健美运动是一项有着自己特点的体育活动,这些特点概括起来主要有以下四点:

（1）既可锻炼身体，增进健康，又可陶冶情操，美化身心，将体育和美育融为一体。在练习中不应该单纯地追求把某些局部肌肉练得发达一些，而应要注意改善自己的体形体态，使其匀称、协调、优美。不仅要注意体形、体态的仪表美，而且要自觉陶冶自己美好的情操，加强思想和艺术修养，注意语言美、行为美、心灵美，真正把体育和美育，外在美和内在美很好地融合在一起。

（2）能最有效地发达肌肉。健美训练的主要目的之一是发达身体各部位肌肉，健美比赛也是以全身肌肉发达程度为主要条件之一进行评分的。为此，健美训练中应经常采用各种各样的动作方式，进行反复多次的负重练习，每次练习的次数几乎都要接近或达到极限，给肌肉以强烈的刺激，从而促进新陈代谢活动，加强超量恢复过程，使全身各部位的肌肉得到最大程度的发展。

（3）设备简单，易于开展。健美运动可以徒手和靠自抗力进行练习，也可利用各种简单的轻重器械进行练习，还可采用一些自制的器械乃至简单的家具进行锻炼。总的来说，设备器材比较简单，场地的要求则更低，只要有几平方米的地方就行，比较容易开展。

（4）练习方式方法灵活、机动、多样，男女老少皆宜。健美的练习动作多种多样，有徒手和自抗力动作，有利用轻重器械做的各种动作，即使是重器械，也可根据需要自由调节重量、次数、组数，自由调节运动量。它能够充分满足男女老少以及不同健康状况的人的不同需求，受到广大群众的喜爱。

三、健美运动的作用

长期进行健美锻炼，能够发达肌肉、增长力量、增进健康、增强体质、改善体形体态、矫正畸形，调节心理活动，陶冶美好情操，提高神经系统机能，培养顽强意志品质。

（1）发达肌肉，增长力量。健美运动的一个突出作用是可以有效地发达全身肌肉，增长力量。健美训练中要经常采用各种各样的杠铃、哑铃等负重动作，对全身各部位肌肉进行锻炼，特别是每次练习几乎都是极限练习，因此能够使肌肉得到强烈的刺激，从而使肌纤维增粗，肌肉变得丰满结实发达。

（2）增进健康，增强体质。健美运动能有效地增进人体的健康水平，增强体质。经常从事健美锻炼，能对心血管系统，呼吸系统和消化系统等各内脏器官的功能产生良好的影响。

（3）改善体形体态，矫正畸形。健美运动的各种动作能给予身体某些部位的生长发育以巨大的影响，促使骨骼的生长和肌肉的发展，科学的训练还可减少肌肉中的脂肪含量，达到消脂减肥的目的。这些变化都能够有效地改善人的体形体态，使男子变得体格魁梧，肌肉发达，英姿勃勃，风度翩翩；使女子变得体态丰满，线条优美，明朗多姿，秀丽动人。

（4）调节心理活动，陶冶美好情操。健美训练所带来的形体美、姿态美的良好变化，也会使人变得活泼开朗、朝气蓬勃。可以说健美运动是一种青春常驻的运动。

（5）提高神经系统机能，培养顽强意志品质。健美训练中，肌肉经常要工作到极限，运动员要经常克服由于大运动量训练所带来的肌肉酸疼等疲劳感觉和各种困难，长期刻苦训练，持之以恒，坚持不懈，就可以培养顽强的毅力，培养不怕苦、不怕累、不怕疼痛、不怕枯燥的顽强意志品质。

四、健美运动的起源和发展

1. 起源和早期

一般认为健美的"早期"是1880年至1930年这段时期。

早在古希腊时代的运动健将就用举重物来锻炼身体,并得到强壮健美的体型,这些健美的运动员,被雕塑家"记录"下来并留存至今。这是健美运动的早期萌芽。古希腊人主要是通过体育运动来塑造和培养健美人物的,四年一届的古代奥林匹克运动会等场所,就是展示力量和人体健美的场合。著名的《掷铁饼者》雕塑,就是这个时期的健美代表作,那灵活跳动的肌肉,充满了生命的活力。19世纪晚期,德国人尤金·山道首创了通过各种姿态来展示人体美,为现代健美运动的发展奠定了基础,他被公认为"国际健美运动的创始人"和"世界上第一位健美运动员"。山道为创建和发展现代健美运动作出了卓越的贡献。

2. 黄金时期

健美的"黄金时期"一般是指从1940年左右一直到1970年。在这段时期中,早期审美观开始发生变化,人们追求更加庞大的肌肉,对肌肉的对称性和轮廓清晰度提出了更高要求。这很大程度上是由于人们受二战的影响,很多年轻人开始追求更加强壮的体格和更刚烈的性格,他们通过改善训练技巧、提高营养水平以及使用更有效的器械达到了这些目的。很多有影响力的发行刊物也开始出现,新的比赛也应健美运动的发展而兴起。

3. 现代时期

20世纪70年代,由于阿诺德·施瓦辛格在影片《铁金刚》(Pumping Iron)中的形象,健美吸引了很多公众的眼光(图21-1-2)。21世纪伊始,国际健美联合会(IFBB)试图将健美推广为奥运会项目。2000年,IFBB成为国际奥委会正式成员,并试图让健美通过为奥运会展示项目,进而成为常规项目,但是最终未能成功。

图 21-1-2

4. 我国健美运动的发展

我们的祖先也是崇尚健美、崇尚力量、崇尚英武的。孔子主张"尽善尽美",墨子也讲"善美","善"是好的意思,又好又美,亦可称为健美。而荀子在一段议论中更进一步论述了外形的身体健康美和内在的精神美之间的辩证关系。我国古代以身体魁梧、武艺高强、健壮英俊、品德高尚为健美。古代劳动生活的特点需要有强健的体魄，频繁的部落作战更需要有强壮有力的身体，所以，我国古代也是将健与美紧密结合在一起而予以提倡的，至于举鼎、翘关、举石等健身活动，则早已有了几千年的历史。

我国的现代健美运动是从20世纪30年代由欧美传入我国并逐渐发展起来的。赵竹光是我国现代健美运动的开拓者。20世纪30年代初期，他在上海沪江大学（现为上海理工大学）读书时，受美国体育期刊中的健美函授广告所指引，参加了美国的健美函授学习和锻炼，经过一年苦练，身体强壮了，以致吸引了很多人要求跟他锻炼，于是，他就创立了我国最早的健美组织"沪江大学健美会"，并于1934年和1937年先后翻译出版了《肌肉发达法》和《力之秘诀》两本健身著作，还主办《健力美》杂志，积极介绍和推广健美运动。1940年5月，又创办了"上海健身学院"，当时的校训是："健全的身体，健全的人格，健全的头脑，健全的灵魂"。

新中国建立后，健美运动更为广大群众所喜爱，上海先后建立了"健美体育馆""强华体育社"等近10个锻炼健美的场所，广州的健身院也发展到10个之多，北京、南京、苏州等地都吸引了很多青年参加健美锻炼。

20世纪80年代是我国健美运动复兴的年代。尤其1980年前后，在上海、北京、广州等大城市的引领下，不到几年时间，健美运动很快就普及到了全国许多大中小城市。1986年第四届比赛开始正式增加了女子个人和男女混双比赛，女运动员第一次按照国际健美比赛规则的规定穿"比基尼"泳装参加。

在整个健美运动的发展过程中，人民群众日益增长的精神文化需求是健美运动持续发展的内在动因，国家体育管理组织的不断演进是健美运动快速发展的外在动力，科技进步和商业健身则成为我国健美运动蓬勃发展并在国际上崭露头角的重要因素。未来健美赛事将更加繁荣和创新。

第二节 健美训练理论

主要健美训练法如下：

1. 动静结合法

其方法是把动力练习和静力练习有机地结合起来，先动后静。即先做动力练习至极限，而后固定在需要锻炼部位的角度上静止用力6～8秒，可练2～4组。

例如：动静结合的弯举（发展肱二头肌）先用60%～70%的重量做6～8次，而后固定肘关节使上臂和前臂的夹角成90度，坚持6～8秒，做2～4组。

2. 克制退让结合法

用动力练习（克制性收缩）重复5～6次，做不起来后再做2～3次退让性工作。这样的结合能使肌肉得到更深的刺激。

3. 先衰竭法

这是目前增大肌肉围径的有效方法。其做法是：优先选择想要发展的这块肌肉的局部肌肉练习来训练，做6～10次直到疲劳，使其衰竭，然后在3～5秒之内跑向器械，做一个以发展这块肌肉为主的综合肌肉群练习，用79%的重量做到极限，这样交替训练4组左右，肌肉会感受到极大的刺激。据研究,这样能有效地刺激肌肉生长,促进其发育。

4. 先疲劳再重复法

先做综合肌肉群练习,紧接着再做局部肌肉群练习。如至少有4块肌肉参与的卧推,主要练习部分是胸大肌,肱三头肌在最大用力时并未最大限度地参与用力。根据先疲劳再重复的原则,首先练卧推(采用超组数法),然后,卧在板凳上持哑铃做飞鸟练习。

5. 连续减重法

开始用较重的重量做到极限(8～10次),紧接着由同伴减低重量后再做到极限(4～6次),再由同伴将重量再减小,再重复做到极限(4次左右),如此连续做3组左右,一使肌肉极度紧张,得到最大的刺激。

6. 连续加重法

其方法是先用轻重量做某一动作,轻松地完成练习后,紧接着加重练习使肌肉有所感觉,再加重做练习,一直到起不来为止。这种不断加强度、加深刺激的方法,提高了肌肉的鲜明度。

7. 借力强行法(先实后虚重复法)

在精疲力尽之后,还要借助于身体其他部位的附加力量,做几次不太标准的重复。

例如:直立弯举做不起来后,身体前倾然后向后摆动身体,两臂借助这个摆动顺势屈肘,坚持再做2～4次。

8. 念动一致法

根据优秀运动员的实践经验,练习中注意力要高度集中,练什么地方,想那块肌肉极为重要,这样会大大提高训练效果。

肌肉的工作是受神经支配的,注意力密度集中就能动员更多的肌纤维参加工作。因此,练某一动作时,就应有意识地使意念和动作一致起来,即练什么就想什么肌肉工作。例如:练立式弯举,就要低头用双眼注视自己的双臂,看肱二头肌在慢慢地收缩。

9. 同类动作组合法

把发展同一群(或一块)肌肉的相类似练习采用不同器械、不完全相同的动作组合在一起集中依次练习,加深对该组(或该块肌肉)肌群的刺激。

10. 双组训练法

这种方法是采用两倍的组数不休息地进行练习。通常有三种双组法:

(1) 一组做主动肌,紧接着下一组做对抗肌。

例如:一组做主动肌(如肱三头肌),中间不休息接着做对抗肌(肱二头肌)。

(2) 以同样的方法可以连续用两种不同的练习练同一块肌肉。

例如:一组做后深蹲(负荷约70%)8次,紧接着跑到另一器械做腿蹬出(负荷约70%)8次。

(3) 同样的动作做极限次数后休息20～30秒,接着以同样的练习和同等重量尽量多次重复。

11. 难度递减法

开始练难度最大的练习,然后减低难度做同一动作,再进一步减低难度做同一动作,每次都要求做到极限。

12. 难度递增法

此种方法是先做低难度(角度小)的动作,再增加难度(如斜板的角度升高)做,直到增加到最高难度做到极限。这种方法是循序渐进的,因此不易受伤,且由于它逐渐增加难度并做到极限,因而增加了对肌肉的刺激,从而增加了肌肉的鲜明性。

13. 循环训练法

把同类的或不同类的动作编排在一大组内分设4～8个站,然后按序一个一个地进行练习,做到规定次数后即快速转换到下站进行训练。待所有的站都全部做完,该大组训练结束。训练下来后,汗流满面,心跳加快。这种训练法是有氧训练,对去脂减肥、增加肌肉线条的鲜明性大有好处。

14. 动作多变训练法

肌力训练有一个规律,几个固定动作采用恒定运动负荷量训练一阶段后,肌体就会逐渐适应,肌力就不会提高或提高甚慢,此时应采用变异性训练法以促使肌体发生变化,从而进入新的适应过程。例如,采用仰卧飞鸟(30千克/8次)4组,在训练一阶段后,胸围提高甚微,则应适时变换训练手段和方法采用斜板飞鸟等动作,增加训练次数和强度来发展胸大肌,增加胸围。

15. 听从直觉训练法

高级健美运动员由于训练经验比较丰富,会对训练方法的选择本能地作出反应。因此,应重视并根据实践基础来安排不同的训练手段,采用不同的训练方法,进行有效地健美训练,使肌肉发达,轮廓清楚,线条鲜明,形体健美。

第三节 发达主要肌肉的动作

一、上肢肌肉的练习

上肢肌肉主要由三角肌、肱二头肌、肱三头肌、前臂肌群及手肌组成。

1. 发展三角肌的练习

三角肌位于肩部呈倒三角形,由前、中、后部肌纤维组成,其主要机能是使上臂屈、伸、外展、旋内和旋外,对固定肩关节有一定作用。经常练它,能使肩膀增宽。

(1) 直臂侧平举并侧上举

作用:发展三角肌中部肌群。

做法:直立或坐姿,两臂下垂持铃,做直臂侧平举,稍停,再上举成直臂支撑。

要点:上抬两臂时肘可微屈,不得借助外力来抬臂。

呼吸:抬臂时吸气,放下时呼气。

(2) 宽握推或颈后推

作用:发展三角肌、肱三头肌、胸大肌和前锯肌。

做法:直立或坐姿,宽握将杠铃放在胸前或颈后肩上,用伸臂之力将杠铃上举在头上伸直。

要点：上举时，三角肌和胸大肌开始用力，接着肱三头肌用力，三角肌不要放松。

呼吸：上举时吸气，手臂伸直后调整呼吸。

2. 发展肱二头肌和肱肌的练习

肱二头肌和肱肌位于上臂前面，肱二头肌在浅层，肱肌在深层。这是上肢的主要屈肌，它的主要机能是使前臂在肘关节处屈和旋外，以及使上臂向前臂靠拢。肱二头肌和肱肌发达了，能增加健美感，是重要的"美肌"之一。

（1）胸前弯举

做法：两脚开立，两臂持铃下垂，掌心向前，然后屈臂将杠铃（哑铃和杠铃片）弯举至胸前，再徐徐还原继续做。

要点：做动作前一定要伸直两臂，充分拉长肱二头肌。做时身体不要前后摆动，要完全用前臂及上臂屈肌之力慢慢将器械举起再慢慢放下。

呼吸：用力前吸气，放下器械时呼气。

（2）弓身单臂弯举

做法：弓身、屈膝，一手直臂握铃，另一手撑在同侧膝的膝关节上，然后用屈肘之力将铃弯举至胸前。

要点：做动作前一定要伸直手臂，充分拉长肱二头肌。做时身体不要用力。

呼吸：用力前吸气，放下器械时呼气。

（3）反握引体向上

做法：反握单杠悬垂，用屈臂之力将身体上拉引至喉部，重复做多次。

要点：悬垂时，肘要伸直，拉引时尽量放慢速度，给肱二头肌和肱肌更多的刺激。

呼吸：拉引时吸气，放下时呼气。

3. 发展肱三头肌的练习

肱三头肌位于上臂后面，是上肢的主要伸肌，它的主要机能是伸前臂，也是重要的"美肌"之一。

（1）颈后臂屈伸

做法：直立或坐姿，两手持小杠铃或哑铃或铃片，肘高抬，上臂固定在耳侧，然后做臂屈伸动作，直至两臂伸直。

要点：肘要高抬，肘尖向上，两肘夹紧，用力时肘不外分。

呼吸：用力时吸气，直臂后呼气。

（2）单臂屈伸

做法：直立或坐姿，单手持哑铃或铃片，肘高抬，上臂固定在耳侧，另一手可扶住肘部帮忙固定，然后做臂屈伸动作，直至手臂伸直。

要点：肘要高抬，肘尖向上，肘部靠近耳侧，用力时肘不外分。

呼吸：用力时吸气，直臂后呼气。

（3）俯卧撑

作用：发展胸大肌、三角肌、肱三头肌和前锯肌。

做法：根据水平不同采用不同难度的俯卧撑（图21-3-1），水平高者可以负重做俯卧撑等。

要点：身体根据练习要求绷直或成剪刀型，屈肘时可采用夹肘式或分肘式。

呼吸：可以做前吸气，俯撑时呼气，也可一口气做多次。

图 21-3-1

4. 发展前臂肌群及手肌的练习

前臂肌和手肌复杂、细小、多样，它的功能主要是屈手和伸手。屈手肌群位于前臂掌侧面和内侧面，伸手肌群位于前臂背侧面和外侧面，这些肌肉虽小，但生活和运动中离不开它。

（1）腕弯举

做法：坐在凳上（或半蹲），两手反握横杠（或哑铃），将腕关节垫放在膝关节上（或凳上），肘关节紧贴大腿，然后手腕向上弯屈伸开手指，同时用力上卷。

要点：肘、腕要固定，做前五指可微微伸开并握住横杠，腕弯举的动作要慢，这样可以有效地发展屈腕、屈指肌群的力量。如采用正握腕屈伸动作，则主要发展前臂背侧面伸指肌群的肌肉。其做法和反握相同，不同的是采用了正握。

（2）抓提铃片或铅球、实心球等重物

做法：俯身，用单手握住杠铃片的突出处，然后放下，在下落时抓住做上提动作，反复做。也可待其下落时迅速换另一手快速抓住做上提动作。

（3）缠重物

做法：在一短棍中间用绳子悬吊一重物，直立采用正握或反握做反卷动作，一上一下重复做多次。

二、胸部肌肉练习

胸部肌肉包括胸大肌、胸小肌和前锯肌等。

1. 卧推或斜上卧推、斜下卧推

作用：发展胸大肌、三角肌、肱三头肌和前锯肌。

做法：仰卧在卧推凳上，两手可采用中、宽、窄不同的握距握住横杠，将杠铃拿到胸上，两臂控制住杠铃，缓慢将杠铃放在胸部，然后用力将杠铃向垂直上方推起至两臂伸直。

要点：用力推起时要用胸大肌发力。

呼吸：放下时和上推时吸气，两臂伸直后呼气。

2. 仰卧飞鸟或斜上飞鸟、斜下飞鸟

作用：发展胸大肌、三角肌和前锯肌。

做法：两手握哑铃并置于胸前，拳心相对，然后仰卧在凳上，两臂向上伸直，两膝分开，然后两臂肘微屈向侧下分开至肘部低于身体，胸部高高挺起，腰部离凳，然后胸大肌用力收缩，将两臂内收至胸上伸直,重复多次。做完后沿原路返回。

要点:两臂肘微屈向侧下分开时,肘部要低于身体,这样能更好地刺激胸大肌。

呼吸:两臂侧分和内收时吸气,两臂伸直后呼气。

3. 俯卧撑

作用:发展胸大肌、三角肌、肱三头肌和前锯肌。

做法:根据水平不同采用不同难度的俯卧撑,水平高者可以负重做俯卧撑等。

要点:身体根据练习要求绷直,屈肘时可采用夹肘式或分肘式,尽量拉长胸大肌,用力时要注意胸大肌的发力。

呼吸:可以做前吸气,俯撑时呼气,也可一口气做多次。

三、背部肌肉的练习

背部主要肌肉有斜方肌、菱形肌、背阔肌、背长肌、背短肌。强壮有力的背部是健力的象征。斜方肌能使肩胛骨上提,向下、向上转动和内收,能使头和脊柱伸直,在儿童、少年成长时期发展此肌可以预防和矫正驼背。背阔肌在腰背上部,是人体最大的阔肌,发达的背阔肌使人体成美丽的倒三角肌。而背长肌和背短肌由于位于脊柱两侧,从骶骨到枕骨是一强大的脊柱伸肌,其机能是使头和脊柱伸,使躯干侧屈。这部分肌肉得到发展可防止弓腰驼背、矫正畸形,对于生产劳动和增加形体美,维持正确的体姿,均有重要的意义。

1. 发展斜方肌的练习

(1) 提铃耸肩

做法:将杠铃从地面提起,身体伸直,两臂持铃下垂。做时肘部保持伸直用力向上耸肩至最高位,然后复原再重复做多次。

要点:用力向上耸肩时肘部保持伸直。

呼吸:耸肩时吸气,复原时呼气。

(2) 持哑铃直臂扩胸

做法:直立,两臂由前平举向两侧做平举扩胸,然后复原重复做多次。

要点:扩胸时肘可微屈,尽可能向后发力。

呼吸:向后扩胸时吸气,向前复原时呼气。

2. 发展背阔肌的练习

(1) 屈体划船

做法:上体前倾约与地面平行,同伴在前用手扶头,然后用背阔肌收缩之力以及向上提时之力将杠铃横杠提拉至胸腹部。

要点:做此练习要模拟划船动作以加大动作幅度。

呼吸:弓身拉铃时吸气,自胸部放下杠铃时呼气。

(2) 弓身单臂拉铃

做法:弓身,两腿前后开立,单臂伸直下垂握住哑铃等,然后用屈肘的力量将哑铃提拉至体侧,还原后反复做多次。

要点:固定体姿,不提铃之手肘要依靠同侧大腿,用力时肘尖向后上方冲出。

呼吸:提拉时吸气,放铃时呼气。

（3）宽握颈后引体向上

做法：两手采用宽握距正握握住单杠成悬吊状态，然后用力屈肘使上体引向单杠，直至第七颈椎触及单杠算一次，再还原反复做。

要点：做时一定不要借身体的摆动力，要注意动作的振幅，悬吊时肩要充分拉开，而上拉时第七颈椎要触及单杠。

呼吸：拉引时吸气，悬吊时呼气。

3. 发展背长肌和背短肌的练习

（1）直腿硬拉

做法：两腿伸直站立，上体前屈，挺胸收紧腰背，两臂伸直提住杠铃，然后伸髋，展体将杠铃拉起至身体挺直。

要点：杠铃贴身，腰背肌收紧，手臂伸直悬吊住杠铃。

呼吸：用力前吸气，将杠铃提离地面，身体充分伸直后调整呼吸。

（2）俯卧两头起

做法：俯卧在长凳上（或在床上、地上），两臂伸直放在体前，接着迅速抬起上体和下肢，让腹部支撑，以维持平衡。然后放松还原，重复多次。

要点：身体成反弓越大，对锻炼背肌越有利。

呼吸：挺身前吸气，放松时呼气。

四、腹部肌肉练习

腹部肌群位于骨盆与胸腔之间，主要有腹直肌、腹内外斜肌。其主要机能是使躯干前屈、侧屈、旋转和骨盆后倾。此外，还能对腹腔器官产生压力。

1. 仰卧起坐

作用：发展腹直肌、腹内外斜肌、髂腰肌和腹直肌。

做法：仰卧在凳上或垫上，背部悬空（难度大），效果更好。两手抱头或负轻重物，下肢固定，快速收腹起坐，再慢慢倒体至起始位置后重复做。

要点：两手不要用力去拉，脚高头低的斜板起坐效果更好，斜板角度越大对锻炼腹肌及髂腰肌效果更好。倒体时要慢，折体时稍快。

呼吸：起坐时吸气，还原时呼气。

2. 悬垂举腿

做法：采用正握宽握距悬垂在单杠上，脚尖指向地面。保持双腿伸直，收缩腹肌，向上抬起双腿，把膝盖提到胸口，保持几秒，然后返回到初始位置，要避免摇晃。初练较难时可以屈膝举腿。

要点：抬起的高度要高于90度，不要利用摆动的惯性上举；下落的时候速度要慢，不要完全把腿放下，让骨盆回落到正常位置就好，然后再重复动作。

呼吸：举腿时呼气，放下还原时吸气。

3. 体旋转

作用：发展腹内、外斜肌的力量。

做法：身体直立，两腿开立约比肩宽，肩负杠铃作左右转体动作。

要点:旋转时会产生一种离心力,这时要用对侧的腹内、外斜肌加以控制,然后再向另一侧旋转。

呼吸:自然呼吸,不要憋气。

4. 平板支撑

作用:发展腹直肌和股四头肌。

做法:俯卧,双肘弯曲支撑在地面上,肩膀和肘关节垂直于地面,双脚踩地,身体离开地面,躯干伸直,头部、肩部、胯部和踝部保持在同一平面,腹肌收紧,盆底肌收紧,脊椎延长,眼睛看向地面,保持60秒。每次训练4组,组与组之间间歇不超过20秒。如要增加强度,可以在腰部加一重物如杠铃片等。

要点:腹肌收紧,盆底肌收紧,头部、肩部、胯部和踝部四点保持在同一平面。

呼吸:自然呼吸,不要憋气。

五、下肢肌肉练习

下肢肌群主要有臀大肌、股二头肌、半腱肌、半膜肌、大收肌、股四头肌、小腿三头肌和屈足肌群。

1. 发展臀大肌的练习

(1) 俯卧直腿上摆

做法:足踝部捆上砂护腿,俯卧在"山羊"上,两手抱握住器械两侧,然后伸直的两腿交替用力向上摆起,直至最高位,还原再做。

要点:做前腹部紧贴器械,上摆时尽力向上举腿,然后徐徐放下,通过退让性工作来发达臀部肌肉。

(2) 站立后摆腿

做法:两手扶一支撑物,然后向后摆腿至最高处,复原再做。如要增加强度可以足负重做。

说明:各种姿势的后摆腿练习,能有效地发达臀部肌肉,减少臀部多余脂肪,使臀部坚实而富于线条美。做以上动作,呼吸要力求自然,通常是用力后摆前吸气,还原时呼气。如需增加强度可以在足部负重做。

2. 发达股四头肌的练习

股四头肌位于大腿前外侧,由股直肌、股中肌、股外肌和股内肌组成。该肌很发达,是人体最大、最有力的肌肉之一,其机能是使小腿伸、大腿伸和屈,并维持人体直立姿势。

(1) 下蹲(深蹲、半蹲、静蹲等)

做法:将杠铃放在胸前做下蹲起立的叫前蹲。前蹲时,通常是两手握住放在深蹲架上的杠铃,出肘将杠铃放在锁骨上,然后负铃向前走两步,离开深蹲架后保持挺胸直腰姿势,再慢慢下蹲(两腿可采取侧分或并腿)至大小腿夹角小于90度后再起立。

将杠铃放至颈后慢慢下蹲而后起立叫后蹲。在无杠铃的情况下可负人来练习,负人者最好在墙边或大树旁做,以便在失去重心时有所扶持防止受伤。

中坐在凳上而后站起叫坐蹲;下蹲至大小腿夹角在90度以上叫半蹲;从直立位置慢慢超负荷下蹲而后借助外力(保护者的帮助)站起叫退让蹲。两腿分开约与髋同宽,做时要挺起胸部,收紧腰部。

负铃下蹲到一定位置(135度或90度),膝关节不要超过脚尖,膝角固定不动6~8秒者叫静蹲,它通过肌肉的等长工作,不断提高肌肉的张力而发展力量。

要点:抬头挺胸腰收紧,慢下蹲快起立。

呼吸:做前先深呼吸几次,然后吸气憋气下蹲,完成动作后调整呼吸。

(2) 箭步蹲

做法:肩负杠铃前后分腿成箭步,然后屈膝下压至能承受的深度再伸直两腿,最后收回两腿还原,重复多次。可以单腿做也可双腿交替做。

要点:保持平衡。

呼吸:做前先深呼吸几次,然后吸气憋气下蹲,完成动作后调整呼吸。

(3) 坐姿腿屈伸

做法:坐在软面凳上,膝关节内缘紧贴凳面,做腿屈伸动作。如需增加强度可以足负重物做或做对抗性的腿屈伸练习。

要点:腿屈伸是一个发展股四头肌的有效练习,做时要注意充分伸直腿,然后慢慢还原。

3. 发展股后肌群的练习

(1) 腿弯举

做法:足负重物做连续弯举动作(直立或俯卧),也可俯卧在凳上,双脚勾住身后的橡筋拉力器(或综合练习架上的滚筒),两手抓住身前支撑物,两腿做弯举动作。

(2) 双人屈小腿对抗

做法:一人俯卧在长凳上弯屈两腿,另一人站在其身后,两手握其踝用力将其弯屈的两腿拉直,练习者坚持不被拉直。在对抗中练习股二头肌的收缩力量,使之发达。

4. 发展小腿三头肌和屈足肌群的练习

小腿三头肌位于小腿后面浅层,由腓肠肌和比目鱼肌组成,屈足肌群在小腿后面深层,其主要机能是使小腿屈和足屈。

(1) 负重提踵

做法:肩负杠铃,足趾下可垫木板或铃片,然后做直膝提踵动作,连续做。

要点:做提踵时应特别注意身体重心不要有意前移,因为这样练习效果不佳。

呼吸:自然呼吸。

(2) 骑人提踵

做法:练习者俯身站立,双手扶支撑物,待同伴骑在身上后,立即连续做屈足动作。这是一个发展小腿三头肌的好练习,也可发展同伴间的协作精神。

要点:同伴骑在练习者的腰部,屈足要充分,最好停留4~6秒,以加深刺激。

呼吸:自然呼吸。

第四节　健美比赛对选手的评分要素

男子个人比赛中有九名男裁判,女子个人比赛有五名女裁判和四名男裁判。男女混双比赛则是五名男裁判和四名女裁判。

　　裁判评分以下面八点为依据：①肌肉是否匀称；②体型的比例；③肌肉发展程度；④肌肉明显度；⑤皮肤色泽；⑥骨架与体型；⑦造型姿势；⑧综合印象。

参考文献

[1] 全国体育学院教材委员会. 健美运动[M]. 北京：人民体育出版社，1993.
[2] 健美竞赛规则裁判法[DB/OL]. http://cbba.sport.org.cn/sydh/jmgz/index.html.

第二十二章 健 美 操

第一节 健美操概述

一、健美操的起源与发展

1. 国际健美操的起源与发展

健美操的起源可以追溯到两千多年前。古希腊人对人体美的崇尚举世闻名,他们认为,在世界万物之中,只有人体的健美才是最匀称、最和谐、最庄重、最有生气和最完美的。古希腊人喜爱采用跑跳投掷、柔软体操和健美舞蹈等各种体育项目进行人体美的锻炼,他们提出了"体操锻炼身体,音乐陶冶精神"的主张。

古印度很早就流行一种瑜伽术,它把姿势、呼吸和意念紧密结合起来,通过调身(摆正姿势)、调息(调整呼吸)、调心(意守丹田入静),运用意识对肌体进行自我调节,健美身心,达到延年益寿的目的。瑜伽健身术动作包括站立、跪、坐、卧、弓步等各种基本姿势,这些姿势与当前世界流行的健美操所常用的基本姿势是一致的。古代,人对健身健美的追求以及提倡体操与音乐相结合的主张,是现代健美操形成与发展的基础。

进入欧洲文艺复兴时期,被遗忘的古希腊、罗马等古典文化重新被振兴,人体美格外受到重视。许多教育家认为古希腊体操是健美人体最完整的体育系统,提倡开展体操运动。17世纪意大利医生墨库里奥斯(1530—1606)在1569年出版的六卷《体操艺术》等著作中,详细论述了各种形式的体操动作。18世纪德国著名体育活动家艾泽伦开设了培训体育师资的课程,创造了哑铃、吊环等运动。这些形式的锻炼,既是现代体操的雏形,也是现代健美操的起源。

现代健美操实际上是从20世纪60年代初开始萌芽的,最初是美国太空总署医生库帕博士为太空人设计的体能训练阿洛别克(Aerobic)项目。1969年杰姬·索伦森综合了体操和现代舞创编了健美操,这种操带有娱乐性,简单易学,深受人们的欢迎。70年代在美国迅速兴起,掀起热潮。

美国健美操代表人物——简·方达,为健美操在世界的推广作出了杰出的贡献。她本身是一名好莱坞影星,自己非常喜欢健美操,通过健美操获得健美形体,并撰写了《简·方达健身术》一书,以自己的名声和现身说法提倡健美操运动。这位好莱坞著名影星和现代健美操专家成为了80年代健美操杰出的代表。在她的感召和影响下,健美操在世界各地迅速兴起,健身俱乐部、健美操中心如雨后春笋般蓬勃发展。

1983年美国举行了首届健美操比赛,1984年首届远东区健美操大赛在日本举行。由于两次大赛的成功,1984年起健美操在世界各地全面兴起,形成了一股"健美操"热,许多热心于健美操运动的有识之士发起并成立了一些健美操组织,极大地促进了健美操的普及与发展。

目前,国际上共有7个健美操组织。其中最有影响力的是国际健美操联合会(LAF),其成立于1983年,总部设在日本,目前会员国20多个,每年举办健美操世界杯赛。

比较著名的还有国际健美操与健身联合(FLSAF)、国际健美操冠军联合会(ANAC)、国际体操联合会健美操委员会(FIG)。这些健美国际组织均致力于健美操运动的发展及在全世界的普及,为扩大健美操在世界范围内的影响,提高运动技术水平作出了重要贡献。尤其是FIG,虽然只是在1994年才接受健美操为其正式的比赛项目,但由于FIG是国际奥委会正式承认的正规国际体育组织,具有悠久的历史和把握项目发展方向的能力,由其提出的"健美操进入奥运会"的目标,得到了世界各国健美操组织的热情支持与信任。

每年国际上举办的健美操活动主要有:健美操世界锦标赛、健美操世界杯赛、健美操世界冠军赛、健美操世界巡回赛。

2. 健美操在我国的发展状况

世界性的健美操热传到中国,是在1983年至1984年。在健美操传入我国初期,不少高校教师陆续在报纸杂志上发表了一些健美操知识和探讨美育教育的文章,并编排了一些健美操整套动作,如"女青年健美操""哑铃健美操""形体健美操"等。从此,追求人体健与美的"健美操"一词迅速被广大教育工作者所接受。

1984年,北京体育大学成立了健美操研究组,由其编排并推出的"青年韵律操"传遍全国各大专院校。无数青年学生投入了学习"青年韵律操"的热潮,使健美操迅速在我国各大专院校得到普及。

1987年我国第一家健美操健身中心"利生健康城"面向社会开放,首次将健美操这项新的体育运动介绍给广大人民群众。随后,越来越多的以健美操为主要形式的健身中心在社会上相继开业。尤其是在北京、广州、上海等大中型城市,千千万万的人热衷于健身,热衷于健美操。通过锻炼,不仅增强了体质,而且娱乐了身心,同时使健美操成为健身市场的一个重要组成部分。

1992年,中国健美操协会成立。1995年12月中国代表队首次走出国门,参加了FIG在法国巴黎举办的首次健美操比赛。1997年初,中国健美操协会由社会体育中心并入国家体育总局体操运动管理中心。中国健美操协会先后制定了《健美操活动管理办法》《全国健美操指导员专业技术等级实施办法》(试行)、《全国健美操大众锻炼标准实施办法》,这些举措对我国健美操运动的普及与提高具有重大意义,极大地推动了我国健美操运动的快速发展。

二、健美操的概念与分类

1. 健美操的概念

健美操是一项融合体操、舞蹈、音乐为一体,以有氧练习为基础,以健、力、美为特征的体育运动。它既是健身美体、陶冶情操的大众健身方式,又是竞技运动的一个项目;同时它也是一种新兴娱乐、观赏性体育项目。

2. 健美操的分类

健美操的内容丰富,形式多样。近十几年来,国内外普遍开展健美操运动。根据健美操活动的目的和所要解决的主要任务标准来划分,归纳起来可分为健身健美操、竞技健美操、表演健美操三大类。

(1) 健身健美操。健身健美操也称大众健美操,是集健身、娱乐、防病为一体的群众性健身运动。不同年龄结构的人群都可以参加学习和锻炼。健身健美操的主要目的在于健身。通过健身健美操的练习,可增强体质,促进身体全面发展,提高工作能力。在掌握健身练习基本方法的过程中,在欢快娱乐的操舞中调节身心、陶冶情操。

以整套编排和动作设计来看,健身健美操的动作简单、活泼、流畅,讲究针对性和实效性,节奏感强,节奏速度适中,每10秒在20拍左右。健身健美操是在有氧条件下进行的练习,它的练习时间较长,运动强度适中,并按一定的顺序来锻炼身体各个部位,对健身强体、减少脂肪有明显作用。

健身健美操有以下分类方式:

① 按人体解剖结构特点可分为头颈健美操、手臂健美操、胸部健美操、腰部健美操、腿部健美操等。可以有针对性地对人体某部位进行锻炼,改善身体某部位的形态。

② 按目的任务可分为姿态形体健美操、医疗保健(康复)健美操。有利于形成人体正确姿态和体态,对完善自我、增强社会竞争能力均有良好的作用。

③ 按练习方式可分为徒手健美操、持轻器械健美操、利用专门器械健美操。这类健美操可以增大运动负荷,提高练习情趣。

④ 按不同年龄层次可分为老年、中年、青年、少年、幼儿、婴儿健美操。

⑤ 按性别可以分为男子健美操和女子健美操。

⑥ 按动作特色和人名可分为迪斯科健美操、瑜伽健美操和简·方达健美操等。

⑦ 按人数可分单人健美操、双人健美操、3人健美操、6人健美操、集体健美操(图22-1-1)。

图 22-1-1

其运动量和动作风格以及难易程度都由做操人的年龄特点而有所区别,不易产生由于动作幅度过大、运动强度过激而导致的不良症状。

(2) 竞技健美操。竞技健美操是根据竞赛规则与规程的要求,组编的一套具有比较高艺术性、以比赛取得优异成绩为主要目的的健美操。竞技性健美操的主要目的是"竞赛",其比赛项目有男单、女单、混双、3人和6人健美操。竞技性健美操在参赛人数、比赛场地、整套动作的时间等方面都必须严格按照规则进行,规则对整套的编排、动作的完成、难度动作的数量等也有严格规定。由于竞赛的主要目的就是要取胜,因此在动作的设计上更加多样化,并严格避免重复动作和对称动作。近年来,运动员为争取好成绩,均在比赛的整套动作中加入大量的难度动作,如各种大跳成俯撑、空中转体成俯撑等,这样对运动员的体能、技术水平和表现力均提出了更高的要求(图22-1-2)。

图 22-1-2

(3) 表演健美操。表演健美操的主要练习目的是"表演",它是事先编排好的,专为表演而设计的整套健美操。时间一般为2~5分钟。表演健美操一般比健身健美操复杂,音乐速度可快可慢,并为了保证一定的表演效果,动作较少重复,也不一定是对称性的。在参与人数上可单人,也可多人,并可在整套动作中加入队形变化和集体配合的动作。表演者可利用轻器械,如花环、旗子等(图22-1-3),还可采用一些风格化的舞蹈动作,如爵士舞等,以达到

图 22-1-3

烘托气氛,感染观众,增加表演效果的目的。因为表演性健美操的动作比健身健美操动作复杂多变,所以对参与者的身体素质要求较高,不仅要具备好的协调性,还要有一定的表演意识和集体配合意识。

三、健美操的锻炼价值与特点

1. 健美操的特点

健美操与其他体育项目相比较,其主要特点在于高度的艺术性、强烈的节奏性、广泛的适应性和不断的创新性。

(1) 高度的艺术性。健美操是融体操、舞蹈、音乐于一体的追求人体健与美的运动项目,因此,健美操属于健美体育的范畴,具有高度的艺术性。健美操的艺术性主要体现在其"健、力、美"的项目特征上。"健康、力量、美丽"是人类所追求的身体状况的最高境界,而健美运动中,无论是健身健美操还是竞技健美操,无不处处表现出"健、力、美"的特征,包含着高度的艺术因素,使健美操不同于其他运动项目,这也是人们热爱健美操运动的原因之一。健美操运动协调、流畅、有弹性,使练习者不仅锻炼了身体、增强了体质,而且从中得到了"美"的享受,提高了艺术修养,同时也给观众留下深刻印象。

(2) 强烈的节奏性。健美操动作具有强烈的节奏性特点,并通过音乐充分地表现出来,因此音乐是健美操运动不可缺少的组成部分。健美操音乐的特点是节奏强劲有力、旋律优美,具有烘托气氛、激发人们情绪的效应。健美操运动之所以深受人们喜爱,除练习本身的功效性、动作的时代感外,很重要的因素之一是现代音乐给健美操带来的活力。健美操运动与音乐的强烈的节奏性使健美练习更具有感染力,健美操比赛和表演更具有观赏性。

(3) 广泛的适应性。健美操练习形式多样,运动量可大可小,容易控制,对场地器材要求也不高。因此,对各个年龄层次、不同性别、不同身体素质、不同技术水平的人都适宜,各种人群都能从健美操练习中找到适合自己的方式,从中得到乐趣。例如中老年人可选择低强度的有氧练习,达到锻炼身体娱乐身心、保持健康的目的;而对具有较好身体素质,有意进一步提高的年轻人来说,可选择难度较高、运动量较大的竞技健美操作为练习的手段,通过竞技健美操练习,不仅锻炼了身体,而且可提高技术水平,满足其进取心要求。

(4) 不断的创新性。健美操动作丰富,不仅保留了徒手体操中各种类型的基本动作,而且从相关的项目和艺术门类中吸收了诸多动作,经过加工、提炼、操化,使之成为具有健美操风格的动作。健美操每节操很少是单关节的局部运动,大多为多关节的同步运动。它不仅使身体各关节的活动次数变化,而且可以变换运动组合形式,形成丰富多彩的动作。总之,人体运动是创编健美操取之不尽的源泉。随着健美操运动的发展和变化,不断创编独特新颖的具有特点的健美操动作,是健美操长盛不衰的显著特点。

2. 健美操的锻炼价值

健美操锻炼对人的身心健康、形体健美、素质提高具有良好的促进作用。

(1) 增强体质。经常从事健美操锻炼,对身体许多器官、系统会产生良好的影响。长期参加健美操锻炼可以使心肌增厚,心腔容量增大,血管弹性增强,进而提高心脏的功能。健美操锻炼对呼吸系统的机能也有良好的影响,它能提高呼吸深度,增加每次呼吸时的气体交换量,这既有利于呼吸肌的休息又可提高呼吸系统的功能储备,从而保证在激烈运动时满足气体交换的需要,提高机能水平。健美操锻炼还能提高消化系统的机能。因为肌肉活动可消耗大量能量,加之健美操的髋部全方位活动较多,刺激了肠胃蠕动,可增强消化机能,有助于营养物质的吸收和利用,从而提高对疾病的抵抗能力。经常进行健美操锻炼,还可以提高关节灵活性,增强肌肉和结缔组织的弹性。

(2) 健美形体。健美操是以塑造健美体型为重要目的而编排的操,其动作姿态健美,频率较快,跳跃动作较多,讲究力度幅度,运动负荷较大,因而消耗身体能量较大,利于消除体内多余的脂肪,又可以发展某些部位的肌肉,使人的形体按健美的标准得以塑造。此外,通过经常进行健美的形体动作训练,可以矫正不正确的身体姿势,培养大方端庄的体态,使练习者不仅在体型方面而且在举止风度方面都产生良好的变化。

(3) 提高素质。健美操中有许多不对称的动作和较复杂的上下肢配合动作,经常从事健美操练习有助于提高人的协调灵敏素质。同时,健美操强调动作的力度和幅度,长期锻炼有助于提高人的力量和柔韧素质。此外,健身健美操往往持续时间较长,尤其是有氧健身操练习可长达一个多小时,竞技健美操强度较大,因此要求练习者具有克服疲劳的意志力和较好的耐力素质。而在强劲的音乐伴奏下进行锻炼,往往使练习者忘却疲劳,在不知不觉中提高了身体的耐力水平。健美操是讲究艺术性的运动项目,从事健美操练习和锻炼可以增强韵律感节奏感,提高音乐素养,同时培养认识美、鉴赏美、表现美甚至创造美的能力,使人的身体素质和文化艺术素质得到全面提高。

(4) 缓解精神压力、陶冶性情。健美操作为一项体育运动,以其动作优美、协调、全面锻炼身体,同时有节奏强烈的音乐伴奏而著称,是缓解精神压力的一剂良方。在轻松优美的健美操锻炼中,练习者可以从烦恼的事情上转移注意力,忘掉失意与压抑,尽情享受健美操运动所带来的欢乐,得到内心的安宁,从而缓解精神压力,使人具有更强的活力和最佳的心态。另外,健美操的音乐强劲欢快,动作奔放充满活力,经常从事这样的练习,令人心情愉快,不仅可以排除紧张、郁闷的情绪,还可使人的心灵和性情得到陶冶和改善,使人的身心得到全面协调健康的发展。若集体配合练习,还有助于增进友谊,增强群体意识。

第二节 健美操基本动作及术语

一、健美操基本动作

1. 基本手型

健美操中的手型有多种,是从芭蕾舞、现代舞、迪斯科、武术中吸收和发展的。手型(图22-2-1)是手臂动作的延伸和表现,运用得好,会使健美操动作更加丰富多彩,生动活泼,更具有感染力。

(1) 并拢式:五指伸直,相互并拢。大拇指微屈,指关节贴于食指旁。
(2) 分开式:五指用力伸直,充分张开。
(3) 芭蕾手式:五指微屈,后三指并拢、稍内收,拇指内扣。
(4) 拳式:握拳,拇指在外,指关节弯曲,紧贴于食指和中指。

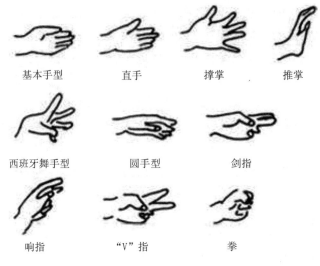

基本手型	直手	撑掌	推掌
西班牙舞手型	圆手型	剑指	
响指	"V"指	拳	

图 22-2-1

（5）立掌式：五指伸直，手掌用力上翘。

（6）西班牙舞手式：五指用力，小指、无名指、中指自掌指关节处依次屈，拇指稍内扣。

（7）花式：在分开式的基础上，小指伸直向掌心回弯到最大限度，无名指会随小指回弯。

2. 基本步法动作

健美操基本步法根据人们运动时对地面的冲击力大小，可分为无冲击力步法、低冲击力步法和高冲击力步法三大类。

（1）无冲击力步法分：弹动、半蹲、侧弓步、前弓步、提踵。

（2）低冲击力步法分：

踏步类：踏步、走步、一字步、V字步、漫步。

点地类：脚尖点地、脚跟点地、脚尖侧点地、脚尖后点地。

迈步类：并步、迈步点地、迈步屈腿、迈步吸腿、迈步弹腿、侧交叉步。

单腿抬起类：吸腿、踢腿、弹腿、后屈腿。

（3）高冲击力步法分：

迈步起跳类：并步跳、迈步吸腿跳、迈步后屈腿跳。

双脚起跳类：并腿纵跳、分腿半蹲跳、开合跳、并腿滑雪跳、弓步跳。

单腿起跳类：吸腿跳、后屈腿跳、弹踢腿跳、摆腿跳。

后踢腿跑类：后踢腿跑、侧并小跳（小马跳）。

二、健美操基本动作的术语

1. 方向术语

前 Front　　　　　　　　右后 Right diagonal back

后 Back　　　　　　　　左前 Left diagonal front

右 Right side　　　　　　左后 Left diagonal back

左 Left side　　　　　　 顺时针 Clockwise

右前 Right diagonal front　逆时针 Anticlockwise

2. 移动术语

移动 Travel　　　　　　向前 Forward(Fwd)
向后 Backward(Bwd)　　向侧 Lateral
原地 On the spot　　　　转体 Turn　　　　绕圆 Circle

3. 基本步伐名称术语

踏步 March　　　　走步 Walk　　　　一字步 Easy Walk　　V 字步 V step
漫步 Mambo　　　　并步 Step touch　　交叉步 Grapevine
点地(后跟点地)Tap, Touch, (Heel)　　弓步 Lunge
后屈腿 Leg curl　　吸腿 Knee lift(up)　摆腿 Leg lift　　　踢腿 Kick
跑 Jog　　　　　　双脚跳 Jump　　　开合跳 Jump jack　　单腿跳 Hop
弹踢腿跳 Flick　　　半蹲 Squat

4. 上肢动作名称术语

常用手型:掌型 Blade　　拳型 Fist　　五指张开型 Jazz
常用上肢动作:

屈臂 Bicep curl　　　伸臂 Bicep kickback　侧举 Lateral raise　前举 Front raise
低摆 Low row　　　　上提 Upright row　　胸前推 Chest press　下拉 Putdown
肩上推 Shoulder press　冲拳 Punch　　　　绕 Scoop　　　　　绕环 Circle
摆动 Swing　　　　　交叉 Cross

5. 常用健美操动作名称

向前/后走 3 步点地 Walk Fwd/Bwd touch　　向后踢腿 Kick back
向前/后走 3 步吸腿 Walk Fwd/Bwd knee　　 向前弹踢腿跳 Flick front
脚尖前点(脚跟前点)Tap front (Heel front)　向侧弹踢腿跳 Flick side
脚尖侧点(脚跟侧点)Tap side (Heel side)　 向后弹踢腿跳 Flick back
脚尖后点 Tap back　　　　　　　　　　　　向前并步跳 Step jump Fwd
上步吸腿 4 次 Step knee repeater　　　　　向侧并步跳 Step jump side
向前摆腿 Leg lift front　　　　　　　　　　向后并步跳 Step jump back
向侧摆腿 Leg lift side　　　　　　　　　　向前跑 Jog front
向后摆腿 Leg lift back　　　　　　　　　　向后跑 Jog back
向前踢腿 Kick front　　　　　　　　　　　前后双脚跳 Jump Fwd/Bwd
向侧踢腿 Kick side　　　　　　　　　　　左右双脚跳 Ski jump

第三节　健身健美操成套动作评分规则

一、规定动作评分

评分因素与分值(表 22-3-1):表演和团队精神(4 分)、动作的完成(6 分)。

1. 表演和团队精神

表现力与热情:动作要展示内心的激情,体现一种健康和向上的情绪。

队形:队形变化清晰、流畅,体现集体配合的意识。

一致性:集体动作整齐,每个人在完成动作的时间、空间、能力和表现力上一致。

2. 动作的完成

(1) 动作的正确性:身体姿态舒展,动作技术正确,动作范围适当。

(2) 动作的熟练性:

动作熟练,无漏做动作,若漏做个别动作,扣0.1~0.2分;

漏做1×8拍以上动作,扣0.3~0.4分;

漏做2×8拍以上动作,扣0.5分或更多;

(3) 身体的协调性:全身协调运动,动作轻松、有弹性,动作清晰、无多余动作。避免过分松弛或过分紧张。

(4) 连接动作的流畅性:动作之间的连接自然、流畅;动作的转换及方向的变化要干净、无多余动作。

(5) 动作与音乐:动作要充分表现音乐的情绪,动作和音乐节奏配合要准确。

若干动作不吻合,扣0.1~0.2分;

半套动作不吻合,扣0.3~0.4分;

整套动作不吻合,扣0.5分或更多。

表 22-3-1　规定动作扣分表

评分因素	内容	一般	较差	不可接受
表演和团队精神 4分	表现力与热情	0.1~0.2	0.3~0.4	0.5或更多
	队形	0.1~0.2	0.3~0.4	0.5或更多
	一致性(每次)	0.1	0.2	0.3
动作完成 6分	动作的正确性	0.1~0.2	0.3~0.4	0.5或更多
	动作不熟练、漏做动作	0.1~0.2	0.3~0.4	0.5或更多
	身体的协调性	0.1~0.2	0.3~0.4	0.5或更多
	动作连接	0.1~0.2	0.3~0.4	0.5或更多
	改变动作或附加动作	0.1~0.2	0.3~0.4	0.5或更多
	动作充分表现音乐的情绪	0.1~0.2	0.3~0.4	0.5或更多
	动作和音乐节奏配合准确	0.1~0.2	0.3~0.4	0.5或更多

3. 裁判长减分

裁判长对比赛的过程进行组织和监控,并对下列情况进行减分,每项均减0.2分:被叫到后20秒内未出场,参赛人数不符合规定,成套时间不足或超过,着装不符合规定,比赛时掉物或装束散落。

二、不安全动作

1. 不安全动作

主要包括:各种竞技体操和技巧运动的翻转和抛接动作;过度背弓;无支撑体前屈;仰卧翻臀;头绕环和过度头后仰;膝转;足尖起;仰卧直腿起坐、仰卧直腿举腿、仰卧两头起;臀部低于膝关节的深蹲;高难度的托举动作。

2. 关于难度动作

在成套动作中不鼓励出现竞技健美操中的难度动作,如出现类似的动作,将不予加分,并对出现的错误动作进行减分。

三、纪律与处罚

1. 裁判员纪律与处罚

严格按照国家体育总局关于全国体育竞赛裁判纪律有关规定执行。

2. 参赛者纪律与处罚

(1) 裁判示意后 1 分钟未出场者,取消比赛资格。

(2) 拒绝领奖者取消所有成绩与名次。

(3) 检录三次未到者取消该项比赛资格。

(4) 对不遵守大会其他纪律、不尊重裁判员和大会工作人员、有意干扰比赛者将视情况给予以下处罚:警告,取消比赛资格,取消健美操等级指导员资格,或终身取消比赛资格。

四、特殊情况处理

运动员在遇到以下特殊情况时,应立即停止做动作并向裁判长反映,在问题解决后重做,在成套动作结束后提出的要求将不被接受:播放错音乐;由于音响设备而出现的音乐问题;由于设备问题而出现的干扰,包括灯光、舞台、会场等。

参考文献

王洪. 健美操教程[M]. 北京:人民体育出版社,2000.

黄宽柔,姜桂萍. 舞蹈与健美操[M]. 北京:高等教育出版社,2001.

第二十三章 艺术体操

第一节 艺术体操概述

艺术体操是一项徒手或手持轻器械在音乐伴奏下进行的以自然性和韵律性动作为基础的体育运动项目。其练习内容符合女子生理及心理特点,各类动作体现出优美性和艺术性特征,能充分展现协调、韵律、柔美、优雅等女性健美气质,深为广大女青年所喜爱。通过进行艺术体操的各类动作练习,可使练习者的身体得到全面锻炼,并能陶冶其美的情操,使其受到审美教育。

一、艺术体操的特点、内容、种类及其作用

1. 艺术体操的特点

(1) 艺术体操是一项以自然性和韵律性动作为基础、以节奏为中心的运动。摆动性动作、波浪性动作及弹性动作是艺术体操的基本运动形式。肌肉的合理紧张与放松是体现各类动作节奏性的关键,因此在动作过程中必须合理地调节参与运动的各肌群间紧张与松弛的关系,准确地运用和控制在不同空间及时间上的肌肉用力程度。只有这样才能避免不必要的肌肉紧张,使动作完成得自然、协调、流畅,充分表现出艺术体操动作节奏性和韵律性的特点。

(2) 艺术体操要在音乐伴奏下进行练习。音乐有助于练习者体会和感受各种动作的节奏、风格、速度及强度等特点及其变化;有助于合理调节肌肉运动的力度变换,从而培养其节奏感和协调性;有助于激发练习者的情感表现,提高兴奋性,发展其丰富的想象力与表现力。音乐的节奏和风格特点必须与所配动作相互一致,两者相融才能使艺术体操更富于感染力并得以构成完美的艺术整体。

(3) 手持轻器械做动作是艺术体操的主要练习形式,也是其竞赛的规定内容。通过持各种轻器械进行练习,不仅能进一步发展动作的协调能力和提高肌肉用力的敏感度与准确性,而且能使动作幅度加大,难度更高,内容更加丰富多样。器械应看作身体的延长,与身体构成统一的运动整体。器械不能被当作装饰,更不能静止不动,必须在完成各种身体动作的同时,充分合理地运用所持的器械,以体现出器械的运动特性与身体动作的完美结合。

2. 艺术体操的内容

艺术体操动作内容繁多,性质各异。根据练习形式的不同,可分为徒手练习和持轻器械练习两种。

(1) 徒手练习。徒手练习是掌握各类身体动作技术,发展一般及专项身体素质,培养协调性和节奏感的主要训练手段。只有在正确、熟练掌握各种徒手动作的基础上,才能使持器

械练习完成得准确、优美、自如。因此,徒手练习是艺术体操的基础,尤其对初学者和少年运动员应特别予以重视。

徒手练习包括:手臂与腿的基本动作练习、基本步法与舞步练习、摆动与绕环练习、躯干弯曲练习、波浪练习、跳跃练习、转体练习、平衡练习、弹性与松弛练习、近似技巧动作练习等。同时也常吸收芭蕾舞、民族舞及现代舞中的一些有关动作和训练方法。

(2) 持轻器械练习。艺术体操所使用的轻器械种类很多,除正规竞赛规定的绳、圈、球、棒、带五种器械外,作为群众性表演及一般教学活动,可使用纱巾、旗、扇、手鼓、短棍等器械。

3. 艺术体操的种类

根据不同的目的、任务以及对动作内容、难度、强度等的不同要求,艺术体操可分为一般性艺术体操和竞技性艺术体操两类。

(1) 一般性艺术体操。一般性艺术体操主要目的在于掌握艺术体操基本动作方法,增强动作节奏感与表现力,发展其协调、柔韧、力量等身体素质,促进健美形体的形成,增进练习者的身体健康,培养朝气蓬勃的精神面貌等。

一般性艺术体操内容包括徒手的和持各种轻器械的基本动作、各类组合及成套练习,大多采用在音乐伴奏下集体练习的方式进行。一般性艺术体操的动作难度和练习强度不太大,对身体素质要求也不太高,其动作内容、练习形式及所用器械多样,不受场地、人数、时间等条件限制,便于根据具体情况进行教学训练,故极适宜在大、中、小学广泛开展。

(2) 竞技性艺术体操。竞技性艺术体操是在自然和协调动作的基础上,要求以更加优美精确并具有一定难度技巧的身体与器械动作,在音乐伴奏下进行个人和集体的成套竞技性练习。它以提高运动技术水平和参加竞赛为主要目的。正规比赛只采用绳、圈、球、棒、带五种器械进行比赛。

4. 艺术体操的作用

艺术体操的特点、动作内容及练习形式,使它极适合在女青少年中广为开展。艺术体操对于促进女青少年德、智、体、美的全面发展,对丰富学校体育教学肉容,对改革女生体育课,对促进运动技术水平的迅速提高都有着极其重要的作用。

(1) 艺术体操动作自然、协调,并且能全面影响身体各个部分,故完全适合于女青少年的生理特点。通过经常性练习,可以增进健康,促进其骨骼、肌肉、内脏器官及神经系统等方面的正常发育和机能的发展,有助于养成正确的身体姿势及塑造出健美的体形,对于提高练习者的柔韧、协调、灵敏、力量等身体素质也有显著作用。

(2) 艺术体操是一项审美价值很高的运动项目。其动作优美,富于韵律性,极易引起女青少年的兴趣。通过练习可以培养和提高她们对身体美、运动美、神态美、音乐美等的感受力,有助于树立正确的审美观点和提高艺术素养。此外,在艺术体操表演或比赛中,运动员在悠扬乐声中所进行的优美流畅的动作及富有表现力的表演,也可给广大观众以美的感染,使她们得到视觉与听觉的艺术享受。由此可见,艺术体操有着较为突出的审美教育作用。

(3) 在各级学校中普及艺术体操,是发展这项运动的重要途径。尤其是一般性艺术体操,其动作类型多样,难度适中,容易掌握,并且不受场地、人数、器械、时间等条件限制,便于在学校中开展,对于丰富学校的体育教学内容、改进女生体育课教学,以及促进这项运动的尽快普及都有着积极的作用。

(4) 各种形式的艺术体操表演、培训及竞赛活动的日趋增多，不但能吸引更多的女青少年和儿童积极参加练习，而且也为她们创造了显露艺术体操才华的机会。这便为竞技性艺术体操开辟了广泛的选才来源，并为培养更多的优秀运动员和后备力量奠定了群众性基础。

二、艺术体操发展简介

1. 国际艺术体操发展简况

艺术体操作为一个运动项目是在长期的发展过程中逐渐形成的。它起源于19世纪末、20世纪初的欧洲。随着当时欧洲文化教育及青年、妇女体育运动的发展，一些生理学家、体操家、音乐教育家、舞蹈家等都先后对当时的体操体系进行了不断探索与革新，创造了以科学为基础的、新形式的现代体操。他们的共同观点都是反对僵硬、呆板的体操练习形式，主张以身体的自然动作为基础，使动作流畅并富于节奏感，尤其注意女子动作的优美性和艺术性的特征。这对于现代韵律体操体系的逐渐形成，在理论与实践方面都起到了重要作用。

到20世纪四五十年代，艺术体操在苏联及东欧一些国家发展较快，并逐渐成为女子竞赛性项目。艺术体操在国际上最初的竞赛形式是在竞技体操比赛时所进行的女子团体轻器械操的比赛，如在1928—1956年间的几届奥运会竞技体操比赛及1954年的世界体操锦标赛上都曾进行过。由于竞技体操与艺术体操两项运动技术发展及项目特点的不同，1962年国际体联便把艺术体操定为独立的竞赛项目。1963年在匈牙利的布达佩斯举行了第一届艺术体操世界锦标赛，以后每两年举行一次，至1987年已举行了十三届世界锦标赛。自1984年第23届奥运会开始，艺术体操被列为奥运会正式竞赛项目。此外，还有艺术体操世界杯赛、欧洲锦标赛、四大洲锦标赛等国际竞赛活动。

当前国际上这项运动发展很快，随着高超新颖的难度技巧、独特巧妙的成套编排、快速多变的动作连接、独具风格的情感表现以及新异的音乐伴奏形式等的不断涌现，艺术体操的运动技术水平迅速被推向新的高峰。

2. 国内艺术体操发展简况

我国于20世纪50年代开始从苏联引进艺术体操基本内容，并相继在几所体育学院开设这门课程，但这项运动未能在我国广泛开展。直至1978年以来，这项运动在国内日渐兴起和不断开展。从1983年第5届全运会开始，艺术体操被列为全运会正式竞赛项目。1981年，我国首次派队参加了在慕尼黑举行的第10届艺术体操世界锦标赛。从此以后，国际交往和国内竞赛活动不断加强，我国艺术体操的水平有了迅速提高。在1987年第13届艺术体操世界锦标赛上，我国运动员取得集体项目总分第三名、两个单套（三圈三球、六球）分别为第二名和第三名的可喜成绩，我国艺术体操集体项目达到了世界先进水平。

目前，我国已有许多省、市成立了艺术体操代表队，并经常举办各种形式的竞赛和培训活动，使艺术体操运动员的队伍日趋壮大。由于这项活动在群众中的影响日渐扩大，越来越引起广大女青少年的喜爱，因此很多大、中、小学都已将艺术体操列入体育教学大纲，作为体育课的教材内容，并在课外活动中积极开展。

三、艺术体操竞赛规则

1. 比赛分类

可分为团体赛、个人全能赛、个人单项赛。

2. 项目总则

(1) 比赛和项目

① 艺术体操的正式比赛分为个人锦标赛和集体锦标赛。国际体操联合会认可的比赛有：奥林匹克运动会、世界锦标赛、洲际赛（分为美、亚、非及大洋洲四大洲）和欧洲锦标赛。

我国国内的比赛有（每年都有一次）：全国锦标赛、全国冠军赛、全国少年组比赛。

② 个人项目。通常包括四套动作，即五个项目（绳、圈、球、棒、带）中的四项。如2000年是除棒以外的四个项目（因为棒在集体中使用了）。每套动作时间为 $1'15''$ 至 $1'30''$。

③ 集体项目。由五人组成的集体，包括两套动作：同种器械和不同种器械，每两年换一次器械。如2000年的是10棒和二圈三带。每套动作时间为 $2'15''$ 至 $2'30''$。

④ 计时。计时表是从运动员或集体队第一名运动员开始做动作时开始，当运动员或集体队的最后一名运动员完全静止时停表。

(2) 裁判组

每个裁判组由两个裁判小组组成，A组为编排组，B组为完成组。其中编排组又分为A1技术价值和A2艺术价值。

(3) 场地

① 场地的规格是13平方米的正方形。

② 出界。个人或集体队运动员身体任何部位及器械在界外触地，每次都要扣0.1分（助理裁判员）。如果器械出界但没有触地不扣分。运动员必须始终在同一块场地上完成每套动作，否则扣0.5分（助理裁判员）。

③ 器械。动作开始时，每个运动员可持一个器械并与它保持接触，也可以由1名或几名运动员持5个器械。从动作一开始将器械抛或传递给同伴。动作结束时，每名运动员必须手持或与5个器械中的1个接触，也允许几个运动员共有1个器械或1名运动员手持或接触几个器械。

④ 整套动作必须在音乐伴奏下完成，如果编排需要，允许极短暂的、有意的停顿。音乐伴奏可以使用一种或者几种乐器，其中嗓音也可以作为一种乐器（没有歌词）。凡具有伴奏艺术体操动作的特点（构思清晰明确）的乐器均可以使用。一套动作可以由一名乐师伴奏，也可以用盒式录音带或CD伴奏。

⑤ 音乐时间为 $2'15''$ 至 $2'30''$。超过或少于规定的时间，每秒扣0.05分。不足一秒不扣分。

⑥ 舞蹈的特点应该是，从始至终尽可能用身体动作、器械动作以及运动员之间、运动员和器械之间、所有器械之间的关系来表达一个主题思想。

⑦ 集体项目的典型特点是参赛的每个运动员要有合作精神，并且和谐一致地完成动作。编排必须清晰地体现这种合作精神，在所有运动员之间，通过动作来体现这种精神。

⑧ 每套编排要用不同的方式来体现"运动员之间的关系或配合"和"团体动作"，除器械

交换关系外,还要有各种团体性动作。
⑨ 每套集体动作必须至少包括6个不同的队形。
⑩ 每套动作必须包括左手和右手动作之间的平衡。

第二节 艺术体操动作基本术语

艺术体操动作术语是说明艺术体操动作和技术的专门用语。
艺术体操动作术语应确切说明艺术体操动作的特点和做法,并对动作进行正确而有条理的描述。因此,艺术体操动作术语应力求达到"准确、简练、通俗"的要求。

一、动作方向的术语

1. 基本方向
基本方向一般以人体直立时来确定,分为:前、后、侧、上、下。
2. 动作的方向
动作的方向主要是指身体和身体各部位运动的方向。一般是根据人体直立时的基本方向确定的,分为:向前、向后、向侧、向上、向下。此外,四肢运动的方向还有向内、向外两种。
3. 中间方向
中间方向指两个基本方向之间45度的方向,主要说明上、下肢动作的方向。
4. 斜方向
斜方向即两个中间方向之间45度的方向(图23-2-1)。主要说明上肢运动的方向。
前斜上:前上与侧上之间45度的方向。
前斜下:前下与侧下之间45度的方向。
后斜上:后上与侧上之间45度的方向。
后斜下:后下与侧下之间45度的方向。

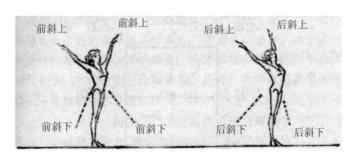

图 23-2-1

5. 场地的基本方位
为了准确说明练习者在场地上的运动方向,把开始确定的某一边或裁判席、主席台的一边的方位定为基本点"1"点,按顺时针方向,每45度为一个基本方位点,将场地划为8个点。

二、艺术体操徒手动作的基本术语

徒手动作即手不持器械的身体动作。艺术体操徒手动作有以下常用的基本术语。

（1）举。指伸直或弯曲的臂或腿以肩关节或髋关节为轴，由低向高举起，停止在某一位置的动作（活动范围不超过180度）。如：两臂前举、右腿屈膝前举等。

（2）屈。指关节弯曲的动作。如：屈肘、屈膝、体前屈等。

（3）伸。指弯曲关节的伸展动作。如：伸臂、伸腿。

（4）摆动。以某关节为轴，以身体某部位为半径所做的钟摆式弧形动作。如：以肩关节为轴手臂的前后、左右摆动。

（5）绕和绕环：

① 绕。身体某一部位移动范围在180度以上、360度以下的弧形动作。如：两臂经前向上绕至后上举。

② 绕环。身体某一部位移动范围在360度或360度以上的圆形动作。绕环动作主要有以肩为轴的大绕环、以肘为轴的中绕环、以腕为轴的小绕环、躯干绕环、头颈绕环等。

（6）弹性（弹动）。身体某一部位的关节有节奏地连续完成屈和伸的动作。如：两腿弹动。

（7）波浪。身体某部位各关节按顺序做依次、柔和、连贯的屈伸动作。波浪动作有手臂波浪、身体波浪。

（8）平衡。指用单脚、单膝或臀部支撑在地上，身体保持某一静止姿势。动作的名称是由平衡时的身体部位或身体姿势决定的。如：单脚提踵俯（仰）平衡、臀平衡、单膝跪平衡等。

（9）转体。指身体绕垂直轴转动的动作。动作的名称是由转体时的身体姿势决定的。如：单腿站立转体、双腿交叉转体、平转、蹲转等。

（10）跳跃。指单脚或双脚蹬离地面使身体腾空的动作。动作的名称是由身体腾空时腿和躯干的姿势决定的。如：向前大跨跳、侧跨跳、挺身跳、向前屈膝交换腿跳等。根据跳的高度和空中动作幅度的不同，还可分为小跳、中跳和大跳。

（11）倾。指身体与地面形成角度的动作。

（12）倒。指身体保持一定的姿势，利用重力，向地面倒下成坐、卧、撑的动作。

（13）步法。指有特定节奏的脚步移动的方法，包括各种走、跑及舞步等。

三、艺术体操器械动作的基本术语

艺术体操的特点在于对所持器械的运用。根据轻器械的形状及运动特点的不同，除有其共用的基本术语外，艺术体操还有各项目特有的基本术语。

1. 器械动作共用的基本术语

（1）水平。器械运动的轨迹与地面平行，用"水平"表示。如：右手托球做头上向外水平大绕环。

（2）垂直。器械运动的轨迹与地面成90度，用"垂直"表示。如：右手持圈前举，体前垂直向外转动圈。

（3）摆动。以肩（肘、腕）为轴所做的钟摆式的弧形动作。如：两手持两绳端，向左、右摆动绳。

（4）绕和绕环。与徒手动作的绕和绕环相同。如：两手持纱巾，体前向左大绕环至左侧举。

（5）"8"字动作。手持器械连续做两个方向相反的圆形绕动动作，器械运动的轨迹构成"8"字形。如：右手持圈做体侧"8"字绕环。

（6）抛。通过身体某部位的动作，使器械离开人体，飞向空中的动作。如：右手向上抛球。

（7）接。指将运动着的器械停落在身体某一部位的动作。

（8）交换器械。指集体项目中两人或多人通过各种动作形式，接握住他人的器械。

2. 各项器械动作特有的基本术语（球）

（1）拍球。用手掌或身体其他部位向下按压球，使球从地上弹起的动作。

（2）转动球。球沿双手或单手的手心手背绕其自身的横轴或垂直轴在手中的转动动作。

（3）旋转球。球在地上或身体某部位做绕其自身垂直轴转动的动作。

（4）滚球。球在身体某部位或地面上，由于接触面的不断改变，在转动中产生位移的动作。

第三节　艺术体操徒手基本动作与组合范例

徒手各类基本动作练习是艺术体操的基础，其内容包括各种走、跑、舞步、摆动、绕环、波浪、跳跃、转体、平衡及近似技巧动作等。它可发展柔韧、协调、灵巧、力量等身体素质，培养练习者正确的身体姿态和协调性、节奏感以及表现力。通过练习，可以掌握各类身体动作的正确技术，为学习手持轻器械打下良好基础。

一、基本位置练习

1. 站立的基本姿势

进行徒手练习时，首先应要求有正确的站立基本姿势，其要点是：头正直，两肩下沉，背部挺直，收腹立腰，臀部和两腿肌肉收紧，目前视。

2. 脚的基本位置

在艺术体操动作练习中，除常用基本脚位站立外，还常采用芭蕾舞脚的基本位置。

（1）常用的基本站立位置：

① 并立（正步）。两脚并拢，脚尖向前。

② 自然位（八字步）。脚跟相靠，两脚尖向斜前方成"八"字形。

③ 开立（大八字步）。两脚侧开，相距约同肩宽，脚尖各向斜前方。

④ 丁字步。一脚跟在另一脚弓处成"丁"字形。

⑤ 点立。一脚站立，另一脚向前（侧、后）伸出脚尖点地。前、后点地时脚面绷直向外，侧点地时脚面向上。

技术要点:站立各脚位时,上体保持正直,使身体重心落在两脚上;做点立时,重心在支撑腿上。

动作规格:身体姿势和脚的各种位置准确。

(2) 芭蕾舞脚的五个基本位置:

一位:两脚跟靠拢,脚尖向两侧,两脚成一横线。

二位:脚尖向两侧,两脚跟左右距离约一脚,两脚成一横线。

三位:脚尖向两侧,一脚跟相叠在另一脚弓处,平行横立。

四位:两脚前后平行,脚尖向两侧,两脚间距离约一脚。

五位:两脚前后平行相靠,脚尖向两侧。

技术要点:髋、膝关节充分外开,身体重心平均在两脚上。

动作规格:站立平稳,姿态正确,两脚在一横线上或前后平行。

3. 手臂的基本位置

在徒手体操的基本部位基础上,根据各种不同身体动作及姿势的要求,艺术体操的手臂位置除了常用的基本位置外,也常采用芭蕾舞手臂基本位置。

(1) 常用的手臂基本位置:

① 两臂同方向的举:

前上举:以大臂带动肘,小臂抬起至前上举,掌心向下。

前下举:做法同上,唯两臂举至前下举。

侧上举:做法同上,唯两臂位置在侧上举45度,掌心向内或向外均可。

后斜下举:同上,唯两臂位置在后下45度,掌心向上或向内。

② 两臂不同方向的举:

一臂前举,另一臂前上举;

一臂前上举,另一臂后下举;

一臂侧上举,另一臂侧下举;

一臂后上举,另一臂前下举。

技术要点:做时保持挺胸,收腹立腰,两肩自然放松,臂、腕自然伸直,身体重心保持平稳,头部配合协调。

动作规格:部位准确,动作伸展,幅度大,有美感。

(2) 芭蕾舞手臂的七个基本位置:

一位:两臂体前自然下垂,指尖相对,掌心稍向内。

二位:两臂保持弧形前举(稍低于肩),掌心向内。

三位:两臂保持弧形上举(稍偏前),掌心向内下方。

四位:一臂上举,一臂前举。

五位:一臂上举,一臂侧举(掌心向前下方)。

六位:一臂前举,一臂侧举。

七位:两臂侧举(掌心向前下方)。

芭蕾舞手臂的基本要求:肩放松,肘、腕自然微屈,手臂呈弧形,手指并拢,自然伸长,拇指与中指稍向里合。

二、基本步法与舞步练习

步法类练习是徒手动作的主要内容之一,包括各种走、跑及舞步练习。它能培养练习者的协调性、节奏感及表现力,通过与手臂动作、身体姿态及各种器械动作的结合,使步法更具有活泼多变的特色。

基本步法可分为柔软步、足尖步、踏跳步、跑跳步、卡洛泼步、滚动步、弹簧步等。

舞步分为变换步、华尔兹步等。

变换步是一种常用的舞步,具有柔和、舒展的特色,动作变化多样,包括普通变换步、前屈膝变换步、后举腿变换步等。一般用两拍完成,可采用2/4或4/4的舒缓乐曲。

华尔兹步是常用舞步,它具有轻盈、优美、流畅的特色,动作形式变化多样,可向前、向后、向侧、转体及跑动进行。该动作以三拍完成,做时采用3/4节拍的华尔兹舞曲。

三、摆动与绕环练习

摆动与绕环是艺术体操动作的主要形式。通过练习,可以发展关节灵活性、柔韧性及加大动作幅度。

1. 摆动

摆动是以身体某一关节为轴,做自然、柔和的钟摆式摆动动作。一般有手臂摆动、腿的摆动及躯干摆动。

2. 绕环

绕环是以身体某一关节为轴,做移动范围在360度以上的圆形绕动动作。若移动范围大于180度、小于360度则称为绕。一般有手臂绕环、腿部绕环及躯干绕环等。

四、腿部弹动与移重心练习

腿的弹动与移重心是艺术体操腿部练习的主要基础动作。通过练习,可发展下肢各关节的灵活性、柔韧性、弹性及力量等,建立腿部肌肉的正确感觉,提高腿部控制能力。

1. 弹动

腿的弹动是通过踝、膝、髋各关节同时屈、伸的一种练习,包括自然弹动和快速弹动。

2. 移重心

移重心是指身体重心由一腿上移动至另一腿上,可向前、后或左、右不同方向移动。

五、波浪练习

波浪形动作是艺术体操的典型动作。其特点是参加运动的身体各关节间的屈、伸要按顺序呈依次连贯的推移运动。通过波浪动作练习,可以发展身体的柔韧、灵活及协调运动的能力。波浪练习包括手臂波浪和身体波浪,可向前、后、侧进行,动作可大也可小。

六、跳跃练习

艺术体操中跳跃类的练习形式多样,一般包括单脚起跳,双脚或单脚落地、双脚起跳。根据起跳腾空的高低和身体在空中的动作幅度大小,可分为小、中、大跳等,可在原地、行进间或空中转体做。通过练习,可增强腿部力量,发展弹跳力及空中控制身体姿态的能力,还可表现出灵敏、轻快、优美、高飘等各种动作特色。

七、转体练习

转体类动作形式多样,一般用单脚或双脚支撑,绕垂直轴进行旋转,根据旋转的周数确定动作的难易度。转体形式有原地的、移动的及空中的,此外还有其他身体部位如臀、膝、背、腹等支撑的转体。它对增强前庭器官的功能,发展灵巧、协调、控制力等具有一定作用。

第四节 艺术体操中球的基本动作

球是常见的运动和游戏器材,是艺术体操最早使用的轻器械之一,因此广为人们所熟悉。

一、持球的方法

持球方法可分为双手或单手正托球、单手反托球、双手握球等。

二、基本动作

球的基本动作有摆动、绕环、拍球、转动与旋转、滚动、抛接等。

1. 摆动

球的摆动是单手持球以肩为轴向各个方向做的钟摆式动作。分为单手持球前、后摆动和单手持球水平摆动。

2. 绕环

球的绕环是单手或双手持球以肩、肘、腕为轴在各个运动面内,向各个方向做的360度或360度以上的圆周动作,其中包括绕"8"字动作。可分为单手持球体侧向前大绕环、双手持球向左螺形绕"8"字、单手向内螺形绕"8"字、单手向外螺形绕"8"字等。

3. 拍球

拍球是单手、双手或身体某一部位向各个方向按压球,使球落地后弹起的动作。它是球的典型动作之一,可分为原地单手拍接球、单手连续拍球。

4. 转动与旋转

球的转动与旋转是单手或双手持球,使球以其直径为轴,在身体某一部位或地上原地向各方向所做的圆周动作。球在转动与旋转时应保持相对位置,不产生位移。可分为双手体前向前转动球、单手地上旋转球。

5. 滚动

球的滚动是单手、双手或身体其他部位用力,使球在身上或地上由于接触面不断改变而产生位移的动作。它是球的典型动作之一,可分为双手体前胸臂滚球、单臂滚球。

6. 抛接

球的抛接是用手、脚或身体其他部位,向各个方向将球抛向空中,然后用手、脚或身体其他部位在身体各个方向将球接住的动作。可分为双手抛接球、单手向上抛接球。

第二十四章　排　　舞

第一节　排舞概述

排舞(Line Dance)是一项音乐和固定舞步融合在一起、一人或多人通过风格各异的舞步循环,来愉悦身心的国际性体育运动。因其具有各国民间舞蹈的多元文化魅力,排舞受到不同国籍、性别及年龄人们的参与和喜爱。目前,我国许多大中小学校已经把排舞列入学校体育教学大纲,成为学生课间操、课余体育锻炼和学校庆典表演的重要内容;许多工矿企业已经把排舞列入工人工间操、业余锻炼和节假庆典表演的重要内容。排舞对培养学生的音乐素养、提高身体素质、了解世界文化、培养行为礼仪有重要的意义。

一、排舞的起源

排舞最早萌芽于美国西部乡村民间社交舞,我们可以从社交舞的演进过程,对排舞的起源、性质和它的发展方向作一个合理的解释。

19世纪初,由于美国的兴起,原来流行在欧洲的社交舞随着欧洲移民而传入美国。由于社交舞必须由男女相互结伴,按照方块或圆形的站位形式才能跳舞,这在很大程度上限制了喜欢跳舞却没有舞伴的人。因此,当时美国的一些社交舞俱乐部的舞者们意识到,跳舞时可以尝试着不用总是按照方块或圆形的站位形式男女结伴跳,大家可以单独跳或站成一排排跳,而这种不断的尝试即是排舞运动的最初萌芽。受此启发,当时美国西部乡村的一些民间舞俱乐部也尝试派生出类似排舞风格的舞蹈形式,并将这种舞蹈形式逐渐在全国传播开来。

此后,社交舞一方面向专业化和高技能化发展,成为表演性的舞台艺术和竞技性体育比赛登上大雅之堂;另一方面,社交舞走向社会,走向大众,成为人们健身娱乐和人际交流的一种形式。我们可以看到,从宫廷集体舞到交谊舞再到不用舞伴也可以跳的排舞,它朝着更自由、更灵活的大众化方向发展。

到了20世纪50年代,美国的很多电视台都播放了带有排舞特征的舞蹈节目,这些电视台的舞蹈节目主持人也帮助传播了早期的排舞概念。20世纪70年代,随着多媒体音响技术的发明,迪斯科音乐再度在美国兴起,在迪斯科的舞台上,今天被称为"排舞"的舞蹈形式出现了。80年代早期,随着西部乡村音乐在美国的大流行,为配合西部乡村音乐的传播,作为今天被接受的现代排舞真正诞生了。在1980年,一个叫吉姆的美国人根据西部乡村舞曲编排了一支排舞。五个身着休闲西装、头戴皮草帽、脚穿旅游鞋的40多岁的男子重复着向前走、向后退、踏步、踢腿、转圈等简单易学的舞步组合,并配合随意的身体动作充分演绎了美国西部乡村音乐的动感、随意、休闲。这是第一个被知晓的有设计编排舞步动作的排舞。

当然,排舞绝不仅仅是与乡村音乐紧密相连的,这一时期,还有许多排舞是配合当时一些其他流行音乐的,例如摇滚音乐、流行歌曲和节奏布鲁斯曲风的音乐。

二、国际排舞运动的全面发展

20 世纪 90 年代初,排舞进入了全面发展阶段,逐渐脱离乡村音乐的束缚,开始寻求大量其他风格的舞蹈和音乐,如拉丁舞、嘻哈舞、节奏布鲁斯、舞厅舞、爵士舞、踢踏舞等多种舞蹈形式,并随着特定的循环节奏交替旋转起舞。全世界最好听、最流行的歌曲几乎都被编成了排舞舞曲。如《童话般的初恋》《凯尔特猫咪》《一起快乐》等都是大家耳熟能详的歌曲。目前,全世界已经有 8 万多支排舞曲目,每一首曲目都有自己独一无二的舞步,同一首曲目全世界的舞步动作统一。

排舞的音乐风格从美国西部乡村音乐发展到古典音乐、流行音乐、世界名曲甚至歌剧主题曲;舞蹈元素也从社交舞扩展到体育舞蹈、爵士舞、踢踏舞、东方舞、街舞等当今流行的舞蹈形式。排舞运动不断地把各种舞蹈和音乐元素组合、变化、融合、优化、创新后,形成了今天这一内容丰富、风格多样的休闲健身运动。丰富多样的音乐形态是排舞创编的资源库,不断涌现的流行音乐是排舞创编永不枯竭的动力源泉。以舞会友、以舞交友、以舞健身成为参加排舞运动的又一魅力。

三、我国排舞运动的兴起与发展

近年来,排舞逐渐在亚洲备受关注,在港台、日本、新加坡等地掀起了一股热潮。2008 年"排舞旋风"在我国大陆强劲登陆。2008 年 8 月 8 日早晨 8 点 8 分,在天安门广场,800 名排舞爱好者身着奥运五环颜色的 T 恤组成五个方阵,伴随着奥运主题歌曲《永远的朋友》《We Are Ready》,表演了具有中国特色的"排舞",以表达对北京奥运会的祝福。本次活动的成功举办,对我国排舞运动的开展具有里程碑的意义。2008 年北京奥运会后,排舞在我国得到迅猛发展,全国各地掀起了排舞健身热,开展了排舞推广普及活动。

第二节 排舞分类和特点

一、排舞分类

目前国内外还没有关于排舞分类的研究,针对如此丰富的排舞内容,必须对其进行分类整理,才能更好地深入了解它。

1. 按照舞步组合结构分类

按照舞步组合结构可分为四大类:

(1) 完整型排舞

不断重复固定的舞步组合。如果是 2/4 或 4/4 拍的音乐,舞步组合一般由 32 拍、48 拍、64 拍组成。如果是 3/4 拍的音乐,舞步组合一般由 12×3 拍或 16×3 拍组成。这种类型的排舞,无论是舞步动作,还是方向变化都较为简单,因此多数属于初级水平的排舞。

(2) 组合型排舞

由两个或更多的舞步组合构成,而且每一舞步组合的节拍数不一定相同。这种类型的排舞,并不按照一定的规律进行循环,有些组合重复,有些组合并不一定进行重复。

(3) 间奏型排舞

在固定的舞步组合外,还有一个或多个不一定相同的间奏舞步。间奏舞步一般不超过一个八拍。通常这一类型的排舞在学习时较难记忆,因此属于中等难度级别的排舞。

(4) 表演型排舞

这种类型的排舞舞步较复杂,并且没有固定的舞步组合,属于最高难度级别的排舞。

2. 按照舞步组合变化方向分类

按照舞步组合变化方向可分为四大类:

(1) 一个方向的排舞

面向十二点一个方向跳完所有的舞步组合。

(2) 两个方向的排舞

舞步组合结束后在相反的方向又开始重复这一舞步组合,即面向时钟十二点的舞步组合结束后,面向六点又开始重复这一舞步组合。

(3) 三个方向的排舞

出现在间奏型排舞中。每完成一次舞步组合,都会按顺时针(或者逆时针方向)进行变化,在第三次舞步组合完成后,由于音乐节奏的关系又会回到舞蹈的初始方向。

(4) 四个方向的排舞

每完成一次舞步组合,都在一个新的方向开始动作。一般按顺时针十二点、三点、六点、九点进行方向的变化,也可以按逆时针十二点、九点、六点、三点的方向进行变化。

3. 按照音乐和舞蹈风格分类

按照音乐和舞蹈风格可分为八大类:

分 类	说 明	包括种类	节 拍
(1) 升降起伏的 (Rise and Fall)	一种运用升降和摆荡动作的舞蹈,强调重心的升降起伏	华尔兹(Waltz)	123 456
		维也纳华尔兹 (Viennese Waltz)	
		狐步舞(Foxtrot)	
		快步舞(Quickstep)	
(2) 律动/轻松活泼的 (Pulse/Lilt)	一种运用脉冲运动的舞蹈,强调重心律动的舞种	波尔卡(Polka)	1&2 3&4 5&6 7&8
		东海岸摇摆(ECS)	1&2 34 5&6 78
		牛仔(Jive)	
		桑巴(Samba)	

(续表)

分类	说明	包括种类	节拍
(3) 平滑的(Smooth)	一种用平滑动作跳的舞蹈,强调重心平移的舞种	西海岸摇摆(WCS)	1 2 3&4 5&6 1 2 3&4 5 6 7&8
		夜总会(Nightclub)	1 2& 3 4& 5 6& 7 8&
		探戈(Tango)	
(4) 古巴的(Cuban)	一种运用古巴动作的舞蹈,强调髋部运动的舞种	恰恰(Cha Cha)	1 2 3 4&5 6 7 8&
		伦巴(Rumba)	
		曼波(Mambo)	
(5) 街舞的/放克的(Street/Funky)	一种展示步法和身体动作的舞蹈,强调手臂和腿部的弯曲、身体的拉升和抖动的舞种	嘻哈(Hip Hop)	
		霹雳舞(Break)	
		机械舞(Poppin)	
(6) 舞台/新颖的(Stage/Novelty)	一种展示步法和身体动作的舞蹈,或同于百老汇、舞台秀的舞种	爵士(Jazz)	
		现代(Modern)	
		抒情(Lyrical)	
		芭蕾(Ballet)	
(7) 民族舞(Folk dance)	泛指产生并流传于民间、受民俗文化制约、即兴表演但风格相对稳定、以自娱为主要功能的舞蹈形式	藏族舞	
		蒙古族舞	
		维吾尔族舞	
		秧歌	
(8) 曳步舞(shuffle dance)	一种以舞步变化为主要内容,一人或多人同时进行的健身舞蹈		

二、排舞特点

自 2008 年国家体育总局体操运动管理中心将排舞运动作为全民健身项目推广以来,排舞迅速成为中小学课间操、大专院校团体操、机关企事业单位工间操、社区居民广场操、农村田野坝坝操的主要内容。排舞以迅雷不及掩耳的态势成为当下时尚、休闲、娱乐、有效的健身项目之一。排舞运动能够迅速传播,相比其他的一些健身项目,有其自身独特的价值和个性特点。

1. 文化传承与文化创新的循环性

创新是排舞传承的根本动力,是保证排舞不断发展的重要法宝。从最初的方块舞、圆圈舞、宫廷舞到后来的东方舞、爵士舞、街舞,再到现在流行的排舞,充分体现了排舞对舞蹈民族文化、音乐文化、体育文化的传承和创新。在多元文化的交融和撞击下形成了今天这样丰富多样的排舞风格,而每一种风格也展现了一个民族的文化风采。桑巴风格的排舞展现了巴西文化,踢踏风格的排舞展现了爱尔兰民族文化,爵士风格的排舞展现了美国文化,探戈风格的排舞展现了阿根廷文化,街舞风格的排舞展现了流行文化,藏族风格的排舞展现了藏族文化等。排舞正是在对舞蹈文化、民族文化、音乐文化、体育文化传承的基础上而不断创新、不断推进的,并且它特别注重健身与娱乐的交汇,形成了独具特色的运动项目。传承中有创新,创新中不断传承,两者独立而统一,推动排舞协调发展。

2. 舞蹈元素与音乐风格的融合性

从排舞的产生与发展可知道,排舞最初来源于方块舞、圆圈舞、欧洲宫廷舞和当时流行的迪斯科舞蹈以及美国西部乡村的民族、民间舞蹈。随着时代的发展,排舞融入了越来越多时尚的舞蹈和音乐元素,在多种舞蹈和音乐元素组合、变化及不断创新之下形成了今天如此丰富多样的排舞曲目。在构成排舞的诸多要素中,舞步和音乐要素是最为重要的。可以说音乐是排舞的灵魂,舞步是音乐的外在表现形式。音乐节奏、旋律、和声与舞步、造型、组合的浑然一体,使音乐通过排舞的诠释变成了"看"得见的艺术,而排舞通过音乐的表达也变成了"听"得见的艺术。

3. 舞步规范与自由形式的共存性

排舞是根据不同的音乐元素来表现不同舞种风格特点的一项健身运动。虽然排舞每首曲目的舞步全世界完全统一,并有固定的名称和节拍数,但对身体及手臂的动作并无统一要求。练习者可以根据个人喜好及对音乐的理解,诠释属于自己的舞蹈。无论是完整型、组合型、间奏型还是表演型排舞曲目,其舞步组合不断循环,身体动作随韵律不断变化,练习者可以在排舞的规范和自由中,尽情发挥自己的想象,充分展示自己的个性特征和诠释排舞的文化内涵。

4. 网络传播途径的充分运用

排舞得以全面迅速的发展,最大的原因是充分运用网络传播平台。全世界的排舞专家和爱好者充分利用网络传播平台,把创编好的曲目通过互联网上传到国际排舞协会的网站进行审批,国际排舞协会通过互联网发布审批通过的曲目,全世界的排舞爱好者又通过互联网学习排舞曲目。依靠网络平台,不断推出新的排舞视频、文字和图片作品,有利于宣传、推广和普及排舞,对排舞的全面发展起着十分积极的推动作用。

第三节　排舞基本术语

一、排舞术语特征及其创立原则

1. 排舞术语的基本特征

为了便于书写、学习、交流、运用和推广排舞运动,在实践中排舞术语应具有下列特征:

(1) 专业性特征。术语是表达排舞的特殊概念的,所以通行范围有限,应体现出较强的专业水准。

(2) 统一性特征。术语作为一种交流专业知识的工具,在教学、训练中无论是讲述动作要领、交流训练体会、制订训练计划,还是编写教材、教学大纲、进度、教案以及科研等活动,都需要运用术语,这就要求所用术语必须是统一的,并且是规范的。

(3) 科学性特征。正确的术语既能反映动作的基本形态,又能形象地描述动作的基本特征,是对所述动作技术的一种理解,这就要求所用的术语具有较严格的逻辑性和科学性。科学的术语能加深对动作的理解,有利于动作技能的形成,对教学训练起到积极的促进作用。

(4) 实践性特征。排舞运动的群体性使得排舞术语的运用较宽广，不仅有广大的教师（教练员）、学生（运动员），还有机关企业干部、社区群众、国际友人等众多排舞爱好者。因此，术语的选词必须通俗、易懂，以利于排舞运动的开展。

2. 创立排舞术语的原则

排舞术语是在专业理论与技术实践活动中，反映客观存在的运动形式和技术特征的基本工具。在其创立和运用中应遵循下列原则：

（1）简练性原则。简练性是指所形成的概念或动作名称的词语应简明、扼要、精炼，反映出术语最本质的特征。

（2）准确性原则。准确性是指用语力求准确、严谨、形象，能明确地反映动作及动作过程。

（3）易懂性原则。易懂性是指术语应通俗易懂，便于理解，便于记录，易为人们所接受。

（4）组合性原则。组合性是指术语能按规定的形式和顺序进行组合，形成各种动作名称。

（5）适用性原则。适用性是指所用的概念和动作名称既要符合我国当前的习惯，又必须与国际用语相适应，以利于术语的推广应用和国际交流。

二、排舞基本术语及分类

排舞术语是排舞理论和技术等方面的专门用语，它以简明、扼要的词汇，准确而又形象地反映出排舞的舞步形式和技术特征。排舞术语是在排舞的演变和发展过程中不断完善的，它来自排舞实践又指导排舞实践，是排舞教学、交流不可缺少的工具。

1. 动作方向术语

动作方向是指人体或人体某一部分运动的指向或位置。为了正确地辨别身体方向和检查动作旋转的角度，方便理解和记忆套路动作，国际排舞协会规定以时钟的方向作为运动方向。因此，动作方向的参照体前者是时钟，后者是人体（图24-3-1）。

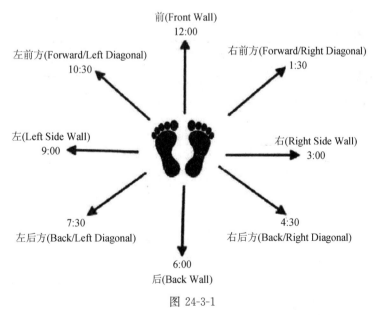

图 24-3-1

(1) 时钟 12 点钟方向。人体直立时胸部所对的方向。

(2) 时钟 3 点钟方向。人体直立时右肩所对的方向。

(3) 时钟 9 点钟方向。人体直立时左肩所对的方向。

(4) 时钟 6 点钟方向。人体直立时背部所对的方向。

(5) 顺时针方向。按时钟的 12 点、3 点、6 点、9 点钟方向依次完成动作的方法。

(6) 逆时针方向。按时钟的 12 点、9 点、6 点、3 点钟方向依次完成动作的方法。

2. 排舞基本名词术语

排舞 Line Dance	编舞者 Choreographer	音乐名 Music	演唱者 Singer
每分钟节拍数 BPM	拍子 Count	方向/遍 Wall	舞蹈水平 Level
初级 Beginner	中级 Intermediate	高级 Advance	前奏/介绍 Count In/Intro.
开始 Start	舞蹈顺序 Sequence	小节/章节 Section	段落/部分 Part
结束 End	间奏 Tag/Bridge	从头开始 Restart	重复 Repeat
步伐 Step	脚 Foot(Ft)	右脚 Right(Rf)	左脚 Left(Lf)
脚尖 Toe	脚跟 Heel	归位 Home	原地 In Place
前面 Front	后面 Back	侧面 Side	斜角 Diagonal
头 Head	手 Hand	面向 Face	膝盖 Knee
切分音 Syncopated	顺时针 Clockwise(CW)	逆时针 Counter-Clockwise(CCW)	

3. 排舞动作术语

刷地 Brush/Scuff	退 Back	击掌 Clap	交叉 Cross	拖步 Drag
扇步 Fan	进 Forward	轻弹小腿 Flick	跟弹 Heel Bounce	跟点 Heel Dig
跟磨 Heel Grind	跟开 Heel Split	跟拍 Heel Tap	顶髋 Hip Bump	抬/吸起 Hitch
停顿 Hold/Freeze	勾提 Hook	单足跳 Hop	跳 Jump	踢 Kick
提起 Lift	锁步 Lock	弓步 Lunge	点 Point	快速(进/出) Pop(In/Out)
滚动 Roll	颤膝 Shaking Knee	抖肩 Shimmy	滑冰步 Skate	滑步 Slide
重踏 Stomp	摇摆 Sway	扫步 Sweep	旋步 Swivel	踢踏步 Tap
触点 Touch	并步 Together	转 Turn	扭转 Twist	

4. 排舞步伐术语

编 号	舞步名称	节 拍	基本类型	舞步描述
1	跳 Jump	1	双脚跳 Jump	双脚同时起跳,双脚落地
			爵士跳 Jazz Jump	单脚起跳,双脚落地
		1 2	开合跳 Jump Jack	1. 双脚起跳,分开落地 2. 双脚起跳,并脚落地
2	扇形步 Fan	1 2	脚尖扇形步 Toe Fan	1. 单脚尖向外(向内)平展;2. 脚尖还原
				1. 双脚尖向外(向内)平展;2. 脚尖还原
			脚跟扇形步 Heel Fan	1. 单脚跟向外(向内)平展;2. 脚跟还原
				1. 双脚跟向外(向内)平展;2. 脚跟还原
3	摇摆 Rock	1 2	前摇摆 Rock Forward	1. 右脚前进;2. 重心回左脚
			后摇摆 Rock Back	1. 右脚后退;2. 重心回左脚
			左/右摇摆 Left/Right Rock	1. 右脚向右一步;2. 重心回左脚
4	旋步 Swivel	1 2	左/右旋步 Left/Right Swivel	1. 左脚跟、右脚尖同时向右转动;2. 左脚尖、右脚跟同时向右转动
			跟旋步 Heel Swivel	1. 双脚跟一起向左(右)转动;2. 双脚跟复位
			尖旋步 Toe Swivel	1. 双脚尖一起向左(右)转动;2. 双脚尖复位
5	抛锚/支撑步 Anchor Step	1&2	左/右抛锚/支撑步 Left/Right Anchor Step	1. 右脚后踏,左脚原地踏;2. 右脚原地踏
6	恰恰步 Cha Cha Cha Shuffle Chasse	1&2	左/右恰恰 Left/Right Chasse	1. 右脚向右一步,左脚并步;2. 右脚向右一步
7	海岸步 Coaster Step	1&2	左/右海岸步 Left/Right Coaster Step	1. 右脚后退,左脚并步;2. 右脚前进
			反向海岸步 Reverse Coaster	1. 右脚前进,左脚并步;2. 右脚后退
			海岸交叉步 Coaster Cross	1. 右脚后退,左脚并步;2. 右脚前交叉
8	踢换脚 Kick Ball Change	1&2	踢换脚 Kick Ball Change	1. 右脚踢,右脚还原;2. 左脚原地踏(点、侧点、前交叉等)
			踢侧开 Kick Out	1. 右脚踢,右脚向右一步;2. 左脚向左一步
...	...	...	...	...

注:所有排舞脚步以右脚为例。

5. 排舞转体术语

编号	舞步名称	节拍	基本类型	舞步描述
1	定轴转 Pivot Turn	12	1/4 定轴转 Pivot 1/4 Turn	1. 右脚前进；2. 左转 90 度重心移到左脚
			1/2 定轴转 Pivot 1/2 Turn	1. 右脚前进；2. 左转 180 度重心移到左脚
			3/4 定轴转 Pivot 3/4 Turn	1. 右脚前进；2. 左转 270 度重心移放左脚
2	交叉转 Cross Unwind Turn	12	左/右叉转 L/R Cross Unwind Turn	1. 右脚前交叉；2. 左转 180～360 度
3	藤转 Rolling Vine	1—4	左/右藤转 L/R Rolling Vine	1. 右转 1/4 右脚进；2. 右转 1/2 左脚退；3. 右转 1/4 右脚向右一步；4. 左脚并步（点、刷等）
4	蒙特利转 Monterey Turn	1—4	1/4 蒙特利转 Monterey 1/4 Turn	1. 右脚侧点；2. 左转 1/4 右脚并步 3. 左脚侧点；4. 右脚并步
			1/2 蒙特利转 Monterey 1/2 Turn	1. 右脚侧点；2. 左转 1/2 右脚并步 3. 左脚侧点；4. 右脚并步
5	划桨转 Paddle Turn	1—4	1/4 划桨转 Paddle 1/4 Turn	1. 右脚掌前点地，重心在左脚；2. 左转 1/8 重心放左脚；3. 右脚掌前点地，重心在左脚；4. 左转 1/8 重心放左脚
			1/2 划桨转 Paddle 1/2 Turn	1. 右脚进；2. 左转 1/4 重心放左脚 3. 右脚进；4. 左转 1/4 重心放左脚
6	三连步转 Triple	1&2	三步转 180—360 度 Triple 180—360 Turn	根据节拍，可以用右－左－右脚或左－右－左脚进行不同方向，不同角度的转动
7	全转 Full Turn (Half Turn X2)	12	左/右全转 L/R Fwd. Full Turn	1. 右转 180 度左脚退 2. 左转 180 度右脚进
8	螺旋转 Spiral Turn	12	左/右螺旋转 L/R Spiral Turn	1. 右脚前进，以左脚为轴 2. 左转 360 度重心在右脚

注：所有排舞转体以右脚为例。

第四节 排舞舞谱

一、排舞舞谱的编写方法

创编者将编排好的排舞曲目以规范的形式写成舞谱后，才能成为一个完整的作品。

曾经遇到过这种情况：有的舞谱简明易懂，一看就会；而有的舞谱十分复杂，描述不清，这种情况主要是因为编舞者没有掌握编写舞谱的基本要素，尤其是对舞步动作描述的结构不清楚。因此，正确编写排舞舞谱尤为重要。

1. 中文舞谱的编写方法

（1）对曲目进行整体描述。所谓整体描述就是介绍曲目的名称、创编者、舞步组合的节拍数、曲目的方向变化、难级别、所选用音乐的出处等。

（2）编写舞步术语和舞码。舞步术语是指每一个八拍或每四个三拍主要完成的舞步动作，舞码是指每一个八拍节口令。

（3）逐拍对舞步进行描述。根据舞步术语和舞码，逐拍对舞步进行描述。编写时应按照 A—B—C 的顺序编写。

A 表示身体部位，B 表示动作方向，C 表示动作方法。

（4）编写间奏舞步。为保证音乐的完整性，有的曲目需要创编间奏动作使之与音乐协调融合。如果这样，明确间奏的节拍数及间奏开始的节拍、方向等。

2. 英文舞谱的编写方法

用英文编写舞谱时，要注意中英文表达方式的不向。编写舞步时，中文是按照 A—B—C 的顺序，而英文则是按照 C—A—B 的顺序编写。

举例：《舞动中国》&《Line Dance In China》

Choreographed by China Line Dance Square Dance Promotion Centre(CLDSDPC)

创编者：全国排舞运动推广中心

Music：Wu Dong Zhong Guo by CIDSDPC

音乐：全国排舞广场舞推广中心

Descriptions：Phrased High Beginner

级别：初级组合

Wall：1

方向：1

Dance Sequence：ABC/AABC/A(32)C/A(32)C/A(40)/Ending

舞序：ABC/AABC/A(32)C/A(32)C/A(40)/结束

Intro：4X8 Counts

前奏：4X8 拍

Part A(64 counts)

A 部分(64 拍)

1—8　Fwd,Fwd,Fwd,Together,Touch,Hitch,Touch,Hitch
　　　前进,前进,前进,并脚,点地,提膝,点地,提膝

1234　Step forward right,left,right,step left together
　　　右进,左进,右进,左并

5678　Touch right to right side,hitch right,touch right to right side,hitch right
　　　右脚右点,抬右脚,右脚右点,抬右脚

Part B…

二、编写舞谱的注意事项

1. 舞谱用语应简单易懂

简明、易懂的舞谱能使学习者清晰、快速地掌握一首排舞曲目。简单意味着用最少的词，易懂就是用最清楚的词句。在编写舞谱时，你想多加些词汇，以期把舞步描述得更清楚

是徒劳的。正如一尊雕塑，它追求的是整体效果，而不是把每个部位都刻画得惟妙惟肖，舞谱的编写也是如此。

2. 要熟悉英文的表达方式

用英文编写舞步组合时，不要试图用"创造性"的词汇来表达已有的舞步组合。"基本舞步中英文对照记写表"很清晰地把常用舞步组合记写方式呈现出来了。尤其要注意中文用A−B−C的顺序记写舞步，英文则是用C−B−A的顺序记写；用向左、向右来表述转体方向而不用顺时针或逆时针表达；用分数来表示转体度数而不是用90度、180度等。

3. 舞步记写要前后一致

所谓一致就是舞步的记写要全文统一。例如，中文记写右脚向前一步和向前一步用右脚，英文记写 Step forward on right 和 Step right forward 都表示同一意思，如果同一个意思在舞谱中用不同的方式表达，就会降低舞谱的可读性、严谨性。

4. 舞步和身体动作不要同时记写

记写舞步时如需同时说明手臂、臀部、肩部等部位的动作，一定要分开记写。这样比较清晰，也容易理解。例如，"左脚前踢，同时头右转，左手手指指向天空"，不能写成并列句，即"左脚前踢的同时头右转和左手手指指向天空"。

5. 熟悉各类舞步动作

认真学习并熟练掌握排舞运动术语的内容，对舞谱编写尤为重要。正确的舞步记写，能加深对排舞作品的理解和风格的把控。例如，恰恰步、锁步和三连步；轴转（pivot）和转（turn）。这些舞步动作虽很相似，但能体现不同的曲目风格。

参考文献

[1] 李遵. 排舞运动[M]. 北京：人民体育出版社，2013.
[2] 国家体育总局体操运动管理中心. 2020年全国排舞运动教练员、裁判员培训理论知识教材[M]，2020.

第二十五章 瑜 伽

第一节 瑜 伽 概 述

一、瑜伽的起源与发展

1. 瑜伽的起源

"瑜伽"这个词,是从印度梵语"yug"音译而来,其含义为"一致""结合"或"和谐"。瑜伽是一个通过提升意识,帮助人们充分发挥潜能的哲学体系及其指导下的运动体系。瑜伽姿势是一个运用古老而易于掌握的方法,提高人们生理、心理、情感和精神方面的能力,是一种达到身体、心灵与精神和谐统一的运动形式。

瑜伽起源于印度,在数千年前的印度,高僧们为追求进入天人合一的最高境界,经常僻居原始森林,静坐冥想。在长时间单纯生活之后,高僧们从观察生物中体悟了不少大自然法则,再从生物的生存法则,验证到人的身上,逐步地去感应身体内部的微妙变化,于是人类懂得了和自己的身体对话,从而知道探索自己的身体,开始进行健康的维护和调理,以及对疾病创痛的医治本能。几千年的钻研归纳下来,逐步衍化出一套理论完整、确切实用的养身健身体系,这就是瑜伽。

关于瑜伽起源已经无法在历史长河中找到具体时间点,目前关于瑜伽运动存在的最早的考古学证据是距今约 5000 年在印度发现的刻有瑜伽体式的石头印章。关于瑜伽运动文字方面的最早记载是距今约 3500 年的《吠陀经》。

2. 瑜伽的发展

现代学者将瑜伽分为三个时期:

(1) 前古典时期:由公元前 5000 年开始,直到梨俱吠陀的出现为止,约有 3000 多年的时期,是瑜伽原始发展、缺少文字记载的时期。瑜伽由一个原始的哲学思想逐渐发展成为修行的法门,其中的静坐、冥想及苦行是瑜伽修行的中心。

(2) 古典时期:由公元前 1500 年《吠陀经》笼统的记载,到了《奥义书》明确地记载瑜伽,再到《薄伽梵歌》的出现,完成了瑜伽行法与吠檀多哲学的合一,使瑜伽这一民间的灵修实践变为正统,由强调行法到行为、信仰、知识三者并行不悖。大约在公元前 300 年时,印度圣哲帕坦伽利(Patanjali)创作了《瑜伽经》,标志着印度瑜伽真正成形,瑜伽行法正式订为八支体系,帕坦伽利也因此被尊为瑜伽之祖。

(3) 后古典时期:从《瑜伽经》产生以后的时期为后古典瑜伽时期。主要包括了"瑜伽奥义书",密教和诃陀瑜伽。"瑜伽奥义书"有 21 部,在这些"奥义书"中,纯粹认知、推理甚至冥想都不是达到解脱的唯一方法,它们都有必要通过苦行的修炼技术所导致的生理转化和精神体会,才能达到梵我合一的境地,因此产生出了节食、禁欲、体位法、七轮等,加上咒语、手印结合,这些便是后古典时期瑜伽的精华。19世纪的克须那摩却那是现代瑜伽之父。其后的爱恩加和第斯克佳是圣王瑜伽的领导者。另外印度锡克族的拙火瑜伽和湿婆阿兰达瑜伽也是两个重要的瑜伽派别,一个练气,一个练心。

瑜伽运动发展进程中,出现了各种各样的流派,按照时期划分,可分为古代瑜伽流派与近现代瑜伽流派。古代瑜伽流派主要分为智瑜伽、业瑜伽、奉爱瑜伽、王瑜伽和昆达利尼瑜伽。其中智瑜伽、业瑜伽、奉爱瑜伽主要通过冥想的方式进行修行,专注于内在世界,控制思想,注重哲学思考,没有体式练习。昆达利尼瑜伽对人们要求很高,许多修行几十年的瑜伽修行者依然无法掌握,所以其练习者很少。王瑜伽重视冥想和调息,具有体式练习。近现代瑜伽主要分为三大流派,分别是哈达瑜伽、艾扬格瑜伽和阿斯汤加瑜伽。

3. 现代瑜伽流派的发展

(1) 哈达瑜伽是初学者首先要掌握的基础流派。

哈达瑜伽由梵语"HaTha"音译而来。哈达意为控制与平衡,其中的"哈 Ha"是指"太阳""右脉""热原则"或"右鼻腔","达 Tha"是指"月亮""左脉""冷原则"或"左鼻腔",哈达瑜伽可以理解为通过控制生命气或者呼吸的瑜伽,它认为我们的全部都要受到呼吸方式的引导。区别于其他流派,哈达瑜伽把贞守作为练习的重要条件,要求练习者远离异性。哈达瑜伽主要包括体位法、住气法、身印、谛听秘音四个方面。

在体位法中,哈达瑜伽练习没有谈论禁制和劝制,但并不是不要遵循禁制所规定的行为准则。研究发现,哈达瑜伽可以使练习者自发遵循禁制和劝制,如:部分学者研究表明,哈达瑜伽可以减少戒烟者对吸烟的渴望,可作为戒烟辅助。在练习体位法的同时,哈达瑜伽要求练习者控制感官、饮食均衡有益以及必须有古鲁指导。住气法也就是控制呼吸,哈达瑜伽认为"只要身体还有呼吸,就还有生命。死亡不过是呼吸离开了身体。因此,呼吸应该得到控制"。瑜伽界认为人身体有 72000 条经脉,这些经脉通往身体各处,哈达瑜伽认为重要的经脉有 10 条,其中最重要的是中脉,可以通过控制呼吸让生命气流过中脉,主要控制呼吸方法是经脉调息法,要求每天早晨、中午、傍晚、午夜进行练习。哈达瑜伽中的身印练习主要目的是为了唤醒昆达利尼,没有充分练习体位法与住气法是不能够练习身印的。谛听秘音等同于三摩地,三摩地是哈达瑜伽所要达到的最终境界,心意和声音合一,练习者从欲望中彻底解脱,导致个体灵魂和至上灵魂合一。随着现代社会的需求,在哈达瑜伽基础上出现了艾扬格瑜伽、阿斯汤加瑜伽、高温瑜伽、流瑜伽等流派。哈达瑜伽是初学者首先要掌握的基础流派。

(2) 艾扬格瑜伽是应用最为广泛的瑜伽习练体系。

艾扬格瑜伽由 B.K.S 艾扬格大师创立,是当今世界应用最为广泛的瑜伽习练体系。艾扬格大师曾说过每一个人都适合练习艾扬格瑜伽。艾扬格瑜伽认为身、心、灵合一,就能实现身体的和谐和灵性的觉醒。艾扬格瑜伽注重调整归位,将 200 个瑜伽体式与 14 种呼吸控制法以及体式变体进行系统归纳,了解每一个体式对内脏和神经系统的影响,可以使初学者在获得力量和灵活的同时,安全地从基础体式进入到高级体式。区别于其他流派,艾扬格瑜伽设计了辅助工具帮助练习者精准地待在体式中并且保持更长的时间,这些辅具包括瑜伽带、毯子、垫子、木块、泡沫砖、沙袋、木长凳、后弯长凳和墙绳等,但不提倡长期使用辅具。目前,艾扬格瑜伽辅具主要应用在初学者、柔韧性不好的人群,保护他们不受到伤害,对有医疗需求的人也格外有益。国外学者将艾扬格瑜伽应用到功能障碍人群康复治疗中,不少学者阐述了艾扬格瑜伽通过精确的体式练习和精准的辅具摆放,可以改善肥胖儿童下肢活动时产生的下肢畸形,减轻肌萎缩性侧索硬化症患者的疼痛、痉挛,并治愈了患者的压力性溃疡,能够治疗患有慢性疼痛、残疾的儿童和青少年在挛缩和关节手术后产生的股四头肌无力,对慢性关节炎有良好的治疗效果。

(3) 阿斯汤加瑜伽。

阿斯汤加瑜伽由梵语"Ashtanga"音译而来,"ashtanga"中的"ashta"意为"八","anga"意为"分支"。阿斯汤加瑜伽是一项非常严格的练习,也是一种挑战,它挑战的是我们借着呼吸的线脉,是身心相融的能力,其最大的特点就是有固定体式序列,划分为六个序列,每个序列由 60 个左右的体位组成,严格按照固定的顺序编排,不能颠倒去练习,其强度非常大,如果没有人指导,很容易受伤。

阿斯汤加瑜伽的特色是 Vinyasa,流动中每一个呼吸都需要计数,对喉呼吸、凝视点、收束法有严格的规定。凝视点分别是鼻尖、拇指、眉心、肚脐、天空、手、脚趾、远左、远右,它可以促使意识内敛,提高专注力,帮助在练习中进入冥想状态。收束法分别是根部锁定、肚脐锁定、下巴锁定,它可以在练习中保护身体,激发内在能量,释放潜在生命力。阿斯汤加瑜伽在练习中要求停止自我判断,正确呼吸,肌肉相对放松,脊柱中正,进入能量练习。

(4) 瑜伽其他流派

除以上三大主流流派外,比较著名的还有高温瑜伽与流瑜伽等。

高温瑜伽(热瑜伽)由印度瑜伽大师比克拉姆(Bikram Choudhury)与他的妻子在哈达瑜伽的基础上创立。它由 26 种伸展动作组成,在 38℃~40℃的高温环境中做瑜伽,属于柔韧性运动,能改善脊椎柔软度,适合年轻的办公室一族。同时,它借由一些扭转弯曲伸展的静态动作,直接刺激神经和肌肉系统,可以减轻体重,其大约 2004 年开始风靡我国。

流瑜伽,也有人称其为"流程瑜伽",传自西方,是哈他瑜伽与阿斯汤加瑜伽的混合体,它的教义和难度介于两者之间。流瑜伽每个级别的初始动作都是从太阳祈祷式 A 和 B 开始,练习数次,而后进行单个动作练习,最后以倒立和休息术结束。其动作较阿斯汤加瑜伽有被简化,节省了练习者的体力,但比传统的哈他瑜伽体能消耗大。流瑜伽在欧美国家较为盛行,国内也有不少瑜伽馆教授流瑜伽,考虑到国人的身体素质比较一般,所以这种瑜伽形式便于接受。

4. 瑜伽在我国的发展状况

瑜伽最早在我国的传播形式是以佛教为依托。瑜伽中的静坐和佛教的禅定类似,在其做法中都保持身体各部分之间能量的流通,而且在思想上瑜伽与佛教的天人合一思想契合,所以瑜伽是在佛教传入中国的同时进入中国的。20 世纪 80 年代,瑜伽运动由张蕙兰女士(著有《蕙兰瑜伽》)传播进入中国后,掀起了追随潮流。由于瑜伽的包容性和时尚性,瑜伽运动深受大众好评,在神州大地迅速传播、发展。

瑜伽虽然种类繁多,但其基本上是以强调呼吸、静坐、体式为主。不论是神秘的密宗瑜伽,或者是基本瑜伽的体式练习,基本上是不脱离这些的。同样地,随着时间的推移、知识的更新、文化的契合,我国市场上出现了众多的新型瑜伽,有类似于与吊床结合的空中瑜伽,有与塑性球结合的球瑜伽,还有在游泳馆内进行的水上瑜伽等。瑜伽在不断地更新、融合。

二、瑜伽的健身价值

1. 增进身体健康

瑜伽有句格言:"健康的心理存在于健康的体魄中。"这说明,人的身体健康是心理健康和社会健康的"载体"。当今社会,由于人的劳动强度减少,因而导致器官日渐衰退,功能日趋减弱。实践证明,接受瑜伽教育不仅能使人以新的境界回归"本我",而且还能使人感悟"自我",领悟"超我",从而能增强人的体力,增进身体健康,预防人体功能退化,以保持"种生命"健康的延续。

2. 调节呼吸,回归本我

呼吸是一个简单、无意识的过程,如何呼吸是决定生命质量的重要因素。当我们繁忙或压力大时,不仅仅是用"胸式呼吸"代替"腹式呼吸",而且吸气比呼气时间长。这是因为机体功能紊乱而形成的一种呼吸模式。长此以往,它会导致毒素在体内堆积,扰乱神经系统的功能,从而使人在焦虑和沮丧中生病。实践证明,人的五脏六腑生病有些是因为意志混乱和呼吸紊乱干扰了神经体液调节的秩序,久而久之就会导致体内细胞的病变或坏死。练习瑜伽可以通过调整呼吸,放松、平静神经系统,使人的神经体液调节又恢复到"常态",从而修复五脏六腑。这一过程,就是使人进入"忘我"的状态,进而重新回归"本我"的状态的过程,从而得以增进身体健康。

3. 调节姿态,提升本我

当今社会,由于人的劳动强度降低,其关节、韧带活动的幅度日趋减小。长此以往,必然要限制肢体活动的半径和空间,从而减弱机体器官的功能。人们练习瑜伽可以通过体位法来调整和端正姿态。体位法是瑜伽练习中十分重要的手段,它能通过拉、伸、挤、拧、倒立等姿势去提升"本我"器官的能力,使"本我"器官的韧性、弹性、灵活性、平衡性不断得以增强或延缓衰老。具体地说,练习瑜伽调整姿势,不仅能端正身体姿态、美容和美体,而且还能够使人的骨骼支撑强度增大,肌肉耐力增强,并能调节内分泌系统,促进淋巴腺体的排毒作用。

4. 适当运动,养护本我

不少实验研究证明:纯粹的静止休息或强度过大的运动对健身都不利,只有适量运动,才能增进健康。瑜伽是一种均匀呼吸、缓慢调姿、动静结合的练习;其次,它可以随时调节运动强度,并不受外界刺激和干扰,全身心地感悟"本我";再次,瑜伽的特殊呼吸有助于促进人体的新陈代谢,增加血红蛋白的生成,提高人体血液循环,从而养护人的五脏六腑;另外,冥想可以使人精神安宁、祥和、平静,即修心养性。实践证明,瑜伽是一项动、静因人而异的、适度的健身运动,它既可以养护本我,又能安全地健身。

5. 增进心理健康

不良的心理会摧毁健康的身体,正如古希腊人所说:"健康的身体需要有健康的头颅。"实践证明,练习瑜伽有益于增进心理健康和积极开发人的"类生命"。

6. 增进个体社会健康

个体社会健康是个人主动和谐环境,积极调节人际关系,增进身心健康的状态。练习瑜伽能够净化心灵,让个体内心充满爱,由内向外散发着一种愉悦,使个体更容易和谐自然环境与社会环境。长此以往,它不仅能够使人与自然,人与社会达到共存、协调、互利、共赢,而且还能不断提升"本我",超越"自我",从而积极开发人的"类生命"。古人曰:"德为功之母",因而讲究"以德培功"。这就是说,练瑜伽首先要"得道",其次才是"得术"。古人还告诫人们,"练功不修德,必定要着魔"。因而,研究瑜伽教育如何增进个体社会健康就是探索瑜伽"道"与"术"的整合。

第二节　瑜伽呼吸方法

日常的瑜伽呼吸方法主要有腹式呼吸、胸式呼吸、完全式呼吸。

一、腹式呼吸

腹式呼吸指的是通过肺部的底部进行呼吸的一种呼吸方法,也被叫作横膈膜呼吸。进行瑜伽练习的时候,如果采用腹式呼吸的话,只有腹部有起伏状,胸部则是不动的。据了解,在进行瑜伽练习的时候,采用腹式呼吸能够控制吸入的气体,从而使得膜状肌变得更加有力,延长呼吸的时间和周期,使呼吸变得更加有规律。采用腹式呼吸能够使腹部的肌肉得到锻炼,对腹腔内的器官起到一定的按摩作用,增加肺活量,促进全身血液的循环。

二、胸式呼吸

胸式呼吸接近我们日常用的呼吸方法,程度比日常呼吸更深长和专注。以肺部的中上部参加呼吸,感觉胸部、肋骨在起伏,腹部相对不动。胸式呼吸可以稳定情绪,平衡心态,帮助因为呼吸短促而积压下来的废气排出体外。

三、完全式呼吸

完全式呼吸可以说是瑜伽调息和相对应收束法的砥柱,教授练习者一种自然流畅的呼吸方法,它使整个肺部参加呼吸运动,腹部、胸部乃至全身都能够感受到起伏。完整的完全式呼吸可以将呼吸空气的量扩大3倍,让新鲜的氧气供应血液,让心脏更强劲,缓解内脏压力,调整内分泌失调。一定要把完全式呼吸变成日常的习惯呼吸,你会发现它可以让你的身体收放自如,有奇妙变化。

第三节　健身瑜伽的体式标准

一、瑜伽的基本动作

1. 预备一级

(1) 山式站姿。双脚并拢,大脚趾相触,微收下颌,目视前方。重心均匀分布双脚,脊柱向上延长,腰背挺直,膝关节超前。

（2）敬礼式。山式,双手合十胸前,目视前方。

（3）健身瑜伽致敬式。由敬礼式开始,身体前屈45度,目视前方。保持片刻回到敬礼式。

2. 预备二级

（1）山式坐姿。坐于垫上,伸直腰背,双脚并拢,脚尖回勾。双手放于体侧,目视前方。

（2）金刚坐。跪姿,双膝并拢,双脚大脚趾重叠或并拢,足跟分开,臀部坐在两足跟之间,腰背挺直,双肩自然下沉,双手置于大腿前侧,目视前方。

3. 预备三级

（1）仰卧式。仰卧,双脚分开,脚尖朝外,双臂微分,掌心向上,微闭双眼,全身放松。

（2）婴儿式。金刚坐。髋屈曲,腹部贴于大腿,额头触地,或将头转向一侧并贴地。双手放于双脚两侧,掌心向上,双眼微闭。

二、瑜伽体式第一级

1. 坐姿类

简易坐。山式坐姿。双脚收回交叉,双脚分别置于大腿或膝下,双手呈智慧手印落于膝上,脊柱伸展,目视前方。

2. 前屈类

直角式。山式站立。双手体前食指交握并举过头顶,上臂贴耳侧;髋屈曲,躯干、手臂与地面平行;目视前方。

3. 后展类

展臂式。山式站立。双臂从身体两侧伸展至头顶,掌心相对,胸骨上提,打开胸腔,以手臂带动躯干向后上方伸展,目视上方。

4. 侧弯类

（1）单臂风吹树式。山式站立。左臂经体测向上伸展,掌心向内;身体向右侧弯;转头,目视前方。

（2）风吹树式。山式站立。双手从两侧向上至头顶合掌,躯干向右转动侧弯,头部保持中正,目视前方。

5. 扭转类

站立腰躯扭转式。山式站立。双脚分开,略比肩宽,双臂侧平举;身体向右后方转动,右手背于腰后,左手扶住右肩;目视后方。

6. 平衡类

摩天式。山式站立。双脚分开,与髋同宽,双手体前十指交叉并翻掌向上举过头顶,伸直双臂,同时提踵,目视前方。

7. 其他类

（1）鳄鱼式。俯卧。双臂向前伸直,抬起头部;屈肘分开与肩同宽,肘关节支撑地面,双手手掌托住下颌;闭上双眼或平视前方。

（2）大拜式。金刚坐。双手从两侧向上延伸,高举过头顶;髋屈曲,上体自然伸展向前;

双手及前臂放于地面上,掌心向下,额头触地;两眼微闭。

(3) 摇摆式。仰卧。屈膝团胸;双手交叉环抱小腿胫骨中段,沿脊柱前后摇摆数次(也可左右摇摆,两腿外侧贴向地面);目视前方。

(4) 蹬车式。仰卧。双腿上抬垂直地面,依次交替屈膝、伸直,向前、向后做动态蹬自行车;几组之后,双腿并拢同时屈膝、伸直,向前、向后做动态蹬自行车运动。

(5) 骑马式。金刚坐。跪立,右脚向前迈一大步,双手置于双脚两侧;左腿的膝盖和脚趾着地,髋部前推下沉,脊柱充分延伸;目视前方。

(6) 斜板式。金刚坐。身体前倾,双手置于肩下方,双手双臂大腿垂直于地面;两腿依次向后伸直,脚趾点地,身体成一线;目视前下方。

(7) 猫伸展式。金刚坐。身体前倾,双手置于肩膀下方,指尖和肩上下对齐,两膝与髋同宽;脊柱逐节伸展,扩展胸腔,然后收腹、拱背;目视肚脐方向。

(8) 上伸腿式。仰卧。双腿抬起与地面垂直(在双腿抬起与放下过程中,也可分段停留,增加强度);目光平视。

(9) 简易蝗虫式。俯卧。双手掌心向下,置于大腿前侧,右腿保持伸直平压地面,左腿尽量伸直抬高,左髋下沉。

三、瑜伽体式第二级

1. 坐姿类

平常坐。山式坐姿。屈左膝,将左膝抵于会阴处,屈右膝,将右脚放在左脚前方,右脚跟贴近左脚背;目视前方。双脚可交替位置。

2. 前屈类

增延脊柱伸展式。山式站立。双臂从两侧上举,上臂靠近双耳,掌心向前;延伸脊柱,髋屈曲,双手抓住脚踝,保持躯干伸展;目视下方。

3. 后展类

(1) 人面狮身式。俯卧。双手放在头两侧,指尖和头顶在一条直线上,肘内收,严实地面,头和胸腔抬起,上臂与地面垂直,目视前方。

(2) 新月式。金刚坐。跪立,右脚向前迈一大步,双手置于前脚两侧,后侧腿膝盖脚背着地,髋前移下沉;双臂经身体两侧向上抬起至头顶合掌,脊柱充分延展;目视前上方。

4. 侧弯类

(1) 三角伸展式。山式站立。双脚分开,约两肩半宽,右脚向右转90度,左脚内收15度到30度,两肩侧平举;躯干向右侧延伸弯曲,右手掌置于右脚外侧地面,左臂上举,两臂成一直线垂直于地面;目视上方指尖。

(2) 侧角伸展式。山式站姿。双脚分开,约两肩半宽,右脚向右转90度,左脚内收约30度,两臂侧平举;屈右膝,躯干向右侧延伸弯曲,右手掌置于右脚外侧地面,左臂伸展与躯干成一直线;转头,目视前方。

5. 扭转类

(1) 半三角扭转式。山式站立。两腿分开,约两肩半宽,两手侧平举;髋屈曲,左手置于胸部正下方撑地,左臂垂直于地面,延展脊柱,右臂带动脊柱向上方扭转;目视右手指尖方向。

（2）直角扭转式。山式站立。两脚分开，略比肩宽，双手体前十指交叉、翻掌向外，两臂举至头顶上方；髋屈曲，躯干平行于地面，向右、左水平摇摆至极限；目视下方。

6. 倒置类

下犬式。金刚坐。身体前倾，双手置于肩下方，双臂、大腿垂直地方，双脚分开，与坐骨同宽；脚尖回勾落地，伸直双膝，臀部上提，足跟下压。

7. 平衡类

半舰式。山式坐姿。屈双膝，大腿贴近腹部，以坐骨为支撑点，收腹、抬起双脚，小腿平行于地面；双手向前伸直，掌心相对，且与小腿平齐，腰背立直；目视前方。

8. 其他类

（1）鱼戏式。俯卧。十指交叉置于头下，头侧转，同侧腿屈膝，躯干侧弯，肘膝相触，眼睛微闭。

（2）推磨式。山式坐姿。两臂前平举，十指交握；以腰骶区为原点，手臂带动身体顺时针、逆时针划圈（如同推磨），目视前方。

（3）幻椅式。山式站姿。两臂从两侧上举至头顶合掌，屈膝，大腿与地面平行，手臂手背、背部保持平直，目视前方。

（4）简易鸽式。金刚坐。身体前倾，双手置于肩下方，双臂、大腿垂直于地面；屈右膝并向前移送，臀部落于双臂之间，右膝指向正前方，右足跟抵近耻骨，左腿伸展严实地面，手臂支撑垂直于地面，脊柱伸展；目视前方。

（5）蝴蝶式。山式坐姿。屈双膝，脚掌相合，脚跟靠近会阴，十指交叉抓握脚背，躯干直立，双膝上提、下沉，反复练习；目视前方。

（6）八体投地式。金刚坐。身体前倾，双手置于肩下方，两臂、大腿垂直于地面；脚尖着地，身体前移，屈肘，胸部落于双手之间，下颌、双手、胸部、双膝及脚尖八个部位与地面接触。

四、瑜伽体式第三级

1. 坐姿类

至善坐。山式坐姿。屈左膝，脚跟抵近会阴，屈右膝，右脚置于左小腿内侧之上，左脚置于右小腿之下，双脚跟上下重叠，双膝触地；脊柱向上伸展，放松双肩及手臂，双手成智慧手印；双眼微闭。

2. 前屈类

（1）索腿式。仰卧。屈右膝，双手十指相交于右小腿胫骨中部；双肘内收，右大腿紧贴腹部，双脚背绷直；头部、上背部抬起，鼻尖触右膝。

（2）单腿伸展式。山式坐姿。屈右膝，髋外展，脚掌抵在右大腿内侧，脚跟抵住会阴，右腿向前延伸，足尖向上；骨盆中正，双手从两侧向上延伸高举过头顶，髋屈曲，上体自然伸展向前，腹、胸、额依次贴近右腿前侧。

3. 后展类

（1）眼镜蛇式。俯卧。双手放于胸前两侧，指尖对齐肩膀，肘内收，胸部上提，手掌推地，向上伸展脊柱，延伸下颌，目视前上方。

(2) 上犬式。两脚分开,与髋同宽,屈双肘,双手指尖向前置于胸两侧;胸腔上提,伸直手臂,收紧双腿肌肉,膝盖与骨盆离开地面,脚背下压贴地;目视前上方。

(3) 桥式。屈双膝,两脚分开,与髋同宽,脚跟抵住臀部;手臂伸直,两手尽量抓住脚踝,抬起臀部、背部,上提胸腔并微收下颌。

4. 扭转类

(1) 扭脊式。山式坐姿。屈左膝,左脚置于右膝外侧,脚尖与右膝成一直线,脚掌踩实地面,屈右膝,右脚置于左臀外侧;右手臂经外侧向上延伸身体向左侧扭转,右腋窝抵住左膝外侧,右手抓住左脚掌(踝)左手掌置于臀部正后侧,背部伸展,脊柱垂直地面;转头,目视后方。

(2) 仰卧扭脊式。仰卧。两臂侧平展,掌心向下置于地面下沉;屈右膝,右脚置于左大腿,脚尖与左膝对齐,左手置于右膝;右膝带动脊柱转向左侧,头部转向右侧,双肩尽量下沉;目视右手中指方向。

(3) 仰卧扭脊二式。仰卧。屈双膝,大腿贴近腹部,双腿并拢,十指交握,枕于头下;腰部扭转使双腿倒向左侧贴地,同时头部转向右侧,双肩稳定,紧贴地面;目视右侧。

5. 倒置类

顶峰类。金刚坐。身体前倾,双手置于肩下方,双臂、大腿垂直于地面;脚尖回勾,伸直双膝,臀部上提,脚跟下压。

6. 平衡类

(1) 树式。山式站姿。屈左膝,将左脚置于右大腿内侧,脚跟靠近会阴,髋外展,双手合掌于胸前,或伸展至头顶上方,目视前方。

(2) 船式。仰卧。双手、双脚和躯干同时上抬,重心放于坐骨;两臂向前伸直平行地面,掌心向下,脊柱延伸,背部展平;目视脚尖方向。

(3) 手枕式。仰卧。身体转左侧卧,屈左肘,上臂贴地与身体成一直线,左手撑头部;屈右膝,右手三指抓右脚的大脚趾,将右腿伸直,身体保排在同一平面;目视前方。

7. 其他类

(1) 动物放松式。山式坐姿。屈右膝,脚底贴于左大腿内侧;屈左膝,髋外展,左脚跟贴于臀外侧;身体转向右侧,两臂经两侧举起,向前伸展,两臂放于地面,额头触地。

(2) 反斜板式。山式坐姿。双手分开,与肩同宽,置于臀部正后方一掌处,手臂垂直地面,指尖向后;脚掌下压撑地,将臀部抬起与身体保持在同一直线;目视上方。

(3) 战士二式。山式站姿。双脚分开,约两肩半宽,右脚向右转 90 度,左脚内收约 30 度;两臂侧平举,延展脊柱,屈右膝成 90 度,头转向右侧;目视右手指尖方向。

参考文献

[1] 国家体育总局社会体育指导中心,全国健身瑜伽指导委员会。《健身瑜伽体位标准》(试行)[S]。2018.

第二十六章　花 样 跳 绳

跳绳是一项有着悠久历史的民俗娱乐运动项目,随着社会的进步和时代的发展,该项目也得到了较好的传承和发展,形式更为多样、内容更为丰富。近年来,跳绳运动更是得到突飞猛进的发展,花样跳绳成为一项全世界普及的运动项目。花样跳绳是在跳绳运动的基础上,融合了体操、武术、舞蹈、音乐等元素,发展成为集时尚、娱乐、健身于一体的新兴运动,受到青少年的喜爱和追捧。

花样跳绳运动较适合在青少年群体中开展,它的运动量可根据学生的身体状况进行调整,且对场地器材的要求不高,器械操作简单,体育成本较低,易于开展。它的运动内容和呈现形式非常多样,有单人、双人、多人、交互、车轮、长绳等,在经过合理的编排之后,加上体操、舞蹈、武术等难度动作,再搭配动感音乐,参与者能在完成动作过程中获得自信,愉悦身心,缓解压力,并且能在合作完成动作的过程中不断提升团队协作能力。花样跳绳能够活动身体的各个关节,对于提升力量、速度、灵敏、耐力等身体素质有较大的促进作用,对促进学生体能和身体健康有积极影响。

第一节　花样跳绳运动概述

一、花样跳绳运动的定义

绳子与我们的生活密切相关,是人类生产生活中不可或缺的重要工具。跳绳也是童年生活中重要的体育游戏,在环摆的绳索中做各种跳跃类的动作。传统的跳绳,跳法相对单一,缺乏趣味性。现代花样跳绳运动打破了传统摇、跳方式的局限性,创造了摆(甩)、绕、缠、放等多种形式的技术动作,同时融入了舞蹈、武术、杂技、体操等元素,再配以音乐、灯光、服饰等展现出来,是一项极具观赏性、艺术性和比赛性的项目。花样跳绳的"花样"繁多,具有较强的趣味性,不同年龄、不同学习基础者均能参与其中。

花样跳绳在国际上称为 Rope Skipping,国内称为花样跳绳或花式跳绳,是一项综合了速度(计时计数)与花样技巧(结合音乐的自由式花样)的优秀运动项目。

二、花样跳绳运动的发展历程

1. 花样跳绳运动的起源

跳跃是人类最基本的运动能力之一,对人类的生存有着至关重要的作用。在与自然界的相处过程中,人们开始将跳跃与自然界的物体结合起来,如采摘者在丛林植物的藤蔓或竹条中跳跃,寻取食物;纺织工人在线绳间跳来跳去纺线。在不断发展的过程中,跳跃绳子逐渐成为儿童玩耍的游戏,成为跳绳运动的雏形。

在我国,跳绳运动流传已久。南北朝时期(420—589)就出现了单人跳绳的游戏,《北齐书·幼主记》便有"游童戏者好以两手持绳,拂地而却上下"的记载。唐朝称跳绳为"透索",明代称跳绳为"跳摆锁",清代称跳绳为"绳飞",这也是"单飞"和"双飞"等跳绳动作名称的来源。民国时将之称为"跳绳",城乡小学的体育课或课外体育活动,均开始开展跳绳运动。其他国家关于跳绳的最早记录是欧洲中世纪的一张油画,绘制的是儿童在鹅卵石的街道上滚铁环和跳绳的画面。

2. 花样跳绳运动的发展

新中国成立初期,跳绳只是作为儿童游戏或者体能辅助的手段。20世纪80年代,我国的跳绳运动逐渐步入正轨。1988年开始,我国将跳绳运动作为主要教学内容之一。1992年,"西安首届跳绳大赛"标志着跳绳运动开始进入体育竞赛领域;1993年,全国第一家"跳绳协会"成立;2004年,"体育、艺术2+1项目"通知中将跳绳作为其中的重要内容,跳绳运动在我国掀起热潮;2007年,国家体育总局审定了我国第一部跳绳竞赛规则——《中国跳绳竞赛规则》,此后,中国连续举办跳绳公开赛;2012年开始,全国跳绳教练员、裁判员培训班举办,标志着跳绳项目竞赛体系形成,跳绳比赛进入了正规化的轨道。此后,中国每两年举办一次全国跳绳公开赛,大大推动了跳绳运动竞赛的发展。2013年,全国跳绳推广中心成立,我国的跳绳发展推广开启了新篇章。

当前,跳绳已发展成为一个世界性的体育项目。1996年,国际跳绳联盟成立,成员已从最初的7个国家发展到现在的50多个国家和地区。国际跳绳联盟每两年举行一次世界跳绳锦标赛。各大洲也有自己的跳绳协会,包括欧洲跳绳组织、非洲跳绳组织、大洋洲跳绳联盟、泛美跳绳联盟和亚洲跳绳联盟。其中欧洲跳绳组织举办的全欧洲跳绳大赛(欧洲跳绳冠军赛)是除世界锦标赛外,影响最大的跳绳大赛。

三、花样跳绳运动的分类

跳绳是由"跳"和"摇"两个元素组成,所有的跳绳动作至少包含"跳绳"和"摇绳"两个元素中的一个,在"跳"和"摇"上再演化出更多的花样。如"跳"包括步伐、转体等动作,"摇"包括摇绳方向、手臂位置、摇绳圈数等动作,"跳"和"摇"的综合变化可以衍生更多的花样。根据跳绳技术特点和动作结构,花样跳绳可分为个人花样、朋友跳、车轮跳、交互绳、长绳等。

1. 个人花样

个人花样是指跳绳者运用一根个人绳,按照跳绳运动的基本规律,合理运用身体姿势的变化或人绳之间的配合,做出各种各样的花样动作,全面展示个人跳绳的技巧性和艺术性。个人花样分为基本花样、交叉花样、多摇跳花样、力量型花样、体操型花样和抛接绳花样6个类别(图26-1-1)。

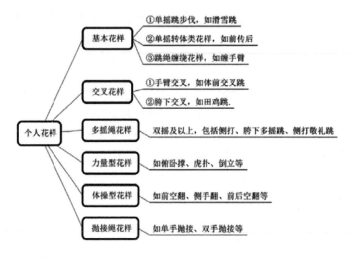

图 26-1-1

2. 朋友跳

在跳绳运动中,两人以任何方式协同跳一根绳子,称为朋友跳,又叫两人一绳跳。朋友跳动作多样,极具娱乐性和互动。

3. 车轮跳

车轮跳,又名中国轮,是一种两人或两人以上相互配合轮流进行跳绳的新型跳绳方法(图 26-1-2)。

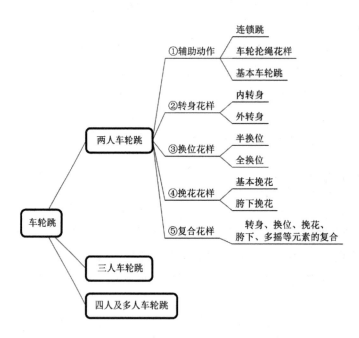

图 26-1-2

4. 交互绳

两名摇绳者分别握住两根绳子的末端,两根绳子向相同或相反的方向依次打地,同时跳绳者在绳子中做出各种技巧,跳绳者和摇绳者可以相互交换(图 26-1-3)。

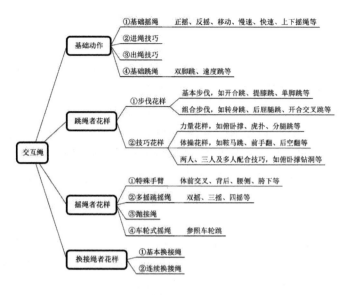

图 26-1-3

5. 长绳花样

长绳是花样跳绳中所需绳具和人数最多的项目,一根或多根短绳与一根或多根长绳组合,绳中有绳,变换多样,是表演中比较精彩的部分之一。长绳属于集体项目。长绳需要参加者动作协调统一、齐心协力、相互协作。跳绳对摇绳者的技术要求比较高,摇绳者必须注意摇绳的速度、节奏,主动配合跳绳者。长绳可以分为单长绳花样、多长绳花样和长短绳花样(图 26-1-4)。

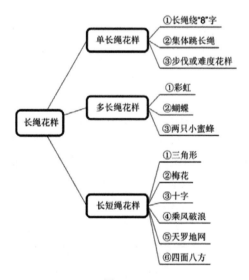

图 26-1-4

四、花样跳绳运动的价值

花样跳绳运动能满足不同性别、不同能力的学生健身需求,不仅对体质健康有全面的促进作用,而且对学生健康心理的养成,正确人生观、价值观、世界观、良好品质性格的培养也有积极作用。

1. 健身价值

花样跳绳的健身价值主要表现在身体形态、身体素质和身体机能三个方面。

（1）改善身体形态。花样跳绳对身体形态的改善主要体现为体脂的减少、骨量和骨密度增加等方面。跳绳时热量消耗较大，对于臀部和大腿脂肪含量的减少、全身肌肉含量的增加作用显著，能使跳绳者的形体更加健美、重心更加稳定。跳绳的主要动作为原地跳动和双手及手臂的摇动。跳跃时，双脚或单脚落地后，身体自重对腰椎和下肢骨骼有一定的压力，腰椎和下肢骨骼总是受到地面相应的反作用力，产生应变，刺激骨量和骨质的增加，从而促进骨骼的生长发育。同时，摇绳时使前臂肌肉充分活动，桡骨、尺骨肌肉得到充分牵拉，产生相应的应变，也能促进骨量的明显增加。

（2）提高身体素质。跳绳是一项全身性运动，不仅能增强机体的有氧代谢功能，而且对力量、速度、灵敏、平衡、柔韧等身体素质的全面提高有积极影响。相较而言，跳绳对学生协调性和力量的改善效果更为突出。在进行花样跳绳的过程中，速度跳针对速度，负重跳针对力量，计时跳针对耐力，花样跳针对灵敏、协调和平衡，这样的综合训练对学生身体素质的全面发展有不可替代的作用。

（3）改善身体机能。花样跳绳对身体机能的改善作用主要体现在心血管、呼吸和神经系统方面。跳绳可以让血液获得更多氧气，保持心血管的强壮和健康。跳绳可减轻单纯性肥胖者的体重，降低血胆固醇、甘油三酯、载脂蛋白 B100。跳绳是全身运动，跳绳时人体各器官、肌肉及神经系统能同时得到锻炼和发展，长期跳绳可以预防糖尿病、关节炎、肥胖、骨质疏松、高血压、肌肉萎缩、高血脂、失眠等多种综合性病症。

2. 健心价值

长期、规律的跳绳不仅能降低大学生的焦虑和抑郁，同时能使其情绪更加积极，睡眠质量更高，学习能力、判断力、想象力和创造力得到增强，自我形象意识得到强化，对大学生的心理健康影响深远。

3. 思政价值

课程思政是当前大学教育教学的根本。花样跳绳运动的开展有助于大学生养成终身体育的意识，以及促进品格的培养和人际关系的建立。花样跳绳运动对场地器材的要求较低，且具有实施条件的便利性和经济性的特点，能较好地开展；同时花样跳绳的跳法种类繁多、创意无穷，学生可根据自身特点选择适合自己的动作，激发个体的创编灵感，创造出新的花样，从而建立成就感和满足感；另外，花样跳绳的运动强度和运动量可大可小，安全性较高，简便易行，趣味性高，为学生终身体育的养成奠定了基础。花样跳绳丰富的跳绳技术及难易兼具的跳绳技巧需要无限的创意和挑战，学生在创编和跳绳的过程中需要不断地超越自我、与同伴沟通、及时解决问题，这个过程中对学生自信心、人际交往能力、自主处理解决问题能力的培养极有益处。

五、花样跳绳运动教学训练原则

1. 区别对待、鼓励为主

区别对待、鼓励为主是指在花样跳绳运动教学训练过程中，根据个体的特点（年龄、性别、身体条件、训练水平、心理品质等方面),针对性地确定教学训练任务、内容、方法、手段和运动负荷。在教学训练过程中注意发现学生的优点和优势,多表扬,多鼓励,帮助学生建立自信。

2. 合理安排运动量

合理安排运动量是指花样跳绳运动教学训练过程中,根据学生的水平及训练时期,适当增减运动量。合理安排运动量必须考虑到数量、强度、时间和密度之间的关系。一般来说,运动量的增加是从数量增加开始的,在适应了数量之后,逐渐提高练习强度,缩短练习的间隔时间,增加练习的难度,提高练习质量。

3. 速度训练与花样训练相结合

速度训练是花样跳绳训练中的基础训练,花样训练是速度训练的高级形式,花样动作的完成多需要速度作为保障,如个人花样中的多摇花样、交互绳中的快速步伐等。因此,要练习好花样,必须重视速度训练。在训练初期,可多练速度,重视基本跳跃练习,逐渐加快绳子的摇动速度;速度达到一定水平后(30秒达到140~150次)可以转化为以花样为主,同时还要加强节奏练习,保证控制能力。

第二节 花样跳绳基本技术

一、花样跳绳创编

花样跳绳炫酷效果的呈现是多种元素创编的结果,因此成套动作的创编十分重要,创编的质量与水平的高低直接影响花样跳绳的效果呈现及成绩优劣。

1. 动作创编的原则

(1) 目的性原则。成套花样跳绳动作的编排需首先明确编排的目的和任务,目的和任务不同,编排的内容、形式及编排的重点就不同。一般健身性花样跳绳以全面锻炼身体为直接目的,在选择与编排动作时需考虑"安全"和"有效"。而表演性花样跳绳则以展示为目的,注重套路的艺术性和观赏性,在动作编排上须比健身性花样复杂,动作较少重复。而竞技性花样跳绳则以比赛成绩为目的,需考虑规则的限制和要求,同时必须具有观赏性和难度。

(2) 科学性原则。所谓的创编科学性就是在创编过程中将动作的难易程度与学生的能力相适应,大强度的动作在成套动作中的数量和分布合理,身体与绳子的配合、时空变化符合运动规律,保证学生能轻松、自如、流畅地完成成套动作。创编的科学性是保证成套动作顺利完成的基础。创编的科学性要特别重视身体的全面发展,成套动作的内容从动作部位来讲,应包括上肢、下肢、躯干各部位;从方向来讲,应包括前、后、左、右的动作;从身体素质来讲,应包括速度、力量、柔韧、协调、灵活等各方面内容。除此之外,创编的科学性必须注意运动量的合理安排,运动量应从小到大,避免运动量过小不能达到锻炼效果,或运动量过大,造成运动损伤。

(3) 合理性原则。花样跳绳成套动作的设计,应从任务和目的出发,围绕主题进行总体构思和设计,避免东拼西凑。健身性花样跳绳的创编动作要简单,讲究实效,符合人体结构的基本规律和生理特征。表演性和竞技性花样跳绳的创编则需要重视动作的多样性、实效性、艺术性、技巧性与创造性,避免千篇一律,枯燥无味。

(4) 协调性原则。花样跳绳是一项节奏感较强的运动,音乐是其灵魂,起到烘托气氛、转换节奏、激发情趣的作用。音乐节奏的快慢、强弱,音调的优美和谐与动作的力度、幅度、动作的高低层次、运动负荷等关系密切。因此,在成套动作创编时,须根据音乐的特点来组合编排动作,也可根据成套动作选择合适的音乐或根据动作特点制作音效。

(5) 其他原则。花样跳绳成套动作的编排除了需要遵循目的性、科学性、合理性和协调性原则外,还须遵循统一性、对比性、协同性、创新性等原则。统一性主要指成套动作所表现的主题和风格应统一;音乐的选择应与运动员的特点、动作的特点相一致。成套动作的编排时,音乐节奏的强弱、快慢及旋律的起伏,动作动静、快慢、高低的对比,动作幅度、速度等的鲜明对比会使表演效果更佳。身体与绳子的协同配合是成套动作创编的基础和基本要求;不同参与者集体协作、和谐一致地完成队形变化、集体造型等均需要参与者之间的最佳协同。创新是花样跳绳项目发展与生命的源泉,成套动作中新的技术、新的创编思路、创编方法与形式内容,是花样跳绳成套动作的魅力所在。

2. 花样跳绳成套动作创编的方法

(1) 借鉴法。借鉴法是指在现代花样跳绳的基础上,将其他体育运动的动作、造型及队形的变化加以改造,引入花样跳绳的方法。借鉴法最大的优势在于可以博采众长。但在借鉴中,要具体分析被借鉴对象的条件和内容,具体分析创编的目的及个体的实际情况,切忌生搬硬套。借鉴法的实际应用如花样跳绳的开合跳、俯卧撑、虎扑跳等来源于操舞、武术等项目。

(2) 移植法。移植法又称模仿法。移植法是花样跳绳创编中的常见使用方式,是将日常生活中的有趣或有锻炼效果的动作编入花样跳绳中,如田鸡跳、敬礼跳等。

(3) 发现与提炼法。发现与提炼法是指在花样跳绳的教学与实践中,善于发现一些有创意的组合和动作,善于提炼、总结经验,将日常所见、所想提炼出来,应用到创编的过程中。

二、花样跳绳的基本技巧

1. 绳具的选择

绳具即为跳绳时使用的器具。绳具一般由绳柄、绳体及绳柄与绳体之间的连接装置三部分组成。绳柄是人手与绳子接触的部分,可以保护使用者手部免受磨损,同时有利于花样的完成。绳体的中间位置与地面接触,最好选用耐磨材料制作,且保持绳体的平滑及重量均匀,一般不可在绳体上打结。绳柄与绳体之间的连接装置也是绳具的重要组成部分,可以保证力量有效传递,从而提高绳子的控制能力和绳体运行的完美弧度。

常见的个人跳绳长度为2.4~2.8米;交互绳长度一般为3.6米、4.2米和5.0米;长绳有7米、8米、12米、15米、20米等不同长度的绳子。对于跳绳者来说,选择适合的绳长非常重要。短绳中,合适的绳长可以让手臂放于正确的位置,达到"力量节省化",跳起来更舒适、轻松。初学者一般可以通过以下方法确定绳长:以两脚并拢踩在绳子中间,两腿伸直,两手握绳拉直,绳柄位于胸部最合适。但跳绳者可根据跳绳技巧能力的提升适当缩短绳长,同时还要根据所跳花样及不同技术阶段来调节绳长,如花样绳一般比速度绳长,朋友跳、车轮跳等两人或多人配合类单绳一般比个人绳长,长绳可根据跳绳者人数及动作来选择绳长。

2. 个人基本花样技巧

（1）预备动作。并脚站立，两膝并拢，两脚踝前后微错开；两手握绳柄，将绳置于身后，绳体中央位置位于脚踝处；上臂贴近身体两侧，前臂自然弯曲，前臂与上臂形成120度夹角。

（2）握绳方法。大拇指与食指捏住绳柄，其余三只并拢，贴住绳柄。

（3）摇绳方法。两手握绳，两臂自然屈肘，以肘关节为轴，两前臂与手腕协调用力，由后向前摇动绳子，熟练后可以仅用手腕用力。

（4）基本跳跃方法。双脚起跳，落地时，前脚掌着地，压地后自然弹起，切勿脚后跟着地，避免冲击力直接传至大脑。

（5）基本跳。并脚站立，两脚前后微错开，膝关节微屈，前脚掌压地后自然抬起，两手握绳两端绳柄，大臂夹紧，肘关节贴肋骨，小臂自然下垂至髋关节，手心相对或向下，绳子置于身后，由前向后摇动绳子，当绳子摇至脚前的瞬间，并脚跳过绳子。

（6）双脚轮换跳。又称踏步跳。手臂和上体保持基本跳绳动作，重心位于两脚之间，腿部直起直落，两脚依次抬起、落下做动作。理论上，双脚轮换跳是单摇类跳绳中速度较快的一种跳法，因此世界跳绳比赛规则中30秒速度单摇跳和3分钟耐力单摇跳等单摇跳速度比赛必须使用双脚轮换跳的跳法。

（7）开合跳。手臂保持基本摇绳姿势，两脚在空中左右分开落地为开，反之为合。由合到开时绳子先过脚再打开，由开到合时先合并两脚再过绳，控制步伐节奏。

（8）前交叉跳。两手握绳子两端绳柄，绳子置于身后，绳子由后向前摇动时，当绳子摇至头顶前上方，两手手腕交叉贴紧腹前，双脚或单脚跳过绳子；绳子通过脚下后立即打开两手，做直摇动作，直摇与交叉间隔练习。切忌两手交叉时抬高手臂或往前伸，同时不能直接交叉，手腕应主动发力，向下、向里画弧，然后向上、向外画弧。

（9）敬礼跳。双手握住绳子两端手柄，绳子置于身后，由前向后摇动绳子，当绳子摇至头顶上方时，双手同时向左侧（右侧）摆动，绳子在左侧（右侧）打地时，左手（右手）内旋90度后背于身后，绳柄朝右（左）；右手（左手）贴于腹前，绳柄朝向左侧（右侧）；双手分别贴于腹前和背后，同时向前摇动绳子，双脚或单脚跳过绳子，可连续跳跃。

（10）双直摇。又称双摇、双飞、直双摇。双手握住绳子两端绳柄，绳子置于身后，由前向后摇动绳子，跳起一次，绳子跃过头顶通过脚下绕身体两周（720度），两周都为直摇。注意双摇对力量的要求比较大，特别是前臂和手腕，摇绳要求快速，但幅度不要太大，同时掌握好起跳与摇绳的节奏。

（11）脚下停绳。跳绳动作结束后，两臂外展，绳子继续前摇至脚下，单腿点地，重心前移，脚跟着地挂住绳子。

（12）蛇形接绳。以右手为例，右手握一绳柄，另一绳柄放于身体前方地面，绳体拉直；右手于体前逆时针旋转手腕，带动绳子做逆时针蛇形旋转，并在跳绳轨迹稳定后适时上提手腕；左手于体侧接住绳柄。

3. 两人花样

（1）带人跳。带人者持绳，两人协调配合，绳子同时过两人身体即为完成一个动作。两人可面对面站立，也可同向站立，跳绳者可位于带绳者身体前方或者后方，可同跳单摇跳或双摇跳。注意节奏一致,相互配合。

(2) 同摇同跳。两人并排站立,各握绳子一端绳柄,同时摇动,依次轮流跳绳,为同摇轮流跳。两人并排站立,各握绳子一端绳柄,同时进入绳中跳跃,摇动的绳子绕体一周,称为同摇同跳。

(3) 换位跳。两人并排站立,各握一绳柄。完成此动作需要绕体三周,第一周两人共同跳跃,第二周两人前后折叠跳跃,第三周两人向对侧换位移动,绳子在两人中间空打地一次,完成一次换位动作。注意两人事先确定重叠位置,分清前后;重叠跳时两人手臂放于髋关节外侧,换位后同时换手柄。

(4) 连锁跳。两人并排站立,相近绳柄交叉相握,将绳子置于身后;两人同时向前摇动绳子,同时跳跃过绳子,跳跃一次,绳子过脚一次,重复进行。两人必须节奏一致,交叉的绳子不可打结。

(5) 车轮跳。两人并排站立,相近把柄交叉相握,将绳子置于身后;一绳先向前摇动,当摇至最高点时另一绳开始向前摇动,两人依次跳跃过绳,两绳始终相差180度,一上一下,一前一后,看上去像车轮在转动。注意,首先确定先跳者,先跳者与后跳者保持匀速跳跃,两人所摇的同一根绳保持节奏一致,两绳一上一下,一前一后,相隔距离相同。

4. 交互绳花样

(1) 摇绳。两人手握两绳绳柄,相隔适当距离,相对而站,两腿开立,略宽于肩,屈膝微蹲,两手于腰部高度。依次向内侧绕圈摇绳,两绳依次打地,间隔相同时间。注意在开始摇绳之前,先确定首先摇哪根绳,保证绳子的中心位置依次打地,节奏明显,速率均匀。

(2) 进绳。跳绳者可站于摇绳者的任何一侧,靠近跳绳者的那根绳为内侧绳,远离跳绳者的绳子为外侧绳。跳绳者站于摇绳者身旁,当看到外侧绳打地时开始起跳,内侧绳下落时跳入绳中。注意进绳者尽量"进入"绳子正中位置。

(3) 出绳。出绳一般有两个方向,一为同侧出(进绳侧),二为异侧出(与进绳相反侧),一般从异侧出绳。进绳后开始数节拍,数到单数时可以从异侧出绳,数到双数时可以从同侧出绳。或者进绳后左右跳跃,始终记得从相反方向出绳,如跳左绳后从右边出绳,跳右绳后从左边出绳。

第三节　花样跳绳竞赛规则

一、花样跳绳比赛总则

当今世界性的跳绳比赛主要有国际联盟世界跳绳锦标赛、欧洲跳绳锦标赛、亚洲跳绳锦标赛、跳绳世界杯,另外还有一些国家之间的大型邀请赛。我国的跳绳比赛主要有全国跳绳联赛总决赛、全国跳绳锦标赛、全国跳绳公开赛、少数民族运动会跳绳比赛、各省市运动会的跳绳比赛等。《全国跳绳运动竞赛规则》以促进中国跳绳运动的推广、普及与规范发展,弘扬民族传统体育文化,加快跳绳运动的国际发展进程,推动全民健身、阳光体育运动的深入开展为宗旨。其目的是为中国跳绳运动竞赛提供客观、统一的竞赛标准;为裁判员公平、公正、公开评判执裁提供客观依据。

二、花样跳绳比赛通则

1. 比赛项目

比赛项目包括：计数赛、花样赛、集体自编、规定赛、传统特色项目、跳绳强心积分挑战赛。

2. 比赛场地

（1）场地大小：

① 计数赛场地：5米×5米。

② 3分钟10人长绳"8"字跳，只要求两名摇绳运动员的间距不小于3.6米。

③ 花样赛场地：12米×12米。

④ 广场绳舞、小型、大型集体自编赛、规定赛场地不小于15米×15米。

（2）场地要求（图26-3-1）：

① 正式比赛场地的地面须平整光滑，应为优质运动木地板或跳绳专用塑胶场地，无影响比赛的隐患。比赛场地四周至少有3米宽的无障碍区，比赛区上空的无障碍空间，从地面至少高4米。

② 比赛场地界限宽为5厘米，线宽不包括在场地内，颜色应与场地有明显区别。

③ 裁判席设在独立的裁判区，裁判区为比赛场地周围3米区域，离观众席至少2米。裁判区与观众席保持一定距离，互不干扰。

④ 在比赛中允许有一名辅助人员在场地顶角1米×1米的指定区域内坐着或蹲着，协助或指导队员更好地发挥水平，但不影响裁判员执裁工作。

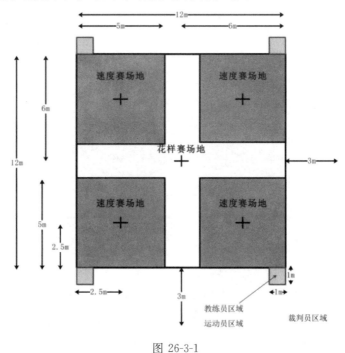

图26-3-1

参考文献

[1] 杨小凤. 花样跳绳[M]. 上海：上海教育出版社，2014.

[2] 刘树军. 高等学校教材：花样跳绳[M]. 北京：高等教育出版社，2013.

[3] 张永茂. 现代高校花样跳绳理论与实践探究[M]. 北京：中国水利水电出版社，2019.

[4] 韩耀刚，刘树军. 跳绳[M]. 北京：科学出版社，2017.

[5] 国家体育总局社会体育指导中心全国跳绳运动推广中心. 全国跳绳运动竞赛规则[S]. 2018.

[6] 郭梦飞，李姗姗. 运动教育模式视角下的花样跳绳课程构建[J]. 当代体育科技，2020，10(13).

[7] 葛胜楠. 普通高校开设花样跳绳课程的可行性研究——以南开大学为例[J]. 当代体育科技，2020，10(12).

[8] 王小泽. 探索花样跳绳对大学生体质健康影响的研究[J]. 当代体育科技，2020，10(7).

[9] 吕街，卢忠瑾，郭应琴. 高校公体课开展花样跳绳的前景分析[J]. 体育风尚，2020(3).

第二十七章 游 泳

第一节 游泳运动概述

游泳是凭借人的肢体动作和水的相互作用力,在水中活动或前进的技能活动。人类的游泳是一种有意识的活动,一直与人类的生存、生产、生活紧密联系,是人类在同大自然斗争中为求生存而产生,随着人类社会的发展而发展,逐渐成为体育运动的重要项目。

一、游泳运动的起源与发展

1. 游泳的起源和我国古代社会的游泳活动

人类的游泳活动源远流长。从地球上出现最早的人类开始,人们就在布满江、河、湖、海的地球上生活。为了生存,人们依山打猎,傍水捕鱼。为了捕捉水中的鱼虾和采捞可供食用的植物,人们需要与水打交道;当洪水泛滥时,更是要与水进行搏斗。人们就在这些为生活、劳动与大自然作斗争的过程中,逐渐学会了游泳,并使游泳活动得到发展。开始时,人们只是模仿水栖动物姿势与动作,在水中移动,久而久之,便积累了在水中行动的技能,学会了漂浮、游动和潜水,产生了各种游泳姿势。

据史料记载,在五千多年前的中国古代陶器上,可以看到雕刻着人类潜入水中猎取水鸟及类似爬泳的图案。在四千多年前,就有夏禹治水的功绩。相传当时人们在与洪水搏斗中已发明不少泅水方法。约在两千五百年前,我国第一部诗歌集《诗经》就有关于游泳活动的记载。《诗经·邶风·谷风》中"就其深矣,方之舟之;就其浅矣,泳之游之"的诗句,说明那时人们早就懂得游泳,能利用游泳技术来克服江河的天然屏障。

春秋战国时期(公元前770—公元前221年),人们经常游泳猎取水中的动物。如战国时的哲学家庄子所著《庄子·秋水》云"水行不避蛟龙者,渔夫之勇也",可见当时渔夫已掌握了较高的游泳技能。随着生产力的发展、阶级的产生和阶级矛盾的激化,出现了战争,这时,游泳由单纯的生活技能又逐步成为一种军事技能。中国古代兵书《六韬》,传为3100多年前周代吕望(姜太公)所作,在《六韬·奇兵》中谓"奇技者,所以越深水、渡江河也",把"越深水,渡江河"作为"奇兵"的一项特殊军事技能,已明确论及泅渡江河在军事上的重要价值。《管子》《孙子》等古兵书,都把游泳列入军事训练的主要项目。

我国古代的游泳可概况为三种形式,即:涉——在浅水中行走,浮——在水中漂浮,没——在水下潜泳。以后,劳动人民在长期的实践中,创造和发展了不少泅水方法和游泳技术,如狗爬式、寒鸭浮水、扎猛子(潜水)、大爬式、扁担浮(踩水)等,至今尚在民间流传。

2. 现代奥运会游泳运动发展概述

1888年,法国教育家皮埃尔·德·顾拜旦提出了恢复奥林匹克运动会的建议后,得到了很多人和国家的支持。1894年6月在法国巴黎召开了国际体育会议,决定1896年在希腊举行第一届奥林匹克运动会并成立奥林匹克委员会,决定每四年举行一次奥林匹克运动会。

在举行的第一届现代奥林匹克运动会上,就把游泳列为竞赛项目之一。当时只有男子100米、500米、1200米自由泳三个比赛项目。第二届增设仰泳、障碍泳和潜泳比赛。第三届时比赛的姿势仍然是自由泳和仰泳,取消了障碍泳和潜泳,比赛距离以"码"为单位。

1908年,在英国伦敦举办的第四届奥运会上,成立了国际业余游泳联合会(简称国际游联),审定了各项游泳世界纪录,并制定了国际游泳比赛规则,规定比赛距离单位统一用"米"。比赛项目,自由泳设100米、400米、1500米和4×200米接力,仰泳设100米,增设蛙泳项目(200米)。

1912年在瑞典斯德哥尔摩举行第五届奥运会,开始把女子游泳列入比赛项目,设女子100米自由泳和4×100米自由泳接力。

1952年第15届奥运会,国际游联决定以后增设蝶泳项目,把蛙泳和蝶泳分为两个项目比赛。从此,竞技游泳发展成四种泳式。此后,运动员为寻求快速度,蛙泳技术逐渐演变为潜水蛙泳,成绩提高很快。

在第16届奥运会,国际游联决定以后蛙泳比赛禁止采用潜水蛙泳技术。游泳规则随技术的发展,多次进行修改,比赛项目逐渐增加。至1996年第26届和2000年第27届奥运会,游泳比赛项目达到了32项,游泳成为奥运会比赛金牌数仅次于田径的大项目。

3. 我国游泳运动的发展

在我国,游泳随着社会的发展在各历史时期都有一定的发展,但在过去的历史环境条件下,它不可能作为一个运动项目发展起来,只能流传在民间的"涉""浮""没"及其派生出来的水上漂、狗刨等姿势的范畴之内。作为一个体育运动项目开展成为竞技游泳,那还是近代逐步形成的。

我国近代游泳运动是19世纪中叶,由欧美传入,开始在香港及沿海各省市兴起,如广东、福建、上海、青岛、旅大等地,而后传及内地并逐渐流行起来。1887年,广州沙面修建了25码室内游泳池,以后逐渐有了竞技游泳比赛。当时的游泳竞赛多为外国人主办,冠军也多为外国人所得。

自1910年10月至1948年5月,我国共举行了七届全国运动会。据资料记载,自1924年第三届全运会起,每届全运会均设有游泳项目。规模比较大的游泳比赛还有华北运动会游泳比赛。这些比赛推动了各地游泳运动的开展,但发展缓慢,比赛的水平处于发展中的开始阶段。1948年的全国纪录相当于现在的二级运动员水平。

新中国成立后,在党和人民政府的领导与关怀下,全国广大的城市乡村,群众性游泳活动发展很快。同时,各国来访比赛也日渐增多,因而增加了运动员参加国际比赛的经验,技术大幅提高。如1953年在第一届国际青年友谊运动会上,我国优秀运动员吴传玉获得了男子100米仰泳冠军,新中国的五星红旗第一次在国际运动场上空飘扬。1957—1960年间,我国著名游泳运动员戚烈云、穆祥雄、莫国雄三人,先后五次打破男子100米蛙泳世界纪录。

20世纪80年代起,我国游泳项目有了明显的突破。如1986年第10届亚运会上,我国获10块金牌,并创三项亚洲游泳最好成绩;1988年第三届亚洲游泳锦标赛上,我国游泳选手获24块金牌,一人破一项世界纪录,其中女子选手杨文意还刷新了50米自由泳世界纪录。

20世纪90年代,我国游泳选手成绩尤为突出。1992年第25届奥运会游泳比赛,我国游泳健儿,特别是被称为"五朵金花"的庄泳、林莉、杨文意、钱红和王晓红,一举获得4块金牌、5块银牌。我国金牌数和积分数均跃居世界泳坛四强之列。

2000年之后,我国先后在亚运会、奥运会上创造过许多优异成绩,如出现了孙杨等游泳领军人物,为国家赢得了荣誉,为中国游泳事业谱写更加辉煌的篇章。

二、游泳运动的分类

在现代奥运会游泳比赛和世界游泳锦标赛中,有游泳、跳水、水球和花样游泳四个大项的竞技项目比赛。这四个项目统归在国际游联管理之下。中国游泳协会也分管这四个运动项目。但随着各运动项目的发展,游泳、跳水、水球和花样游泳四大类项目,实际上早已各自发展成为独立的四个竞赛项目,并有各自的理论方法体系。因此,本教材所研究的游泳是指单纯的游泳,不包括跳水、水球、花样游泳。

人类的游泳活动,一直与人类的生存、生产、生活相联系。随着人类社会的发展和需求的变化,游泳逐渐被用于军事作战、娱乐、竞赛、健身和体疗。游泳的姿势也发展变化为多种多样,如根据目的和功能来分,游泳运动可分为竞技游泳、实用游泳、大众游泳三种。

1. 竞技游泳

竞技游泳是指有特定技术要求,按游泳竞赛规则规定进行竞赛的游泳运动项目。随着游泳运动的发展,竞技游泳的内容不断充实和丰富。目前竞技游泳分为游泳池比赛和公开水域比赛两大类别。在游泳池比赛的竞技游泳包括自由泳、仰泳、蛙泳和蝶泳四种泳式和由这四种泳式组成的个人混合泳以及接力比赛。按国际游联规定在50米池比赛,列入游泳世界纪录的男、女项目共40项,奥运会游泳比赛只设32项;在25米池比赛,国际游联承认的男、女项目共有46项世界纪录。

公开水域比赛,是指在江、河、湖、海这些自然水域进行的游泳比赛,如游渡海峡、横渡江河、长距离游泳比赛等。这类比赛各有特定的规则要求,但没有严格的游泳泳式要求,运动员多采用自由泳参赛。

2. 实用游泳

实用游泳是指直接为生产、军事、生活服务的游泳活动,包括踩水、侧泳、反蛙泳、潜泳、水上救护、着装泅渡等非竞技游泳。竞技游泳技术虽不包括在实用游泳技术中,但在泅渡、水上救护、运物和水上作积极性休息时,常采用蛙泳、仰泳;在快速救护时,常用爬泳。

3. 大众游泳

随着人类社会的发展、生产力的提高、社会物质财富的不断丰富,人们对物质、文化、娱乐生活的质量要求也相应提高。一种以增强体质为宗旨,以丰富人们文化生活为目的的大众游泳活动,已在世界各地蓬勃地发展,成为现代游泳运动的重要组成部分,如娱乐游泳、水中游戏、康复游泳、健身游泳等。这种以健身、实用、娱乐为目的的游泳项目,由于它不追求严格的技术和速度,形式简便、多样,已越来越被人们重视,发展相当迅速。国家体育总局推出的"全国游泳锻炼等级标准"和举办成人分龄游泳赛,既是大众游泳的范畴,也是促进大众游泳的有效措施。

冬泳是指人们在冬季里的游泳活动,包括在人工游泳池和自然水域的低温水中游泳,是大众游泳中的一项重要内容。冬泳深受广大群众喜爱,在我国各省市都成立了冬泳俱乐部,有效地促进了冬泳的开展。

三、游泳运动的意义

游泳是在水环境中进行的运动项目,是水浴、空气浴、日光浴三者的结合,对人体十分有益,也是生活、生产、军事活动中十分有价值的一种技能。学会游泳并经常进行游泳锻炼具有重要意义。

1. 保障生命安全

地球上布满江、河、湖、海,人类在生活中不可避免地要与水打交道。不论是主动地下水游泳、玩耍或进行水上生产作业,还是被动地失足落水或乘船发生意外,假如不会游泳,生命安全就会受到威胁。如果会游泳,自身的生存就会有保障。不但可以自救,还可以救人。因此,会不会游泳成了保证生存的重要手段之一。世界上不少国家将游泳列为青少年学生必修的运动项目,要求从小掌握游泳技能。

2. 强身健体

游泳时,由于水的压力、阻力、浮力和较低水温的作用,使人体的各部分器官都得到锻炼。水的导热能力比空气大25倍左右。据测定,人体在12度的水中停留4分钟所放散的热量,相当于人在陆地上1小时所放散的热量。经常进行游泳锻炼能改善体温调节能力,以适应外界气温变化,加之游泳时肌肉活动要消耗热量,从而可以促进体内新陈代谢的加强。

人体在水中受到水的压力,水深每增加1米,每平方厘米体表面积所受的压力要增加0.1个大气压。人站在齐胸深的水中,感觉呼吸急促,比在陆上费力,是因为胸腔和腹腔受到水的压力,这就迫使呼吸肌必须用更大的力量来完成呼吸动作。经常进行游泳锻炼,对提高心肺功能有显著作用。

据测定,在26度和一个大气压条件下,水的密度比空气大844倍。水的阻力比空气阻力大得多,在水中向前游进要花较大的力量。游泳是周期性动作,动力性工作。因此,坚持游泳锻炼,还能提高肌肉力量、速度、耐力和关节灵活性,使身体得到协调全面发展,体型匀称,肌肉富有弹性。长时间游泳是减肥的一种好方法。

3. 防病治病

经常进行游泳锻炼能有效增强体质,因而游泳也是防病治病的手段。游泳时,由于冷水的刺激,长期锻炼能增强机体适应外界环境变化的能力,抵御寒冷,预防疾病,经常游泳者不易感冒;由于水的浮力作用,身体平卧水面时,脊柱充分伸展,对防止长时间坐、立而形成的脊柱侧弯颇有益处;由于水流和波浪对全身体表产生特殊的按摩功能,游泳能帮助和促进功能恢复,对瘫痪病人和残疾人的康复很有帮助。据报道,经常游泳,对于身体瘦弱者和许多慢性病患者,如慢性肠胃炎、神经衰弱、习惯性便秘、慢性支气管炎、哮喘等疾病,有明显疗效。很多康复中心都将水中运动当作治疗慢性病和身体恢复的重要手段。

4. 锻炼意志,培养勇敢顽强精神

初学游泳时,要克服怕水的心理;要长期坚持游泳,就要克服怕苦、怕累、怕冷心理;在大风大浪的江河湖海中游泳和冬泳,没有勇敢顽强的精神和坚强的意志是坚持不下去的。因此,长期的游泳锻炼可以锻炼意志,培养勇敢顽强、吃苦耐劳、不怕困难的品质。

5. 休闲娱乐,促进身心健康

大众游泳活动,可以不拘泥于形式与内容,不受年龄、性别限制,是一项休闲体育。在盛夏,人们以家庭,或以团体,或与亲朋好友到泳池、水上游乐处或海滩进行游泳、游戏、纳凉消暑,不但可以使肌肉得到放松,而且可以使紧张的神经得到松弛,心情舒畅,身心健康。

6. 为生产、国防服务

游泳在生产建设上有很高的实用价值。许多水上作业,如水利建设、防洪抢险、渔业等,都要掌握游泳技能才能克服水的障碍,更好地完成生产建设任务。在国防建设上,游泳是军事训练项目之一,也是民兵训练的主要内容。经常进行游泳训练,能锻炼意志,加强组织纪律性,培养勇敢顽强和吃苦耐劳的精神。掌握过硬的游泳本领有利于战时杀敌,保卫祖国。

7. 创造优异成绩,为国争光

游泳是国际体育比赛不可缺少的项目,在奥运会游泳比赛中设有32个项目,金牌之多,仅次于田径运动。在综合运动会中,素有"得田径、游泳者得天下"之说。把游泳作为奥运会战略重点项目大力发展,加速提高运动技术水平,对在比赛中取得优异成绩,为国争光,促进我国走向体育强国具有重要意义。游泳也是进行国际文化交流、增进各国人民的互相了解和友谊的有效手段。

四、游泳的安全卫生常识

游泳是一项深受人们喜爱的体育活动,也是大学生的一门重要技术技能课程。到游泳池游泳或上课都必须十分注意安全,自觉遵守游泳安全和卫生守则,防止发生意外事故和传染疾病。游泳安全卫生常识如下:

1. 安全第一

切实确立安全第一的思想。俗话说"人命关天""水火无情""欺山莫欺水"。游泳是与水打交道的运动,切记安全第一,不能麻痹大意,必须慎之又慎。

对于游泳安全必须反复地进行宣传教育。游泳教师在每次上课时都要强调,并且在备课时要备安全教育和安全措施;学生必须切实遵守安全规定;游泳场馆必须加强安全管理,按规定配备合格的救生员和救生器材与设施,认真制订安全制度和规定,并严格执行。

游泳活动最好是有组织地进行,或三五人结伴前往,不要独自行动,尤其是在天然水域,更不能独自游泳。在游泳时要互相关心互相照顾,同去同返,中途离开时应有所交代。有组织的游泳,如上游泳课,教师须严密组织,经常检查人数,措施要落实。

2. 选择安全卫生的游泳场所

尽量选择人工游泳场馆。人工游泳场馆的管理比较规范,池水经常消毒、排污和过滤,清晰度较高,深水和浅水有明显标志。

如果到自然水域游泳或上课,一定要先了解水深,水下有无水草、淤泥及漩涡、暗流,了解水质是否清洁等情况,再选择合适水域游泳。如在海边游泳,则要了解潮汐规律,摸清涨潮、退潮时间,尽量不要远离海边。

3. 游泳前严格体检

游泳前进行身体检查,主要是防止患病者游泳时发生事故,同时也避免疾病的互相感染。凡患有心脏病、高血压、癫痫、活动性肺结核、传染性肝炎、皮肤病、红眼病、精神病、中耳炎、发烧、开放性创伤者,都不宜游泳。妇女月经期游泳要采取卫生措施,未采取措施不宜下水。

4. 饮酒、饱食后和饥饿、过度疲劳时不能游泳

饮酒能刺激中枢神经系统,使之处于过度兴奋或抑制状态,酒后游泳容易发生溺水事故。饱食后游泳会减少消化器官的血液供应,使消化器官功能降低,影响食物的消化和吸收。另外,由于水的温度和压力会使胃肠的蠕动功能受到影响,容易引起胃痉挛,出现腹痛或呕吐。因此,饭后不要马上游泳,一般须相隔半小时到一小时后再下水。饥饿时游泳也不好,因为空腹时人体血糖含量下降,游泳易发生头晕或四肢无力现象,甚至有昏厥的可能。在剧烈运动或大强度体力劳动后,身体已经感觉疲劳,肌肉的收缩及反应减弱,动作不易协调,如果马上游泳就会造成疲劳的积累,容易引起抽筋,发生溺水事故。因此,在剧烈运动或强体力劳动后,应休息一会儿,待体力恢复正常后再游泳。

5. 游泳前要做好准备活动

准备活动可提高神经系统的兴奋性,增强心血管系统和呼吸系统的功能,加快血液循环和新陈代谢,可使肌肉的力量和弹性增加,身体各关节的活动范围相应加大,灵活性也有所提高。这些变化,有利于身体更好更快地适应游泳运动的需要,同时,对防止抽筋、拉伤也有积极的作用。

游泳前的准备活动,一般可做广播操、跑步、游泳模仿动作及各种拉长肌肉和韧带的练习。特别要活动颈、肩、腰、髋、膝、踝、腕各部位的关节。

准备活动后稍事休息,然后用冷水淋浴,从头到脚冲洗全身才能下水游泳。这是保持游泳池水质清洁的重要措施,也是为了使游泳者在下水前先适应冷水刺激,以免突然下水遭意外。

6. 量力而行不逞能

下水游泳时,初学者应在浅水区域活动。已会游泳者也要量力而行,不要好胜逞能,应合理安排运动量,当自感身体有异常反应时,如头晕、头痛、胃痛、恶心或呕吐时应立即上岸,擦干身体,休息到恢复后再下水。如果过高估计自己的体力和技术,因而远游,结果无力返回,容易造成溺水事故。

在游泳时要避免一切危险动作,如在浅水区域跳水、互相打闹、过长时间地憋气潜水、在湿滑的池边奔跑追逐等,均应避免。

7. 自救和呼救

游泳时,如遇抽筋,应保持冷静,不要慌张,立即上岸或在水中自我解救抽筋部位,与此同时,也可呼救,以便周围的人及时来帮助、救护。如发现他人抽筋或溺水时,应迅速过去救护,并同时大声呼救,让周围的人能来与你一起抢救。

8. 遵守公共卫生,文明游泳

游泳时应讲文明,不要穿内衣裤下水,不宜穿白色、浅黄色等浅色泳装游泳。应自觉遵守公共卫生,不向水中吐痰、便溺和抛弃杂物,以免污染水质,损害自身和他人的健康。

9. 预防眼、耳疾病

由于水中有杂质和细菌,游泳者容易产生眼、耳疾病。

要预防眼病,除要选择干净的游泳场所进行游泳外,还要注意维护公共卫生。游泳后要向眼中点氯霉素眼药水或涂金霉素眼膏,切勿用脏手乱擦眼睛,以防挫伤结膜,或使细菌进入眼内。

游泳时如果有水进入耳内,常常有刺痒、耳鸣等不适感,这时切勿用手指挖耳,以免擦破耳道,招致污水感染,引起中耳炎。水进入耳内时,可把头偏向进水耳朵的一侧,并用同侧的脚连续震跳,使水从耳朵内流出来,或者将头偏向进水耳朵一侧,用手掌紧压耳廓,屏住呼吸,然后迅速提起手掌,反复几次后,就可以吸出水来。实在倒不出来水时,也不要着急,应及时请医生诊治,排出耳朵中积水。

游泳出水后,应及时冲洗身体,然后擦干,穿上衣服,以防感冒。及时滴眼药水,预防眼病。稍作休息后,再进食或进行其他活动。

第二节 熟悉水性

熟悉水性的目的是使初学者了解、体验水的特性,逐步适应水中环境,消除怕水心理,为下一步学习和掌握游泳技术打下基础。

一、水中移动练习

(1) 扶池边向前、侧、后行走。
(2) 在浅水中做各种方向的走、跑、跳。

二、呼吸练习

(1) 站在齐腰深的水中,或由同伴牵着或扶池边,吸气后,把头浸入水中,用嘴和鼻在水中呼气,抬头后用嘴吸气,反复练习。

(2) 站在齐腰深的水中,深吸气后,把头浸入水中,稍闭气后用嘴和鼻同时呼气,抬头至嘴接近水面时用力将余气呼尽,吹开嘴边的水花。当嘴一露出水面时,迅速用嘴吸气,随即把头浸入水中,连续有节奏地做吸、闭、呼的循环动作。

三、浮体练习

(1) 抱膝浮体。水中原地站立,深吸气后闭气下蹲,低头屈腿抱膝团身,双膝尽量贴近胸部,前脚掌轻蹬池底,身体就会自然漂浮于水中。站立时,两臂前伸下压,抬头,同时两腿下伸,脚触池底站稳,两臂在体侧轻轻拨水维持身体平衡(图 27-2-1)。

(2) 展体浮体。水中开立,略下蹲,两臂放松自然前伸。深吸气后闭气,身体前倒并低头,两脚轻轻蹬池底后,两腿上摆,自然伸直稍分开,身体成俯卧姿势于水中。站立时,先收腹屈膝屈腿,然后两臂下压,抬头,同时两腿下伸,脚触池底站稳,两臂在体侧轻轻拨水维持身体平衡。

四、滑行练习

(1) 脚蹬池壁滑行。背对池壁,一手拉池槽,另一臂前伸,同时一脚站于池底,另一脚紧贴池壁。深吸气后低头，上体前倾入水成俯卧姿势，然后上收站立腿，支撑腿迅速屈膝上提，将脚贴在池壁上，臀部尽量提高并靠近池壁，随即两臂向前伸直，头夹于两臂之间，两脚用力蹬池壁，使身体成俯卧姿势向前滑行。

图 27-2-1

图 27-2-2

（2）脚蹬池底滑行。两脚并拢站立水中，两臂向前伸直。深吸气后上体前倒，一腿向前迈出，略屈膝下蹲。当头和肩浸入水中后，两脚掌依次用力蹬池底，两腿随即伸直上浮并拢，使身体成俯卧姿势向前滑行（图 27-2-2）。

第三节 爬 泳

爬泳也称自由泳，这是因为竞赛规则允许在自由泳比赛时采用任意姿势，而爬泳的速度是最快的，人们在比赛时几乎全部采用爬泳姿势，因此，自由泳也成了爬泳的代名词。爬泳是俯卧在水中，两腿水下交替打水，有几种不同的打腿次数组合。比较普通的有 6 次打腿、4 次打腿、2 次打腿和 2 次交叉打腿。这里仅介绍 6 次打腿组合。

一、身体姿势

爬泳时，身体保持水平姿势，髋略低于肩，身体纵轴与水平面构成 3～5 度仰角。两眼注视前下方，游进时，躯干围绕身体纵轴自然转动 35～45 度。这种转动便于呼吸、手臂出水和空中移臂，同时有助于手臂在水中抱水和划水。

二、腿部动作

爬泳时，打腿主要起着维持身体平衡的作用，使下肢抬高保持身体流线型，并协调配合划水动作。爬泳打腿由向下和向上两部分交替进行，向下是屈腿打水，向上是直腿打水。要求两腿自然并拢，脚稍内旋，脚尖相对，以髋关节为轴，由大腿用力，带动小腿到脚部做鞭状打水。动作既有力又有弹性，打水幅度为 30～40 厘米，膝关节弯曲约 160 度角（图 27-3-1）。

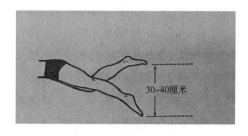

图 27-3-1

三、臂部动作

爬泳的臂划水动作是推动身体前进的主要动力。一个动作周期分为入水、抱水、划水、出水和空中移臂几个紧密相连的阶段。其中，划水阶段速度最快，其次是出水、入水和移臂，抱水阶段相对最慢（图27-3-2）。

（1）入水。臂入水时，肘关节略屈，高于手，大拇指领先向斜下方切插入水，然后，前臂和上臂依次入水，入水点在肩的延长线或身体中线与肩的延长线之间。

（2）抱水。臂入水后，前臂和上臂积极外旋，手臂由直逐渐屈腕，提肘，像抱球一样，使肩带肌群充分拉开，掌心由外侧转为几乎正对后方，成向后对水姿势，为划水创造有利条件。

图 27-3-2

（3）划水。划水是获得推进力的主要阶段，这个阶段又分为拉水和推水两个部分。拉水是从直臂到屈臂的过程，手同时向内、向上、向后运动，保持高肘，当臂划至肩下方，手在体下靠近身体中线时，屈肘90～120度，既而转入推水阶段。推水在拉水基础上加速连贯地完成，前臂、手掌要以最大面积对水，从屈肘到伸臂，向后方推水。在手划水全过程中，始终感觉有水的压力，手掌平面像摇橹一样做了一次S形的摆动。

（4）出水。划水结束后，肩部和上臂几乎同时出水，由上臂带动肘关节向外上方做屈肘提拉动作，将前臂和手提出水面。手臂出水动作必须迅速、不停顿、柔和而放松。

（5）空中移臂。移臂是由肘关节带动，使落后于肘关节的手移至与肩、肘成一条垂直线，这是手和前臂主动向前伸出，做准备入水的动作。在整个移臂过程中，肘部保持比手高的位置，前臂和手腕放松。

四、两臂配合

爬泳的两臂配合有三种形式，即前交叉、中交叉和后交叉。前交叉是当一臂入水时，另一臂处于肩前方，与水平面约成30度角，这种配合适合初学者，但速度均匀性差。中交叉是当一臂入水时，另一臂处于肩下垂直部位，与水平面约成90度角。后交叉是当一臂入水时，另一臂划水至腹部下，与水平面约成150度角。后两种方式一般被高水平运动员采用。

五、呼吸与臂的配合技术

爬泳的呼吸动作比较复杂，要在水面上吸气，在水面下用口鼻呼气。

（1）呼吸。爬泳时，一般在两臂各划水一次的过程中做一次完整的呼吸。呼吸时，肩和头向一侧转动，使口在低于水平面的波谷里吸气，吸气后做短暂的憋气，当头复原后，在水中用口鼻呼气。

（2）呼吸与臂的配合。以右转头吸气为例。当右臂入水时，口和鼻慢慢呼气，右臂划水至肩下，向右侧转头，呼气量加大；当右臂推水即将结束时，呼气量进一步加大并快速将余气吐出；当右臂出水时，张口吸气，移臂至体侧，吸气结束并开始转头复原，做短暂憋气，脸部转向前下方，右臂入水，开始慢慢呼气。

六、爬泳的完整配合技术

爬泳配合技术形式很多，其中 6:2:1 是采用较多的一种，也就是打腿 6 次，两臂各划水 1 次，呼吸 1 次。

七、爬泳练习口诀

爬泳如在水中爬，两臂交替把水划；身体俯卧流线型，胸部稍挺肩高身；
大腿发力带小腿，两腿交替鞭打水；打水要浅频率快，脚腕放松稍内转；
肩前手掌先入水，手臂滑下抱住水；屈臂划水动力大，前抱后推力渐加；
划至肩下慢吐气，推水提肘转头吸。

第四节　蛙　　泳

蛙泳是模仿青蛙游水的泳姿。在游进过程中，身体位置随手腿动作不断变化，两臂和两腿的动作在同一水平面上同时进行。蛙泳既实用又普及，比较容易学会，但动作结构复杂，又较难掌握好。

一、身体姿势

蛙泳在游进中，身体位置是不固定的，随着手腿动作而不断变化。在一个动作周期结束后，两臂并拢前伸，两腿伸直，身体较水平地俯卧于水面，有一个短暂的滑行瞬间，头略微抬起，身体纵轴与水平面成 5～10 度角，以维持较好的流线型。

当划手和抬头吸气时，下颌露出水面，肩部升起，开始收腿动作，这时身体与水平面的夹角增大，约为 15 度。初学蛙泳的人容易在吸气时抬头过高使身体下沉。

二、腿部动作

蛙泳腿部动作是推动身体前进的主要动力。腿的动作分为收腿、翻脚、蹬腿和滑行四个阶段，它们是紧密相连的完整动作(图 27-4-1)。

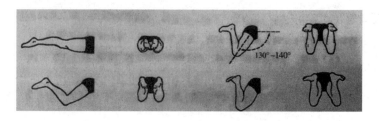

图 27-4-1

(1) 收腿。当开始收腿时，大腿稍放松，屈膝屈髋，小腿和脚跟在大腿和臀部的后面，减少投影面。收腿结束后,大腿与躯干之间成130～140度角,大腿与小腿之间成40～45度角。

(2)翻脚。当脚跟接近臀部时,两脚迅速翻转,勾脚腕,使脚跟相对,脚尖向外,对准蹬水的方向,以加大对水面,此时两脚之间的距离大于两膝之间的距离。

(3)蹬腿。当蹬腿时,由大腿发力,先伸展髋关节,依次伸展膝关节、踝关节,小腿内侧和脚掌做向下和向后的鞭状蹬夹水动作,直至两腿并拢,两脚自然伸直。蹬夹水要用较大力量和较快速度来完成。

(4)滑行。由于蹬腿的惯性作用,有一个短时间的滑行阶段,为下一个周期做好准备。

蛙泳腿部动作口诀:

边收边分慢收腿,向外翻脚对准水;用力向后蹬夹水,两脚并拢漂一会。

三、臂部动作

蛙泳的臂划水可产生较大的推进力。现代蛙泳技术更强调臂的作用。臂部动作分滑下、划水、收手和伸臂四个阶段。划水路线类似一个桃子形状(图27-4-2)。

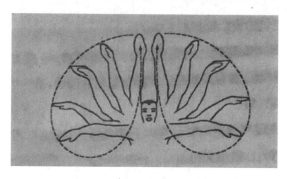

图 27-4-2

(1)滑下。滑下也叫抓水。两手掌转向斜下方勾手,两臂分开向斜下方压水,当感觉到水对手掌和前臂有压力时,抓水结束,两臂分开约成45度角。

(2)划水。当划水开始时,手臂向外旋转,同时屈肘、屈腕,随后两臂同时向内、向下和向后屈臂划水。在划水的过程中,应逐渐加速,肘关节保持较高位置以形成有利的划水面。当肘关节屈至约90度角时,手位于肩的前下方。

(3)收手。当划水结束后,手臂向外旋转,两手同时向内、向上和向前快速转动。当收手结束时,两手掌心相对,肘关节低于手,弯曲成较小的锐角。

(4)伸臂。伸臂是由两臂前移,向前伸肩和伸肘来完成的。

蛙泳手臂动作口诀:

蛙泳手臂对称划,桃形划水向侧下;两手屈腕来抓水,屈臂高肘向后划;

划到肩下快收手,两肘用力向里夹;两手平行向前伸,伸直放松往前进。

四、蛙泳的完整配合技术

蛙泳的配合技术比较复杂,一般在一个动作周期中呼吸一次。呼吸方法分为早呼吸和晚呼吸两种。早呼吸是当两臂开始划水时吸气,吸气时间较长,当收手和移臂时,开始低头呼气。早呼吸方法适合初学者,易于掌握。晚呼吸是当划水结束收手时才吸气,随移臂低头呼气,吸气时间较短,一般被高水平运动员采用。

蛙泳的臂、腿配合,一般采用当臂划水时,腿保持放松或伸直的姿势,收手时腿自然屈膝,开始伸臂时收腿,并快速蹬腿。在配合中,应避免配合动作不协调或中间停顿现象(图27-4-3)。

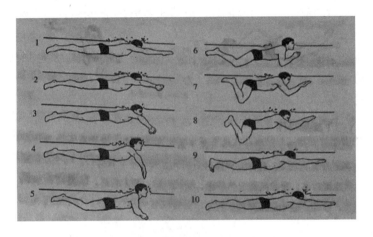

图 27-4-3

蛙泳配合口诀:
蛙泳配合需注意,腿臂呼吸要适宜;两臂划水腿放松,收手同时要收腿;
两臂前伸腿蹬水,臂腿伸直滑一会;划水头部慢抬起,伸手滑行慢呼气。

第五节 仰 泳

仰泳是人体仰卧在水中游进的一种姿势。最初的仰泳是在游泳中仰卧漂浮作为水中休息,后来发展到利用两臂同时在体侧向后划水,两腿做蛙泳的蹬夹水的动作,也称为蛙式仰泳或反蛙泳。

现代仰泳技术采用类似爬泳的两腿交替水下打水,两臂轮流划水游进,臂划水是推动身体前进的主要动力。游仰泳时,头部露出水面,呼吸方便,动作简单易学,是人们比较喜欢的一种泳姿,浮力较好的初学者更加容易掌握。

一、身体姿势

游仰泳时,身体应该自然伸展,平直地仰卧于水面,头和肩部略高于腰和腿部,身体纵轴与水平面构成一个很小的仰角。

二、腿部动作

仰泳腿打水由上踢和下压两部分组成。仰泳腿的技术与爬泳腿相似,同样是鞭状打水动作。但是由于是仰卧,所以产生推进力的作用是上踢。此外,仰泳腿上踢开始时膝关节弯曲的程度大于爬泳向下打水时,打水的幅度也比爬泳深。

三、臂部动作

仰泳手臂的划水动作是产生推进力的主要因素,划水技术的优劣直接影响游泳的速度。仰泳的臂部动作可以分为入水、划水、出水和空中移臂四个主要部分。

（1）入水。一臂入水时,身体向同侧转动,手臂伸直,肘关节不能弯曲,以小拇指领先,手掌朝外,切入水中。手入水时,手掌与前臂形成一个150~160度角,使手指先于手掌外侧和前臂入水,以减小入水时的阻力。

（2）划水。划水是获得推进力的主要阶段,这个阶段又分为抓水和推水两个部分。抓水是从直臂到屈臂的过程,入水后,手臂先向外旋转、屈腕,使手掌对准水并有压力感,同时向内、向下、向后运动,保持高肘。当臂划至肩下方,手在体下靠近身体中线时,屈肘90~120度,继而转入推水阶段。推水在抓水基础上加速连贯地完成,前臂、手掌要以最大面积对水,从屈肘到伸臂,向后方推水,直至在大腿下位置。

（3）出水。出水时手臂应伸直,压水提肩,使肩部首先出水,然后再带动上臂、前臂和手依次出水。出水前手臂应外旋,使手掌转向大腿外侧,使大拇指领先出水,在这样阻力下,手臂较自然放松。

（4）空中移臂。出水后,手臂应迅速以直臂方式向前移动,上臂应贴耳。移臂的前半段,手掌向内,使手臂肌肉尽量得到放松;当手臂移到头上,即与水平面垂直时内旋,使掌心向外,为入水做好准备。

四、两臂的配合

仰泳两臂配合与爬泳一样,应该保证身体得到连贯而均匀的推进力,使身体匀速前进。现代优秀仰泳运动员采用后交叉配合的较多,即一臂入水时,另一臂划水结束,两臂基本处于相反的位置,使一臂结束划水动作后,另一臂能立即产生新的推进力（图27-5-1）。

图27-5-1

五、呼吸与臂的配合

游仰泳时口鼻始终露出水面,呼吸不受水的限制,但为了避免吸气不充分造成的动作紊乱,运动员一般保持一定的呼吸节奏,多采用一臂移动时吸气,另一臂移臂时呼气的方式。

六、完整配合动作

现代仰泳较常见的是6次打水、2次划臂、1次呼吸的配合技术。
仰泳口诀：
肩延线上手入水,展肩伸臂抱住水;掌心对水屈臂划,手掌前臂后推水;
转肩提臂带动手,空中移臂要放松;一次呼吸两划水,吸气一定要用嘴;
推水同时快吐气,转肩移臂挺胸吸;三次腿来一次吸,再踢三次吐出气。

第六节 蝶　　泳

蝶泳技术是在蛙泳技术的动作基础上演变而来的。在游泳比赛中,有些运动员采用两臂划水到大腿后提出水面,再从空中迁移的技术,从外形看,好像蝴蝶展翅飞舞,所以人们称它为蝶泳。蝶泳是四种泳姿中仅比爬泳慢的泳姿。由于腿部动作酷似海豚,所以又称为海豚泳。

蝶泳的身体姿势与其他泳姿不同,它没有固定的身体位置。在游进中,躯干各部分和头不断改变彼此间的相对位置。头和躯干有时露出水面,有时潜入水中,形成波浪式上下起伏的变化位置。

蝶泳是四种竞技游泳姿势中最难掌握的一种姿势。蝶泳节奏性强,体力消耗大,现代蝶泳一般采用小波浪打腿的技术。蝶泳时,两臂同时向后划水并经水面上向前移臂,这一动作特点决定了蝶泳一个动作周期中浮力和平衡损失比其他泳式大。由于蝶泳游起来运动负荷较其他泳式大,所以对锻炼身体和增强力量效果显著(图27-6-1)。

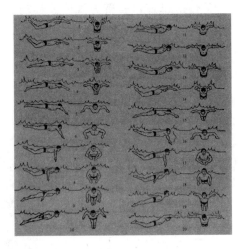

图 27-6-1

蝶泳口诀:
蝶泳打腿像海豚,腰带双腿鞭打腿;双腿内旋踝放松,收腿提臀腰腹挺;
蝶泳移臂像蝴蝶,低头送肩臂前移;入水展肩抓住水,高肘划水臂内屈;
推水之后快提肘,双臂推水头抬起;吸气要快头放低,手臂入水慢呼气;
两脚并拢腰发力,身如波浪向前移。

第二十八章 柔 力 球

第一节 柔力球运动概述

柔力球运动是一项由中国人发明的,具有深厚文化内涵和哲理,融传统的太极运动方式与现代竞技双重特征于一体,强调身心内外双修,追求人与自然、人与人、人与球的和谐统一,具有鲜明民族特色的新兴体育运动项目。它的主要技术特色是一改硬性击球方式,而以将球纳入球拍后的弧形引化后将球抛出。柔力球运动形式既有像体操、舞蹈的套路形式,又有像羽毛球的对抗性竞技形式,是一项适合各年龄层群体共同参与的运动项目,集健身性、娱乐性、趣味性、竞技性、表演性、适应性和活动方式多样性为一体,易于推广和普及(图28-1-1:柔力球球拍与球)。

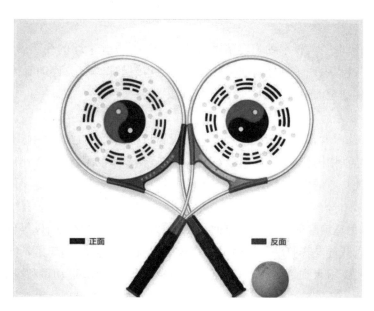

图 28-1-1

柔力球以前叫太极柔力球,2008年中国老年体育协会为了规范体育项目名称,将太极柔力球更名为柔力球(体老字[2008]2号)。它是一项太极化的球类运动,以太极文化阴阳原理为理论基础,以"柔、圆、退、整"和"弧形引化"为技术特征,以套路表演和隔网竞技为主要运动表现形式,体现以柔克刚、以退为进的哲学思想,是一项具有中华传统民族特色、注重内外兼修的体育运动项目。柔力球运动植根在博大精深的中华文化沃土上,充满了中华优秀传统文化元素,是以太极拳原理与现代球类运动项目相融合的项目。柔力球运动以"先引后发、引进合出、以柔克刚、借力打力"为基本运动理念,充满了太极拳的运动原理和哲学思想。柔力球运动蕴含着中华优秀文化元素,有助于培育学生良好的品德,提升学生的人文素养,培育学生的民族精神,树立正确的世界观和方法论;有助于发展学生的国家情怀,践行文化自觉、文化自信和社会主义核心价值观。

一、柔力球运动起源

柔力球运动起源于山西晋中,是20世纪90年代初由晋中市卫生学校白榕老师发明的一项太极化的球类运动,是一项新兴的体育运动项目。通过不断实践、改进和探索,同时借鉴武术、舞蹈、羽毛球、网球、乒乓球等项目特点,柔力球逐渐形成了自身理论基础,以迎、引、抛为技术特征,以套路表演、游戏活动和隔网竞技为主要运动表现形式。2001年中国老年体协成立了太极柔力球推广办公室,后将太极柔力球改为柔力球,柔力球运动由此孕育而生。柔力球运动的表现形式丰富多样:套路表演有单人套路表演、个人自选、双人自选、集体自选等;游戏活动有个人自抛自接、2人对抛、多人互抛及2人隔网抛接游戏;隔网竞技有男女单打、男女双打、男女混合双打和团体竞技比赛。练习者可以根据自己柔力球练习的需求,灵活采用相应的锻炼形式和练习方法。

二、柔力球运动的特点

1. 全身性

柔力球运动吸取了太极拳劲力之精髓,在接抛球时,先顺来球的线路做弧形引化,顺势把球抛出。这一过程强调了神经对肌肉的控制,并且接抛球时积极移动身体做出多种动作的变化,使身体得到全面锻炼。

2. 创新性

柔力球允许练习者在遵守接抛球规定的前提下,任意创新动作,使用多种隐避、转体等接抛球动作,在运动中随机应变,随机联合各种动作,在复杂的情况下辨清势态,创造性地做出抉择,达到愉悦身心的效果。

3. 适应性

柔力球运动的适应性表现在两个方面:一是柔力球运动不受场地、风等自然条件的限制(有各种套路和游戏性花样打法),同时又有在规则约束下的竞赛,适应了不同爱好者对运动方式的选择;二是练习者在练习时,可根据自身的身体情况,调节运动量和运动方式。

4. 娱乐性

柔力球运动始终贯彻"轻快,矫捷,优美的风格",每个动作都包含有手、眼、身步与呼吸的配合。同时,为了锻炼练习者与球拍的协调能力,持拍接抛球的手感及提高练习的兴趣,柔力球编排了套路,吸取了武术中手、眼、身步、神气、力、功等要求,运用了太极拳的动作规范,充分体现了柔力球"轻灵圆活、势势相连、闪展腾挪、进退转折、动静缓急、刚柔相济"的运动特点。柔力球练习时,随着球的上下翻飞和身体姿势的不断变化所构成的艺术特色,形成了群众喜爱的民族风格,长期练习能达到一种人拍合一、心球合一的境界,不但可以自娱自乐,也可给他人带来美的享受。

三、柔力球运动的锻炼价值

由于柔力球所特有的运动方式,它不但有其他持拍类项目隔网对抗的运动形式,还有套路和游戏等运动形式,还包括太极拳的运动原理,它的锻炼价值综合了多种运动形式的锻炼价值。

1. 健身作用

柔力球运动是一种全身性的有氧运动,动作轻松、自然、柔和,趣味性强,可以使颈、肩、腰、腿得到均衡全面发展,适合各个年龄层的人群来进行练习。柔力球在运动中需要运动者身正,肌肉放松,注意力集中,下肢不间断运动。经常练习柔力球,可避免血脂高、血压增高、动脉过早硬化,可预防老心血管系统疾病的发生。练习柔力球还能增加通气功能,使血流加速,增强心肺功能,提高速度、耐力、力量等身体素质的协调和全面发展。

2. 健心作用

柔力球虽是一项竞技性运动,但是通过长期坚持不懈的锻炼,确可收到强身、健体、祛病、益寿的医疗保健效果,还能在潜移默化之中,陶冶心智、培育情趣、修心养性,达到增长知识、增强体质、增进健康、养成锻炼习惯的目的,培养创新思维、团队合作及追求卓越的品质。柔力球使人在运动中得到愉快的情绪体验,使其个性、潜力和创造力得到充分展示,改善心理状况,克服心理障碍,以运动中丰富的活动形式及攻防变换的对抗,培养勇敢、顽强、拼搏的进取精神,正确处理竞争与合作的关系。

3. 有助于人际交往

柔力球运动是集时尚、健身、交际于一体的运动,适合各个年龄段的人群。参加柔力球运动可以改善人际关系,对提升一个人的人际关系很有帮助。人们在这里可以找到志同道合、兴趣相投的朋友。用打球的方式去融入社交圈子是非常好的方式,以球会友,长此以往便熟悉起来,成为朋友,扩大了交际圈。另外,柔力球运动是家庭成员间很好的互动游戏,家庭成员间进行柔力球游戏和活动有助于增进家庭成员之间的感情交流,增进家庭成员间的了解,提高家庭凝聚力,满足家庭成员的生长发展、健康娱乐等需求。

第二节 柔力球运动入门技术

柔力球运动项目是一门新兴的体育运动项目,将太极拳原理与现代持拍类球类运动项目融合,一改以往持拍类运动项目撞击式的击球方式,以迎、纳、引、抛为技术特征,充满了太极拳的知识和哲学思想。初学者需通过一些入门技术练习来了解柔力球运动的运动原理,熟悉球性,改掉其他持拍类运动项目撞击式的击球方法,改为接抛球的技术形式,也可通过这些入门技术练习来提高柔力球运动的其他基本技术水平。

本章节以右手持拍为例进行介绍说明。

一、握拍技术

在柔力球运动的基本技术中,握拍是最简单也是最容易被疏忽的一项技术,初学者往往因为不注意握拍方法而慢慢形成错误动作定形,因此学习掌握好最基本的握拍方法十分重要。基本的柔力球握拍技术有两种:正握和反握。但有些套路因演练的需要,可以有很多非常规的握拍技术,在基本握拍的基础上进行变动,以便于球拍在手中的转动。

1. 正握

拇指和食指第一指节捏住与拍面平行的拍柄的两个宽面,其余手指顺势握住拍柄,虎口与手心空出。握拍要松紧有度,以便于球拍在手中的运转。

2. 反握

拇指和食指握在拍柄的侧面,对着边框的两个侧棱,其余手指顺势握住拍柄,虎口与手心空出。握拍要松紧有度,以便于球拍在手中的运转。

二、站位

1. 开立基本站位

两腿开立稍大于肩宽,膝关节微屈,右手持拍置于体前,拍头斜朝上。

2. 正手基本站位

运动者接抛身体正手位来球的站位,要求面向对方,左脚在前,右脚在后,两脚前后自然开立,略宽于肩,两膝弯曲略内扣,重心在两脚之间。右手持拍位于身体右前侧。

3. 反手基本站位

运动者接抛身体反手位来球的位置,要求面向对方,右脚在前,左脚在后或双脚开立,右手持拍位于身体左前侧。其他与正手基本站位基本相同。

三、左右弧形摆动

左脚向左侧横跨一步成右侧弓步,重心移至左侧成左侧弓步,带动两臂同时由右向左经体前做弧形摆动。然后重心再由左向右移动成右侧弓步,带动两臂同时由左向右经体前做弧形摆动,多次往复,注意拍面随着摆动进行相应的变化以保持在弧形曲面内摆动,拍头朝前。先右手持空拍不带球做弧形摆动,拍头保持朝前,然后把球放上拍面上,做弧形摆动,使球不要离开拍面。摆动动作要连贯、自然,肩部放松,上体保持正直,弧形摆动的幅度尽量要大,目视前方。握拍采用正握反握均可。

四、左右小抛

左右小抛是在左右摆动的基础上,将球抛离球拍、接入球拍的重复抛接过程。要求如下:

(1) 抛球时应沿所划弧线的切线将球沿球拍的边框抛出,手腕不能用力拨球、挑球;

(2) 抛球的时机应接近弧形摆动稍高于肩时的极点;

(3) 接球应主动迎、引,球入拍时应悄无声息,及时顺势拉球做弧形引化;

(4) 整个动作应前程用力,自然放松、完整连贯、协调用力,左臂自然摆动。

五、自抛球

1. 正手接抛高球(反手接抛低球)

左手抛球至右侧,右手持拍将球纳入球拍摆动至左侧将球抛出,左手将球接住。

2. 正手接抛低球（反手接抛高球）

左手在左侧将球抛起，右手持拍摆动至左侧迎球将球纳入球拍摆动至右侧将球抛向左侧，左手将球接住。

六、正手连续抛接球

右手持拍将球纳入球拍摆动至左侧将球抛向右侧，右手持拍快速移至右侧将球接住，将球纳入球拍继续摆动至左侧将球抛向右侧，重复多次。

七、反手连续抛接球

右手持拍将球纳入球拍由左侧摆动至右侧将球抛向左侧，右手持拍快速移至左侧将球接住，将球纳入球拍继续摆动至右侧将球抛向左侧，重复多次。

第三节　柔力球运动基本技术

柔力球的基本技术是在规则规定允许的范围内所采用的各种合理的技术动作总称，是柔力球竞技与套路及游戏的基础。只有熟练、准确地掌握各种基本技术动作，才能合理运用和发挥出较高的技术水平。

一、发球技术

发球在柔力球运动中是最基本的技术之一，它是运动中第一个动作，也是每次进攻的开始，发球质量的好坏，直接关系双方的主动或被动、成功与失败。

1. 发球站位

发球时，练习者左脚略前，右脚略后，自然开立与肩同宽，重心放在两脚之间，右手握拍于体侧，大臂外展约45度，肘部微屈，小臂前抬，左手持球。

2. 发球技术

发球时，左手将球向右后抛起，右手持拍向上迎球，将球引入球拍后，弧形引化以低手拍形将球抛出。球出球拍时，球拍不得高于腰部，同时重心前移至左脚保持平衡。根据发球力量的大小和抛球弧度的高低以及球速的快慢，可以发出高远球、平快球和网前球。

（1）发高远球。高远球是发出的球运动弧度高、落点远，在底线附近，使对方退到底线去接球，达到消耗对方体力的目的。

（2）发平快球。平快球是发出的球弧度较平、球速较快，让对方来不及反应去接球。

（3）发网前球。网前球是发出的球力量小，球过网后落点在球网附近，打乱准备接后场球的打算。

二、接发球技术

1. 接发球要求

（1）提高对各种发球的预判能力是接好发球的基础。接发球本身是一个被动的过程，可是接好发球却又可以使被动变主动。

（2）树立积极主动的接发球意识，克服单纯求稳的思想。竞技比赛贵在求变，变速度、变角度、变动作等，打乱对方战术，以我为主，创造得分机会。

2. 接发球技术

（1）接高远球。利用正手基本站位或反手基本站位姿势，眼睛注意观察对方发球的动作，当发出高远球时，应积极主动地利用后撤步向后场底线退步，同时手臂主动伸拍迎球，以腰为中心向有球方转体，重心下沉并后移到后侧支撑腿，球上拍后应顺势化弧，利用腿的蹬伸和腰的转体力量将球按战术要求向指定位置抛出。

（2）接平快球。此类来球一般沿着球网高度飞来，攻击性很强，因此应注意接球时脚步的快速移动，特别是追身球时，更要先主动侧身动脚，再伸拍迎球，给持拍臂一个自由活动的空间。根据不同的来球方向，可以用水平转体，正、反手接抛高球等动作。

（3）接网前球。网前球因为发球动作小，具有一定的隐蔽性和误导性，因此要求接球时尽可能利用垫步加弓箭步的脚步动作上前，充分利用腿部后蹬力量，重心前移，上体积极下压，上步的同时再伸拍迎球，在保证动作正确性的前提下合理完成接抛球动作。

三、接抛球技术

接抛球技术是柔力球竞技的基本技术。掌握好接抛球技术，才是进行柔力球竞技比赛的基础。

1. 正手接抛球

（1）正手接抛高球。接抛球时根据来球的方向，迅速及时地调整站位，将接球点置于身体右侧前上方，持拍臂向右前上方伸拍迎球；当球触及球拍后，顺势向后，向下再向前做弧形引化，从右前下方将球向前抛出。注意上体要正，腿和腰要带上力量。

（2）正手接抛低球。接球队员正握球拍，将接球点置于身体右侧前下方，持拍臂要以肩为轴向右前下方伸出迎球；当球触及球拍后，迅速顺势向右后45度方向做弧形引化，经右前上方将球抛出。

2. 反手接抛球

（1）反手正握接抛高球。接球队员以正握拍的方法，将接球点置于身体左侧前上方，持拍臂要以肩为轴，手臂外旋，向左前上方伸出迎球，球拍的边框要对向来球方向；当球触及球拍后，迅速顺势向左侧后下方做弧形引化，将球由左前下方向前抛出。

（2）反手正握接抛低球。接球队员以正握拍方法，根据来球的方向、速度，及时地调整站位，持拍手的拇指在上，四指在下，将接球点置于身体的左侧前下方，持拍臂以肩为轴；当球触及球拍后，迅速顺势向左后上方做弧形引化，将球从左前上方向前抛出。

（3）反手反握接抛高球。接球队员反手站位，反握球拍，手臂外旋，向左侧上方伸拍迎球；在球入球拍后，向左侧后下方做弧形引化，将球从左前下方向前抛出。

（4）反手反握接抛低球。接球队员反手握拍，手臂内旋，持拍手的手背向上，持拍臂以肩为轴；当球触及球拍后，迅速顺势向左后上方做弧形引化，将球由左前上方向前抛出。

3. 体前平拉球

体前平拉球是指接球队员在体前用水平弧形引化方法的接抛球技术。体前平拉球可以用正握拍也可以用反握拍。由于它的引化动作是有支撑点无实体轴的运动,虽然动作缺少力量,但是变化非常丰富,落点准确,是竞技比赛中前场常用的小球技法。

站位与姿势:当对方发球时,接发球的一方应手持球拍,站位于本场地中间做好准备。接球前,面对对方,两脚自然开立略比肩宽,双膝微屈并内扣,重心放在两脚之间,收腹含胸,上体略前倾,右手持拍自然置于体前。体前平拉球主要有以下几种形式:

(1) 正拍右拉球。接球队员正握球拍,将接球点置于体前偏左侧,小臂外旋,向左前下方伸拍迎球,出拍时,拍面要与地面垂直;当球入球拍后,迅速在体前向右侧做水平弧形引化,并将球在身体的右侧择向抛出。

(2) 正拍左拉球。接球队员正握球拍,将接球点置于体前偏右侧,小臂内旋,向右前下方伸拍迎球,拍面要与地面垂直,拍头侧对地面;当球入球拍后,迅速在体前向左侧做弧形引化,并将球在身体的左侧择向抛出。

(3) 反拍右拉球。接球队员发握球拍,将接球点置于体前偏左侧,小臂外旋,向左前下方伸拍迎球,拍头向下;当球入球拍后,迅速在体前向右侧做水平弧形引化,并将球在身体右侧择向抛出。

(4) 反拍左拉球。接球队员反握球拍,将接球点置于体前偏右侧,小臂内旋,向右前下方伸拍迎球,拍面要与地面垂直;当球入球拍后,迅速在体前左侧做水平弧形引化,并将球在身体左侧择向抛出。

4. 隐避接抛球

隐避接抛球是练习者利用自己的身体做各种阻挡对方视线的接抛动作。掌握好此项技术可以发挥出高水平。

(1) 提右脚接抛球。准备动作同正手接抛球一样,在右手持拍迎球的同时,左脚先上半步成支撑脚,右脚上提,将球与球拍经右脚外侧做弧形引化至脚内侧并向前上方将球抛出。

(2) 背后接抛球。练习者以正手持拍,接抛球时以身体做掩护,将球从身体右侧经背后做弧形引化动作至左侧抛出,准备动作同接发球动作相同。接抛球时,在背后做弧形引化动作,同时顶髋展腹,重心前移,将球经体后由左侧抛出。

(3) 腋下接抛球。准备动作同接发球,接抛球时,根据来球的方向和速度,及时调整位置,将接抛球点置于身体左侧,右手持拍迎球的同时,右脚向前跨半步,身体向左侧转体 90 度,侧对进攻方,左臂屈肘上抬;当球引入球拍后,顺抛向左侧后下方经左腋下做弧形引化动作,将球由身后抛出。

四、基本步法

柔力球的基本步法是指运动时常用的几种脚部移动方法。只有掌握了准确、熟练、快速的基本步法,才能有效发挥各种接抛球技术的威力。

1. 跨步上网

跨步上网是练习者在接抛球时,以一脚为支撑脚,另一脚向前(左前或右前)做大跨步的动作。准备动作同接发球。接抛球时,根据来球的方向决定出脚方位,在出拍迎球的同时,将重心移至左脚,右脚的脚掌内侧用力蹬地后向接球方向迈出一大步,并迅速将重心前移至右脚成弓步。出球后,右脚蹬地后撤,重心后移恢复到准备状态。

2. 垫步上网

垫步上网是练习者在接抛球的同时,右脚先向接球方向迈进一小步,左脚随之向右脚跟垫靠一小步后,右脚再向前跨出一大步,并迅速将重心前移至右脚成弓步。出球后,右脚向后一小步,恢复准备状态。

3. 正手后退步

当接球点在右后方位时,练习者正手持拍,以后撤并步向右后方向移动,先以右脚蹬地向右后方后撤一小步,身体随之后向右转体90度,接着左脚并步靠近右脚将重心移至左脚,右脚再向右后方撤一大步,直至接球位置。出球后,右脚掌蹬地收回,恢复到准备状态。

4. 反手后退步

当接球点在左后方位时,练习者持拍以后撤交叉步向左方向移动,做反手接抛球动作。出球后,迅速恢复到准备状态。

5. 右侧移动步

当来球位于身体右侧较远时,练习者在举拍迎球的同时,右脚横跨步,左脚随着跟进一小步,重心由左脚移至右脚,上身随之右倾,做正手接抛球动作。出球后,立即恢复准备状态。

6. 左侧移动步

当来球位于身体左侧较远时,练习者在举拍迎球的同时,左脚横跨步后,右脚随着跟进一步,重心由右脚移至左脚,上身随之左倾,做反手接抛球动作。出球后,迅速恢复到准备状态。

第四节 柔力球运动基本战术

一、单打战术

1. 压后场

遇到技术不够熟练,后场还击能力差、回球路线和落点盲目性大的对手时,一般采用压后场战术,压对方后场底线附近以造成对方被动,然后伺机进攻。另外,在对付后退步伐较慢、反击能力较差的对手时,重复压后场底线或重复攻后场直线、突击对角线,都能取得很好的效果。

2. 放前攻后

在对付移动步伐较慢、网前应变能力不强的对手时,先放网前小球,打乱对方的阵脚,然后突然攻击对方的后场底线。

3. 打四方球结合突击

这种战术用来对付体力差、步伐慢的对手时较为有效。以迅速而准确的落点攻击对方场区的四个角落,调动对方前后左右奔跑,并在对方来不及回位时,向其无法防范场区进攻。

4. 攻后吊前

先用长线高点进攻球压攻对手的后场,然后突然用旋转时的速度变化或隐蔽技术手段将球吊到网前。

5. 真假变换

要充分利用弧形引化过程中的时间,用身体的假动作、眼神等调动对方,真真假假,虚虚实实,让对方琢磨不定,疲于应付,然后伺机攻其不备而得分。

6. 追身球

人的裆部到头部之间是正反手接抛都最感困难的部位,是防守中的弱点。用追身球直攻对方胸前,可使对方接球困难或直接造成失误。

二、双打战术

1. 攻人战术

在双打中集中力量攻击对方两人中较弱的一个,尽量使对方的长处得不到发挥,从而增加本方得分的机会。

2. 攻结合部战术

对方分边站位时,将球尽可能地攻到对方两人之间的结合区,造成对方争抢回击或犹豫不决而漏接失误,这是对付配合较差对手的有效战术。

3. 拉开掩护

双打中本方一人接抛球时,另一人积极跑位以拉开掩护,用准备接球进攻的行动,吸引对方防守注意力,为本方接球手进攻创造机会。

以上介绍的是一些赛场上常用的普通战术打法。技术是战术的基础,战术是技术的灵魂,两者相辅相成。在运用战术时要注意技术的合理性,如求快时不可撞击或省略引化,求慢时不可停顿或持球引化,追求方向时不可折向,追求杀伤威力时不可二次发力。一个战术的运用,往往能为下一个战术创造条件。赛场情况千变万化,战术运用也应灵活多变,只有不断创新发展,才能把柔力球打活、打出特色、打出品位来。

第五节　柔力球竞赛规则

一、柔力球比赛通则

1. 场地面积

比赛场地为长方形,单打比赛长 11.88 米、宽 5.18 米(图 28-5-1);双打比赛长 11.88 米、宽 6.10 米。场地四周至少有 3 米的无障碍空间。

2. 球网

球网长 6.10 米、宽 0.8 米,设在场区中线的中心线垂直面上空,将场地空间分隔为相等的两部分。球网高度从地面量起,男、女子网高均为 1.75 米。球网高度应用量尺从中线中央处丈量,球网两端(双打边线上方)的高度必须相等。

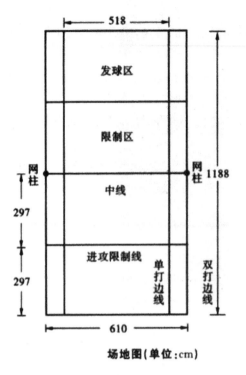

图 28-5-1

3. 发球违例

(1) 发球员未站在发球区域内发球或单双脚触及发球区界线发球。

(2) 发球员发球时单双脚移位或单双脚离地跳起。

(3) 准备发球时,球未抛起离手,已做出欲挥拍晃动动作,或有任何破坏发球连续性的动作。

(4) 发球员发球时未将球抛起。

(5) 发球时,球拍已挥动而未能触及已抛起的球。

(6) 发球引球过程中,弧形引化、顺势抛球动作不明显、不连贯。

(7) 顺势将球发抛前,未能正确运用低手拍形动作。

(8) 发球触网。

(9) 发球不过网或球从网下穿过。

(10) 发球后,球落在对方场区以外地面。

(11) 发球后,球触及球场固定物或本方队员。

4. 接发球违例

(1) 发球方发球的瞬间,接发球方队员先行移位。

(2) 接发球队员接抛引化动作不明显、不连贯。

二、接抛球方法的规定

1. 合法接抛球

球拍触及球的瞬间,通过来球的进行方向和路线,以相应的拍形和缓冲速度,顺势将球引入球拍,并以明显、完整的弧形圆弧状曲线引化动作,连贯流畅地将球抛出或抛入对方有效的球为合法抛接球。

2. 接抛球违例

接抛球违例含发球过程中,球与球拍之间出现硬性撞击、弧形引化中断、连续接抛球等现象,为非法接抛球。

(1) 硬性撞击。球拍触及球的瞬间,无引化缓冲动作,而是在来球或逆球的飞行方向与球直接发生的碰撞为硬性撞击。

(2) 弧形引化中断。球拍在弧形引化过程中任意一点上的运行,出现间断、停顿、变向等任何引起引化轨迹中断,并致使球的离心力消失的现象,为弧形引化中断。其具体表现形式如下:

① 引化间断。在弧形引化轨迹的任意一点上,球拍引化过程中出现短暂的间歇骤停后,又继续引化抛球。

② 折向发力。脱离球拍与球的引化路线、轨迹,而突然改变方向做明显的折向加速发力。

③ 引化逆转。顺时针接球引化转为逆时针引化抛球,或逆时针接球引化转为顺时针引化抛球。

④ 持球引化。在引化过程任一阶段,其引化技术动作出现持拍托球或产生推、压、扇、抖等可见现象。

(3) 连续接抛球。在完成接抛球引化过程中,球连续触及球拍两次或两次以上。

参考文献

[1] 于新潞,白榕,等. 太极柔力球教与学[M]. 北京:北京体育大学出版社,2002.
[2] 刘占峰,盛克庆,等. 柔力球实用教程[M]. 武汉:华中科技大学出版社,2014.

后　　记

本教材由上海理工大学体育教学部组织撰写，朱晓菱副教授、倪伟教授任主编，袁勇副教授、俞峰任副主编。全书由朱晓菱副教授整体构思并搭建理论框架，由倪伟教授指导审核，由朱晓菱副教授、倪伟教授负责最后统稿，俞峰负责思政审核。

各章节的具体分工如下：第一章由董海军副教授撰写；第二章由马成、徐斌撰写；第三章由朱晓菱副教授撰写；第四章由林娟撰写；第五章、第十五章由谢耀良撰写；第六章由仇周亮撰写；第七章由黄峰撰写；第八章由张冬副教授撰写；第九章由冯园撰写；第十章由柏杨副教授撰写；第十一章、第二十七章由万磊撰写；第十二章由潘捷撰写；第十三章由袁勇副教授撰写；第十四章由张龙斐撰写；第十六章由索红杰副教授撰写；第十七章由金豆撰写；第十八章由吕晓标副教授撰写；第十九章由冉斯铭撰写；第二十章由徐海朋副教授撰写；第二十一章、第二十八章由钱立宏撰写；第二十二章由李婷撰写；第二十三章由徐芬芬撰写；第二十四章由张玉玲撰写；第二十五章由段雪梅撰写；第二十六章由王丹丹博士撰写。

当前，国内外有关体育与健康的教材较多，编写视角和体例各异，教材体系不断更新，内容日趋丰富，这为本教材的编写提供了重要基础。本教材在借鉴相关教材编写经验的基础上，充分吸收国内外最新研究成果，在教材内容上力求突出我国体育教学的实际。本书既可以作为体育课程的教学用书，同时也可以作为体育教学人员的重要参考资料。

本书在撰写过程中，参考和借鉴了许多专家学者的学术观点，对此作者已尽可能注明来源或出处。可能还有一些参考文献未能一一注明，在此向有关作者和出版单位表示由衷感谢。

最后，感谢上海大学出版社为本书的出版所付出的辛勤劳动。由于作者水平有限，书中观点如有不当之处，恳请读者批评指正。

编　者

2021 年 4 月 13 日